BOURVIL

Principaux ouvrages de Jean-Jacques Jelot-Blanc

FERNANDEL, Editions Lefeuvre.
LE CINEMA MUSICAL (3 tomes), Editions PAC.
ELVIS PRESLEY, Editions Horus.
HARRISON FORD, Editions Garancière/Presses de la Cité.
30 ANS DE SERIES ET DE FEUILLETONS, Editions PAC.
BASHUNG, Editions Seghers.
BARBARA HENDRICKS, Editions Favre.
MICHEL SERRAULT, Editions PAC.
DUSTIN HOFFMAN, Editions Sevigny/Hachette.
TELE-FEUILLETONS, Editions M.A./Presses de la Cité.
MICHAEL DOUGLAS, Editions Sevigny/Hachette.

Jean-Jacques Jelot-Blanc
James Huet

Bourvil

Stock

Tous droits réservés pour tous pays.
© 1990, Editions Stock.

*A mes enfants,
A ma fille Charlotte...
A Geneviève, Lucien et Daniel
pour la confiance et l'amitié
qu'ils nous ont témoignées.*

NOTA

Toutes les interventions de Bourvil sont, au mot près, authentiques. Elles proviennent de diverses sources parmi les plus sûres.

Les premières sont les révélations enregistrées par Yves Courrières, Gilbert Kahn et André Parinaud, base de l'édition du disque-souvenir (magnifique coffret Du rire aux larmes *paru en 1980 chez Pathé Marconi), dont de larges extraits ne seront jamais gravés.*

Certaines autres confidences ont été livrées par Bourvil à la revue Le Film vécu *(numéro 32 paru en mars 1951), véritable bible dont il faut grandement féliciter les auteurs.*

Nous tenons enfin à remercier nos confrères Catherine Claude, Pierre Berruer, Jacques Lorcey, Christian Plume et Xavier Pasquini, dont les travaux précédents sur l'acteur nous ont été très précieux.

Remerciements

Jean-Jacques Jelot-Blanc, James Huet et les Editions Stock remercient pour leurs anecdotes ou leurs souvenirs les personnalités suivantes qui ont eu la bonté de les rencontrer, de les recevoir ou de leur accorder un entretien téléphonique en fonction de leur temps disponible :

Adamo, Claude Autant-Lara, Jean-Paul Belmondo, Michel Boisrond, Hervé Bromberger, Pierrette Bruno, Marcel Camus, Christian-Jaque, Bruno Coquatrix, Annie Cordy, Paul Crauchet, Suzy Delair, Sophie Desmarets, Marie Dubois, Robert Enrico, Yves Furet, Henri Genès, Georges Guétary, André Hunebelle, Alex Joffé, Jean Lefebvre, Etienne Lorin, Jacqueline Maillan, Jean Marais, Christian Marin, Michèle Morgan, Gérard Oury, Roger Pierre, Patrick Préjean, Claude Rich, Jean Richard, Yves Robert, Robert Rocca, Madeleine Sologne, Monique Tarbès, Lino Ventura, Henri Vilbert, Marina Vlady et Terence Young.

Merci également à Madame Charlotte Robert de l'Ina, Madame Virginie Desmet d'Ariane Vidéo, Gérard Trimbach, « mémoire » musicale de la firme discographique Pathé Marconi, Eric Dufaur du service documentation de la Sacem, Roland Gerbeau et Jean-Claude Romer pour leur précieuse collaboration.

Une mention spéciale à Madame MULTRIER-FORTIN et son père l'éditeur Michel FORTIN pour nous avoir permis de livrer au public, et en exclusivité, ces monologues de Bourvil, Madame Françoise PUYBASSET et les Editions E.M.I. Pathé Marconi ainsi que Monsieur Pierre-Yves GARCIN des disques Pathé Marconi, Madame veuve Etienne LORIN et son fils Michel LORIN, sans lesquels ce livre n'existerait sans doute pas.

Notre profonde gratitude à Dominique et Philippe RAIMBOURG, les deux fils du comédien, pour nous avoir permis d'écrire le présent ouvrage.

Première Partie

Les années Raimbourg

Déchirée par la Grande Guerre, la France agonisait. Au-delà des larmes, dans certains foyers, s'élevait la joie de l'attente, comme on dit, d'un heureux événement. La famille Raimbourg était de ceux-là, partagée entre la douleur d'un disparu et l'arrivée d'une nouvelle vie. A Pretot-Vicquemare, petit hameau de Seine-Maritime, en pays cauchois, en haute Normandie, le malheur a voulu que l'odieux chassé-croisé de la vie et de la mort touchât père et fils. Premier du nom, André Raimbourg, paisible agriculteur normand, se trouva fauché comme ce blé mûr couché par la tempête, à la fleur de l'âge, courageux face à une meute dont il ne saura jamais pourquoi elle hurle si fort dans ces années folles. Tombé au champ d'honneur fin 1918, loin de sa terre et des siens, André Raimbourg ne reverra jamais sa femme ni ses deux garçons : René, quatre ans, et André, un robuste bambin d'un an.

Ce dernier, un bien beau cadeau du ciel, a vu le jour l'année précédente, le 27 juillet 1917.

Certains auront remarqué – les plus curieux sans doute – qu'un malicieux hasard l'a placé sous l'influence bénéfique du chiffre 7. Né un 27, le septième mois de l'an

1917, Bourvil (encore les sept lettres fatidiques), second garçon des Raimbourg, se prénommera André.

Au passage, on notera que la fiche d'état civil d'André Raimbourg ne mentionne absolument pas le prénom de Zachary comme l'ont affirmé certains historiens du cinéma à propos du futur Bourvil.

Sa sœur Denise naîtra en 1919, deux ans après lui, jour pour jour.

Depuis la disparition de leur père, leur mère ne peut, malgré tout son courage, subvenir à l'éducation de ses trois bambins et faire face seule aux difficultés d'une grande exploitation agricole. C'est ainsi qu'elle se décide à regagner son village natal, Bourville, en Seine-Maritime, où elle espère bien trouver accueil et soutien. Là-bas, chacun panse déjà ses blessures. Dès que les armes se sont tues, s'est aussitôt raffermie la fraternité de ces paysans normands, présents dans la littérature française, dépeints comme de rudes travailleurs. Très fiers, ils ont également le respect de la famille. Ils possèdent l'instinct de justice, la sensibilité, le don de l'observation et un fond de philosophie. Par ailleurs, l'audace et l'élan sont, chez eux, vite combattus par la réflexion et la méfiance.

Tel était sans doute Joseph Ménard, ami d'enfance d'Eugénie Pesquet, veuve Raimbourg, dont la présence à Bourville ravive la passion. Ménard aimait Eugénie depuis l'enfance ; il lui propose de l'accueillir chez lui avec ses trois enfants qu'il élèvera comme s'ils étaient les siens.

En Normandie, on cultive également le sens de l'honneur. Un jour, Ménard épousera la veuve Raimbourg. Il lui donnera deux autres enfants : Thérèse et Marcel, le petit dernier (aujourd'hui, à soixante-cinq ans, Marcel Ménard, demi-frère de Bourvil, est maire de Bourville depuis 1971).

Chez eux, ils n'ont jamais fait la différence entre Ménard et Raimbourg, d'autant que depuis 1970, ils sont tous un peu orphelins. Ce fut une fin d'année terrible pour eux. D'abord la disparition d'André en septembre, puis leur mère le 26 décembre, et enfin le père le 1er janvier suivant.

Lui, André, ne découvre son « vrai papa » qu'au travers des rares photographies que sa mère lui montre parfois les soirs de veillée.

Le couple Ménard et leurs cinq enfants forment une grande famille très unie. Par la suite, ils le prouveront en élevant un mur de silence après la disparition d'André, refusant de se prononcer sur sa carrière et de participer à un quelconque hommage. Là-bas, chacun vit en harmonie avec les travaux de la terre et les saisons. De plus, à la ferme, l'ouvrage ne manque pas.

« Si je n'ai, bien sûr, aucun souvenir précis de mes trois premières années passées à Pretot-Vicquemare, je me souviens très bien de mon enfance et de la vie à Bourville, raconte Bourvil. C'était un village très dispersé, car là-bas les fermes sont très importantes et occupent une grande surface de terrain... Au centre de Bourville, toutes les maisons étaient dispersées en deux hameaux — dont Tonneville — autour de l'épicerie et de l'église. »

Parmi elles, s'élève un bâtiment de brique rouge que les gosses fréquentent assidûment : c'est l'école, flanquée de la mairie comme il est d'usage dans la plupart des villages de France.

Tout petit, André nourrit une vive aversion pour les mathématiques et préfère la fraîche odeur du blé coupé. Quand arrivent les beaux jours, au mois de mai, l'instituteur ouvre les fenêtres de l'école. Aussi loin qu'André puisse regarder, il aperçoit les champs à perte de vue. Il entend encore, souvenir sonore bien particulier, les charretiers parler à leurs chevaux. « Quand les attelages revenaient, on savait que, nous aussi, on allait bientôt sortir. » D'autres images aussi lui reviennent : la couleur des lourds percherons, l'animation des jours des marchés et ceux qui revenaient tard à la maison à cause d'un petit coup de trop. Rêveur, le futur Bourvil? Certes oui, mais pas cancre. Loin s'en faut. Car André montre rapidement de l'intérêt, voire de la passion, pour diverses matières, dont l'histoire, la géographie, la rédaction ou le français, et il sait se montrer sérieux.

Ce qui ne l'empêche pas, à l'occasion, de dissiper une bonne partie de la classe par ses pitreries. A ses yeux, le rire apparaît dès lors comme son passe-temps favori, d'autant que ses deux copains, Bérot et Rapha, constituent déjà un solide auditoire.

L'enfant s'émerveille de la vie qui l'entoure. « Il ira loin », s'écrie parfois son instituteur. Il ne pensait pas si bien dire!

« M. Lemonnier, son instituteur, était très fier d'André quand celui-ci est devenu une grande vedette, dit un de ses proches. Il le considérait comme un excellent élève. Un jour, il avait même déclaré que, dans toute sa carrière, il n'avait rencontré qu'un ou deux élèves comme lui. André était en effet très doué. »

En ce temps-là, sur les hauteurs du hameau de Tonneville – où la maison de brique rouge de la famille Ménard dresse sa fière silhouette –, on se souvient au village qu'on entendait les flonflons un tantinet vulgaires, mais ô combien révélateurs de cette époque trouble, du célèbre Dranem. Inspirateur de Chevalier, ce clown du café-concert s'impose encore comme un modèle dans le genre niaiseries :

Ah ! les p'tits pois...

ou encore l'immortelle

Pétronille, tu sens la menthe !...

Semble-t-il, sur les gravures d'époque que M. Lemonnier gardait, le jeune André raffolait déjà de ce chapeau rond posé sur le crâne et de son maquillage rouge sur le nez qui surmontait un large sourire béat. Autour du cou était noué un mouchoir comme un nœud papillon, lequel se mariait un peu grossièrement avec une veste à petits carreaux. Première passion d'enfant, tel était Dranem, fantaisiste populaire dont le vrai nom, encore un fait bien curieux, était... Armand Ménard !

Petit village proche de la côte dieppoise, Bourville cache encore anonymement sa future célébrité locale. Pour l'heure, André coule des jours heureux avec ses camarades de classes. D'abord le « Bérot », puis le « Rapha », enfin le « Doudou ». Ce dernier demeurera d'ailleurs très proche du futur Bourvil jusqu'à sa disparition. Natif de Canville-les-deux-Eglises, village proche de Bourville, Roger Douville « Doudou » n'aura qu'à se louer de leur amitié réciproque. Devenu sculpteur professionnel, il devra au comédien d'exposer ses œuvres dans une galerie parisienne où sera apprécié son magnifique travail sur bois.

Chacun se souvient alors des voisins, des amis, des visages entrevus durant ces années de jeunesse. De ces escapades avec les grands-mères où les gosses profitent des plages toutes proches, comme celle de Saint-Aubin-sur-Mer où André, parfois, se prend à rêver.

Chaque route, chaque village, chaque ferme recèlent un secret d'enfant sur lequel, discret, le Normand ne s'est jamais étendu. Dieu sait combien il l'aime, cette terre où ses ancêtres, les Vikings, ont un jour abordé... Sans doute ce qu'il offre aujourd'hui au miroir de ses dix printemps appartient à ce vaillant peuple du Nord : sa (déjà) forte corpulence, ses yeux profondément bleus, ses cheveux blonds, son visage aux hautes et larges pommettes, son nez volontaire un peu tordu... Derrière ce physique, se cachent une volonté et une personnalité peu communes.

Ses camarades de jeu s'en souviennent-ils? Peu probable! Son professeur alors? Celui-là comptera énormément dans la vie d'André.

Si la fraternité naturelle pousse Thérèse et Marcel Ménard à l'évoquer, il en est de même pour René Lemonnier, ce « maître » qui, le premier, remarque son aptitude pour le dessin — tout en finesse et en sensibilité — et le pousse vers une plus grande assiduité. Il est prêt à lui pardonner ses facéties, sa turbulence, « sa tendance à la pitrerie et à la grimace », précise-t-il, à condition que le gamin réussisse son examen. Bientôt, il le cite en exemple, montre un de ses dessins, lit au hasard une de ses rédactions, parfois « osées », « farfelues » ou encore « virulentes ». Retraité, René Lemonnier a toujours refusé de raconter les souvenirs d'enfance de son célèbre élève. En revanche, il parla souvent de ce poème écrit par le jeune Raimbourg, de cette écriture si droite et si assurée.

« Son texte, disait-il, une sorte de plaidoyer pour son hameau — Tonneville —, en décrivait la vie champêtre avec une grande poésie dans la rime... »

Poème retrouvé mais à la publication duquel, curieusement, Bourvil s'opposa. Dans ses mémoires — inédits et inachevés [1] –, il notifiait son appréhension de paraître « trop bête ». Or ce texte était loin de l'être car, derrière le niais personnage de l'écran, l'artiste possédait déjà les lettres du cœur.

En 1931, le directeur lui remet son beau diplôme confirmant son certificat d'études primaires. Où est donc le petit campagnard indiscipliné, le pitre des récréations, le poète distrait ? Au retour à la ferme, il aligne sa note devant le « père Ménard » : quarante-sept points et demi sur... cinquante ! L'élève André Raimbourg était le premier du canton. Ce soir-là, ce fut la fête au bourg de Tonneville !

Doué sans doute, mais volontiers espiègle, le petit André joue aux billes comme tous les gamins de son âge et déniche, à l'occasion, les couvées de pinsons. Mais le dimanche on redevient sérieux, l'espace d'un sermon et de quelques prières qui rassemblent, dans l'église de Bourville, hommes, femmes et enfants. Et puis il y a surtout les cantiques, le chœur des enfants et le talent du joueur d'harmonium dont la technique de pieds et de doigts captive le jeune André... Les sons, tantôt profonds, tantôt légers, provoquent en lui une émotion extrême. Comme une fascination prémonitoire.

En ce temps-là, au sein de ce petit bourg normand, l'église de Bourville nourrit si bien l'âme de ce jeune garçon qu'on prédit même une vocation d'ecclésiastique pour André.

« Certainement pas, proteste un de ses proches parents. Il est vrai qu'André – comme moi et comme tous les garçons de la campagne – était enfant de chœur. A cette époque, tout le monde allait au catéchisme jusqu'à la communion. »

---

1. *C'est l'piston qui fait marcher la machine.*

C'est d'ailleurs en ces occasions de fêtes et de banquets qu'il manifeste un talent certain de boute-en-train. Pour sûr, le garçon sait observer. Mieux encore, il sait écouter avec la plus grande attention.

Selon René Lemonnier, l'instituteur, si René Ménard montre des prédispositions pour la médecine (il exercera d'ailleurs la profession d'ophtalmologiste à Dieppe), André, lui, a tout pour réussir.

Faut-il pousser hors des champs familiaux ce gamin qui montre tant d'aptitudes ? Les Ménard s'exécutent devant le « maître ». Après tout, René a déjà suivi cette voie, et avec bonheur. Alors pourquoi pas André ? D'autant que l'exploitation agricole est bien modeste pour assurer l'avenir de tous les enfants, et qu'il reste déjà Marcel Ménard pour perpétuer la tradition paysanne de cette vieille famille du terroir. Quant à Thérèse Ménard, mariée à un cultivateur, elle choisira elle aussi de rester auprès de sa terre.

Plus tard, malgré sa fortune, Bourvil n'aura de cesse de perpétuer la tradition familiale et de prouver, par là même, son profond attachement à sa terre natale. Avec ses cachets, il achètera près de quarante hectares autour d'une ferme à Trouville-Alliquerville, puis une autre propriété, « Le Moulin », à Bourville, qu'il léguera plus tard à sa famille.

Adolescent, André se contente donc de cultiver l'amour des études. Puisque son « maître » le dirigeait vers le métier d'enseignant, il s'engagera dans cette voie royale qui, à la campagne, apporte respect et considération. Eugénie et Joseph Ménard, les parents, peuvent être fiers de leur futur petit notable.

En ce temps-là, une seule solution pour l'avenir d'André : l'école primaire supérieure, où il pourra suivre des cours afin de devenir, pourquoi pas, instituteur ou

« savant », comme son frère René... Maman Raimbourg et le père Ménard n'hésitent pas une seconde !

Un matin de fin septembre, l'héritier Raimbourg se retrouvera interne au collège de Doudeville, une commune proche de Bourville. « On l'enfonce d'autorité dans son uniforme de gros drap bleu », peut-on lire sur sa première partition musicale, éditée chez Fortin au milieu des années quarante. On lui plaça sur le crâne une casquette à large visière noire qui le fit ressembler à un musicien de campagne. Il s'ennuya dans la pension, non pas parce que la direction ne faisait pas tout ce qui était nécessaire pour rendre agréable la vie des internes, mais tout simplement parce que Bourvil aimait le grand air.

Les mois passèrent.

Quinze printemps tout juste venaient de sonner au clocher de sa vie.

C'était une sacrée journée de 1933.

Ce matin-là, André a pris une grande décision. A travers champs, il regagne à pied la ferme de ses parents, bien résolu à ne jamais remettre le cartable sur le bureau de ce maudit établissement. Episode certes dramatique que Bourvil évoqua plus tard avec drôlerie : « Je ne me plaisais pas là-bas. A mon arrivée, maman a eu pitié de moi, elle m'a repris à la maison, dans cette ferme que je trouvais si gaie, si pleine de vie. Je préférais de loin travailler avec mes parents. Et c'est ainsi, si l'on peut dire, que j'ai débuté dans le "tour de champs" ! »

Mais, rapidement, André s'ennuie à la ferme.

Alors, quelque temps encore, il cherche un vain dérivatif à sa solitude.

Le vélo, un moment, lui procure quelques joies, vite étouffées par cette passion dont il rêve secrètement de faire son métier : la musique. Autodidacte, sans aucune notion de musique, il joue d'instinct, d'oreille, sur un bel harmonica diatonique offert par ses parents en cadeau d'anniversaire. Puis il y a la mandoline, acquise à force d'économies, sur laquelle il gratte à longueur de journée. Bientôt, il est vrai, on l'entend, André a progressé, il parvient à tirer de ses cordes des airs familiers.

La joie est à son comble lorsque trône un beau jour, dans la salle à manger, le superbe phonographe, autre cadeau d'anniversaire d'une maman décidément bien inspirée.

Dès lors, la cour de la ferme résonne des refrains de Dranem, de Maurice Chevalier et de bien d'autres que le temps a effacés.

Ah! La magie des doigts sur la touche d'un accordéon! Ce jour-là, les grands yeux bleus d'André se sont animés d'une vivacité particulièrement intense : l'accordéon était là, dans son bel étui, rapporté de la sous-préfecture voisine. Ce fut le premier vrai choc musical d'André.

Grâce au piano à bretelles, il fait la joie de tous. Une fête au village, un banquet à la salle des fêtes ou une remise de prix à l'école sont autant de prétextes pour dispenser son répertoire.

Son professeur, parfois, le conseille. Car, dans l'intervalle, le gamin a déjà changé... Sans qu'on y prenne garde, le voilà adolescent.

Bourvil aimait particulièrement évoquer cet épisode. « Je m'accompagnais d'un instrument, la mandoline ou l'accordéon, que ce soit dans des fêtes du canton ou dans la région. Parfois il m'arrivait de chanter des textes — je dois l'avouer — un tout petit peu " légers ", empruntés aux succès du caf' conc'. Et j'obtenais des succès comiques. Aussitôt après, je me faisais engueuler par M. Lemonnier... »

« Si ce garçon a envie de se consacrer à la musique, pourquoi l'en empêcher? » répète le « maître » à ses parents.

A cet instituteur, il doit son amour de la musique.

Devenu ensuite directeur d'une école de Dieppe, M. Lemonnier n'oubliera jamais son célèbre élève. De son côté, Bourvil le lui rendra bien. En 1964, sur un de ses disques, il enregistrera une chanson qui lui est dédiée : « Bonjour, monsieur le maître d'école ». Grâce à ses conseils avisés, à son aide précieuse, André s'est enrichi de quelques notions de solfège.

Puis il s'intéresse à la musique de l'harmonie municipale où il parvient à se familiariser avec les rudiments d'un nouvel instrument : le cornet à pistons. Déjà ses parents le pressent de trouver un travail plus... rémunérateur. Ainsi, le 10 avril 1934 à Saint-Laurent-en-Caux, un bourg voisin, André débute dans la boulangerie de M. Beaufils au modeste salaire de dix francs par jour. En même temps, il pose sa candidature au poste de piston au sein de la fanfare municipale de Fontaine-le-Dun. Bien lui en a pris!

Parfois, durant les répétitions dans la salle des fêtes avec les autres musiciens de l'harmonie, André ne pensait pas, alors qu'il était en compagnie de son copain Lefrique, qu'il répétait avec son futur... beau-frère!

Tandis qu'il soufflait à pleins poumons des marches militaires dans son cornet à pistons, il avait déjà remarqué une petite brunette qui le regardait passer dans les défilés. Il était encore loin de se douter qu'il jouait là les premières notes de sa future marche nuptiale.

Elle s'appelait Jeanne Lefrique et elle exploitait avec sa mère, ses six sœurs et leur frère, une petite ferme des environs. D'origine ardennaise, son père était devenu contremaître à la sucrerie de Fontaine-le-Dun, petit bourg de l'arrondissement de Dieppe. Son « grand coup de foudre », comme Bourvil aimait à dire, eut lieu au bal de la fanfare, dans le flonflon des valses lentes. Il est vrai qu'avec son grand nez de paysan et sa jolie mèche blonde sur le front, il n'est pas vilain garçon. « Malheureusement, ma spécialité à moi, c'était plutôt la musique que la danse », raconte Bourvil dans ses premières confessions-mémoires *Le Film vécu de Bourvil*. « Jeanne a dû s'en apercevoir tandis que je l'entraînais dans un one-step semé d'embûches. Heureusement qu'elle savait le musicien virtuose que j'étais (ça sauvait mon prestige!). Tout de même, je me suis arrangé pour que nos rencontres suivantes aient lieu ailleurs qu'au bal! »

Bientôt, il va voir « sa » Jeanne dans sa ferme.

« Je faisais, plaisantait-il, ma cour de façon tellement discrète que ça devait se voir comme mon nez au milieu de la figure! »

A ce moment-là, il commence à se dire qu'il serait temps de se faire une situation avant de demander la main de sa promise. La boulange, ça n'était pas tout. Mais, en ces temps difficiles, en fait de pétrin, au moins ne s'y trouvera-t-il pas lui-même!

Chaque dimanche, André se promenait, échafaudant, en compagnie de « sa » Jeanne, des projets à en attraper la migraine. « Pendant les deux ans que je suis resté dans ce patelin, Jeanne établit de véritables records cyclistes pour venir acheter quotidiennement son pain dans la boutique où j'étais employé. C'était merveilleux! Ainsi, je voyais ma " mie " tout en gagnant ma " croûte " », ironisait-il.

Désormais, il partage son temps entre Jeanne et la musique. Puis, grâce à son patron, il entre à l'harmonie musicale de Saint-Sever, près de Rouen. A l'évidence, le brave homme aime bien son mitron.

La musique tourne bien, la boulange aussi.

Quelques mois plus tard, son patron lui accorde une augmentation.

Le jeune homme a-t-il réellement trouvé sa voie dans le fournil ? « Du plus lointain de mes souvenirs, poursuit un de ses proches, André a toujours voulu exercer ce métier de musicien, surtout à l'époque où il suivait son apprentissage de boulanger. Il ne parlait et ne rêvait que de ça. Aucun de nous ne pensait sérieusement qu'il y parviendrait un jour. Vous savez, à la campagne, chez nous, on est tellement loin de tout ça. »

Le 19 août 1936, André quitte Saint-Laurent pour Le Petit-Quevilly, non loin de là, où il travaille encore comme boulanger. En même temps, au sein de la très sérieuse harmonie municipale de Rouen, il affirme son goût pour la musique et développe ses talents.

C'est d'ailleurs là qu'il va rencontrer l'idole de sa jeunesse : un drôle de Marseillais qui avait bien failli devenir banquier si le caf' conc' ne s'en était pas mêlé : Fernandel.

Ce soir-là, la vedette, en tournée dans la région, donne une soirée au cirque municipal.

Elle est belle, elle est mignonne,
C'est une bien jolie personne,
De dedans la rue on peut la voir,
Elle est assise dans son comptoir,
Elle a toujours le sourire,
On dirait une femme en cire,
Avec son chignon qu'est toujours bien coiffé,
C'est la caissière du Grand Café.

« C'est un souvenir inoubliable, écrit Bourvil. Mon

cœur battait, j'étais au bord des larmes. Ce métier me bouleversait. Il aura été, depuis toujours, un grand amour. »

Comme tous les garçons de son âge, à cette époque, André apprend à danser sur les airs de Tino Rossi, la vedette du moment. Et puis, il y a le cinéma, cette lanterne magique qu'il découvrit, gamin, à Doudeville où un ambulant venait planter régulièrement sa tente sur la place du bourg. A l'intérieur, le grand projecteur hoquetait comme par magie des images hachées sur le grand morceau de toile blanche tendue dans la pénombre.

Chaque semaine, à Rouen, parfois à Caen ou ailleurs, c'est la sacro-sainte séance de cinéma dominicale, un rite auquel personne, en ce temps-là, n'échappe. Tous, en famille, en bandes ou en amoureux, comme Jeanne et André, se pressent au guichet pour aller voir « un » Fernandel, rire aux frasques du comique dans *François Ier* ou *Les Dégourdis de la 11e*.

Classé numéro un au box-office du cinéma, devant les vedettes du moment – elles ont pour nom Jean Gabin, Danielle Darrieux et Shirley Temple –, Fernandel n'a pas pour autant renoncé aux joies de la scène où il a d'ailleurs glané ses premiers succès. D'où ce passage à Rouen devant un Bourvil béat d'admiration. En quelque sorte, c'est ainsi que se croisèrent, pour la première fois, les chemins de Bourvil et de Fernandel.

La passion du music-hall qu'il porte en lui depuis toujours sonne un peu plus fort dans son cœur ce soir-là.

D'autres artistes encore viennent la renforcer.

Animé par la force de la vocation, André entraîne donc fréquemment la famille Ménard à Fontaine-le-Dun pour y voir des spectacles comme *Le Roi des resquilleurs*, un des premiers films parlants français.

Dans cette comédie, dont les refrains comptent parmi

les premiers gros succès de l'industrie phonographique, la gouaille, le sens de la parodie et du burlesque de cet amuseur public feront merveille auprès du public des années trente : Georges Milton [1].

Un exemple de plus pour André dont l'appel des planches se fait plus pressant.

Et, à son âge, pourquoi ne pas tout bonnement devancer son appel sous les drapeaux afin d'y choisir son « arme » : la musique?

Un soir, il tombe en arrêt devant une petite annonce parue dans *Le Bulletin de l'harmonie de Rouen* où il est question de volontaires pour rejoindre le 24e régiment d'infanterie stationné à Paris. Le 6 mars 1937, André quitte Jeanne sur le quai de la gare de Rouen. Pour tout trésor, il aura ses lettres et... sa trompette en cuivre!

Ce fut assurément son plus bel engagement car « il en prenait pour trois ans » dans ces chambrées chères à Courteline où la plupart de ses aînés avaient gagné leurs premiers galons de chanteurs.

Il évitera de justesse d'être mobilisé sur le front de l'Est. André peut donc se lancer à la conquête de Paris à moindres frais.

Un beau matin il se retrouve dans la cour de la caserne de la Pépinière au beau milieu d'autres bidasses, tous musiciens. « Il y avait même un prix de Rome, ce qui ne manquait pas de m'intimider... », avoue-t-il.

Heureusement, son tempérament l'emporte et il s'impose vite en comique au sein de la compagnie. D'autant qu'il y croise des visages connus, comme celui

---

1. Lequel disparaîtra la même année que Bourvil, quelques semaines plus tard.

du commandant Clément, chef de musique du régiment et... ancien de l'harmonie de Rouen! Sous les drapeaux, l'apprentissage peut alors sérieusement commencer. D'autant, selon Clément, qu'André possède une jolie voix. Immanquablement, il accroche à son répertoire l'un ou l'autre des plus célèbres couplets de Fernandel, présent sur toutes les ondes.

Ignace, Ignace,
C'est un petit, petit nom charmant
Ignace, Ignace
Qui me vient tout droit de mes parents...

Après quelques mois de classes, il est officiellement admis à la section musique du régiment où se trouvent déjà tous les « planqués » du spectacle. Rendons-leur justice! De tout temps, il a fallu remonter le moral des troupes et c'est à ce moment-là que cette poignée d'hommes trouvent l'aboutissement de leur engagement.

Betty Grable, Bop Hope ou John Wayne ont fait bien plus pour soutenir l'armée US que la plupart des appelés autour de la planète.

A Paris en 1937, leur rôle est évidemment bien plus restreint. Située en plein cœur du huitième arrondissement, la caserne de la Pépinière dresse son imposante bâtisse (aujourd'hui Cercle des armées) pas très loin du conservatoire, rue de Madrid, où à cette époque le comédien Yves Furet effectue ses classes. Futur membre de la Comédie-Française, habile et fin diseur, il est voisin de chambrée d'André.

« Je me souviens de lui à cette époque, nous a confirmé Yves Furet. Je le revois sur son lit, tenant sur ses genoux son petit bugle, cet instrument à vent si bizarre. Il restait des journées entières, enfermé à la caserne, à travailler son bugle. Moi, j'étais déjà à l'époque dans la classe d'André Bruno. Et le musicien Louiguy, pour sa part, accompagnait les grandes stars de la chanson (Piaf entre autres). André préparait l'entrée au conservatoire sur son petit instrument. Pendant qu'il travaillait, nous filions tous au conservatoire qui était à huit cents mètres de la caserne de la Pépinière. Cependant, et comme dans toutes les casernes d'ailleurs, on était souvent " consignés ". Pour nous, pas question, il fallait coûte que coûte que nous allions au conservatoire. Notre supérieur nous disait : " Vous pouvez y aller, à condition toutefois que la vaisselle et les lits aient été faits ! " Et c'était toujours André qui, moyennant quelques francs, se chargeait de ces corvées pour nous ! »

Sa gentillesse, sa bonhomie, son tempérament doux et affable en font naturellement l'attraction vedette du régiment, pour tous les spectacles organisés dans l'enceinte militaire. Mais, au-dehors, il reste un obscur « sans-grade » et sans avenir.

Pas tout à fait, car le colonel l'a « à la bonne » ! Dix ans plus tard, pendant qu'il triomphera sur la scène de l'Alhambra, Bourvil aura la surprise de le voir débarquer dans sa loge, venu tout exprès féliciter son « protégé ».

« Dans *L'Anglais tel qu'on le parle*, un de nos petits spectacles pour l'armée, précise encore Yves Furet, André incarnait déjà un valet. Son tout premier rôle. Puis, comme notre colonel était passionné de théâtre, nous avons monté *L'Arlésienne* à la Gaîté-Lyrique, avec des femmes pour nous donner la réplique. Ça ne s'était jamais vu. Ensuite, il y eut cette fameuse revue dont André était devenu la vedette, il jouait la comédie, dansait et, bien sûr, il chantait plusieurs chansons dont " Ne me dis plus tu " et surtout le fameux " Ignace " de son idole Fernandel. »

Bien des années plus tard, leurs carrières s'étaient confirmées, divergentes certes, avec parfois des prolongements inattendus. En 1953, Bourvil triomphe avec l'opérette *La Route fleurie* sur la scène du théâtre de l'ABC tandis qu'Yves Furet défend le répertoire classique sous les lambris de la Comédie-Française. Deux genres qui n'avaient pas grand-chose en commun! « Un jour, cependant, il m'a fait appeler, raconte Yves Furet, car il souhaitait que je reprenne le rôle de Georges Guétary, absent plusieurs semaines, dans cette fameuse opérette. Bien sûr, j'avais connu une carrière de chanteur et André le savait (j'ai même joué *La Vie parisienne* pour la compagnie de Jean-Louis Barrault). Mais ça n'était pas mon itinéraire et j'ai refusé, la mort dans l'âme... »

Donc, après l'armée, le chemin des deux copains de chambrée se sépare.

Au milieu de ces années trente, on assiste à une véritable vogue de ces fameux radio-crochets, ces concours de chant enregistrés en public pour les besoins de la radio. Des galas, parfois en présence de vedettes comme Mistinguett, Ouvrard ou Georges Milton, sont retransmis de l'ABC, l'Empire ou l'Olympia. Bientôt, Radio 37, le Poste parisien, Radio Cité et bien d'autres fleurissent en autant d'antennes sonores, parfois au-delà des frontières de la France.

La chanson commence alors à prendre un essor considérable par le biais des postes privés spécialisés soit dans la chanson dite « à texte », soit dans la présentation de vedettes confirmées, soit encore dans la recherche de nouveaux talents.

André a bien compris l'importance de ce nouveau moyen de communication. Et, dès 1938, il va connaître son premier succès officiel sur la TSF, l'illustre télégraphie sans fil.

Engagé parmi une centaine de concurrents pour un concours de Radio Paris baptisé « Les fiancés de Byrrh », financé bien évidemment par le célèbre apéritif méridional des Pyrénées-Atlantiques, il remporte le premier prix. Avec l'argent, il court s'acheter, chez le célèbre vendeur Piermaria, son premier instrument professionnel : un superbe accordéon. Instrument qu'il doit, en quelque sorte, encore à Fernandel! « Je chantais des chansons de Fernandel dans tous les concours amateurs. Avec " Ignace ", j'ai gagné un prix de trois cents francs. J'ai écrit à Fernandel, espérant une lettre de félicitation... » Lettre dont il espérait qu'elle lui ouvrirait toutes les portes, et qui ne fut qu'un simple mot dédicacé! Tout comme cette modeste photo griffonnée, qu'il conserva pieusement toute sa vie.

Loin de le faire renoncer à son téméraire projet de conquérir la capitale, ce geste de Fernandel l'encourage à se montrer chaque jour plus entreprenant. Désormais, il est de tous les crochets. Le Tourbillon, un cabaret de quartier, finit par l'engager pour un cachet de misère. Puis on peut l'applaudir au Palais Berlitz et à la brasserie Dupeu, boulevard de Clichy. C'est (presque) la gloire!

Parfois, il se produit à Radio Cité où il se taille un vif succès au cours de la populaire émission « Le music-hall des jeunes amateurs ».

Amateur! Un mot lourd de signification pour André qui rêve alors d'en faire son métier.

Sans lui couper totalement les vivres, sa famille essaie fermement de le dissuader. En vain! Car, là-bas, Jeanne sa fiancée l'attend patiemment et lui apporte soutien et réconfort par des lettres tendres et enflammées. Mais l'horizon s'obscurcit.

Le 2 septembre 1939, la déclaration de guerre contre l'Allemagne résonne comme un coup de tonnerre sur une France quelque peu insouciante. C'est la mobilisation générale à laquelle n'échappe pas André qui se retrouve sous l'uniforme, engagé dans une vraie guerre. Lui qui n'avait « plus que quelques semaines à tirer » !

De Versailles, son lieu d'affectation, il est d'abord rappelé au pays, à Dun (là-bas, il revoit enfin Jeanne!), puis à Montmedy dans la Meuse, ensuite à Boulay – tout près de la frontière allemande – puis, enfin, du côté de Rethel dans les Ardennes. Le 10 avril 1940, le brancardier André Raimbourg, malade, est rapatrié d'urgence à l'hôpital de Metz pour être ensuite transféré à Vittel et enfin à Toulouse. Il en voit du pays, le jeune Normand! Mais sans doute pas comme il l'aurait souhaité.

A Arzacq, dans les Basses-Pyrénées, à quelques tirs de mortier de la base de Pau, il croise un autre soldat qui va jouer un rôle capital pour sa carrière : Etienne Lorin, musicien de formation, ouvrier imprimeur dans le civil, a été chargé de recruter d'autres artistes dans la région militaire. En compagnie d'un de ses amis, Jean Moranges, un représentant en conserves et en vins pour la marque Fleury-Michon, il organise des soirées de music-hall afin de distraire la troupe. Soirées théâtrales, cours de musique ou de solfège, tout est prétexte à oublier les affres de cette guerre.

Choisi par Etienne Lorin, André se produit chaque soir sur scène devant le contingent. Le voilà comique troupier grâce à ce Seine-et-Marnais né par le plus grand des hasards à Domfront, dans l'Orne, en basse Normandie...

L'amour de la musique (l'accordéon), l'appel du public, les origines, tout semble rapprocher ces deux hommes auxquels un destin hors série est d'ores et déjà promis.

Tandis qu'Etienne compose déjà pour l'avenir, André apprend le solfège et s'initie à l'écriture musicale. Au contact de Lorin, André élargit son éventail artistique et sa passion pour la musique. Ensemble, ils commencent à mettre sur pied un répertoire pour André et jettent les bases, l'esquisse du personnage.

Pour commencer, il faut choisir un nom d'artiste.

« André, ce n'est pas un nom de scène, ça, Raimbourg! »

Pour le Normand, rien de plus évident. Fernand a transformé son nom en Fernandel. André choisit... Andrel!

En juin 1940, la France capitule.

Le 17 août, le soldat Raimbourg, démobilisé, quitte les Pyrénées-Orientales pour regagner sa Normandie.

De retour à Bourville, André inquiète les siens.

Il parle de repartir vers cette capitale ou règne le marché noir, comme au temps futur de sa fameuse *Traversée de Paris*. Mais, là, ce n'est pas du cinéma!

Bien sûr, en apparence, la capitulation du Maréchal a du bon. Il a sauvé (!) la France du désastre guerrier. On l'acclame, on l'adule, on le chante. Curieusement, jamais les Français n'ont autant chanté qu'en ces années-là.

C'est bien connu, les gens du spectacle ont horreur du vert... Alors, sans doute pour oublier, Paris chante la France perdue.

Depuis le 14 juin 1940, la croix gammée flotte sur l'Arc de Triomphe. Ambiguïté historique ou nouveaux temps qui, plus restrictifs, annoncent pourtant les plus glorieuses revues sur les scènes parisiennes. L'optimisme, en tout cas, semble de rigueur.

« La tour Eiffel est toujours là », chante la Miss, Chevalier clame « Paris sera toujours Paris », tandis que Rina

Ketty entonne « J'attendrai », dans un élan quasi patriotique. C'est l'époque où la chanson connaît une santé exceptionnelle, oscillant entre la gaieté forcée et la déploration résignée.

Mis à part l'émotion vocale de Piaf (son« Accordéoniste » salué, elle sera interdite pour « Où sont-ils donc mes copains ? »), le rire forcé et la rime facile poussent à la chansonnette. Heureusement, il reste l'humour libre. Celui des refrains du « Simplet » cher à Fernandel, de « Bébert le monte-en-l'air » de son complice et ami Andrex, ou encore les refrains de Rellys, futur Ugolin de Pagnol. Mais ceux-là font déjà carrière au cinéma et triomphent à Marseille, tout près de leur Canebière natale, où des dizaines de milliers de spectateurs les chérissent.

Période lugubre qui, pourtant, va se teinter pour André des couleurs de l'espoir. Pourvu que Jeanne prenne le temps d'attendre son retour...

« Je me débrouillerai. Elle me rejoindra bientôt », dit-il, réconfortant ses parents, les larmes aux yeux.

A l'automne 1940, tandis que Sacha Guitry met en scène son *Louis le Bien-Aimé* au théâtre de la Madeleine, que Jean-Louis Barrault fait ses débuts à la Comédie-Française dans *Le Cid*, et que *La Belle Image*, un roman de Marcel Aymé, vient tout juste de paraître, André monte dans le train en direction de la capitale. Plus tard, ces trois hommes compteront dans la vie du futur Bourvil. Du haut de l'escalier de la gare Saint-Lazare, André retrouve enfin Paris.

Avec l'aide de son frère René — interne dans un hôpital de Neuilly — il trouvera gîte et couvert pour ses premiers jours dans la tourmente parisienne.

Dès le lendemain, sans perdre un instant, André retrouve Etienne Lorin, son épouse Jeanne et leur fils Michel, trois ans, dans leur modeste appartement, rue des Filles-du-Calvaire. Une partie de la soirée, les deux amis évoquent le passé... et l'avenir. Tard, de retour chez son frère, André découvre sous la lumière bleutée des becs-de-gaz l'étrange faune de la vie nocturne, au sein de laquelle Claude Autant-Lara lui demandera de s'illustrer dans *La Traversée de Paris*.

Pour ne pas crever de faim et s'offrir une minuscule chambre de bonne située au 54 de l'avenue de Clichy (sept cents francs à l'année pour quinze mètres carrés), notre héros fera, comme on dit, mille métiers : cireur de parquets pour des voisins compatissants ou généreux, livreur avec une voiture à bras, puis de nouveau mitron, moyen assuré pour manger à sa faim, ensuite une profession dont il garda un souvenir goguenard. « Et je me suis retrouvé plombier. Tout comme Buster Keaton dans un film célèbre. Seulement, cette fois-là, ce n'était pas du cinéma. Du moins, pas encore. Remarquez que cela aurait bien pu le devenir si j'avais continué longtemps ce métier-là. Mais rassurez-vous, ça n'a pas duré! Je suis encore parti. C'était fatal : avec le tuyau, il faut sans cesse prendre la fuite. »

La « planque » rêvée, il la trouve dans une société financière de contentieux, la Fiduciaire, dont le siège est situé rue de Berri, à deux pas des Champs-Elysées. Et tout près du bureau qu'occupe son futur imprésario, André Trives, au numéro 78 de la plus célèbre avenue du monde, juste au-dessus des non moins célèbres arcades du Lido.

Mais, pour l'heure, le modeste garçon de courses de la Fiduciaire parcourt à vélo les rues de la capitale... Un moyen de gagner sa vie et d'entretenir son souffle. Car, pour ne pas perdre la main, André suit des cours de trompette au conservatoire de Paris comme auditeur libre. Cela pendant deux ans, en 1941 et 1942.

En attendant des jours meilleurs, il court le cachet et, un soir enfin, il fait ses débuts professionnels sur la scène minuscule d'un cabaret de Pigalle dont le nom semble prédestiné : le Prélude. Grand nigaud à la frange blonde, André trimballe son personnage dans un costume noir étriqué, « celui des dimanches et des noces ».

Pour l'heure, son répertoire est emprunté aux succès du moment, et surtout à l'éternel modèle : Fernandel. « Ignace », bien entendu, mais également la fameuse « Félicie aussi », ou « Ne me dis plus tu », des couplets dont le Marseillais fit, un temps, son cheval de bataille.

> *Ne me dis plus tu*
> *Au moins le sais-tu ?*
> *J'ai tout vu*
> *Et j'ai tout entendu !*

Certains soirs, il place si bien ses effets qu'il vaut largement son illustre modèle. Au fur et à mesure, il recherche les « chutes », les meilleures intonations, peaufine ses mimiques, ses mouvements.

« Il faut que les gens, dira-t-il, voient à travers votre personnage un de leurs amis, de leurs proches qui les a fait rire. »

Parfois, aussi, il cède au découragement. Certains soirs, lorsqu'il rentre avec Etienne, il parle de tout plaquer, retourner à Bourville, revoir Tonneville et les siens.

Chaque fois, Etienne le retient, parle de leur avenir...

Alors, le lendemain, tout va mieux. Une photo, précieuse relique enfouie dans son portefeuille, représente « sa » Jeanne, cheveux au vent, devant la ferme familiale. Et de la profondeur de son être remontent tous les souvenirs de son beau pays cauchois. Lui, le paysan, perdu seul – ou presque – à Paris, ne doit pas capituler. Un paysan, c'est bien connu, ça cultive le bon sens, la volonté et surtout le courage.

Un soir, il faillit bien en manquer.

La veille, Etienne Lorin était venu le chercher : il avait besoin d'un accordéoniste en supplément. « J'ai signé un contrat pour le théâtre de l'ABC et, là-bas, la vedette a besoin de deux accompagnateurs. J'ai parlé de toi à la direction et tu es engagé! »

André pâlit puis balbutie :

« Mais, je ne suis pas prêt, moi! »

La vérité, c'est qu'il avait mis son bel accordéon au « clou », ce fameux crédit municipal où l'on pouvait gager n'importe quel objet – ou presque – pour en retirer quelque argent afin de survivre.

Un emprunt suffira à rendre l'instrument à son heureux propriétaire... mort de trac derrière la vedette de l'ABC, la populaire Marcelle Bordas. Ex-partenaire de Fernandel aux Folies-Bergère, cette contralto au timbre gouailleur venait d'obtenir la consécration parisienne en glorifiant la « rénovation nationale » du maréchal Pétain avec des couplets du type « Ah! Que la France est belle! ».

L'ancienne modiste, devenue chanteuse réaliste en vogue, satisfaite de ses deux accordéonistes, les emmène en tournée dans un circuit de salles de quartier.

C'est déjà un début! Ce n'est pas la gloire, mais...

Deuxième Partie

Les années Bourvil

Mais les ambitions d'André sont loin d'être satisfaites. En compagnie d'Etienne, il décide de mettre au point un numéro inspiré des « Chesterfollies » (les Chesterfields, vocable sous lequel se cachaient les Margaritis, dont Gilles futur producteur de télévision, de même qu'un certain Max Revol dont nous reparlerons), qui lancèrent la vogue des clowns musicaux.

Baroque, surréalisme et provocation ne collaient guère à la personnalité des deux Normands. Et le duo s'éteignit avant même de briller sur les scènes parisiennes.

Engagé à la Gaîté-Montparnasse pour une unique soirée, le 3 mars 1941, André – ou plutôt Andrel – se risque à interpréter pour la première fois sur scène quelques-unes de ses chansonnettes : « Je suis fatigué » – l'« œuvre » en question fut accueillie, selon les dires de Bourvil, « avec une indifférence courtoise ». Accueil mitigé également pour son autre titre, « Reviens, dis », satire du fameux « Reviens, veux-tu », qui sera enregistré le 11 novembre 1942 à la Société des auteurs et compositeurs dramatiques (Sacem) sous le nom d'Etienne Lorin. Bourvil ne sera en effet admis que bien plus tard au sein de cette noble institution.

Entre-temps, pour les fêtes de la fin de l'année 1941,

André retourne à Fontaine-le-Dun afin de s'y produire devant les siens au cours d'un gala de bienfaisance organisé au bénéfice des prisonniers de guerre. Au passage, il revoie Roger Douville « Doudou », son copain d'enfance, qui justement rentre de captivité. L'enfant du pays, acclamé comme il se doit, est heureux mais pas dupe de ce succès.

Succès que lui renouvellent pourtant les spectateurs parisiens du cinéma le Zola dans le quinzième arrondissement, au cours d'un gala présenté par le comique Chatelard.

Petit à petit, Andrel se taille une place dans les rangs du music-hall. Prudent, toutefois, il ne laisse pas la proie pour l'ombre et continue de travailler à la Fiduciaire. Mais pour peu de temps encore.

« J'ai réalisé à cette époque que, pour réussir, j'avais besoin d'établir un répertoire qui me soit propre. Et j'ai commencé à écrire mes chansons, mes monologues... »

Il se met donc à l'ouvrage. Et, peu à peu, des textes tendres et naïfs, des blagues fondées sur l'observation de la vie, des réflexions teintées de bon sens et d'absurde, des histoires du quotidien et de la dérision contées avec une voix de fausset vont faire triompher le rire comme une bouffée d'air pur dans cette période troublée.

Le premier à être édité s'intitule « La plume ». « C'est pas la plume au vent que je veux! C'est la plume au... »

Vient un autre succès d'estime que, parfois, un groupe de spectateurs lui réclame : « Le conservatoire ».

« Il m'avait dit : " On vous écrira ", mais moi, comme un étourdi que je suis, j'ai oublié de laisser mon adresse... »

Le public s'esclaffe, applaudit à tout rompre, l'empêchant de poursuivre. Et ce n'était pas le seul fait de son frère René qui, dans la salle, organisait parfois généreusement la claque!

Les plus avisés ne s'y trompent pas.

Ainsi ce n'est pas tous les jours que « Tonton » (!), le propriétaire du Liberty's, une des boîtes les plus en vogue de Paris, place Blanche, se déplace pour venir apprécier les vertus de la concurrence. A la fin du numéro d'Andrel, il le fait demander et, sans préambule, lui propose de distraire ses clients.

Une autre fois, André passe Chez ma cousine, le célèbre cabaret montmartrois. Entre-temps, il a doublé le prix de son cachet : cent cinquante francs.

On commence à beaucoup parler d'Andrel! Beaucoup trop pour André qui craint de se retrouver embarqué par le STO (Service du travail obligatoire). D'une certaine manière, il est temps pour lui de se faire oublier. Trois changements s'imposent : déménager, quitter son emploi et changer de pseudonyme. Cette dernière décision, il y songe depuis un moment déjà. Son succès grandissant, la comparaison avec le nom de Fernandel commence à le gêner. Etienne Lorin, André et son frère René cherchent, dans tous les sens, un anagramme de Raimbourg. Les trois hommes s'ingénient à trouver dans Ménard, Raimbourg, André, la solution à ce problème en apparence insoluble. Les heures passent.

Le nom d'Andrel illustrerait-il définitivement les affiches d'André? Et si on prenait tout bonnement celui du « pays »? s'exclame René.

Bourville. Ça sonne bien! On le simplifie... en Bourvil!

Le tour est joué : Bourvil fera donc son entrée officielle au Petit-Casino, boulevard Montmartre, lieu où se presse le Tout-Paris, tout au moins celui admis par l'envahisseur.

En revanche, le 29 avril 1942, il n'y a pas bousculade à la sortie parisienne du film *Croisières sidérales*, d'André

Zwobada, sur les grands boulevards. Nul n'a remarqué que ce bon niais à l'œil bleu et à la blonde frange que l'on voit parfois sur les scènes du music-hall y fait une figuration dite « intelligente » (!). Hélas, le film est bien loin d'être sidérant, mis à part les timides débuts d'un autre acteur, future célébrité lui aussi : Jacques Dufilho.

Bourvil et Dufilho se retrouveront dans deux autres films : *Cadet-Rousselle* et *La Grande Frousse*.

En novembre 1942, Bourvil anime les beaux soirs du cabaret Chez Carrère, rue Pierre-Charron, tenu par le célèbre Maurice du même nom, chez lequel se retrouvent les noctambules de la capitale. « Je donnais deux chansons et un monologue. Comme le public me faisait un franc succès, pour être gentil, je revenais avec une troisième chanson, en *bis*, une mauvaise chanson, et mon tour tombait à plat, était-ce bête ! »

Et le public s'esclaffait, puis applaudissait.

C'était loin d'être la gloire, mais tout cela ressemblait fort à de la notoriété. Son répertoire a pris de l'ampleur, son nom grossit sur l'affiche.

Un soir, alors qu'il sort de son bureau tout proche, l'imprésario André Trives s'engage dans la rue Pierre-Charron et entre Chez Carrère. Il tombe aussitôt en arrêt devant ce génial benêt tandis que le public éclate de rire.

Cheveux coupés comme un chantre de village, la frange blonde sur le front, Bourvil porte un costume étriqué, démodé, qui ne laisser planer aucun doute sur son origine. L'adolescent a trop vite grandi dans cet « habit du dimanche » d'où dépassent deux bras dont il ne sait visiblement pas quoi faire. D'où cette étrange attitude mi-timide, mi-faraude d'un personnage terriblement attachant.

Admirablement composé, son malin boute-en-train de villageois matois et naïf séduira immédiatement André

Trives. Derrière le personnage falot campé judicieusement par l'observateur attentif que fut André durant son enfance, Trives découvre l'intelligence aiguë, la réelle humanité et la profonde finesse d'un homme au registre sans doute plus étendu qu'il n'y paraît. Pour Trives, habitué à manier les carrières des maîtres du music-hall — on compte Tino Rossi parmi ses clients —, l'avenir appartient à Bourvil. Lointain certes, mais assuré selon lui pour les décennies à venir. Ce en quoi il ne se trompait pas. Mais, tandis que Maurice Chevalier triomphe au Casino de Paris, Bourvil doit se contenter d'une entrée en scène bien plus modeste. On retrouve par exemple son nom sur l'affiche de l'Alhambra, célèbre théâtre de la rue de Malte où il a été engagé en octobre 1942 dans « La revue du rire » avec Boucot, Maurice Baquet, Georgette Plana et surtout Ouvrard, grande vedette de l'époque, qui fit triompher le comique paysan vers 1918. Mais c'est l'uniforme bleu horizon du militaire qui lui octroya une place de choix parmi les comiques troupiers, avec son volubile et célèbre

> *Je n'suis pas bien portant.*
> *J'ai la rate qui s'dilate...*

Par la grâce de ce joyeux programme, Bourvil paraît définitivement admis au music-hall. Il revient d'ailleurs à l'Alhambra l'année suivante, en juillet 1943, dans « Ça sent si bon la revue ». Son partenaire principal : Georges Guétary.

« Les admiratrices n'en croyaient pas leurs yeux et leurs oreilles, plaisante Bourvil. Question de prestige vocal et de sex-appeal, Georges et moi ne nous faisions pas de tort. Il a la voix chaude, moi plutôt miellée. Il est brun, je suis blond. En somme, dans le genre jolis garçons, on se mettait réciproquement en valeur et on n'avait rien à s'envier... »

Le succès aidant, il remercie M. Gombeau, son patron de la Fiduciaire, pour son aide et son soutien. « Si jamais, mon bon André, vous vouliez revenir un jour, n'hé... » Il n'eut pas le temps de terminer sa phrase qu'André a déjà tourné le dos. M. Gombeau n'en est pas étonné. Il se doutait bien que les légères incartades au règlement de sa société n'étaient point le fait d'un sot, tout idiot qu'il était sur une scène où il était d'ailleurs allé le surprendre.

« Ce bougre-là aurait bien fini comme expert-comptable chez nous », regrette-t-il.

Organisé, prudent, avisé, Bourvil a bien entendu mis toutes les chances de son côté. Sa bonhomie souriante et sa voix peu assurée cachent déjà le paysan « à qui on ne la fait pas ». A cet égard et peu avant sa brutale disparition, il lui arrivait souvent de faire rire ses amis par cette réflexion : « Il paraît qu'on me donne cent millions par film... Ça m'a fait plaisir. J'étais le seul à ne pas le savoir. »

En cette fin d'année 1942, s'étant donc acquitté de son employeur, et nanti de son nouveau pseudonyme, il lui reste encore à déménager.

Son salaire chez Carrère (trois cent cinquante francs) le lui permettait en effet. Hélas, on ne trouve pas grand-chose à Paris en ces temps obscurs. Peut-être la banlieue, pourquoi pas près du bois de Vincennes où il aime aller se promener parfois? Son tour désormais rodé, son vélo le conduira bien chaque soir à son ouvrage dont il n'est pas peu fier.

« Cette fois, j'avais le matériel indispensable autour de

ce personnage d'imbécile heureux dont j'avais fait mon héros. »

Le héros de Jeanne Lefrique, la tendre aimée laissée en Normandie, lui, s'appelle André Raimbourg! Ce dernier vient justement de lui écrire. Pour elle, c'est la fin d'une longue attente, un rêve enfin exaucé. D'ailleurs la date de la noce a été fixée. De même que le lieu, au Petit-Quevilly.

« ... Je demandai à Jeanne si elle voulait bien devenir ma femme. Elle me demanda, en revanche, si je voulais la prendre pour épouse et, comme cette intéressante conversation avait lieu devant un monsieur ceinturé de tricolore, Jeanne Lefrique devint ainsi Mme André Raimbourg pour le pire, en attendant que le meilleur vienne. »

Cela se passe à la joie de tous, en famille, le 23 janvier 1943. A présent, Bourvil se sent totalement responsable de « sa » Jeanne.

Un bonheur, paraît-il, n'arrive jamais seul; André vient tout juste de signer un contrat pour chanter dans un petit club parisien, la Boîte à sardines, ce qui en l'occurrence paraît une excellente nouvelle. Moins heureux en revanche, les Allemands ordonnent la fermeture de l'établissement avant même qu'il ne s'y produise. A son habitude, il prend les choses du bon côté. « Je me consolais en pensant qu'en fait de boîte à sardines, Jeanne et moi étions servis. Nous habitions en effet à Vincennes, 25, rue des Laitières, un appartement de dimensions tellement réduites que nous étions obligés de nous mettre en biais quand nous nous croisions. Il fallait aller sur le palier pour enfiler un pardessus. Mais notre lune de miel arrangeait tout et l'appartement de la rue des Laitières était, à nos yeux, la troisième merveille du monde... après nous deux! »

Un septième étage sans ascenseur n'a jamais empêché le bonheur... A cette époque, on l'a vu, les ondes fourmillaient de talents, de jeunes animateurs pleins d'avenir dont la plupart sont encore en exercice aujourd'hui.

Pendant que son copain Pierre Dac, en zone libre, condamne à mort Maurice Chevalier en l'accusant de félonie « collabo » sur l'antenne de Radio Londres, Francis Blanche officie déjà dans les cabarets parisiens avec sa désarmante et féroce ironie. Bien avant qu'ils ne deviennent partenaires dans *La Jument verte*, Francis aura maintes fois l'occasion de remarquer Bourvil au hasard de rencontres dans les cabarets de France ou d'ailleurs. Francis Blanche se souviendra de lui pour ses futures émissions radiophoniques.

Quant à Bourvil, lui ne garde pas le meilleur souvenir de certains cabarets visités lors de cette période. « En 1943, j'ai été engagé pour la première fois à Bruxelles dans un cabaret de nuit. Lamentable! Personne ne m'écoutait! Le patron de la boîte était désolé. Je ne savais plus que faire car, après tout, il me payait, cet homme! Finalement, il s'était mis à rigoler avec moi de l'indifférence de ses clients et me prédisait des temps meilleurs. Un chic type! »

En février 1943, après avoir été à l'affiche du cabaret le Poulailler, il croise une première fois Edith Piaf lors d'une audition à La Vie en rose, un autre club parisien. Entre deux galas, afin de se replonger dans la musique, il s'est associé comme trompette solo à l'harmonie municipale de Villemomble sous la direction d'un chef local, Jules Balay. Autre rencontre importante cette année-là, Camille François, un chansonnier dont la signature reviendra bien souvent dans la discographie de Bourvil. Plus tard, il enregistrera même neuf de ses poèmes.

Pour l'heure, Bourvil écrit toujours inlassablement ses

monologues. On se souvient du « Vélo », où le comique en profite pour se pencher sur ce qui est déjà son passé.

« Mais j'étais unique dans mon patelin, je gagnais toutes les courses, je pourrais même dire que j'étais le seul à être vraiment de la pédale... »

Ou encore : « Moi, quand j'étais jeune, je ne voulais pas être artiste lyrique... Non, je voulais être ingénieur des ponts, puis des chaussées... »

Or ce ne sont pas ces petits sketches qui vont lui ouvrir les portes de la gloire, mais une chanson que l'on pourrait qualifier de « réaliste ». Dans cette chanson, « L'inconnue », Bourvil, avait eu l'idée d'intercaler l'un de ses fameux monologues entre deux couplets. Procédé qu'il utilisait souvent au cours des éliminatoires pour tous les radio-crochets amateurs auxquels il participait.

Chaque soir davantage, il constate que la salle est comble lorsqu'il débite, stoïque et gauche, son petit et sombre monologue sur le drame d'une pauvre inconnue forcée d'abandonner son enfant : « C'est tout de même malheureux... Pas reconnaître son enfant... Faut pas être physionomiste! »

Et il enchaînait aussitôt, la mine épanouie, fragile personnage lunaire de paysan poussif et niais dont il va faire son cheval de bataille :

> *Elle vendait des cartes postales*
> *Puis aussi des crayons*
> *Car sa destinée fatale*
> *C'était d'vendr' des crayons...*
> *... C'est ça qu'est triste!*

Bien plus tard, la France libérée découvrira par le disque cette sérénade qui fit rire les habitants de la capitale occupée...

Le 6 juin 1944, le jour J, quatorze mille hommes des troupes alliées débarquent en Normandie. A la libération de la capitale, dans le tumulte, Bourvil court toujours le cachet, peaufine consciencieusement son entrée en fanfare au doux pays des « imbéciles heureux », ce personnage de scène dont il aura, plus tard, bien du mal à se défaire.

« Pourtant, je l'aime énormément, confiera-t-il. C'est celui qui me fait le plus rire car il est brave, il ne fait de mal à personne, il est heureux dans son inconscience et, je crois bien, les spectateurs trouvent dans ce contraste une joie de vivre, sainement... »

Auprès des professionnels, cette savoureuse composition n'est pas passée inaperçue. Lors d'une soirée à Charenton, Georgel, ancienne gloire du music-hall (il a créé, entre autres, la fameuse chanson « Sous les ponts de Paris ») remarque Bourvil sur la scène où il présente son numéro. Il en informe Michel Fortin, éditeur de renom dont le catalogue compte de nombreuses vedettes d'avant-guerre. En l'occurrence, un vieux catalogue racheté aux vénérables éditions Delormel, qu'il se propose de rajeunir.

Michel Fortin, sur les conseils de Georgel, va voir Bourvil. L'ex-vedette devait avoir la main heureuse puisque Bourvil fut aussitôt convoqué dans les bureaux des éditions Fortin, au 83, rue du Faubourg-Saint-Denis.

« Je cherche un nouveau Polin ! lui dit l'éditeur.
– Je ne fais pas dans le genre troupier », rétorque Bourvil.

Le Normand avait en effet une autre idée : proposer ses monologues à l'édition. Ce qui fut fait.

Lorsqu'il présente ses premiers sketches à Fortin, l'éditeur l'engage sur-le-champ. Or la protection de ces textes auprès de la Sacem exige de la part de son auteur... un minimum de six textes, et surtout un examen d'admission.

En compagnie d'Etienne Lorin, Bourvil se met à l'ouvrage. Le premier compose à l'accordéon, le second noircit des feuilles blanches.

Au début de l'année 1945, Michel Fortin, satisfait de leur travail, demande à Vincent Scotto de parrainer le jeune auteur Bourvil, Etienne Lorin étant membre de la Société depuis longtemps déjà.

Le 8 mars, en compagnie de son illustre parrain, Bourvil se présente au fameux examen de la Sacem où, enfin, il est admis.

Quelques semaines plus tard, les premiers formats présentent enfin le texte complet des « Crayons », cette « inconnue » dont tous les patrons de cabarets murmuraient qu'elle serait un succès.

Lors de sa visite avec André à la Sacem, Vincent Scotto lui a offert une autre chanson, « Simple chanson d'amour », pour laquelle l'écrivain parolier a écrit un monologue d'introduction.

Déjà une chanson écrite « sur mesure » pour Bourvil. « Reviens, dis! », « Quand même! », « Attachement » et « Timichiné la Pouhpouh » enrichissent aussitôt le précieux catalogue des éditions Fortin.

Les semaines suivantes, les partitions des chansons signées Bourvil-Lorin vont envahir les places et les villages, les rues et les villes. Bientôt, les marchands de musique les affichent dans leur vitrine. On lit les monologues de « L'ingénieur », des « Castagnettes » ou du « Cinéma » comme son journal quotidien. Tandis que la France reprend son souffle et goûte à la liberté retrouvée, « Les crayons » fonctionnent à plein rendement par la magie du « petit format ». Ces partitions vendues par les chanteurs des rues, popularisèrent la chanson avant même qu'elle n'ait été gravée sur la cire d'un soixante-dix-huit tours.

On ne reconnaît pas encore Bourvil, mais chacun le connaît. En effet, l'astucieux éditeur Michel Fortin a fait imprimer des recueils de chansons où un écrivain, Paul Vincent – prix Rabelais de littérature –, a été chargé de brosser un portrait de l'artiste, le premier du genre, sorte de poésie biographique teintée du joyeux lyrisme de l'après-guerre.

« Quand Bourvil vint au monde, écrit Paul Vincent, il s'appelait André Raimbourg. Mais comme son village natal s'appelait Bourville, il fit comme les femmes : il eut envie de changer de nom. En s'appelant Bourvil, il se maria avec tout son village... » Le public connaissait enfin qui se cachait derrière le texte des « Crayons ». Tout, ou presque, était révélé sur la longue odyssée, de la ferme familiale jusqu'à l'éditeur de musique en passant, on l'a vu, par la « promise » au village, le piston de l'harmonie, l'armée, etc.

Restait encore à faire connaître à tous le visage de ce « solitaire euphorique », comme le qualifia alors un chroniqueur inspiré !

Le phénomène Bourvil ressemble à une traînée de poudre. Des cabarets minables aux clubs ultra-chic, il se fraye un beau chemin sur les scènes parisiennes.

Pierre-Louis Guérin, futur fondateur du Lido et directeur du Club, la boîte la plus « in » de la capitale, lui ouvre ses portes pour une semaine. Bourvil y restera... un an ! Chaque soir, il fait le plein devant un public en liesse. Bissé, rappelé, Bourvil doit parfois chanter, deux, trois ou quatre fois, les désormais célèbres « Crayons ».

Entre-temps, Paris, il est vrai, a chassé l'occupant et perdu sa grise mine. Du même coup, la capitale s'est mise à chanter à l'unisson. Surgissent les ténors des variétés où la voix de Luis Mariano entraînera dans son sillage les jeunes premiers du trémolo, Georges Guétary, André

Dassary, Dario Moreno et d'autres encore. Et à nouveau s'illumine en mille éclats la chanson populaire avec Georges Ulmer, Pierre Dudan, Yves Montand, sans oublier Maurice Chevalier, « Momo », dont c'est le triomphal retour. Toutes ces voix dressées à l'unisson n'éclipsent pas, bien au contraire, les humoristes qui – eux – s'en donnent à cœur joie.

Heureuse époque où un tonnerre d'applaudissements remplaçait celui du canon, où l'explosion des ondes faisait oublier celle des combats.

Véritable magicien du micro, l'ex-chansonnier Saint-Granier s'est imposé comme la « voix » de la France par le biais de ses célèbres émissions, sorte de crochets radiophoniques où les amateurs en tout genre venaient tenter leur chance. Celle d'André tint d'ailleurs dans un titre : « Sans tambour ni trompette ». De là, et grâce à Saint-Granier, il passe chez Pierre Cour et Francis Blanche dans l'émission « Sans rime ni raison ». Concurrent malheureux, de surcroît alité, le producteur-animateur-penseur et membre éminent de la Radio des années cinquante, Jean-Jacques Vital, entrevoit aussitôt le parti qu'il peut tirer de ce « petit comique Normand aux cheveux de paille ». « Quand je l'ai entendu, un soir à la radio – je me souviens, j'étais grippé –, il m'a fait hurler de rire. Lorsque j'ai écouté avec attention " Les crayons ", j'ai trouvé l'interprète étonnant dans la fantaisie, dans la personnalité vocale. J'ai alors demandé à le voir dès le lendemain matin. Je me souviens qu'il avait un petit manteau bleu marine un peu usé qui trahissait un évident manque d'argent, d'aisance. Nous avons bavardé, un long entretien où perçait déjà toute sa gentillesse. Je lui ai proposé de travailler en exclusivité pour moi. »

Ravi de l'offre, Bourvil n'entend plus rien.

Il croit rêver. Lui, pauvre petit comique normand, va

désormais travailler pour le grand producteur. Pour l'humoriste, Vital, c'est un peu la rencontre de Pagnol pour Fernandel, ou celle de Mistinguett pour Gabin. En quelque sorte, le bout du tunnel, la fin d'une zone d'ombre de sa vie et, qui sait, des vaches maigres.

Car Vital, à cette époque, tenait le spectacle de Paris sous une coupe dominatrice dont on dit qu'il abusa parfois. A l'instant, il n'en avait nullement l'envie.

« Il écoutait mais parlait très peu, visiblement intimidé, reprend Jean-Jacques Vital. En arrivant à la porte, à la fin de l'entretien, je me souviens encore qu'il a eu cette phrase que j'ai conservée au fond de ma mémoire : " Ça fait trois fois que je viens à votre bureau, ça fait trois fois qu'on me jette dehors ! " De cette boutade, on a ri. Depuis, on était devenus une paire d'amis, non parce que c'était notre destin, mais aussi et surtout parce qu'on était obligé d'aimer Bourvil ! »

Nous sommes en 1946.

Depuis la Libération, on assiste à une prolifération d'auteurs et d'interprètes de talent à tendance généralement satirique, reprenant en quelque sorte l'idée de fronde populaire, ce qu'on appelle l'« esprit montmartrois ». Ce genre, sans être nouveau, appellera ces « chansonniers » à se produire dans des lieux privilégiés ou voués à leur répertoire, comme le Caveau de la République, prolongement boulevardier du fameux cabaret montmartrois du Chat noir. Dans ces lieux – et bien d'autres – d'où émergèrent moult vedettes, s'illustrèrent ainsi de nombreux artistes malheureusement peu connus du grand public.

Dans les années quarante, ce bouillonnant vivier de personnalités à la plume facile cache les noms de certaines personnes qu'il convient aujourd'hui d'associer au cheminement de Bourvil, tels Maurice Horgues, Robert

Rocca, Pierre Ferrari ou Robert Picq. Ce dernier – associé à Pierre Ferrari sous le nom des « Duettistes du rire » – confirma d'ailleurs qu'il avait été parmi les premiers à remarquer Bourvil dans son numéro du casino Montparnasse.

Du jour au lendemain, la magie des ondes opère un véritable miracle sur la carrière du Normand. L'émission « Pêle-Mêle », sans doute une des plus grandes émissions radiophoniques d'après-guerre, financée par la célèbre marque de savons Cadoricin, offre l'occasion à Bourvil de camper un parfait ahuri, remarquablement servi en cela par les textes de Robert Picq et Pierre Ferrari.

Désormais, la France entière connaît son nom et s'esclaffe à chacune de ses fameuses tirades qu'on jurerait improvisées. « Mon succès est d'abord venu de ma voix, confiera-t-il, car j'ai d'abord été connu par la radio. » Son personnage était l'« imbécile heureux » par excellence, le gars qui se croit capable de tout faire et qui, en définitive, rate tout ce qu'il entreprend. Dans sa tenue de paysan fraîchement débarqué, il incarnait l'inconscience à l'état pur. Bourvil se contentait d'apprendre ses textes tout en laissant une grande part à l'improvisation. Apparente facilité derrière laquelle se cache un travailleur acharné qui ne s'autorise aucun repos. « C'était le succès, c'était le vrai départ de ma carrière, mais avec le caractère dévorant de la radio, qui exige de l'artiste à la mode une nouveauté presque quotidiennement, au bout de six semaines j'étais comme dépouillé, vidé. »

Son succès auprès des auditeurs est tel que Bourvil ne peut pas rester plus longtemps ignoré des professionnels du disque. Déjà, Pathé, la firme discographique la plus en vue de Paris (puisqu'elle regroupe les plus grandes vedettes du moment – Piaf, Chevalier, Tino, Trenet, Claveau –, fait connaître son désir d'enregistrer l'humoriste dans les meilleurs délais.

Au début de l'année 1946, la firme au coq teste son nouveau poulain au cours d'une fête organisée par la société. Jean Richard, non le comédien homonyme dont nous aurons l'occasion de reparler, mais son directeur d'enregistrement chez Pathé, raconte l'événement : « Dès qu'il entra en scène, ce fut un tonnerre d'applaudissements. Il lançait une création : " Elle vendait des crayons ". Ses pointes de chaussures l'une sur l'autre, les cheveux ramenés sur le front à la manière d'une frange, Bourvil représentait le vrai type du cultivateur. Cette présentation lui valut un triomphe. »

Entré en studio la veille de la signature de son contrat – très exactement le jeudi 9 mai 1946 –, Bourvil mit en boîte six enregistrements, sorte de confidences-monologues au sein desquelles n'a pas été encore insérée la fameuse chanson consacrée aux crayons. Elle n'intervint que plus tard dans l'année, la vente des formats se suffisant toujours à elle-même.

De ses « Crayons » et de ses autres bluettes musicales, la critique dira que « l'interprète complète fort adroitement l'auteur ». « Tous deux sont goguenards, rusés, bonasses, timides et effrontés, comme ces idiots de village qui déconcertent par leurs éclairs de malice. Curieux bonhomme qui conquiert Paris où il est arrivé en sabots ! »

Sa verve comique, indéniable, se répand comme une traînée de poudre auprès des professionnels.

Assailli de propositions diverses, il n'a que l'embarras du choix. Pourquoi pas le cinéma ?

Et si, à son tour, il pouvait incarner un légionnaire, un coiffeur, un boulanger, un cafetier, un puisatier ou un schpountz !

Toujours la référence à Fernandel.

Qu'importe, viendra le temps où ils associeront leur talent. Pour l'instant, il sera bourrelier, inscrit au générique du nouveau film de Jean Dreville – Charles Vanel, Harry Baur, Jules Berry ont tourné sous sa direction –, film intitulé *La Ferme du pendu*, tiré d'un roman de Gilbert Dupé – un sordide drame paysan de partage de terres en Vendée. L'occasion pour Bourvil de flagorner en une joyeuse prose : « Cette rencontre fut pour le cinématographe la chose la plus importante depuis la découverte des frères Lumière. Une seconde lumière allait enfin jaillir sous forme d'étoile... » Plus modestement, son rôle consistait, à la fin d'un repas de noces campagnardes, à chanter « Les crayons. » Sur l'écran, le résultat dépassait ses espoirs les plus fous. « Après des mois d'attente fiévreuse et d'impatience fébrile, je pus enfin aller me contempler au cinéma. Ce fut l'instant sacré ! Je dis bien " instant " car mon passage sur l'écran durait, en tout et pour tout, trois ou quatre minutes. »

Filmé en extérieurs à Pouzanches, en plein cœur de la Vendée, *La Ferme du pendu* qui sera tourné entre le 20 juin et le 8 août 1945, laissa de merveilleux souvenirs à son réalisateur Jean Dréville : « Bourvil a été si adorable pendant le tournage ! Par la suite, il me demandait toujours conseil quand on lui proposait un film, trait de caractère sympathique et amical. »

D'autres interprètes du film, Charles Vanel entre autres, ont évoqué leur rencontre avec Bourvil. Vanel avait fait sa connaissance quelques semaines seulement avant le début du tournage, dans le bureau du metteur en scène où Robert Dorfmann – le producteur – l'avait introduit en termes élogieux : « " Je vais vous présenter un type qui va dépasser Fernandel ! " rapporte Vanel. Nous sommes restés évidemment très perplexes et sceptiques, il a fait entrer Bourvil et, pour le mettre à l'aise, il lui a dit : " Allez, mon vieux, faites-nous rigoler ! " C'était charmant comme entrée ! Bourvil nous a chanté ses " Crayons " et il nous a possédés ! »

Quarante-cinq ans après, Henri Genès, autre protagoniste de cette aventure, s'y replonge avec ferveur. Déjà vedette à cette époque, Genès partage d'ailleurs avec Bourvil l'affiche d'une salle de quartier dès la fin de la guerre. « C'était au cabaret L'Excelsior, rue Fagon, dans le treizième arrondissement. Après, nous n'avons fait que nous croiser jusqu'à la Villa d'Este, un dîner-spectacle où nous passions. Un producteur nous a vus et nous avons été engagés quasiment en même temps ! »

Les années suivantes, Henri Genès envahira les ondes avec des refrains bien sentis, dont « La tantina de Burgos » ou « Fatigué de naissance ». Entre-temps, il tourne pas mal de films, dont cinq en compagnie de Bourvil. « Hélas, car les seules scènes que j'ai eues avec lui ont été dans *La Ferme du pendu* et, bien plus tard, *Le Corniaud*. Par contre, j'ai travaillé avec lui à la radio dans " Pêle-Mêle ". De là, le même Vital nous a fait enregistrer une version radiophonique du *Bossu* où il incarnait Passepoil – son rôle dans le film – et moi Cocardasse. Ce sont de merveilleux souvenirs... » Un hasard malicieux a voulu que la propre épouse d'Henri Genès, la comédienne Jeannette Batti, devienne la femme de Bourvil, Mariette, dans *La Traversée de Paris*.

« En 1956, il jouait également *La Route fleurie* et, je me souviens, le soir il raccompagnait ma femme en voiture à la maison. Croyez-moi, ce n'est pas Gabin, par exemple, qui aurait eu ce geste quotidien ! » conclut-il. Telle aventure fera naître un monologue, telle situation une chanson ou le couplet de l'une d'elles.

La Ferme du pendu, premier vrai rôle de Bourvil, n'est pas à proprement parler une immense satisfaction professionnelle dans la carrière de l'apprenti comédien. D'ailleurs, pourquoi ne pas prendre l'expérience avec cet humour dont jamais il ne s'est départi ? C'est ce qu'il fit ! Au sujet des « trois petites minutes » du film, il se remémore sa fameuse rencontre avec le producteur qui, aussitôt, lui avait fait part de son plaisir de le recevoir.

« Vous êtes tout à fait le personnage que je cherche depuis longtemps. »

Bourvil pensif : « Ce que c'est que la patience tout de même... » Puis le producteur lui fait signer enfin son contrat.

« J'eus soudain une affreuse angoisse. Je me dis que M. Carlus [le producteur], sachant que j'avais plusieurs cordes à mon arc, allait peut-être m'en mettre une autour du cou et me donner le rôle du pendu ! »

Bien que mineure, sa participation existe désormais, elle sera même citée en référence dans sa carrière en bonne place parmi les scories de son fabuleux itinéraire cinématographique. Là où, par contre, il fait preuve de beaucoup plus de finesse, c'est quand il se met en quête d'un sujet pour un nouveau monologue. Pourquoi pas « le cinéma » ? pensa-t-il un jour.

« J'ai tourné un film dernièrement. C'était un beau film. Il s'appelait *Pourquoi es-tu parti ?* Alors, moi, je jouais le rôle principal. Je faisais celui qui partait. Avant d'aller tourner, j'avais été chez un professeur qui m'avait dit : " Surtout, toute l'expression dans le masque ! " Je lui avais dit " Oui ! " Mais comme je faisais le rôle de celui qui partait, n'est-ce pas, en partant, je tournais le dos et le derrière ; aussi, pour ce qui était " tout dans le masque ", ça tombait mal ! »

Bruno Coquatrix, auteur-compositeur et futur directeur de l'Olympia, lui propose une tournée de trois mois en première partie vedette de l'orchestre de Ray Ventura. En compagnie de ses Collégiens – on y trouvait Grégoire « Coco » Aslan, l'un des futurs partenaires de Bourvil –, l'étourdissant chef faisait tournoyer Françaises et Français depuis une dizaine d'années sur des refrains vivifiants de gaieté et d'humour, le tout sur une musique signée Paul Misraki, l'un des premiers membres de cette divine phalange. « Tout va très bien, madame la marquise », « Les chemises de l'archiduchesse » ou « Qu'est-ce qu'on attend pour être heureux ? » font toujours valser les cœurs et les corps.

En 1946 Bourvil prend donc part à cette folle équipée sur les routes de France avec l'orchestre de Ray Ventura. Après la tournée de Coquatrix, Bourvil partage avec le chef d'orchestre Fred Adison le générique d'un même film intitulé *Le Studio en folie*.

Michel Fortin, l'éditeur, et André Trives, l'agent de Bourvil, font la moue, hésitent avant de s'engager. Contacté à Marseille sur la tournée où l'ont entraîné les Collégiens de Ray Ventura, Bourvil accepte à condition qu'il y ait « un bon réalisateur et un bon metteur en scène » ! Pour preuve que, déjà engoncé dans une spirale infernale, l'acteur en herbe se montre parfois plus prudent sur ses choix que ne l'a été son entourage.

Le voilà donc parti dans *Le Studio en folie*, documentaire musical d'une trentaine de minutes « mis en scène » (!) par un obscur tâcheron qui débuta comme monteur de film, Walter Kapps. Peut-être aurait-il dû le rester car ce *Studio*, bien enlevé sur le plan visuel, eût sûrement emporté l'adhésion sous la patte habile d'un bon directeur d'acteurs.

Une deuxième expérience avec le réalisateur André Berthomieu serait-elle meilleure?

Pas tout à fait! Pourtant, à y regarder de plus près, le sens de l'humour boulevardier de Berthomieu, ses images primesautières, sa façon caricaturale de mettre en situation son comédien, sans oublier son solide métier (il fut assistant, entre autres références, du cinéaste Julien Duvivier) et sa conscience professionnelle, ont d'une certaine façon mis Bourvil à l'abri des « fêlures » du cinéma d'auteur, l'ont mis, comme en quarantaine, en chrysalide dans l'attente de rencontres plus fructueuses sur le plan artistique ou esthétique.

Au cinéma, avant qu'il ne rencontre Clouzot, Autant-Lara, Mocky ou Melville, chacun utilisera Bourvil comme une « machine commerciale » sans qu'aucune des productions montées autour de son personnage ne dénote aucun signe de « qualité ». Normand comme Bourvil – Berthomieu est né à Rouen en 1903, comme lui il se prénomme André –, le réalisateur de *Pas si bête* conçoit d'ailleurs le cinéma non comme un art, mais comme un métier, une industrie à laquelle il vouera sa vie entière. A ce titre, son ouvrage testament *Cinéma, miroir aux alouettes* tente de préserver son métier (qu'il adorait) de toute pseudo-vocation intellectuelle, révolutionnaire, sociale ou artistique.

Ce catéchiste conservateur allait, à l'évidence, se faire pas mal d'ennemis dans la profession au cours de l'explosion de la société française, dans la seconde moitié de ce siècle. Néanmoins, il pourra se vanter d'avoir cultivé et conservé la solide amitié de celui qui allait devenir son interprète favori : Bourvil.

En 1946, tandis que Bourvil triomphe sur les ondes de Radio-Luxembourg dans « Pêle-Mêle », l'émission de Jean-Jacques Vital, Berthomieu commence à écrire les bases du scénario de *Pas si bête*. Un soir, le cinéaste vint trouver Bourvil dans un cabaret de Montmartre où il se produisait. La rencontre fut brève.

« Vous avez déjà joué la comédie? interroge Berthomieu.

— Non! répond Bourvil.

— Bon, alors, ça va aller! » conclut le cinéaste visiblement ravi.

« Mais, je lui ai dit, j'ai des jeux de physionomies, dix-sept. J'ai la colère, l'étonnement, le doute (je mimais!). Il m'arrête, il savait qu'avec moi il serait tranquille! »

Assurément, Berthomieu peut être sans crainte. Son scénario, creux mais roublard, utilise parfaitement les ficelles du « comique paysan » auquel le music-hall a apporté sa caution. Dans le projet, il a mis beaucoup de leur natale Normandie pour ne pas, il est vrai, « dépayser » les joyeux interprètes de « Pour sûr », chanson par ailleurs incluse dans le film *Pas si bête*.

> *Avec ses yeux de braise*
> *Au pied d'une meule de foin*
> *Elle revenait des fraises*
> *Et moi d'l'herbe aux lapins.*

Cette sérénade champêtre était signée Rapha, Emile Prudhomme — accordéoniste de grand talent —, et... Bourvil. Lequel raconte à sa manière l'étonnante aventure de *Pas si bête*.

« Il me remit donc un scénario.

« "Lis-moi ça, me confia-t-il, et tu me diras si ça colle." Il s'agissait de *Pas si bête* (à souligner l'astuce dans le titre!). Pour coller, ça collait! Je sautai sur l'occasion... » Et c'est un troisième Normand (une vraie coalition), Paul Vandenberghe, qui écrivit les dialogues de cette histoire. Par contre, ce qui collait moins bien, c'étaient les commanditaires. On en chercha, mais la plupart ne semblaient pas très convaincus.

Dès qu'on prononçait le nom de Bourvil, certains devaient se dire : « Connais pas », ou bien ils formulaient de gentilles réserves dans le genre : « Ah oui! Le fada de la radio! » Heureusement, Berthomieu était normand, donc entêté.

Un beau jour, il débarqua chez Bourvil, l'air souriant, la gauloise victorieuse au bec, le chapeau sur la nuque (ce qui était, chez lui, un signe de belle humeur!) : il avait trouvé un producteur perspicace et suffisamment audacieux pour oser risquer une petite fortune sur eux!

Sitôt achevée la tournée avec Ray Ventura organisée par Coquatrix, Bourvil file en Normandie pour y retrouver André Berthomieu, et son premier grand rôle. Curieux hasard : il se nomme... Ménard! Comme le mari de sa mère!

Léon Ménard, un brave paysan (il fallait s'y attendre!), retrouve sa cousine et amie d'enfance Nicole (Suzy Carrier) dont le père est un riche négociant en huiles. Invité à la villa familiale, Léon est un peu perdu au milieu de ce beau monde; il y a là, tous attirés par l'appât du gain, Gaby, une « théâtreuse » (Mona Goya) dont le but est d'épouser l'industriel, Antony (Yves Deniaud), son imprésario, individu peu recommandable, le comte de Belmont (Louvigny), noble ruiné cherchant à marier son fils Didier (Bernard Lancret). C'est finalement ce brave Ménard qui, par maladresses (ô combien calculées!), son air faussement niais et sa franchise, déjouera les unes après les autres leurs machiavéliques intentions... Et, pas si bête, il épousera la belle!...

A l'issue de la lecture, Bourvil n'est pas précisément rassuré par cette future prestation. A juste titre.

La critique dira d'ailleurs, au sujet de ses rôles, que les meilleures intentions du monde n'arrivent pas à faire oublier un tel déploiement d'inepties. Bien plus tard, après cette « période Berthomieu », Bourvil parvint enfin à échapper au concert de critiques dont il était en permanence l'objet. A ce propos, l'écrivain-dialoguiste Henri Jeanson éclairera en une seule phrase ce qu'était réellement le « phénomène Bourvil » : « Bourvil, écrivait-il, était ce personnage qui, le film terminé ou le rideau baissé, nous accompagnait à sa manière et nous communiquait un peu de son innocence... »

En 1946, Bourvil est trop neuf dans le métier pour avoir le recul nécessaire. Trop gentil aussi. A cause de cela, il ne tient pas compte de la médiocrité des textes qu'on lui impose. Il les adopte sans jamais être totalement dupe. Preuve en est la confession faite sur le tournage de *Pas si bête* : « Les premiers instants d'euphorie passés, j'eus le trac. Au fur et à mesure que je répétais mon rôle, j'éprouvais comme une brusque envie de changer de métier. C'était un peu tard direz-vous. »

Jeanne, sa femme, fit, plus que jamais, apprécier le réconfort de sa présence et les bienfaits du mariage. Pour *Pas si bête*, il devait partir à Louviers où étaient filmés les extérieurs. Elle l'accompagna à la gare et lui remonta considérablement le moral.

Il aurait donné n'importe quoi pour prendre la direction de Bourville. Mais, à Louviers, l'air de sa Normandie le regonfla. Histoire sans doute de l'initier aux rôles de composition, on le « déguisa » en paysan normand. Le trac reprit de plus belle, mais l'équipe de *Pas si bête* était du genre plaisantin, enjoué et farceur.

Au cours du premier repas pris en commun, Deniaud, à qui il demandait quelques conseils techniques concernant le cinématographe, confia dans son argot savoureux : « Suffit d'esgourder, d'ouvrir tes châsses, de te pointer, de bonir ta salade, sans te mélanger la bavarde et ça bichera de première ! »

Bourvil suivra d'ailleurs à la lettre les conseils du regretté vieux routard qu'était Deniaud, révélé quelques années auparavant par le fameux *Drôle de drame*, de Marcel Carné.

Deux hommes au cheminement quasi identique — l'école de la radio, du music-hall, du théâtre —, au tempérament comique populaire les confinant à l'origine dans les valets de chambre, les naïfs, les sots, avec cette même maladresse commune, la même humilité débrouillarde. En 1953, dans *Si Versailles m'était conté*, Deniaud deviendra le célèbre paysan auquel Henri IV promet la poule au pot. L'année suivante, le même Deniaud magnifia le Crainquebille d'Anatole France dans le film de Ralph Habib. Malgré le temps, Bourvil n'échappait pas non plus à ce personnage comique si particulier auquel il était désormais lié.

« Pour moi, il crée un genre absolument nouveau, affirmait Deniaud à propos de son partenaire. Et je vois pour lui s'ouvrir une très grande carrière... Il est des acteurs qui ont gagné d'avance. »

Et il avait raison car, au milieu de la volée de bois vert reçue par le film à sa sortie, l'air ahuri du tendre Ménard évite les foudres de certains critiques habituellement moins délicats. « On rit à ce film de Bourvil, s'empresse d'écrire Jean Nery, parce que Bourvil a su se créer un type : le paysan un peu benêt, pas très dégourdi, mais astucieux quand même. Une sorte d'Adémaï avec la finesse de Noël-Noël en moins. Et quand on le met en contraste avec des citadins aux belles manières, des aristocrates à monocle et des vedettes roucoulantes, on obtient à coup sûr des effets drôles. Mais Bourvil eût-il encore cent fois plus de talent (il n'en manque déjà pas!) qu'il ne pourrait résister plus d'un quart d'heure à une avalanche de bêtises, de mots tout faits et de situations passe-partout... »

A travers Ménard, Bourvil – on l'a vu – n'échappe pas à la caricature facile. Alors, parfois, au fil de la presse consacrée à sa prestation dans *Pas si bête*, quelques conseils avisés fusent, excusant au passage les maladresses et les hésitations de l'aspirant comédien. Tel ce texte du journaliste Pierre Chartier paru dans *France libre* du 4 avril 1947, dont la chaleur, la gentillesse, l'affabilité pousseront Bourvil à ne jamais décevoir celui pour lequel il travaille : le public. « Il avait figuré dans *La Ferme du pendu* et l'on avait aimé son style. Ici, il accède au premier rôle : le petit cousin, le campagnard, le petit gars à l'âme pure, c'est lui... Il a l'âme pure, Bourvil. Pour qui l'a applaudi sur la Butte avant que le dénichent les chercheurs de talents de la Radiodiffusion française, cela ne fait nul doute. Et les cloches de la renommée ont eu beau lui sonner aux oreilles, il est resté ce qu'il est : un brave gars, le cœur sur la main. C'est un beau garçon qui s'enlaidit pour paraître en public, pour acquérir une personnalité physique : cela prouve son intelligence. Malheureusement, en dépit d'une indéniable présence (ce mot signifie que l'acteur incarne " sans bavures " son personnage), Bourvil demeure encore un homme de music-hall. Ses chansons sont excellentes. Il les interprète parfaitement. Mais son jeu demeure celui du tour de chant. Et cela se remarque dans la manière de dire les répliques, comme dans la façon d'accrocher le public, comme dans la manière d'appuyer sur certains jeux de scène. Bourvil a besoin, pour devenir un remarquable comédien de l'écran, d'un metteur en scène intransigeant, qui le " brime " à l'extrême; il est assez fin pour en comprendre la nécessité. »

Vingt-cinq années plus tard, Bourvil s'était ressaisi. Sans rejeter le passé, il s'offusquait parfois de la rediffusion de ces productions bâclées auxquelles il prêtait son nom jadis. « On a eu tort de donner ce film-là à la télévision, fit-il remarquer à Léon Zitrone venu l'interviewer en 1969. On ne devrait redonner que les chefs-d'œuvre, qui seuls résistent à l'outrage des années. Eux seuls ne vieillissent jamais. Mais un chef-d'œuvre filmé, c'est plutôt rare. En famille, nous avons suivi ça pendant un petit quart d'heure, puis j'ai tourné le bouton... »

Pour l'heure, à l'automne 1946, André Berthomieu s'enferme dans sa salle de montage avec son assistant Jeannette Berton afin de procéder à l'élaboration de la première copie de son film *Pas si bête*.

Pendant ce temps, Bourvil prépare sa grande rentrée parisienne pour la première fois sur la glorieuse scène de l'ABC. Ce lundi 4 novembre 1946, son nom sur l'affiche est aussi gros que celui de l'autre vedette du spectacle, Georges Ulmer, le crooner danois le plus célèbre du côté de Pigalle.

Pour son agent, Trives, et l'éditeur Fortin, l'affaire remontait déjà à l'année précédente, où les deux hommes s'étaient vu proprement éconduire lorsqu'ils avaient proposé Bourvil à l'intraitable patron de la célèbre salle : Mitty Goldin. Sans aucun risque, cet astucieux directeur artistique recueille maintenant un succès assuré. Nombreuses seront les occasions de revenir sur les étranges manières de ce maître des nuits parisiennes et de les éclairer d'un jour nouveau.

L'accueil du spectacle de Bourvil sur les planches de l'ABC fut des plus réservés. Sans doute parce que l'année 1946, trop riche de « La mer », des « Feuilles mortes » ou de « La vie en rose », consacrait trois monuments du music-hall! Sans doute aussi parce que le foisonnement artistique et intellectuel de cette période bousculait les noms qui se pressaient aux portillons de la gloire : Juliette Gréco, Cora Vaucaire, Marcel Mouloudji, les Quatre Barbus, les Frères Jacques, tandis que Jean Sablon, Roland Gerbeau, Dario Moreno et les autres devenaient en mille éclats de voix autant d'étoiles filantes lancées dans le ciel de Paris.

André Claveau a vu pâlir la sienne à la fin de la guerre. Il s'en inquiète, cherche désespérément une autre voie. Afin de raviver la flamme d'autres admiratrices, l'ex-« prince de la chanson de charme » — c'est ainsi que l'a surnommé la presse — consent à se hasarder dans le monde de l'opérette. Première opérette mise en musique par Bruno Coquatrix sur un livret de Jean-Jacques Vital et Serge Veber, *La Bonne Hôtesse* lui offre l'occasion de changer enfin de registre. Ce n'est en effet que la seconde fois qu'il paraît dans ce genre où d'autres ont assuré leur réussite.

Sur le plateau de l'Alhambra, Claveau croise trois autres débutants célèbres. Gisèle Pascal, jeune comédienne remarquée et révélée par les cinéastes Yves et Marc Allégret, dont la prétendue « liaison » avec Gary Cooper et les fiançailles avec le prince Rainier firent grand bruit (elle est aujourd'hui l'épouse du comédien Raymond Pellegrin); Grégoire « Coco » Aslan, touche-à-tout de génie puisqu'il fut Collégien chez Ray Ventura, comédien pour le grand Orson Welles, visiblement séduit par cette expérience sur une scène parisienne; Bourvil, enfin, épuisé par son passage à l'ABC, ravi et anxieux du pari engagé par son ami et producteur Jean-Jacques Vital.

Le 20 décembre 1946, la veille de la première, il est tendu, nerveux et bafouille son texte.

Ses partenaires s'impatientent, piaffent, pestent en silence contre « ce comique paysan qui n'aurait jamais dû quitter sa charrue », selon un figurant retrouvé bien des années après. Coquatrix, l'espace d'un doute, songe même à le remplacer! Bourvil se refuse à céder au découragement, mesure le chemin parcouru, envisage l'avenir avec sénérité. Le 21 décembre, il a dominé son trac.

La critique, elle, ne domine nullement ses pensées. Elle fera cruellement remarquer les faiblesses de *La Bonne Hôtesse*, bien curieuse adaptation de *L'Ile des esclaves*, une comédie... de Marivaux!

Accompagné de son fidèle domestique (Bourvil), un jeune play-boy parisien (Claveau) s'envole vers Melbourne afin de fuir une maîtresse particulièrement tyrannique (Irène de Trebert). Dans l'avion, un diamantaire (Duvaleix), un faux fakir (Aslan) et une troupe de girls avec leur meneuse (Alice Tissot) n'ont rien perdu de la passion qui anime le jeune homme pour la belle hôtesse de l'air (Gisèle Pascal). Tout ce petit monde, ainsi qu'une passagère clandestine – la maîtresse bafouée – va se retrouver sur une île perdue dans l'océan. Pour se protéger de la tempête, chacun s'est emparé d'un costume de théâtre contenu dans une malle réchappée des soutes. C'est ainsi que, devenu Napoléon, l'ex-domestique prend le commandement. Beaucoup de péripéties suivies de trois mariages : le jeune homme et l'hôtesse, le diamantaire et la meneuse de revue, ainsi que le domestique avec une tendre indigène.

Chacun, bien entendu, ira de son couplet. Au total, douze chansons à la fois inconsistantes et mièvres pour un spectacle dont la vulgarité n'avait d'égal que le peu d'entrain des protagonistes.

Dernier obstacle, et non des moindres, Bourvil doit

entraîner le public dans une chanson au titre à l'effet inversement proportionnel sur la pièce : « Je suis content, ça marche ! » Pour lui, en tout cas, l'affirmation n'a rien d'erroné.

« Agréable révélation que ce Bourvil, comédien aux dons certains... », constate le chroniqueur Richard Balducci. Un autre, Hubert de Malafosse, affirme, serein, au cours d'un méchant pamphlet, « qu'il est un comédien adroit et que nous lui devons les seuls moments drôles de la soirée ».

Le comique, épargné par les attaques en règle de la profession, en tire même quelque gloire lorsqu'il découvre dans *Combat* du 2 janvier 1947, sous la plume de Jean Silvant, exultant d'un enthousiasme communicatif : « J'en suis sûr maintenant : Bourvil, c'est un grand bonhomme. » Avait-il raison, notre Bourvil, de déclarer quelques semaines auparavant dans une confession-vérité, reprise sous la plume de Paul-Louis Mignon, en 1963 : « Je préfère la chanson en situation dans la comédie musicale, avec la possibilité de faire le clown, de danser comme de chanter, de me mêler au public dans la salle, de me laisser aller au gré de la fantaisie, à toutes sortes de drôleries, avec – pour seule ambition – de divertir mon public, franchement » ?

En mars 1947, deux de ses films sortent sur les écrans parisiens : *Le Studio en folie*, court métrage musical de vingt-sept minutes, et *Pas si bête*, dont l'affiche jouxte celle d'une production d'Henri Calef, *Les Chouans*, avec en rôle secondaire Jean Marais, son futur complice du *Bossu* et du *Capitan*.

A l'origine écrit, sous le titre *Je reviendrai par la fenêtre*, par le romancier Georges Neveux, le film *Par la fenêtre* marque la rencontre entre Bourvil et Gilles Grangier.

Noël-Noël, Georges Guétary, Luis Mariano et Fernandel venaient d'être dirigés par ce savoureux cinéaste dont les souvenirs, *Flash-back*, sont truffés d'anecdotes « vraies », superbes et parfaitement intégrées à l'histoire du cinéma français, durant ses trente ans de carrière, d'*Ademaï* (1943) jusqu'à *Gross Paris* (1973).

Celle-ci en fait partie.

« Pendant le tournage, une voiture venait nous chercher, une sorte de ramassage scolaire. Afin de donner un peu de relief au transport, Bourvil, que l'on ramassait juste avant moi, pénétrait dans la cour de mon immeuble et, pour m'appeler, interprétait un solo de clairon. Comme nous tournions de bonne heure, ce réveil matinal n'était pas toujours du goût de mes colocataires et j'ai dû faire promettre à André de ne plus jouer du clairon. Il a promis de bonne grâce, en rigolant comme toujours. Mais le lendemain matin, sur le coup de sept heures moins le quart, il se pointait avec un accordéon... » Musique oblige – les producteurs prévoyaient à ce propos des recettes supplémentaires –, Grangier filma donc son Bourvil en pleine romance « monologuée » dans la fameuse « Rumba du pinceau » : « Toujours, toujours la façade !... Eh oui ! Car au fond, dans la vie, il n'y a que cela qui compte : la façade !... Une supposition, par exemple : Vous ne pouvez pas dire de quelqu'un, vu de dos, qu'il a une bonne mine... » Incluse dans une scène de *Par la fenêtre* – signée Lorin-Bourvil et Sterval –, toujours publiée chez Fortin, cette chansonnette devient aussitôt le grand succès des ondes. De plus, ses paroles résument parfaitement le sujet du film de Grangier.

Tout n'est pas tellement beau
Derrière mon petit pinceau...

Ainsi chante Pilou (Bourvil), le peintre en bâtiment au cœur bien triste depuis que la jolie Yvette s'en est allée vers la grande ville, l'abandonnant seul à Bouquigny, dans le Calvados. Depuis ce jour, il la cherche par les fenêtres des immeubles où son travail le conduit. Jusqu'à ce qu'il sauve du suicide l'infortunée Fernande (Suzy Delair) que son fiancé Albert (René Dupuy) veut quitter pour Renée (Michèle Philippe). Là où l'affaire se complique, c'est qu'un voisin, Paul, un artiste (Jean Barrère), est amoureux de Renée. Dès lors, un chassé-croisé s'installe où chacun des protagonistes tente de rendre jaloux son prochain, entraînant une suite de mésaventures rocambolesques au cours desquelles Pilou finira par trouver son Yvette.

« *Par la fenêtre*, poursuit Grangier, m'aura permis de connaître Bourvil. Je l'avais " marié " avec Suzy Delair, et le choc de ces deux personnalités fit souvent des étincelles sur le plateau, dont quelques-unes apparurent sur l'écran. »

Commencé aux studios de Saint-Maurice le 18 août 1947, le tournage du film provoque encore aujourd'hui deux réactions légèrement divergentes entre Suzy Delair et son metteur en scène. Selon Grangier, le cinéaste Henri-George Clouzot – lequel vivait avec la comédienne – lui affirma un jour : « Je suis aux abois, il faut que tu engages Suzy, la vie n'est plus possible à la maison. » Et Grangier de conclure : « Durant tout le tournage, elle n'a cessé de nous emm.... »

Selon Suzy Delair, interrogée en 1990 à quelques mois d'intervalle, la version n'est plus du tout la même, preuve sans doute que chez l'un ou chez l'autre, la mémoire embellit ou enlaidit la vérité que nous ne connaîtrons certainement jamais! « Clouzot ne voulait absolument pas que je tourne ce film immédiatement après *Quai des Orfèvres*, affirme la comédienne. Il estimait — et bon nombre de mes amis — qu'il n'était pas opportun de faire ce film après le triomphe que nous venions d'obtenir ensemble... » Heureusement, les deux sont d'accord pour affirmer que, durant cette période, Bourvil « se montra extrêmement gai malgré sa timidité, et qu'il était d'une incroyable curiosité, il s'intéressait à toutes sortes de choses et posait sans arrêt des questions! ».

A la vérité, Suzy Delair nourrissait une grande admiration pour Bourvil. Présente lors d'un de ses tours de chant, elle était venue le féliciter dans sa loge. Les deux artistes s'étaient juré de se retrouver : ils le firent par deux fois, avec *Par la fenêtre* en 1947, puis dans *Le Fil à la patte* sept ans plus tard. Entre-temps, il s'est passé beaucoup de choses. Et Suzy Delair n'a jamais voulu tourner de nouveau sous la direction de Gilles Grangier. Ou alors est-ce le contraire ? Peut-être, par sens du spectacle, ont-ils pris un malin plaisir à faire leurs adieux, ou plutôt à ralentir leurs activités cinématographiques... la même année !

C'était en 1975. Depuis, ils vont bien et pensent beaucoup, chacun de son côté, à Bourvil.

En 1947, il semble bien loin le temps des cabarets minables où, du Tourbillon au Palais Berlitz, Andrel « courait le cacheton ». Pour preuve, Jeanne et André s'installent dans un confortable appartement situé villa Niel, un verdoyant havre de paix en plein cœur du dix-septième arrondissement. Adieu au minuscule appartement de Vincennes. Désormais on l'appelle Monsieur Bourvil.

Lui préfère André bien qu'il soit, en 1947, la coqueluche du public, des grands et de petits auprès desquels il se dépense sans compter. Dans les hôpitaux, les centres de retraite ou les foyers d'accueil, combien de fois est-il venu gracieusement chanter, jouer la comédie et distribuer des cadeaux aux plus déshérités!

Son beau-père, Joseph Ménard, se souviendra longtemps qu'André, en cette même année 1947, lui offrit royalement la voiture de ses rêves : une superbe Citroën.

Sa générosité, sa gentillesse n'entraîneront jamais que des amitiés tenaces, des émotions fortes même si c'est parfois, comme nous l'explique Line Renaud, à son corps défendant :

« Bour-vil! Bour-vil! Bour-vil! » L'air des lampions. Leur Bourvil, ils le veulent tout de suite, et Bourvil est prévu en deuxième partie de programme.

Pas facile d'entrer sur scène quand, dans la salle, tout le monde crie à tue-tête : « Bour-vil! Bour-vil! Bour-vil! »

Et qu'on est toute blonde avec des yeux bleus.

Il réconforta la « demoiselle d'Armentières », ce joli moineau de dix-huit printemps qu'il n'eut plus jamais l'occasion de retrouver sur scène.

Ce qui ne semble pas le cas d'André Berthomieu qui, déjà, attend Bourvil sur les plateaux des studios de Saint-Maurice. Il le retrouve pour la seconde fois avec *Blanc comme neige*, un film à retenir dans la carrière du comique pour la simple raison qu'il y interprète la fameuse chanson « C'est l'piston! », une ritournelle à laquelle Bourvil attache une grande importance « sentimentale ».

Au milieu des années soixante, un éditeur lui commanda la rédaction de ses souvenirs, ce à quoi il consentit de bonne grâce à condition qu'on lui en laisse le temps. Il griffonna ainsi une soixantaine de feuillets dont on a aujourd'hui perdu la trace; mais certaines personnes ont eu la chance d'en parcourir le contenu qui, à les entendre, était profondément touchant et empreint d'une judicieuse malice. A ces mémoires inachevés, il avait déjà trouvé un titre auquel, dit-on, il tenait comme au plus précieux des trésors. Devinez lequel. « C'est l'piston », bien sûr!

> *C'est l'piston... qui fait marcher la machine!*
> *Qu'est-ce qui m'a donné l'âme d'un artiste?*
> *C'est l'piston.*
> *Qu'est-ce qui m'a rendu toujours optimiste?*
> *C'est l'piston.*
> *Qu'est-ce qui m'a fait venir à Paris?*
> *C'est l'piston.*
> *Qu'est-ce qui me fera un nom dans la vie?*
> *C'est l'piston...*

Naturellement, le scénario de *Blanc comme neige*, signé Berthomieu, est au diapason de ces immortels couplets. Et le nom du héros du film, plutôt familier à nos oreilles : Ménard. Comme le beau-père de Bourvil!

Le scénario de *Blanc comme neige* entraîne Léon Ménard (Bourvil), un jeune paysan, vers Paris où il est venu gagner l'argent qui lui permettrait d'épouser sa promise, Charlotte (Paulette Dubost). Copain de rencontre et truand invétéré, Bob (Robert Berri) le soûle, puis le fait accuser d'un vol à sa place. En prison, le naïf Léon refuse obstinément de croire qu'il a été trahi par son ami Bob. Heureusement, Charlotte devinera la vérité et fera arrêter Bob, tandis que Léon touchera la prime. Charlotte et Léon, un peu plus riches, pourront enfin vivre heureux.

Malgré la belle partition musicale de Georges Van

Parys, quelques belles compositions dont celle de l'ineffable Pauline Carton – on remarquera également le débutant Michel Roux –, *Blanc comme neige* ne noircira nullement les pages des encyclopédies du cinéma.

Après *La Bonne Hôtesse*, Bourvil prépare déjà son retour sur la scène de l'Alhambra. Même théâtre, mais aussi mêmes auteurs – Serge Veber et Jean-Jacques Vital –, même compositeur – Bruno Coquatrix –, même metteur en scène – Pasquali – pour *Le Maharadjah*, opérette mise au service de Bourvil, unique vedette de ce plateau où sont réunis Lysiane Rey, Drean, Henri Legay, Jacques Bodoin, Lydia George et Alice Tissot, sa partenaire de *Blanc comme neige*.

Hélas, le scénario du *Maharadjah* ne vaut pas mieux que celui de Berthomieu !

« Je lui dis Vittel. Non, répond-il, elle est morte ! » entend-on lors des répétitions.

Chacun se doute, le soir de la première, le 17 décembre 1947, qu'un chapelet de calembours de cet acabit ne fera pas vivre mille et une nuits à ce *Maharadjah*.

Dès le lendemain et les semaines suivantes, la presse tire à boulets rouges sur les auteurs de ce « monstre de sottise » (Jacques Dantille dans *L'Époque*), que l'on accuse d'avoir « bâclé leur histoire invraisemblable pour ne pas dire idiote » (Yves Gibeau dans *Combat*), sans oublier le malheureux Bourvil dont *Les Nouvelles littéraires* avertissent qu'il « goûte difficilement le talent... ». Seul Henri Spade constate que « Bourvil est la seule grande attraction... et que tous ceux qui sont les admirateurs de l'illustre comique vont se succéder pendant de longs mois pour assister à ses pérégrinations. Ils auront le bonheur de l'y trouver tel qu'il semble s'être, une fois pour toutes, fixé : avec son visage ahuri, son regard hagard, fixe, obsédé, inquiétant (il me cause, quant à moi, un malaise véritable), ses plaisanteries béates, sa candeur matoise... ».

Heureux Bourvil qui, malgré les attaques dont il fera l'objet tout au long de sa carrière, dispense sans compter sa bonne humeur communicative. Et dépense tout autant ses deniers sans pour cela réclamer de ces falots porte-plume qu'ils s'en fassent également l'écho.

Personne, ou presque, ne saura donc que lors de la présentation du *Maharadjah* sur une scène bruxelloise, il offre la recette à des œuvres pour l'enfance.

Bourvil ne comptait plus les médailles, trophées et autres distinctions reçues en échange de sa générosité.

Jamais il ne refusa de tendre la main. Et il refusait rarement le travail lorsqu'on lui en proposait. On comprend alors que ses choix professionnels apparaissent aujourd'hui très discutables. Justement, il est bien trop gentil – et mal inspiré – en cette année 1948 où il campe, une fois de trop, un brave paysan normand dans ce sombre *Maharadjah*. Même si, sur la scène de l'Alhambra, Bourvil s'illustre dans des situations très particulières.

Son héros (!), Jules, n'est agriculteur que par filiation. Son rêve à lui, ce sont les romans d'aventures pour lesquels il nourrit une véritable passion. Un jour, un hélicoptère se pose sur son champ. On vient chercher sa Julie (Lisyane Rey), seule héritière du trône du maharadjah de Matapa. Après maintes péripéties de l'autre côté du globe, Jules et Julie parviendront à régner ensemble. Il est temps pour Jules de se réveiller... car c'était un songe !

Quant à Bourvil, malgré les critiques sévères, il a l'impression de vivre un rêve tout éveillé.

Au lieu de l'exaspérer, la méchanceté ou la médisance ne semble pas avoir de prise sur lui. (Sans doute l'une des raisons pour laquelle aucun journaliste ne fut réellement virulent envers le comédien, l'homme ou le personnage public.)

Après *Pas si bête* et *Blanc comme neige*, il retourne en Normandie pour *Le Cœur sur la main*, troisième étape de la collaboration Berthomieu-Bourvil.

Léon Ménard, héros de *Pas si bête*, devenu Louis Ménard dans *Blanc comme neige*, reprend dans *Le Cœur sur la main* son prénom initial pour se lancer solennellement dans de nouvelles aventures.

Ici, Léon Ménard est à la fois bedeau et musicien du village. Organiste à l'église, accordéoniste au café, Léon est heureux jusqu'au jour où la chanteuse Mary Pinson (Michèle Philippe), de passage, lui demande de l'accompagner à l'accordéon. A l'issue du récital, des bigotes exigent le renvoi du bedeau. Ce dernier part donc à Paris rejoindre la chanteuse. Ensemble, ils montent un orchestre. Fortune faite, il achète une boîte de nuit. Mais, avec son amant, Mary escroque l'imprudent Léon. Redevenu pauvre, il s'engage dans un cirque où il rencontre Solange, une belle écuyère (Lolita de Silva). Leur amour effacera les rancœurs que Léon nourrit sur son passé.

Décidément, ses inepties cinématographiques le plongent, irréversiblement, dans un « folklore » dont il ne semble plus le maître d'œuvre.

Mais Berthomieu ne lâche pas si facilement la mine d'or que représente le Normand! Cette même année 1948, Pathé Marconi l'entraîne à s'engager dans un autre registre où il se montrera parfaitement à l'aise : l'opéra.

Episode peu connu de la carrière de Bourvil, l'enregistrement des *Contes d'Hoffmann*, superbe opéra posthume de Jacques Offenbach achevé par Ernest Guiraud, peut paraître comme une idée saugrenue mais il n'en est rien. Le comique s'en tire à merveille dans les petites compositions d'Andrés, de Cochenille, de Frantz et de Pitichinaccio.

Enregistrée au théâtre des Champs-Élysées en compagnie de Raoul Jobin (Hoffmann), Geori Boué et Paul Cabanel, avec l'orchestre et les chœurs de l'Opéra-Comique placés sous la direction du chef d'orchestre André Cluytens, cette œuvre imposa à l'acteur une rigueur nouvelle.

Il s'en acquitta si bien, certains diront de façon remarquable, qu'il faut sans doute compter cet essai comme un coup de génie de son producteur – Michel de Bry – et une réussite sur le plan vocal pour l'artiste de music-hall.

« Imprévu mais étonnant », peut-on lire sous la plume de l'excellent critique musical Armand Panigel dans la revue *Disques*. « Chacun des rôles qu'il assume a un relief et une saveur exceptionnels. Son talent est indéniable. Les couplets de Frantz deviendront classiques! »

Cet enregistrement, au joli succès public – il sera d'ailleurs maintes fois réédité –, demeure toutefois une parenthèse dans la carrière de Bourvil, désormais trop accaparé par le cinéma et bien sûr par la scène.

Dès le 26 février 1949, il y retourne pour une enrichissante expérience, jouer *Le Bouillant Achille*, une comédie de Paul Nivoix.

En effet, sur la scène du théâtre des Variétés, une nouvelle carrière s'ouvre peut-être pour lui grâce à cet apprentissage de la comédie pure, avec des partenaires de choix puisqu'on retrouve à ses côtés Suzet Maïs, Madeleine Suffel, Perrette Souplex, Jean Vinci, Numes Fils, et surtout Duvaleix, formidable comédien de cabaret qui deviendra l'un des fameux Branquignols de Robert Dhéry, lequel met d'ailleurs en scène ce *Bouillant Achille*.

Ses bonnes intentions sont stimulées par une critique de Max Favalelli qui écrit : « Si jamais un artiste réussit à faire quelque chose de louable, c'est bien le cas de Bourvil dans *Le Bouillant Achille*. Il est incontestable que Bourvil a une nature. Une nature qui n'a même pas horreur du vide puisqu'elle parvient à survivre au texte de M. Nivoix. »

Bourvil confiera alors à Henri Spade, découvreur de grands talents pour la télévision, dans une interview accordée à *Paris Presse*, qu'il s'estime ravi d'évoluer vers un autre personnage que celui où les producteurs l'ont catalogué et de prouver qu'il a la parfaite maîtrise de son avenir malgré ce qu'en disent déjà ses détracteurs.

« Bourvil, vous comprenez, c'était toujours la même chose : les gens en auraient vite assez. Si je réussis à bien jouer cette pièce, peut-être qu'on me confiera des rôles de comédie dans des films qui ne seront pas construits autour de Bourvil et de son numéro, mais où j'aurai ma partie à tenir dans l'histoire. » Et, au passage, il n'oublie pas de citer celui qui fut son modèle : Fernandel, auquel Marcel Pagnol a offert l'anoblissement de son statut d'acteur par les créations de l'émouvant Saturnin d'*Angèle* ou du merveilleux Félipe, amoureux de *La Fille du puisatier*. Que n'a-t-il rencontré d'abord l'académicien de la trilogie au lieu du triste Nivoix, bien oublié depuis !

Laissons le présenter lui-même son œuvre (!), texte en introduction au programme de l'époque qu'il a dédicacé ainsi : « A André Bourvil, en souvenir de ses sensationnels débuts de comédien, cette pièce écrite pour lui. »

Achille Poche (Bourvil) a une naïve confiance en soi, teintée d'une timidité à la Charlot. Autrefois, son épouse Caroline (Suzet Maïs) le quitta pour d'autres ambitions, emmenant avec elle Janine, la nièce et pupille d'Achille, âgée de cinq ans. Aujourd'hui, obscur accessoiriste de la troupe Racoli (Duvaleix) dont il est le souffre-douleur, il apprend que son ex-femme le fait rechercher car Janine va se marier et il faut le consentement de son tuteur légal. Ce dernier n'a pas perdu le désir de reconquérir celle qu'il aime, situation d'autant plus compliquée qu'elle ne l'entend pas de cette oreille et que, par-dessus tout, le détestable Racoli se révèle en réalité être le père du futur époux de sa pupille...

Admettons, comme écrit la critique à propos de cette prestation et de bien d'autres durant cette période, qu'il faille souhaiter qu'un jour futur un auteur soit inspiré par la vraie nature du comédien Bourvil. Et que se manifestent sans aucune retenue toute la finesse et l'expression de la profonde sincérité, de sa vocation.

Qu'il fasse ses classes, certes, mais que désormais il ne persiste pas à s'attarder dans cette maternelle infantile du comique boulevardier ou du film comique abâtardi.

Il semble bien que, le 4 juillet 1949, Bourvil n'ait pas écouté ces sages critiques puisqu'il entame un quatrième – et dernier – film sous la direction d'André Berthomieu dans le néanmoins fameux *Roi Pandore*. Fameux par son sous-titre et le fameux succès qui s'y rattache : « La tactique du gendarme ».

La ta-ca-ta-tac-tique du gendarme
C'est de bien observer sans se faire remarquer.../...
Contravention, allez, allez,
Exécution, allez, allez,
J'connais l'métier !

La ta-ca-ta-tac-tique du gendarme
C'est de verbaliser avec autorité !

Ecrite en collaboration avec Lionel Leplat et l'inséparable Etienne Lorin, ce grand et populaire succès du disque rehaussa même le prestige de la maréchaussée française. Seul Henri Genès, complice d'André dans de nombreux films, s'enhardit à la reprendre à son compte, l'insérant à son répertoire.

Le Roi Pandore — entendez par là un gendarme — permet à Bourvil de réaliser une composition à laquelle peu de grands acteurs comiques ont échappé avant et après lui, du savoureux Fernand Charpin dans *La Belle Equipe* aux représentants très « champêtres » placés sous la joviale férule du bonasse Michel Galabru, sous les ordres duquel de Funès-Cruchot trouvera une gloire pleine de tics. Sans oublier enfin le prestige de l'uniforme incarné par le séduisant brigadier-chef Vittorio de Sica dans la merveilleuse saga des *Pain, amour et...*

Fonctionnaire zélé, Bourvil se trouve une fois encore entraîné dans cette pochade sous l'encombrant patronyme de Léon Ménard ! Heureusement, cette fois, notre Ménard n'est ni un paysan naïf ni un agriculteur niais, mais bel et bien un fier représentant de l'ordre affecté à la gendarmerie de Veauchassis-en-Sereing, en Eure-et-Marne. Homme d'honneur, pas question pour lui de renoncer à son avancement au grade de brigadier, promis dans l'année, par une nouvelle, si bouleversante soit-elle : fils naturel du roi du grand royaume de Sergane, il vient d'hériter de neuf cents millions ! Il confie ses intérêts à un homme d'affaires, Cochard (Georges Lannes), et s'installe luxueusement à la gendarmerie. Angèle (Paulette Dubost) cherche à profiter de son argent lorsque, venue de Sergane, la reine Marika (Mathilde Casadesus) vient lui proposer de l'épouser afin de sauver le royaume! Porté sur le trône, puis chassé par une révolution, il retourne à la gendarmerie où il découvre qu'il a été escroqué par Cochard et Angèle. Redevenu gendarme, il trouve auprès de Marika tendresse et affection.

Bien qu'il n'ait incontestablement qu'à paraître, cligner les yeux ou déformer la bouche pour déclencher les rires des spectateurs, bien qu'il soit un grand acteur comique – qualité qu'ils seront unanimes à louer plus tard –, Bourvil commence à exaspérer les critiques dont les pamphlets résonnent comme autant de sentences.

Celle de François Chalais dans *Le Parisien libéré* du 14 avril 1950 est sans appel et fait quasiment office de procès-verbal : « Bourvil tient encore son avenir dans ses mains, écrit-il. Sa réussite foudroyante ne lui a pas tourné la tête. Pourquoi gâcher cette chance admirable et s'accrocher aux plus faciles et aux plus médiocres? Tout le monde y perd. Lui... et nous. »

Trente ans plus tard, Jean Richard, son complice de l'aventure du *Roi Pandore*, sans chercher à justifier ces « erreurs » que la presse qualifia d'« inepties », leur confère une nouvelle dimension professionnelle : « Quoi qu'il fasse, il aimait ce qu'il faisait car il aimait jouer la comédie. Son grand truc, et c'est rare chez nous, c'était qu'il parvenait sans mal à rire de lui-même. D'ailleurs, son rire était communicatif. Je le connaissais tel que lui-même le laissait apparaître, à la seule différence que, même s'il avait joué toute sa vie les imbéciles, il était loin d'en être un. Bien sûr, après il est devenu un grand parmi les grands, mais à la différence de beaucoup d'autres, lui possédait des qualités humaines exceptionnelles. Demandez à ses fils, ils se souviendront sans doute qu'il a été pour eux plus qu'un père, mais un ami, presque un copain... Et, à cette époque-là, le mot n'était pas encore aussi galvaudé que de nos jours... »

A la sortie du *Roi Pandore*, on pouvait lire également dans *Libération* du 2 avril 1950, sous la plume de Simone Dubreuilh, une évocation bien moins affectueuse du « cas » Bourvil, qui, sous ses aspects cinglants, tire en quelque sorte la sonnette d'alarme; et s'il n'y prend garde, une autre « erreur » pourrait bien lui être fatale.

« En France, la règle ne souffre guère d'exception : on prend un acteur comique, venu ordinairement de la chanson ou du music-hall, on prend un comique plein de finesse et, sous prétexte de ne pas déplaire au public (mais pour quoi et pour qui le prend-on, ce public?), on lui fait jouer, dix années durant, des pantalonnades... Après quoi, on déplore, hypocritement, la pauvreté, la platitude des thèmes choisis par ces comiques. Bourvil, qui a du talent — un grand talent, malgré tout —, de la finesse, de la sensibilité et même du charme, connaîtra-t-il un sort comparable à celui de Fernandel qui attendit... attendit jusqu'au jour où il rencontra Pagnol?... »

Heureusement, cette rencontre ne saurait tarder... Cette subtile et nouvelle orientation se fera, il est vrai, au détriment de la carrière de l'artiste de music-hall.

Avec les années cinquante et l'appel plus pressant des grands noms du septième art — Claude Autant-Lara, Sacha Guitry, André Cayatte —, Bourvil ralentira légèrement sa production discographique, tout au moins sur le plan des monologues; les deux derniers seront d'ailleurs enregistrés en 1952 (« Fredo le porteur » et « Vive la mariée »).

Cependant, il importe de ne pas passer sous silence l'époque Pierrette Bruno, entre en 1958 et 1965, période durant laquelle Bourvil connaîtra une belle vague discographique.

D'autre part, certains refrains populaires ponctuèrent le reste de sa carrière bien remplie jusqu'en 1970, année de sa disparition. Telle l'appétissante « Salade de fruits », succès de 1960 dont nul n'a oublié le refrain.

Salade de fruits, joli, joli, joli
Tu plais à mon père, tu plais à ma mère
Salade de fruits, joli joli, joli
Un jour ou l'autre, il faudra bien qu'on nous marie.

Le lancement publicitaire de cette chanson vaut la peine d'être raconté. Le 18 novembre 1959, les journalistes spécialisés, les professionnels du spectacle et de la radio reçoivent une petite lettre anonyme ainsi libellée : « Ne faites pas de salade, on vous en prépare une ! »

Deux jours plus tard, arrive une autre missive, tout aussi mystérieuse. A l'intérieur, un carton sur lequel était écrit : « En attendant la salade, voici le saladier ! »

Puis, le lendemain, une boîte de conserves de fruits arrivait au courrier, accompagnée d'un autre carton : « Quelle salade ? Une salade de fruits ! » Et, dans le paquet, le destinaire trouvait le disque de Bourvil dont le titre est... vous l'avez deviné !

Le surlendemain, c'était au tour des disquaires de réceptionner simultanément six disques car... Mathé Althéry, Annie Cordy, Georges Jouvin, Franck Pourcel et Luis Mariano en avaient tous enregistré une version.

Parmi ses autres succès, Bourvil livra la « Ballade irlandaise » sur laquelle il conviendra de revenir. On ne peut ignorer enfin les quelques adaptations plutôt réussies distillées par l'interprète en un quart de siècle d'une intense et prolifique carrière discographique. A ce propos, un collectionneur évaluait récemment à une centaine d'exemplaires le nombre de disques — y compris bien sûr les incessantes rééditions — sur lequel apparaît le nom de Bourvil.

En 1961, après avoir enregistré une chanson de l'interprète compositeur Gaby Verlor (qu'il retrouvera d'ailleurs dans l'opérette *Ouah! Ouah!*), « Ma p'tite chanson » (1959), Bourvil lui emprunte un de ses succès écrit en collaboration avec Robert Nyel : « C'était bien » (« Au petit bal perdu »).

L'année suivante, il s'illustre dans le concert des reprises du tube du moment, l'éternel « Clair de lune à Maubeuge », tandis qu'en 1963 il s'engage dans la « La tendresse », un beau texte empreint de charme et de nostalgie.

Revenons aux cours de l'année 1949 où Henri-Georges Clouzot, cinéaste à la réputation controversée, affiche de belles promesses par sa magie de révéler des comédiens à eux-mêmes, tel Pierre Fresnay dans l'inquiétant et sombre *Corbeau* en 1943 (l'un des sommets de son extraordinaire carrière au cinéma), ou d'en modeler, d'en pétrir la personnalité, comme le miracle Louis Jouvet dans *Quai des Orfèvres* en 1947. Cinéaste de l'angoisse, du désarroi, de la peur et de la mort, l'auteur du *Corbeau* n'a aucune raison de croiser l'interprète des « Crayons ». Et pourtant ! A l'automne, on murmure que Clouzot adapterait pour le cinéma *Miquette et sa mère*, léger vaudeville signé Flers et Caillavet. Stupéfaite, l'ensemble de la profession s'interroge. Incrédules, les journalistes s'en inquiètent auprès du maître du film noir. Contraint, Clouzot répond à Roger Cantagrel dans *Le Figaro* du 26 août et du 6 septembre 1949 : « Pourquoi *Miquette et sa mère* après *Manon*? Mais parce qu'il me plaît de m'amuser et que je ne suis pas l'homme d'une formule. On va me prêter certainement des intentions, jusqu'à celle d'un acte de solennelle contrition. Mais cela n'est qu'entracte et j'entends, par le choix d'un sujet de vaudeville, ne rien prouver sinon que ne ne suis pas l'homme " noir " qu'on imagine : je sais sourire et même rire dans la vie. Je veux, en outre, faire une expérience de rapidité d'exécution : le film sera tourné en neuf semaines – temps minimum exigé pour une réalisation léchée. J'ai aimé le vaudeville de Flers et Caillavet dans ma jeunesse, car j'aime le théâtre et aussi le jeu des acteurs de théâtre. »

Seulement, la vérité était tout autre et Clouzot s'en expliquera quinze années plus tard, sans doute libéré de toutes contraintes contractuelles avec les intéressés : « J'avais signé un contrat pour un autre film que le centre du cinéma m'a déconseillé de faire. J'ai donc dû renoncer, mais des pressions se sont exercées sur moi, qui m'ont obligé de faire *Miquette et sa mère* que je ne n'avais pas du tout envie de tourner. »

Que raconte cette pièce qui évoque la Belle Epoque? En 1900, à Casteldon, petite ville de province, le vieux comédien cabotin Montchablon (Jouvet) présente *Le Cid* sur la scène du théâtre municipal. Miquette (Danielle Delorme) et sa mère (Mireille Perrey), une jeune veuve gérante du bureau de tabac local, sont venues applaudir la vedette et sa troupe. Un des habitués du commerce, Urbain de la Tour Mirande (Bourvil) est amoureux de Miquette mais son oncle et tuteur, le marquis Aldebert (Saturnin Fabre), s'y oppose avec vigueur. Faible, Urbain se rétracte chaque jour davantage. Aussi, lorsque Montchablon pousse la porte pour acheter du tabac, Miquette rêve de la vie d'artiste, de Paris, du café du Globe, etc.

Et quand la troupe repart, déçue, elle décide de faire ses valises pour rejoindre Montchablon dont le rêve était d'en faire une étoile. Pour qu'elle devienne « la reine de Paris », le marquis paye Montchablon afin qu'il aide la jeune fille et sa mère, venue la rejoindre. Après mille péripéties, Urbain demandera enfin la main de sa belle, et son oncle le marquis celle de sa mère! Deux jeunes écrivains, Flers et Caillavet, spectateurs de ces multiples drames, conteront donc la vie de Miquette et sa mère...

Malgré la représentation scénique dans le film d'un mélodrame écrit par Clouzot lui-même, entreprise correctement dirigée tant sur le plan de l'interprétation que sur le plan technique, et un cocktail plutôt réussi de caricature, d'esthétisme et de chassé-croisé sentimental, le film ne parvient pas à satisfaire tout à fait. A tout moment, le spectateur se perd en conjectures sur le bien-fondé de chaque situation dont Saturnin Fabre, unique en aristocrate farfelu, parvient à tirer parti. Bourvil – pour Clouzot, il était « une nature exraordinaire qui peut exceller dans l'expression des nuances sentimentales » –, un peu perdu dans un environnement qui le dépasse, s'instruit du mieux qu'il peut et surprendra ici la plupart de ses anciens détracteurs. Attendrissant, gauche, enfantin, particulièrement calme et sobre dans un environnement turbulent, il est délicieux de nuances délicates, effaçant sous le visage maquillé et perruqué de ce noble et jeune marquis la lourdeur du Ménard cinématographique que le cinéma lui a imposée comme un masque. Nigaud certes, mais marqué désormais du sceau du talent, l'humilité ne disparaît pas pour autant : « J'étais un peu ému à la pensée de jouer sous la direction de Clouzot, accompagné d'acteurs tels que Louis Jouvet, Danièle Delorme et Saturnin Fabre. J'avais un trac fou. Pourtant, tout le monde fut extrêmement gentil avec moi et Henri-Georges Clouzot fit preuve d'une très grande patience à mon égard. Aussi, au bout de quelques jours, me sentis-je parfaitement en confiance et le film se déroula dans une excellente atmosphère. »

Lors de sa sortie, le 14 avril 1950, *Miquette et sa mère* dérouta la majorité des critiques et du public. Il y avait là un total contre-emploi de Jouvet, de Bourvil bien sûr, et du cinéaste lui-même dont l'incursion dans le domaine de la comédie vaudevillesque se solda par un cuisant échec. Echec qui fut comme un écho au retentissant procès qu'intenta au film Mlle Félicienne Montchablon, propre fille du comédien Montchablon, parce qu'elle estimait que Jouvet avait transformé son père en « un personnage décidément grotesque » alors que l'intéressé avait été le premier à rire de la charge dont il avait été le modèle.

Quoi qu'il en soit, *Miquette et sa mère* marque un tournant pour l'acteur Bourvil. Plus lucide sans doute, moins béat, tenant compte désormais de ce qu'il allait devoir livrer à son public, même si ce dernier, doit-on s'en réjouir?, le forcera parfois contre nature à camper une victime désignée, un sans-grade, un valet, un larbin ou un laissé-pour-compte. Après tout, il ne s'en soucie guère car son public, c'est sa famille. Et, en revanche, le public ne toucha jamais à la sienne...

Nulle situation ne conforta plus un comédien dans son personnage familial. Patrick Sébastien, dont chaque intonation le ressuscite aujourd'hui, écrira non sans une certaine émotion : « C'est le père de cœur que je n'ai pas eu! Je ne l'imite pas, poursuit-il. Quand je le restitue, je le vis, je le tremble! Mme Bourvil m'a dit un jour que j'imitais son mari avec talent et pudeur. Venant de cette femme qui a partagé l'amour de cet homme, j'en ai été renversé. »

Bourvil, à l'évidence, est l'ami de la famille.

Le 23 décembre 1949, Jeanne attend un heureux événement. Pourtant, elle n'hésite pas un instant à s'embarquer avec André à bord du célèbre paquebot *Queen Elizabeth* afin de rallier les Amériques où il a été engagé pour participer à une tournée, devenue fameuse, baptisée « Quelques pas dans le cirage ».

Bien que cette tournée n'obtint qu'un succès d'estime chez nos lointains cousins du Canada, elle passe par le fameux His Majesty's Theatre de Montréal, elle laisse un souvenir impérissable dans la carrière du comique débutant qui ne connaît de l'étranger que la Suisse et la Belgique.

Bien sûr, Bourvil a dû apprendre l'anglais.

Un certain O'Brady l'accompagnait au piano et avait traduit toutes ses chansons dans la langue de Shakespeare.

Durant le voyage, le fantaisiste aura une belle surprise. Le 25 décembre, l'équipage le convie à une petite fête. Il ne savait pas ce qui l'attendait. Dans les profondeurs du bateau, les hommes avaient construit un théâtre pour tour de chant amateur.

« Je suis donc monté sur la scène et j'ai fait signe à O'Brady d'attaquer " Houpetta la Bella ", raconte Bourvil. Comme je m'en approchais du micro, qu'est-ce que je vois ? Le duc de Windsor en personne au premier rang ! Ce fut comme si j'avais avalé un grand verre de calva d'un seul trait. » Cette « Revue du rire », il faut bien le reconnaître, portait en germe les grands noms du music-hall français des futures décennies.

L'un des complices de la belle aventure, Roger Pierre, se souvient parfaitement de ce fantastique départ pour les « Amériques », d'une traversée aussi mouvante que mouvementée et du tout petit salaire qu'il touchait à l'époque (sept dollars et demi par jour). Facile aussi à cet homme-orchestre du spectacle de se remémorer l'épisode du « Somnambule », un sketch hilarant créé en 1917.

C'est d'abord à Rome que le formidable comédien italien Toto l'avait repris. Puis, d'Italie à la France, du Rhum à Médrano, les cirques ont fini par se le repasser comme un sketch de secours. Un jour, Roger Nicolas en a hérité, lequel l'a passé à Bourvil. « Bourvil était un prodigieux comédien, rappelle Roger Pierre. A Montréal, il remportait chaque soir un énorme succès avec ce sketch. »

Un soir, en dînant, Bourvil demanda à Roger, dont il connaissait le talent d'auteur, de lui écrire un monologue rappelant — selon ses propres termes — « une grande scène d'ivresse ». Il ne restait au complice de Jean-Marc Thibault — retenu à Paris pendant cette tournée canadienne — qu'à écrire la désormais fameuse « Conférence antialcoolique ou l'eau ferrugineuse ».

Autour de Bourvil et Roger Pierre, une belle brochette de comédiens-animateurs dont Jean Richard — coproducteur et acteur de la tournée — et Darry Cowl, musicien et bafouilleur de génie. Une pépinière de talents jardinée avec jugeote et assurance par le concepteur de cette tournée, Max Revol.

Surnommé « le roi du gag à la française », cet ancien chansonnier était passé maître dans l'art de dénicher les talents. Que l'on en juge : Duvaleix, Robert Dhéry, Jean-Marc Thibault, Louis de Funès, Jean Richard, Darry Cowl et Roger Pierre! D'ailleurs, ces trois derniers sont de la revue lorsqu'en janvier 1950, Bourvil débarque à Montréal.

Entre deux soirées, il était allé applaudir l'une de ses concitoyennes dans un célèbre night-club new-yorkais. Elle le présentera même devant un public fidèle bien qu'anglophone. « *And now, ladies and gentlemen, a great french comic* », avait annoncé ce petit bout de femme qui frissonnait tout entière derrière le rideau tendu du cabaret le Versailles. C'était Edith Piaf! Hélas, « La revue du rire » ne provoque pas l'unanimité au sein de la communauté anglophone du Canada. Seul, Bourvil échappe à l'hallali de la presse critique.

« Heureusement, il y a Bourvil... », écrit-on.

Le 22 février 1950 à son retour en France où l'attendent sur le quai Coquatrix, Ventura, Vital, Berthomieu et Trives, ce dernier lui confirme le projet de Marcel Pagnol : un remake du *Rosier de Mme Husson*, rôle que créa jadis Fernandel dans l'adaptation de la nouvelle de Guy de Maupassant.

Pour André, que Pagnol était venu féliciter dans les coulisses du théâtre des Variétés où il répétait *Le Bouillant Achille*, la seule perspective d'avoir été remarqué par le célèbre auteur valait tous les encouragements du monde. « Petit, tu as du génie », avait affirmé le Provençal au Normand. C'est en voyant Fernandel dans *Le Rosier de Mme Husson* que Pagnol s'était décidé à lui confier le rôle du naïf Saturnin dans l'inoubliable *Angèle* qui apporta à l'ex-comique troupier la gloire cinématographique du jour au lendemain. On connaît la passion d'André pour le créateur d'Ignace et, à fortiori, l'interprète de la tout aussi piquante première version du *Rosier*. Aussi la proposition lui va-t-elle droit au cœur. Même s'il ignore les dessous de cet engagement.

En réalité, Pagnol nourrissait le secret désir de diriger Fernandel dans le rôle, mais un léger différend entre les deux hommes rendait pour l'instant caduc le beau projet. Dans le Midi, lorsque deux hommes « se fâchent », cela peut durer des lustres, comme l'écrit Pagnol dans sa trilogie, à propos de César et Marius.

Tout commença par une « couillonnade » et se termina avec le refus pur et simple de Fernandel de tourner dans *Manon des sources*. En guise de représailles, on raconte donc que l'académicien proposa aussitôt à Bourvil, le comique qui montait, ce rôle de « rosier » que Fernandel aurait bien aimé endosser de nouveau. Pour preuve de l'intérêt qu'il portait à l'histoire, Pagnol écrivit même des dialogues qui rendaient encore plus vertueux notre Isidore, ce « rosier » dont Maupassant avait parfaitement décrit le tempérament.

Un pari pour Bourvil qui, du caractère familial de ses habituelles compositions, passe à un registre plus dense, plus profond.

« Dans ce film, et pour la première fois, raconte Bourvil dans *Le Film vécu*, j'ai dû composer un personnage car dans *Le Rosier* il fallait que j'aie l'air " rosier ", donc vertueux ! Mais, à trente-trois ans, il y avait longtemps que je n'avais plus cet air-là ! Forcément, il s'était passé des choses dans ma vie, c'est normal à trente-trois ans ! Je ne pouvais pas attendre trente-trois ans, d'ailleurs je ne savais pas que je tournerais ce film-là, on a beau aimer le théâtre, on ne peut pas faire de tels sacrifices. Depuis cet événement, j'ai l'air égrillard, voyez le genre, et d'autant plus que, dans le film, il fallait que je me souvienne de l'air que j'avais avant. Fallait que je compose, quoi... »

Le 28 avril 1950, Bourvil devient le papa d'un charmant bambin prénommé Dominique. L'heureux père cultivera toute sa vie durant le sens sacré de la famille, qu'il cache d'ailleurs soigneusement à la presse en quête de sensations. Seuls quelques intimes partageront la joie et le bonheur de cet homme simple. « J'ai eu la chance de bien connaître la famille Raimbourg, raconte Annie Cordy (sa future partenaire de *La Route fleurie*), la femme d'André, Jeanne, et Dominique, son fils qui avait à peu près quatre ans à l'époque. Il avait l'habitude de dire ce petit quatrain que je n'oublierai jamais et qui était très mignon : *Je m'appelle Dominique/ Ma maman, c'est Jeanne Lefrique/ Mon papa, c'est un comique/ Tout ça, c'est bien sympathique!* »

Comblé, le comédien reprend sans tarder la route de Conches, tout près d'Evreux, dans l'Eure, où se tournent les extérieurs du *Rosier*. Terminé aux studios de Saint-Maurice sous le regard attentif de Pagnol – accompagné de son fils Frédéric – le film permet au cinéaste et musicien Jean Boyer d'offrir au public un excellent divertissement.

Bourvil, dont le principal souci a été d'éviter à l'œuvre toute grivoiserie et toute vulgarité sans gommer une perpétuelle gaieté, n'ignore pas que Boyer saura parfaitement mettre en valeur chaque détour du texte : c'est lui qui avait écrit les chansons insérées dans le premier *Rosier* réalisé par Bernard Deschamps, notamment la célèbre « Maintenant je sais ce que c'est! » Le pari le plus difficile du comédien fut sans doute la façon de travailler de son metteur en scène. En effet, Jean Boyer, besogneux de la vieille école, pratique un « cinéma-vérité » bien avant l'heure et la mode. Ce qui pour Bourvil, homme de scène habitué à la rigueur des planches, se révèle parfois bien délicat.

« Quand nous avons tourné la scène du défilé en extérieurs, ça été très désagréable pour moi. En effet, Jean Boyer avait décidé de tourner dans la foule et sans répéter. Le résultat était très heureux car on m'a lancé dans la foule et les gens, me voyant pour la première fois, ont eu des réactions spontanées qu'ils n'auraient pas eues s'ils avaient dû répéter! Aucun, donc, n'était figurant professionnel. Entre les scènes, ils venaient me voir : " Bonjour Bourvil, comment ça va? " Moi, je leur répondais bien sûr, seulement nous tournions et ils ne le savaient pas. Alors au lieu de leur répondre normalement, j'étais obligé de leur répondre en " rosier ", c'est-à-dire " bêtement ". Ce qui fait que certaines personnes dans la foule ont dû penser que j'étais aussi crétin à la ville qu'à l'écran. Et ça, c'est dur... »

Dans *Le Rosier de Mme Husson,* version Boyer, Bourvil incarne Isidore, le fils de l'épicière Virginie (Pauline Carton), jeune homme aussi timide que naïf mais dont les vertus sont cependant reconnues de tous. Pas question d'aller au café ou de courir le jupon. Aussi va-t-il très rapidement être la cible de Mme Husson (Germaine Dermoz) qui dirige un comité de dames patronnesses, créé pour décerner un prix à la plus vertueuse jeune fille du village (laquelle n'existe pas malheureusement!). Et ce n'est pas Elodie (Jacqueline Pagnol), la bergère un peu farfelue, ou encore Marie la paysanne (Yvette Etiévant) qui pourraient espérer recueillir les suffrages des amies de Mme Husson et devenir rosières. Consacré lors d'une grande fête donnée en son honneur, le lauréat Isidore s'enivre malgré lui, quitte la table pour prendre l'air et rencontre la comtesse de Blonville (Mireille Perrey). Elle l'emmène à Paris, le « déniaise », aidée en cela par l'état second dans lequel Isidore se trouve. Vêtu de neuf, l'ex-rosier regagne fièrement sa bonne ville de Gisors sur une bicyclette toute neuve. Totalement « décoincé », notre héros impose silence à sa mère, malmène Élodie et s'enferme dans une grange avec Marie. La même Marie qu'il va finir par épouser avec, en prime, les cent mille francs du prix de vertu que la paysanne méritait tout à fait.

Mais si, d'après Pagnol, « Maupassant est bien normand et mérite Bourvil », la critique n'est pas franchement de cet avis lorsqu'elle vilipende le producteur adaptateur en un pamphlet d'une rare virulence. « Une certaine tradition boulevardière et mil-neuf-centesque, écrit François Chalais, veut qu'il s'attache à cette nouvelle de Maupassant une sorte de parfum égrillard au demeurant assez déplaisant. Pour toute une part du public, en effet, rien n'est plus obscène que le fait d'être vierge, plus comique qu'un monsieur qui atteint sa majorité sans avoir connu les corridors et les salons de Mme Tellier. *Le Rosier de Mme Husson*, à cause de cela, est devenu le prétexte à coups d'œil polissons et à tapes sur le derrière. On n'a qu'à prononcer ce nom et toute une société glousse de plaisir. Le souvenir de Fernandel, dans la première version filmée de cet ouvrage, ajoute à l'équivoque. Tant pis pour Maupassant : le voici désormais écrivain balourd, mauvais librettiste d'opérette et collaborateur de l'almanach Vermot. La postérité vous joue parfois de ces tours. Ce n'est pas la faute de Bourvil, bien entendu. Cet acteur apporte, dans un rôle cependant grossi mille fois et sans nuances, une finesse exemplaire. Mieux dirigé, épaulé par un texte moins vulgaire, il aurait pu être inoubliable... Mais que dire du travail de Marcel Pagnol? Deux ou trois mots amusants n'effacent pas ce torrent de phrases sans saveur, cette étroitesse de vues, ce pauvre cirque de grossiers et d'imbéciles qu'il fait tourner d'un fouet indigent. Ce n'est pas drôle de dire du mal de Pagnol. Nous n'avons pas tellement d'écrivains inspirés... Chez le vrai Pagnol, on sentait partout la tendresse et l'amour. Ici, nulle tendresse, nul amour, seulement la sottise et le scabreux !

« La mise en scène de Jean Boyer, habile faiseur de comédies, n'est pas très soignée, c'est tourné à la va-comme-j'te-tourne, les personnages intervenant quand ça leur fait plaisir ou alors presque à leur corps défendant. De fait, on se demande ce que Pagnol est venu faire dans cette galère... Sa belle veine inventive est-elle tarie au point de l'obliger à se réfugier dans ce *remake*? Avec le recul du temps, si l'on peut tout de même découvrir la griffe aimable du maître provençal en maintes séquences de ce *Rosier*, sa signature prestigieuse écrase une œuvrette sans prétention dont on dirait beaucoup plus de bien si l'on pouvait attribuer son texte à Michel Audiard ou Pascal Jardin par exemple. »

François Chalais, toujours, souligne l'inestimable apport de l'interprète principal. « L'intérêt du *Rosier* est de mettre en évidence le grand talent de Bourvil qui éclate sans peine au sein d'une distribution pâle mais " motivée ". André renouvelle d'agréable façon le numéro du paysan benêt dont nous étions las, et lui ajoute, dans la première partie, une dimension poétique très étonnante car rien ne la justifie, puis, dans la conclusion, une violence inquiétante qui en dit long sur les possibilités réelles du comédien. » Pour l'ensemble de la critique, le *remake* n'est qu'une pâle copie de la première version ou de l'original littéraire. Il s'interroge sur le fait que Pagnol lui-même n'ait pas réalisé le film et qu'il ait transposé l'action jusqu'à la Normandie natale de son interprète.

Des incertitudes et des coups de griffe qui épargnent, la plupart du temps, la prestation de Bourvil.

« Le Rosier, second du nom, n'a pas tenu les promesses de son auteur, affirme *Libération*. C'est devenu un vaudeville truffé de plaisanteries de garnison, de répliques d'almanach Vermot, une sorte de *digest* des propos de table d'hôte, un jour de noces campagnardes. Et puis Marthe Richard est passée par là. Alors que, dans la première version, notre puceau perdait sa fleur et sa dot dans une maison accueillante et dans les bras d'une hétaïre, dans la seconde version, plus de maison (le décret de 1946 n'est pas un vain mot!), plus de respectueuse... Rien que des dames du meilleur monde. C'est donc une noble comtesse – dame du comité d'élection – qui, jouant les Mme Putiphar, cueillera la fleur de notre Joseph. Cependant, très vite affranchi, notre ex-rosier sentira croître en lui un instinct sûr du maquerellage et se fera offrir un complet à carreaux et une bicyclette. Après quoi, il s'en ira violer la fille d'un fermier. Outre que c'est infiniment moins drôle et d'un goût plus que douteux, cela fausse le personnage principal. Devenu fin matois et avaricieux, cet idiot intégral et désintéressé perd, tout ensemble, à nos yeux, de son ingénuité et de sa gentillesse. » En dépit de Bourvil, qui déploie beaucoup d'effets comiques, en dépit du public qui se « tord » de rire, ce *Rosier* « pagnolisé » ne vaut pas l'autre.

Le semi-échec de son expérience avec Marcel Pagnol ne le découragera pas dans ses futures rencontres avec les gens de plume. Celle avec Marcel Aymé connaîtra un bien curieux cheminement. D'abord, le célèbre écrivain consulté pour l'adaptation de son *Passe-muraille* n'est pas ravi — loin s'en faut — des choix du producteur Walter Rupp, d'abord sur le cinéaste adaptateur Jean Boyer dont il n'a pas apprécié *Le Rosier*, ensuite, sur le choix de Bourvil dont il n'a, pour l'heure, jamais aimé les « pitreries pour patronages » dans lesquelles l'acteur a été confiné.

L'avenir prouvera que l'écrivain révisa ses jugements puisqu'il offrit trois autres de ses œuvres à Bourvil : *La Traversée de Paris* et *La Jument verte*, réalisées par Claude Autant-Lara, ainsi que *Le Chemin des écoliers*, de Michel Boisrond.

Pour *Le Passe-muraille*, Jean Boyer s'est assuré le concours d'un jeune adaptateur-dialoguiste dont le renom n'est plus à faire aujourd'hui : Michel Audiard.

« Comme la nouvelle n'avait que vingt pages, Michel

Audiard et moi avons été obligés de l'étoffer considérablement, expose Jean Boyer. Mais tout ce qui était dans la nouvelle reste dans le film. Nous avons surtout essayé de conserver ce ton paisible que prend Marcel Aymé pour décrire les choses les plus extraordinaires. J'ai créé un rôle de souris d'hôtel dont Dutilleul-Bourvil devient amoureux. Il s'efforce de la ramener dans le droit chemin en usant de son pouvoir pour aller remettre en place, au fur et à mesure, les objets qu'elle vole. Le rôle de la souris est tenu par Joan Greenwood. Elle parle le français avec un léger accent : aussi, le personnage est-il de nationalité anglaise. Joan Greenwood prend sa revanche dans la version anglaise, tournée en même temps. »

Cette fois, Bourvil parle avec un accent. Mais ses intonations sont aussi drôles en anglais qu'en français. Après tout, il est vrai que l'Angleterre est aussi un peu normande.

Garou-garou, héros du *Passe-muraille*, offre un personnage hors du commun à l'acteur Bourvil. « J'incarnais un personnage un peu moins niais que d'habitude, un petit fonctionnaire un peu timoré mais que la découverte de son anomalie rend de plus en plus audacieux. Pour traverser les murs, c'est toute une histoire. Je n'ai jamais compris le procédé. En fait, pour disparaître à travers ce mur, je devais reculer à mesure que le décor s'inclinait. Et quand j'étais tout près, je disparaissais sur le côté. Le reste était un difficile travail de laboratoire avec des " caches " que l'on déplaçait image par image! »

A l'évidence, à l'exemple du *Judex* de Georges Franju, ou du célèbre *Orphée* de Jean Cocteau, *Le Passe-muraille* exigeait un ton résolument fantastique et une maestria dans les trucages. Ce qui manqua au premier nuisit au second même si, à l'époque, le cinéaste s'en défend.

« Je n'ai pas abusé des trucages. Il y en a beaucoup,

bien entendu, mais ils sont toujours exigés par l'action dramatique. Bourvil ne traverse pas les murs pour le plaisir... Et, de plus, j'ai voulu que chaque trucage soit différent des autres. J'ai évité la virtuosité et la bouffonnerie qui me paraissent tout à fait opposées au style de Marcel Aymé. J'aimais beaucoup la fin de sa nouvelle : Dutilleul reste emprisonné dans un mur pour toujours. Mais je n'ai pu la garder. Le trucage était cette fois impossible et c'était trop littéraire pour le cinéma. Dans mon film, comme dans la vie, l'amour fait perdre à l'un le don qu'il donne à l'autre. »

Onzième film tourné par Bourvil, *Le Passe-muraille*, lui offre de rencontrer l'un des hommes qui compteront le plus dans sa vie professionnelle : Gérard Oury. Comédien de formation, ce dernier tient, dans *Le Passe-muraille*, un petit rôle que même aujourd'hui, quarante ans après, il juge inoubliable.

« Je me souviens parfaitement de ce film et ce pour de multiples raisons. La première et la plus importante fut ma rencontre avec Bourvil bien entendu. Je dis la raison la plus importante car au niveau de mon rôle — rien de mirobolant — je n'apparaissais que très peu à l'écran. »

Il incarnait Maurice, un mauvais garçon, le type de rôle qu'il tenait souvent à l'époque. Il avait avec Bourvil une courte scène dans laquelle l'acteur lui donnait une gifle à travers un mur. Seulement, nous étions en 1950 et, à cette époque, les effets spéciaux mis au point en Grande-Bretagne n'étaient pas encore tout à fait... au point ! Ce qui les obligea malheureusement à recommencer plusieurs fois la même séquence.

Or Bourvil avait une main dure de paysan, une main forte habituée à manier la charrue et, lorsqu'il donnait une gifle, on la sentait passer ! Cette gifle arrivait très fort, très sèche ! Et Jean Boyer, pas satisfait de la scène, criait :

« Coupez, on la refait. » Oury sentait Bourvil de plus en plus confus, sincèrement navré d'avoir à le gifler de nouveau. C'était un homme profondément bon, généreux et gentil. Au bout de sept ou huit prises, Oury était saisi d'une soudaine appréhension, il finissait par anticiper le choc. Résultat, il fallut recommencer encore et encore. « Au total, j'ai bien reçu une quinzaine de gifles. C'est ainsi que j'ai fait la connaissance de Bourvil, de la façon la plus musclée qui soit ! »

Dieu sait si, quinze ans plus tard, cette absence d'apathie — tout au moins à l'écran dans cette fameuse séquence — fera naître entre les deux hommes la plus belle des complicités professionnelles (trois films, trois succès : *Le Corniaud*, *La Grande Vadrouille* et *Le Cerveau*) doublée d'une solide amitié.

A sa sortie, *Le Passe-muraille* est maltraité par la critique, mais pas Bourvil dont on peut lire sous la plume du critique Jean-Jacques Gautier dans *Le Figaro* du 6 avril 1951 qu' « il représente un élément comique absolument irrésistible. Sous des apparences parfois faciles ou vulgaires, il possède une finesse étonnante. Il ne faut jamais traiter un Bourvil par le dédain. C'est une force. Il connaît admirablement son métier et je connais une artiste de renom qui s'arrange pour aller voir travailler M. Bourvil au cours de ses émissions publiques à la radio. Elle assure que c'est une leçon. Je le crois. On ne fait pas crouler de rire des salles entières si l'on ne dispose pas d'une vertu hilarante administrée par une technique solide. En tout cas, dans *Le Passe-muraille*, je trouve Bourvil très spirituel et fort cocasse. » Estimé de l'intelligentsia parisienne, adulé du public, acclamé par ses pairs, Bourvil ne se départit pas de sa légendaire simplicité.

Seule entorse, il vient d'acquérir un superbe appartement situé au 18 de la rue Jean-Goujon, dans le huitième arrondissement, à deux pas des Champs-Élysées.

« Nous habitions au troisième étage d'un immeuble sans caractère particulier mais plus agréable que le précédent, dont la principale curiosité était que ses fenêtres donnaient sur la boulangerie du quartier. Ce qui ne manquait pas de me rappeler le premier métier que j'avais exercé », rappelle-t-il.

Polyvalent du spectacle malgré son succès au cinéma, Bourvil n'en oublie pas pour autant sa première préoccupation d'artiste de music-hall : le disque. Loin d'être un débutant en la matière, son fameux monologue « Causerie antialcoolique » – l'un de ses plus grands succès – fut l'occasion de la sortie d'un vingt-sixième disque 78-tours. Le premier à être sorti fut enregistré en 1946 et s'appelait « La plume », couplé avec « L'inventeur ». Petites saynètes de la vie entrecoupées parfois de chansons populistes comme « Les crayons » ou encore « La tactique du gendarme », ces sketches sont concoctés la plupart du temps par ses amis Camille François, ou encore Roger Pierre, l'un des comédiens et complices de la fameuse « Revue du rire » qui l'avait emmené l'année précédente au Canada.

Fort prolixe, Bourvil n'en poursuit pas moins une carrière radiophonique des plus actives, notamment sur l'antenne de Radio-Luxembourg dans une émission populaire animée par Jean Nohain intitulée « Soucoupe volante », et dirigée par l'un des pionniers des ondes, Louis Merlin, l'un de ses plus fervents admirateurs. De son côté, Jean Nohain lui préfère un jeune comique auvergnat dénommé Fernand Raynaud. Lequel, soit dit en passant, fait énormément rire Bourvil.

Retour sur une scène parisienne au théâtre de l'Etoile, le 23 décembre 1950, pour la création de *M'sieur Nanar*, une nouvelle opérette signée par le trio Jean-Jacques Vital, André Hornez et Pierre Ferrari, sur une musique de Bruno Coquatrix. La joyeuse troupe de *La Bonne Hôtesse* et du *Maharadjah* se reforme donc pour le plus grand plaisir du public parisien. Nanar-Bourvil, inventeur à ses heures perdues de moniteur de culture physique, profite d'une vie sans nuage jusqu'au jour où la séduisante Katia (Tilda Thamar), venue kidnapper un grand physicien, l'entraîne dans son sillage à la suite d'une erreur sur sa personne. Aidé par la douce Jeanette (Geneviève Kervine), après mille embûches et mille tortures, il finira par triompher de ses agresseurs.

Inutile de préciser que la critique n'est pas tendre à l'égard de la pièce et de ses créateurs, dont Bruno Coquatrix considéré comme « le » grand producteur français du moment. En effet, pas moins de huit salles proposent ses créations parmi lesquelles Bobino affiche *L'Ecole des femmes nues*, l'Européen de Bruxelles et le théâtre de Milan *Baratin*, Bordeaux abrite ses *Pieds nickelés*, tandis que Lille présente *Les souris dansent*. Mais le succès et la notoriété de ce créateur provoquent bien des jalousies.

« Bourvil dirait avec un bon sourire : " C'est bête! " écrit, le 8 janvier 1951, André Warnot, le critique du *Figaro*. La bêtise à ce degré-là devient incommensurable. Evidemment, il y a Bourvil mais une hirondelle ne fait pas le printemps. Il paie généreusement de sa personne et apparaît sous les aspects les plus divers, en maillot de bain 1900 et en uniforme de prisonnier, l'un et l'autre rayés de rouge et de blanc; en yachtman, en Hollandais, en catcheur, en liftier de palace. On le voit engagé dans les pires aventures, kidnappé par des gangsters, naufragé, subissant l'électrochoc, torturé par des bandits, enfermé en haut d'une tour... "C'est bête", Bourvil nous l'a dit, mais cela l'est trop... » Cette diatribe empoisonnée a pour effet d'enflammer la plume de Jean-Jacques Vital dont la lettre ouverte à la presse parisienne prend des allures de règlement de comptes.

« Cher monsieur,
« J'ai lu attentivement votre papier concernant *M'sieur Nanar*. Vous êtes un petit journaliste et, en attendant des jours meilleurs, vous vous contentez avec aigreur (comme je vous comprends) de jouer au pisse-vinaigre. J'admets fort bien la critique à condition bien entendu qu'elle soit intelligente. Vous jonglez avec nos calembours et vous n'êtes d'ailleurs pas le seul. Vous ne comprenez donc pas que notre but est d'amuser un public que ce genre de récréation ne choque nullement. Il est bon enfant le public, il n'est pas jaloux, il n'est pas fait (comme un soir de générale) de ratés et d'envieux... Et puis, ce qui est important, "il vient". Nos recettes montent tous les jours. Un soir de mes droits d'auteur correspond environ à dix de vos papiers. Avouez que cela compte. Vous continuerez à faire du journalisme, moi du théâtre et de la radio, et nous nous retrouverons à la sortie. A bientôt... »

Preuve de la bonne tenue du spectacle, *M'sieur Nanar* sera repris l'année suivante au théâtre des Variétés avec la même distribution, Irène de Trebert remplaçant Tilda Thamar. Salle comble, mais un semi-échec pour le comique numéro un de la scène parisienne.

Retour au cinéma, où ses retrouvailles avec Marcel Pagnol auront lieu le 25 juin 1951 avec le tournage de sa nouvelle production intitulée *Seul dans Paris*.

L'Aubagnais Marcel Pagnol a chargé le Marseillais Hervé Bromberger de réaliser *Seul dans Paris* sur un scénario signé d'un cinéaste d'origine russe, Alex Joffé, qui comptera beaucoup dans la vie de Bourvil puisqu'ils tourneront six films ensemble (des *Hussards* en 1955, jusqu'aux *Cracks* en 1967).

Seul à Paris conte les mésaventures vécues lors des fêtes du 14 Juillet, par un couple en voyage de noces qui se trouve séparé par un fâcheux concours de circonstances. Henri (Bourvil) finit par s'endormir sur un banc, un sommeil peuplé d'angoisses à propos de Jeannette qu'il retrouve à son réveil complètement métamorphosée. Qu'a-t-elle fait? Son mutisme n'arrange pas les choses, même si tout finit bien. Quinze ans plus tard, chacun a oublié ou presque ce que fut ce premier jour de vie commune, seul dans Paris.

Pour le rôle de Jeannette, Pagnol songe bien évidemment à son épouse Jacqueline, mais c'est finalement Magali Noël qui vient signer le contrat dans ses bureaux parisiens de l'avenue George-V. A ses côtés, le Normand a fait engager, dans un court rôle d'employé de consigne, celui qui en fit de même pour « La revue du rire », le comique Max Revol. Lors de l'exploitation du film, nul ne semble satisfait du résultat, sauf Pagnol et Bourvil. Pourtant, jamais plus ils n'auront l'occasion de travailler ensemble. Personne n'a entrevu le potentiel du talent dramatique, l'émotion distillée par cet émouvant comédien qui se révèle derrière ce paysan plus timide que niais. Pis encore, de Georges Sadoul à Georges Charensol, maints critiques l'assassinent en chœur.

« Dans ce film, écrit Louis Chauvet dans *Le Figaro* du 6 décembre 1951, les détails drôles et les détails dramatiques se trouvent en perpétuel désaccord. Leurs effets demeurent ainsi presque toujours inopérants. L'interprétation de Bourvil n'arrange rien. Cet acteur dont le talent comique ne m'a, pour ma part, jamais convaincu, reçoit ici la mission de nous émouvoir. On n'en découvre que mieux ce qui le sépare d'un Fernandel. Sa faible expérience du "jeu du double" finit par créer un malaise. Au surplus, prisonnier de son personnage traditionnel, Bourvil insiste sur l'innocence du héros, sur sa presque imbécillité, poussant l'habitude jusqu'à lui prêter une tare d'élocution. Bref, il aurait fallu des circonstances géniales pour nous intéresser au sort du pitoyable Henri Milliard. En fait de mésaventures, nous ne trouvons ici qu'incidents bénins, démesurément grossis par une âme fruste... »

Précisons que la plume de ce monsieur n'avait de tendres égards qu'envers les prestations de son ami Fernandel! De plus, entre Fernandel et Pagnol – producteur du film – on sait bien que rien n'allait plus, ce qui accentuait bien entendu l'aigreur du propos journalistique!

L'année 1951 n'est donc pas, à proprement parler, propice à l'épanouissement du phénomène Bourvil. Qu'à cela ne tienne! Le calme relatif de sa carrière lui procure enfin l'occasion rêvée de retourner en Normandie, en famille où chacun lui fait fête.

Le 12 mai suivant, le premier tour de manivelle du *Trou normand* permet à Jean Boyer de retrouver pour la troisième fois son interprète favori : Bourvil. Dans le film, le chemin de ce dernier croise de nouveau son complice Roger Pierre, et surtout deux très célèbres figures du cinéma d'après-guerre : Pierre Larquey et Noël Roquevert. De même qu'on trouve, parmi les assistants, trois futurs réalisateurs : Jean Bastia, lequel révélera Jean Richard en *caïd de Champignol*, Robert Guez dont le feuilleton télévisé *Le Temps des copains* deviendra la production-phare du genre, et surtout Roger Vadim, Pygmalion d'une jolie et pulpeuse « fiancée » à la moue boudeuse : Brigitte Bardot.

Dans *Le Trou normand*, il lui a trouvé un tout petit rôle.

Face à Bourvil, elle n'est qu'une jeune starlette dans le genre « ingénue perverse ». En conclusion de quoi sa présence exige une scène déshabillée!

Comme on n'a jamais trouvé mieux depuis, la production décide donc d'inclure une scène de lit dans le déroulement de ce gentil *Trou normand*. Or, c'est connu, Bourvil a toujours été très timide avec ses partenaires... Il tournera donc la fameuse scène debout, tout habillé, ratant peut-être au passage une vocation du séducteur de l'écran. Jamais plus il n'acceptera une autre expérience, sauf avec Christian-Jaque, que nous évoquerons plus loin.

« Mon premier film, horrible! » s'écriera B.B. bien plus tard. Quant à Bourvil – dont c'est la dixième expérience devant les caméras –, on est en droit de se demander pourquoi il acceptait de tourner de telles platitudes qui, à coup sûr, le desserviraient. Que l'on en juge!

Hippolyte, un paysan un peu niais (devinez qui!), doit passer son certificat d'études s'il veut hériter du Trou normand, une belle auberge que convoite également sa tante Augustine (Jane Marken). Cette dernière compte bien sur sa fille Javotte (Brigitte Bardot), dont il est éperdument amoureux, afin qu'il échoue à son examen. Mais c'est compter sans Madeleine, la jeune institutrice (Nadine Basile) qui s'est prise au jeu d'élever à un rang national ce garçon stupide.

« Ce petit Trou ne vaut pas bien cher! » s'esclaffe la critique en juin 1952. Pour *Libération*, *La Croix*, *Ce soir* ou *Combat*, Bourvil tombe inexorablement dans le piège de la ritournelle ridicule – il a adapté « Langage bébé », une chanson à l'origine conçue pour divertir les copains de chambrée à l'armée – jetée à la va-vite dans la bouche de son personnage de benêt au grand cœur, d'imbécile heureux ou de comique aux grosses ficelles. On se prend à rêver d'autres rencontres, d'autres cinéastes mieux inspirés par son talent. Hélas, Jean-Pierre Melville (*Le Cercle rouge*), ou Robert Enrico (*Les Grandes Gueules*), arriveront tard dans sa vie professionnelle.

Si le cinématographe ne lui a pas souri, son palais lui ouvre ses portes. A Cannes, où il donne une soirée, Bourvil fait une rencontre déterminante pour son avenir.

Après s'être produit devant une salle à moitié vide, il s'apprête à se démaquiller dans sa loge, le cœur gros, lorsqu'on frappe à sa porte ; trois hommes sont là, apparemment réjouis du spectacle qu'il vient de leur offrir : Georges Guétary, l'un des célébrissimes chanteurs de charme de la décennie, le musicien Francis Lopez et le scénariste-écrivain Raymond Vinci. Ces deux derniers ont acquis leur réputation grâce aux succès composés pour Luis Mariano, « La Belle de Cadix » ou « Andalousie ». Les congratulations professionnelles effectuées, ils en viennent rapidement au but de leur visite, un projet baptisé *La Route fleurie*. Il faut remonter à l'escapade hollywoodienne de Guétary – nul n'a oublié sa prestation dans le film *Un Américain à Paris* – pour connaître le bien-fondé de ce projet un peu fou dont il est l'instigateur.

Là-bas, emballé par l'ingéniosité (et le succès) du tandem Bing Crosby-Bop Hope, un crooner associé à un comique – (Dean Martin et Jerry Lewis s'en inspireront quasiment la même année!), Guétary envisage le plus sérieusement du monde d'adapter cette idée à destination du public français.

Le projet mis sur pied, Guétary, en quête d'un partenaire, pense presque aussitôt à Bourvil. Le succès obtenu par ce dernier ce soir-là malgré un public clairsemé suffit à faire fondre les réticences de l'auteur Raymond Vinci.

« Le premier, j'avais songé à Bourvil, écrira Georges Guétary dans *Les Hasards fabuleux*, ses pétulantes mémoires. Nous nous étions connus en 1943 au music-hall L'Excelsior, place d'Italie, où son nom était tout en bas de l'affiche. Comme il le disait volontiers, avec son sens du raccourci : juste avant celui de l'imprimeur. »

Puis, les deux hommes s'étaient retrouvés six mois plus tard dans un spectacle à L'Alhambra. Lors d'un gala qui conduisit Bourvil de l'autre côté du Channel – où justement Guétary jouait la pièce *Bless The Bride* –, ils s'étaient encore croisés après la représentation, profitant de l'occasion pour passer ensemble une joyeuse soirée. Puis, lors d'un séjour à New York, Bourvil était gentiment venu dans la loge de Guétary afin de le féliciter après une matinée du spectacle *Arms and The Girls*.

Entre-temps, Bourvil était devenu très connu grâce à l'immense succès des « Crayons », suivi de quelques échecs cinématographiques déjà évoqués. Au-delà de ce creux de vague, Guétary avait bien senti que Bourvil était doué d'un génie comique et dramatique inemployé.

Au hasard de la prestation de Bourvil sur la scène du Casino de Cannes, Guétary sauta donc sur l'occasion pour lui proposer son idée.

C'est ainsi que sur la scène de l'ABC, quelques mois plus tard, pour quinze mille francs par soirée – un beau cachet pour l'époque –, Bourvil se lance dans l'aventure de *La Route fleurie*. Il y campe Raphaël, un peintre médiocre qui partage sa misère avec Jean-Pierre (Georges Guétary), un jeune compositeur. Pour quitter la place du Tertre afin de goûter des vacances méritées dans une villa familiale, les deux acolytes se lancent dans de romanesques aventures en compagnie de deux jeunes amies, Lorelle (Annie Cordy) et Mimi (Claude Arvelle). A Saint-Paul-de-Vence, tout ce petit monde se retrouve en compagnie d'un professeur farfelu (O'Brady) et d'une plantureuse vamp (Annie Dumas). Mais, c'est bien connu, en France tout finit par s'arranger.

Et par des chansons!

Pour adapter l'opérette à la personnalité de Bourvil, le tandem Lopez-Vinci s'était mis rapidement au travail après leur rencontre cannoise avec le comique. Taillés sur mesure, voici la sentimentale « Pas de chance », le facétieux « On est poète », un titre-pastiche ironique intitulé « Les haricots » et l'inévitable duo avec la « vedette » :

C'est la vie de bohême
La vie sans façon,
La vie de pata, patachon
C'est la vie qu'on aime.

Si curieux que cela puisse paraître, l'opérette ne fut pas rodée, comme c'est la coutume, par une obscure tournée en province, mais au théâtre des Célestins de Lyon.

Le 9 décembre 1952, avant le premier lever de rideau, les décors, les costumes, le salaire des comédiens et des techniciens ont coûté au producteur Mitty Goldin la somme faramineuse de quinze millions. Une somme inversement proportionnelle à « l'épaisseur » du livret. Goldin s'en inquiète. On le rassure.

Lors des ultimes répétitions, angoissé, il demande à Max Revol, le metteur en scène, d'insérer des gags supplémentaires afin de rendre plus attractive le pièce. Chacun y va de son brin de talent afin d'essaimer cette route d'une couronne de lauriers pour son futur succès : Annie

Cordy effectue une irrésistible parodie du « Padam, Padam » d'Edith Piaf, tandis que Georges Guétary entonne les refrains de « Vacances », « Jolie Meunière » et bien sûr « La Route fleurie ».

Tourbillonnant à chacun des tableaux, Bourvil parvient à séduire et à entraîner dans son sillage les plus sceptiques.

« L'artisan essentiel de cette réussite, écrit Emile Vuillermoz dans *Paris Presse* du 31 décembre 1952, est le seul acteur qui ait su recueillir l'héritage de Dranem en introduisant dans l'ahurissement la plus rare finesse, en jouant avec le public qu'il prend sans cesse pour complice et confident de sa spirituelle stupidité, en riant lui-même de sa fausse niaiserie et en enrichissant l'art du comédien de certains emprunts au surréalisme du clown. C'est du grand art et de la très belle technique. Le résultat est qu'il n'a pas pu prononcer un seul mot, même le plus banal, sans soulever une tempête de rires et qu'il a " meublé " certains refrains avec une virtuosité éclatante ! »

Quant à Guy Dornand, le critique de *Libération*, il constate le 5 janvier 1953 que *La Route fleurie* permettait à Bourvil de prendre « une heureuse revanche sur toutes les sottises, bref toutes les " Jean-Jacques Vitaleries " qui risquaient de compromettre sévèrement la carrière de ce grand comique... Ne serait-ce que dans sa chanson " Pas de chance ", Bourvil donne la pleine mesure d'un tempérament tout de finesse sensible et d'intelligence... »

« Et dire, soupire Bourvil, que le 19 décembre précédent — le jour de la générale parisienne — mes producteurs, mes partenaires et moi-même n'y croyions qu'à moitié et nous croisions les doigts pour que le spectacle ne soit pas le flop le plus retentissant de l'année. »

« Que vous dire ? répondait Bourvil au triomphe éternellement modeste, dans *Paris Comœdia* du 6 janvier 1953. Je ne sais pas écrire et je trouve toujours un peu ridicule qu'un acteur se mette en avant. Vous dire pourquoi ou comment je suis comme je suis? Pourquoi ne pas demander à Fausto Coppi de vous expliquer anatomiquement les raisons pour lesquelles il court bien? Vous voyez cela! La nature est la nature : on n'y peut rien. On peut seulement travailler... Je crois peut-être utile de dire que j'ai beaucoup travaillé. Pas seulement depuis dix ans, mais depuis ma plus tendre enfance. J'ai commencé comme amateur, je saisissais toutes les occasions. J'allais voir Fernandel pour qui j'avais, pour qui j'ai toujours, une grande admiration : je m'instruisais. Un jour, comme je ne trouvais pas de chansons, j'en ai fait moi-même et tout le monde a dit qu'elles étaient bonnes parce que je savais peut-être les chanter. Elles n'avaient qu'une qualité : celle de me convenir. Parce qu'il faut de la précision dans notre métier. Regardez ce qui se passe avec *La Route fleurie*. Ce qui assure mes effets, c'est le soin avec lequel ils ont été réglés avec mon camarade Georges Guétary. Le contraste aussi, entre nous deux, nous fait valoir. Sans prétendre qu'il existe des règles du comique, je crois au comique de contraste. Je crois aussi à une qualité essentielle, sans laquelle le public n'est jamais " pris " et qui est pour moi la définition même du métier d'acteur : la sincérité. Contrairement à ce qu'on pense quelquefois, la sincérité n'est pas nécessairement confondue avec l'extrême naïveté... »

Face à un Georges Guétary mortifié devant l'énorme engouement que suscite son partenaire, Bourvil n'hésitera pas à s'éclipser de la scène de l'ABC durant certaines chansons d'amour du charmeur. Or, ce qui aurait pu rapidement devenir de la jalousie, de la rivalité, se transforma en une profonde et réciproque amitié.

Leur duo de « La Vie de bohême » se révéla très vite l'un des temps forts du spectacle et le parrainage du chanteur d'opérette sera pour Bourvil le meilleur des passeports pour la célébrité. A leurs côtés, une autre débutante : Annie Cordy. « A l'époque, j'étais inconnue, précise-t-elle. Je fus engagée comme " fantaisiste ", tout comme André d'ailleurs. Nous étions tous deux très intimidés par le fait de jouer aux côtés de Georges Guétary. Je me souviens de l'avant-première qui eut lieu à Lyon, nous avions un trac fou. A tort, car ce fut un triomphe. A tel point que la pièce fut beaucoup plus longue que prévu : les gens riaient tellement qu'il fallait reprendre les répliques trois fois! »

Pourtant, la reprise de *La Route fleurie* en 1980 – un tel fiasco que même Francis Lopez ne juge pas utile de le mentionner dans ses souvenirs pourtant savoureux – prouve qu'on ne parvient jamais à recréer la magie de l'original par un remplaçant, si doué soit-il.

Il y avait donc bien en 1952 une équipe extraordinaire et surtout un comédien remarquable, Bourvil, lequel malgré toutes les faiblesses de l'opérette, parvint à se faire un nom et à s'octroyer une belle notoriété. Au-delà de son incontestable succès, *La Route fleurie* aura surtout le mérite de révéler ce comédien hors normes et de lui ouvrir la voie royale de l'une des plus belles carrières à l'écran des années soixante.

Seulement, le comédien n'avait pas prévu que le succès de *La Route fleurie* freinerait considérablement sa carrière cinématographique.

Bloqué à Paris, sur la scène de l'ABC qui ne désemplit pas, il n'est pas question de réduire le nombre des représentations. Contraint par la scène, Bourvil n'accepte plus que des films tournés à Paris ou dans les proches environs. L'emploi du temps de Bourvil, en cette année 1952, est donc purement parisien. Mais non sans intérêt.

Justement, l'offre des disques Pathé d'enregistrer le rôle de Phidias dans l'opérette *Phi-Phi*, de Christiné, le conforte dans cette voie nouvelle, ouverte quatre années auparavant avec *Les Contes d'Hoffmann*.

L'enregistrement, sous la direction de Marcel Cariven, étonne les mélomanes et déroute quelque peu ses admirateurs. On ne change pas ainsi de registre sans décevoir ou surprendre. Bourvil ne regrette pas cet intermède musical. Mieux, il y œuvrera de nouveau, dix ans plus tard, pour *L'Auberge du Cheval-blanc*.

Revenons à la *La Route fleurie*...

Consciente, elle aussi, de la gêne professionnelle qui découle de l'énorme succès de l'opérette, Annie Cordy abandonnera son rôle au terme de la deuxième année. Elle sera remplacée par Joan Daniell. De son côté, Georges Guétary réussit à son tour à fausser compagnie à la troupe pour tourner un film, *Le Baron tzigane*, sous la direction d'Arthur Maria Rabenalt. Durant son absence, Jean-Jacques Lecot est chargé de le remplacer tandis que Lucien Privat, la doublure de Bourvil, n'aura presque jamais l'occasion de paraître sous les traits de Raphaël, car Bourvil parvenait à concilier la plupart de ses activités.

« J'aime faire plaisir au public, expliquait-il. Cela compense la perte financière... Et puis j'ai signé : je n'ai pas à reprendre ma parole ! »

D'autres n'auraient pas eu tant de délicatesse car, à son égard, Mitty Goldin n'en eut pas beaucoup.

Engagé pour un salaire quotidien de quinze mille francs de l'année 1952, il fut limité à cette somme durant les quatre années de succès ininterrompu. Tout le personnage de Bourvil est résumé dans cette seule attitude, un sérieux, une honnêteté et une conscience professionnelle, autant de rares vertus dont il ne se départira jamais tout au long de sa carrière.

Plus encore : au-delà de ces qualités, Bourvil n'avait pas changé ses habitudes d'antan dans sa vie quotidienne ou familiale. « A l'époque, rappelle encore Annie Cordy, parce qu'il aimait ça et que c'était un homme profondément simple, il lui arrivait même de venir au théâtre à bicyclette ! »

Humble, il l'était ! Son plus grand plaisir, c'était d'aller dans sa maison de campagne et de pouvoir planter ses arbres avec, à ses côtés, sa femme Jeanne, toujours très effacée, très pince-sans-rire. Car ce que tout le monde ignorait, c'est qu'elle adorait rire. Le premier public de Bourvil, c'était elle. Amoureux, il l'était comme au premier jour. Ce que le public ne savait pas, c'est que l'acteur — bien qu'ignorant la fierté — cultivait une admiration sans bornes pour ses deux fils. « Ils étaient très intelligents et travaillaient merveilleusement bien à l'école, poursuit Annie Cordy. A propos de Philippe, je me souviens de m'être trouvée dans une réunion où un avocat se plaignait : " Mon fils travaille très bien, il serait toujours le premier s'il n'y avait pas ce petit Philippe Raimbourg ! " »

« Et je crois que tout le travail qu'il a fait, tout ce qu'il a laissé au public, n'est que le trop-plein de ce qu'il offrait à sa famille. Il lui donnait tout ce que peut-être il n'avait jamais eu. Le fait d'être devenu M. Bourvil n'a absolument rien changé dans sa manière d'être et de paraître », conclut-elle. Ce qui ne l'empêche nullement de faire valoir ses droits et ceux de ses camarades de jeux au cours d'un bras de fer avec Mitty Goldin, épreuve de force encore jamais vue depuis la création du théâtre de l'ABC. Désinvolte face aux lois et aux dispositions contractuelles, Goldin se conduit en tyran et par exemple contraint la troupe à travailler le 1er mai. Bourvil, ruant alors dans les brancards, exige que la journée soit chômée. Ce qui fut fait !

Puis son ami et agent André Trives se lança à son tour dans une revendication bien justifiée quand Georges Guétary, exhibant des certificats médicaux attestant de sa grande fatigue, prit un repos mérité dans sa propriété méditerranéenne. Trives en profita pour expliquer à Goldin que son poulain était tout aussi exténué et méritait bien un supplément de cachet : « En l'absence de son partenaire vedette, si Bourvil parvient à maintenir la recette au même niveau, il est logique que vous l'augmentiez, disons, de vingt mille francs par soirée! » Doléance qui lui valut un cinglant refus de la part de Goldin. Le soir suivant, la guerre est ouverte entre les deux parties. Prétextant un début de jaunisse, Bourvil sera remplacé par sa « doublure » Lucien Privat, lequel incarne habituellement un modeste valet de chambre dans l'opérette.

La déclaration du médecin envoyé en contre-expertise dès le lendemain au domicile du comédien, selon laquelle « il n'avait jamais rencontré un malade en aussi bonne santé », eut pour effet de le contraindre à réintégrer la troupe dès le soir même. Hélas, l'affaire n'en restera pas là et Goldin, furieux, décida de pousuivre le sieur Raimbourg devant les tribunaux, exigeant en dédommagement la somme d'un million de francs (l'équivalent du salaire de plus de soixante-dix représentations!). Finalement l'affaire s'arrangea. Elle parut même oubliée jusqu'au jour de 1956 où Goldin annonça les trente dernières de *La Route fleurie*.

Indubitablement, *La Route fleurie* fut le plus gros succès de la saison 1952-1953. Pour l'anecdote, l'opérette fut donné 1 302 fois jusqu'au 16 juin 1956. Extrêmement rarissime pour l'époque, trois 78-tours sortirent au cours de la seule année 1953, regroupant une demi-douzaine de chansons à succès de l'opérette, accompagnées par le fameux orchestre de Jacques-Henry Rys.

En 1953, en solo cette fois, Bourvil avait décroché sa première grande récompense professionnelle, le Grand Prix de l'Académie du disque français avec huit titres interprétés en compagnie des Pierrots Parisiens et soutenus par l'orchestre Nelly Marco.

Qu'importe si « Le papeau des pompiers » ou « Une jolie trompette » le confortait dans son appellation — désormais contrôlée — de « Danny Kaye rural », jolie formule offerte par Yvan Audouard à l'issue d'une représentation de *La Route fleurie*.

Entre-temps, l'opérette avait engrangé un million cinq cent mille spectateurs. Toujours sous le signe des chiffres, en 1952, Bourvil tourne une petite production intitulée *Cent francs par seconde* sous la direction de Jean Boyer, son metteur en scène du *Rosier de Mme Husson*, du *Passe-Muraille* et du *Trou normand*. Son ami Jean-Jacques Vital est le scénariste et le producteur de cette gentille pochade musicale où se produit justement l'orchestre de Ray Ventura.

Fondu dans une distribution fourre-tout, Bourvil n'y fait qu'une simple apparition. L'une des vedettes de *Cent francs par seconde* n'est autre que le sympathique et truculent Tarbais Henri Genès, l'un des témoins privilégiés de l'irrésistible ascension de Bourvil. Parmi les autres « invités » de ce film, figure l'inénarrable Pasquali, habile comédien à la voix nasillarde. Ce pittoresque bonhomme, on le sait, dirigea Bourvil dans *M'sieur Nanar* sur les planches du théâtre de l'Etoile, au cours de l'hiver 1950.

Entre-temps, il est vrai, de malhabile comédien d'opérette, Bourvil s'était transformé en un acteur fort recherché.

Le moment est venu pour le cinéaste André Hunebelle

d'aller sonner à sa porte. Fringant sexagénaire, le réalisateur berce le projet d'adapter à l'écran de grands romans populaires.

Difficile de ne pas immédiatement songer à Bourvil pour camper le bouillant Planchet, né de l'inventive plume d'Alexandre Dumas. « Un rôle que l'on aurait cru tout exprès taillé pour lui : à la fois niais, couard et drôle », ironisa-t-on.

Paul Féval, Eugène Sue, Michel Zevaco, écrivains feuilletonesques, serviront ensuite de source d'inspiration à ce metteur en scène chevronné qui vaut à l'évidence beaucoup mieux que la mauvaise réputation que lui a faite la critique.

Que n'a-t-il été remercié des compositions qu'il a offertes au souriant Bourvil, Passepoil dans *Le Bossu*, Cogolin dans *Le Capitan*, Jérôme dans *Cadet-Rousselle*, complicité entamée avec Planchet dans le projet des *Trois Mousquetaires* qu'il vient de lui proposer.

D'abord, Bourvil refuse malgré l'offre – alléchante à l'époque – de partager l'affiche avec Georges Marchal (un bien fringant d'Artagnan) et Gino Cervi dont la composition de Peppone dans *Don Camillo* en avait fait un acteur demandé de part et d'autre des Alpes.

« Avouez que je mérite tout de même mieux que vingt lignes de texte... même s'il est signé Alexandre Dumas! » s'offusque Bourvil avec ce sourire qui aurait fait fondre le plus redoutable des producteurs. Le contrat sera signé, scellant une parfaite entente entre les deux hommes qui, jamais, ne se délieront de cette nouvelle amitié.

Tournés aux studios de Saint-Maurice et dans le parc du château de Fontainebleau, *Les Trois Mousquetaires* offriront à leur auteur un superbe panache de comédiens chevronnés dont Gino Cervi en Porthos, Jean Martinelli en Athos et Jacques François en Aramis. Pour le rôle de d'Artagnan dont Bourvil incarnait le fidèle valet, André Hunebelle se mit d'abord à la recherche des plus beaux jeunes premiers des années cinquante. Après Gérard Philipe, contacté mais peu désireux, semble-t-il, de ferrailler de nouveau à l'écran comme la scène le lui imposait parfois, ce fut au tour de Serge Reggiani (il sortait tout juste du fameux *Casque d'or* de Jacques Becker) et de Daniel Gélin (lui venait de tourner *Le Plaisir* de Max Ophüls). Finalement, l'athlétique Georges Marchal, jeune premier idéal du genre – il mettra encore une dizaine d'années à se défaire de cette image –, deviendra pour l'éternité ce cadet de Gascogne décidément très prisé à la sauce Technicolor, malgré quelques grincheux.

« Il a de la prestance, de l'allure ; il monte bien à cheval et tire bien l'épée. Et pourtant, il manque à sa blondeur un peu fade je ne sais quoi de naïveté et de rouerie qui fait le fonds du héros » écrit, sarcastique, Claire Aziza dans le *Dictionnaire des personnages de cinéma* paru aux Editions Bordas.

Une fois encore, la critique malveillante préfère sans doute l'irrationnel Gene Kelly dans la version livrée quelques années auparavant par le cinéaste américain George Sidney. D'où la réaction d'André Hunebelle qui ne se fait pas attendre. « Je veux réaliser une version française dans laquelle Louis XIII ne ressemble pas forcément à un joueur de cricket, ni Milady à une call-girl de Chicago, ni d'Artagnan à un danseur de claquettes (remarquable d'ailleurs) échappé des " Ziegfield Follies "... », lance-t-il en préambule de cette production dont l'adaptation et les dialogues sont signés Michel Audiard.

Pour la seconde fois, celui que Jean Gabin appellera bientôt familièrement le « cycliste », le dialoguiste le plus impertinent et le mieux inspiré du cinéma français des années soixante, rejoignait Hunebelle qui l'avait fait travailler à ses côtés deux ans plus tôt dans un film bien oublié, *Mission à Tanger*. Hélas, malgré son succès financier, le film ne tint ni ses promesses ni les ambitions de chacun des protagonistes. Qu'importe, Bourvil-Planchet reste une belle gageure. Et un bon moment de détente pour quelques centaines de milliers de spectateurs heureux. Pourtant, certains ne furent pas de cet avis :

« *Les Trois Mousquetaires* ont déjà été transformés en burlesque par Max Linder, Cantinflas ou Gene Kelly, clame plus tard André Bazin dans *Le Parisien* du 12 octobre 1953. C'est une preuve de leur robuste santé, mais l'ironie discrète et le calembour honteux ne leur conviennent guère. Quant aux mots d'esprit anachroniques avec clin d'œil au spectateur, ce sont autant d'injures à la mémoire d'Alexandre Dumas qui ne se moquait pas de l'histoire de France, même quand il lui faisait quelques entorses. Nous ne ferions pourtant pas grief aux auteurs du film des libertés prises avec le sujet si elles n'allaient à l'encontre de l'esprit de l'œuvre. Commenter au lieu de montrer, ironiser au lieu de jouer la sincérité et l'enthousiasme, c'est mettre du recul entre le spectateur et les héros et réduire ceux-ci à l'état de marionnettes, puisqu'on a toujours l'air d'en tirer les ficelles... J'ajouterai que l'édulcoration de toutes les situations un peu gaillardes afin de rendre le film recommandable aux moins de seize ans, et de satisfaire aux plus pointilleuses censures, ne contribue pas à étoffer des personnages qui ont gagné en " couleurs " (" naturelles ") mais perdu en caractère. La distribution, il est vrai, n'est pas non plus très convaincante... »

Le reste de la prose, et de la presse, était à l'unisson pour ferrailler contre l'auteur de ce que Jean Dutourd dans la revue *Carrefour* considérait comme une véritable abomination. « Il ne reste pas grand-chose du merveilleux roman du père Dumas. Vraiment, j'en veux à M. Hunebelle d'avoir ainsi défiguré, massacré, ridiculisé un livre qui m'est cher et que j'ai lu vingt fois avec la même passion. Il faut dire que M. Hunebelle a été puissamment secondé par son scénariste dialoguiste Michel Audiard, lequel, dans la mesure de ses petits moyens, a réalisé un tour de force. »

Quant à la distribution, elle n'échappait guère aux soufflets, aux injures et aux tonitruantes disgrâces d'une presse acharnée à donner l'estocade. Une fois de plus, c'était évident, Bourvil n'allait pas être épargné.

Ce fut le contraire ! Alors qu'il tirait à boulets rouges sur l'ensemble des autres interprètes (« Milady — la comédienne Yvonne Sanson — a l'air d'une charcutière enrichie par le marché noir, Aramis — Jacques François — apparaît comme une petite fille moustachue »), le même Jean Dutourd, dans *Carrefour* du 14 octobre 1953, décocha à Bourvil une belle tirade dont le futur académicien détenait déjà le secret : « On le voit, Bourvil est à peu près le seul à tirer son épingle du jeu. A force de gentillesse et de sourires complices, il met dans sa poche le spectateur le plus irrité. Mais ce rôle secondaire dans un mauvais film ne fera rien pour sa gloire... »

Pour sa part, le redouté Jean-Jacques Gautier, dans *Le Figaro* du 13 octobre 1953, critique à s'en user la plume, jugeant les décors « grossiers », les acteurs « mal choisis », etc. En revanche, Bourvil mérite l'un de ses trop rares compliments. « Bourvil-Planchet représente pour moi la seule joie du film. Dès qu'il surgit, l'écran s'anime autrement... »

Presque à l'unisson, Radio Luxembourg rend public un sondage réalisé auprès de ses auditeurs, selon lequel Bourvil serait « le comique le plus populaire de l'année ».

L'acteur y recueillait 21,5 pour cent des voix, juste devant Fernand Raynaud avec 19 pour cent, le chansonnier Robert Rocca 8 pour cent devançant, curieusement en perte de vitesse, Fernandel (7,7 pour cent) et Robert Lamoureux, 7,2 pour cent des voix exprimées. Joie d'autant plus grande qu'après avoir été le remplaçant de son idole Fernandel auprès de Marcel Pagnol, il le devance sur le plan de la popularité.

A cela était venue s'ajouter, le 18 mars 1953, la joie familiale de la naissance de son deuxième fils Philippe. Au mois de mai 1953, Bourvil triomphe toujours sur la scène de l'ABC dans *La Route fleurie*.

Ce printemps-là, dans un hôtel particulier, la sonnerie du téléphone se met à résonner dans le bureau d'un comédien, autre amuseur de génie, mais aussi écrivain racé, personnalité hors pair, cinéaste inspiré, héritier de Feydeau et de Tristan Bernard, personnage à la fois fastueux et légendaire, spirituel et moraliste, dont il faut bien admettre aujourd'hui la profondeur de l'œuvre : Sacha Guitry.

A l'autre bout du fil, le cinéaste et producteur Clément Duhour. Il expose la genèse du futur *Si Versailles m'était conté* : « J'avais déjà réalisé deux films en tant que producteur et je préparais un film à sketches (propos rapportés par Jacques Lorcey dans son superbe *Guitry* aux Editions PAC). L'un d'entre eux était destiné à Fernandel qui devait jouer un cocher de fiacre faisant visiter le château de Versailles à des Américains. Un jour, par hasard, j'ai vu sur une table un numéro de *France-Soir* dans lequel le ministre André Cornu lançait un appel en faveur de la restauration du château. Je ne sais quelle inspiration m'est venue alors! J'ai dit : " Arrêtons tout! Et tournons plutôt un film historique sur Versailles ! " J'ai pensé que Sacha Guitry, enfin sorti de tous ses ennuis de la Libération, était le seul grand auteur de théâtre capable d'écrire les dialogues de ce film. »

Ce soir à Versailles – titre provisoire – devait survoler trois cents ans d'histoire au cœur de cet auguste cadre et exigeait quatre mille mètres de pellicule afin d'immortaliser les cent vedettes prévues au projet. Guitry lui-même se propose naturellement d'incarner le Roi-Soleil... à un âge certain !

Le 6 juillet 1953, il donna de sa voix gutturale le premier « Moteur » de l'aventure la plus tapageuse de l'histoire du cinéma. La légende de *Si Versailles m'était conté* se mettait en route.

Et le tournage s'acheva le 18 septembre suivant, sur les explications du maître d'œuvre.

« Nous ne nous vantons pas de l'avoir fait en deux mois, précisait Guitry, car nous tournions souvent douze ou quinze heures par jour, c'est-à-dire jour et nuit. Or la journée normale n'étant que de huit heures, nous nous sommes gorgés d'heures supplémentaires. Pourquoi ? Parce que, de 9 heures du matin à 5 heures du soir, nous ne pouvions pas empêcher les visites... »

La plupart des vedettes, elles aussi, furent en visite, offrant au maître leur participation exceptionnelle, souvent le temps d'une simple scène, parfois même d'une seule réplique. D'où une fantastique distribution mais affadie par le nombre de comédiens, d'où émergent Jean-Claude Pascal en séduisant Axel de Fersen, Orson Welles en extravagant Benjamin Franklin, Pauline Carton en étonnante empoisonneuse, Claudette Colbert en sémillante Mme de Montespan, tandis que Tino Rossi joue le gondolier, Gérard Philipe campe un étrange d'Artagnan, Fernand Gravey un vitupérant Molière et bien d'autres encore.

Bien sûr, Bourvil s'est inscrit à cette fête royale des yeux. Mieux encore, il a été chargé – tâche ô combien ardue – de prononcer un long discours – refermant en quelque sorte ce beau livre d'images – sur les cent trois marches du grand escalier, tandis que le Roi-Soleil paraît au pied du château au sommet duquel flotte un immense drapeau tricolore. Fin grandiloquente sur un Bourvil à la fois surpris et flatté de conclure ce film fleuve, revenu à notre époque au terme d'un voyage dans le temps; c'est lui le guide proposé à la visite du château. Dans le film, il la clôt en ces termes, de sa voix un peu cassée, si émouvante : « Suivez le guide, passez devant. La visite du château, si vous le voulez bien, mesdames et messieurs, nous allons la terminer là. J'aurais pu vous donner beaucoup plus de détails sur chacun des salons que vous avez traversés. Je m'en suis abstenu. Pourquoi vous informer que tel fait historique s'est produit ici ou là alors que je n'en suis pas absolument certain? L'important à mon sens c'est qu'il se soit produit. Ce qui prime tout, c'est de se souvenir que pendant trois cents ans, l'histoire de notre pays s'est déroulée dans ce château et, que ce soit dans cette pièce ou dans la pièce suivante que Louis XIV a dit à Molière " Bravo ", à Turenne " Merci ", à La Vallière " Je t'aime ", l'important c'est qu'il l'a dit. Maintenant, si ça vous fait plaisir de vous imaginer que Voltaire va ouvrir cette porte ou que la Pompadour se promène dans le parc avec Jean de la Fontaine... Les omissions et les erreurs, tout comme les... anachronismes, on les occulte quand c'est le cœur qui les commet. Et si ça me plaît à moi de les imaginer, tous ces rois, toutes ces reines et toutes ces favorites, et tous ces grands soldats, et tous ces grands poètes, pêle-mêle, descendant le plus bel escalier du monde, c'est mon droit. Et je les imagine en ce moment, tenez... Oui, en mettant mes mains sur mes deux yeux, je les vois! »

Pour la sortie parisienne du film, le 15 décembre 1953, un grand gala sera donné à l'Opéra au profit du château de Versailles. Bourvil est ébloui par ses partenaires passés et futurs, défilant sans relâche sur l'histoire imaginée par Guitry : Gino Cervi (Gagliostro), Jean Marais (Louis XV), Georges Marchal (Louis XIV jeune) Jean Richard (Tartuffe), Brigitte Bardot (Mlle de Rosille), Pauline Carton (La Voisin), Annie Cordy (Mme Langlois) et bien d'autres encore.

Le public fit un triomphe à ce flot d'images colorées. Les critiques boudèrent, conspuèrent, assassinèrent Guitry. Le 20 février 1954, *Le Figaro littéraire* publia même l'opinion collective et très défavorable de six historiens, dont André Castelot. En mars suivant, le sort du film sera porté devant les membres de l'Assemblée nationale. Ce dernier baptisé « L'affaire Versailles », suscita un fatras d'accusations et de calomnies qui inonda les gargotes. Les échotiers s'en donnèrent à cœur joie. « Au lendemain de la prodigieuse représentation de l'Opéra s'organisa une cabale qui aurait pu s'appeler : sus au bonheur ! Dans la succursale " littéraire " d'un quotidien sinistre, je fus littéralement assailli par des personnes auxquelles jamais l'idée ne me serait venue de demander leur opinion sur mes travaux, ce qui me dispensait de lire leurs attaques... », écrivit Guitry en exergue de son texte de présentation sur *Versailles*. Et le maître concluait ainsi : « Décidément, la méchanceté ne paie pas et le bonheur lui fait un pied de nez joyeux. »

Le bonheur – celui de Bourvil – fait plaisir à voir lorsqu'on lui parle de Guitry. Ses yeux, ses fameux yeux clairs, brillent d'une lueur particulière au souvenir des fêtes de Versailles, l'un de ses meilleurs souvenirs. Même si la cocasserie de ce guide ne fixe pas son portrait dans l'immortalité du septième art. « Figuration de luxe », pour notre confrère Pierre Berruer. Disons plutôt examen de passage!

Et un substantiel cachet venu grossir son escarcelle de Normand besogneux et économe. L'occasion pour Bourvil de renouer avec ses racines lui est offerte lorsqu'il achète une coquette maison à Montainville, petite bourgade pittoresque des Yvelines située à quarante kilomètres à l'ouest de Paris, où ruminent encore quelques belles vaches dans les champs environnants. Dans la capitale aussi, les Raimbourg donnent à leurs voisins l'occasion d'assister à leur transhumance. Du huitième arrondissement, la famille agrandie s'est glissée dans le douillet nid du paisible quartier d'Auteuil. Là, au cinquième étage du 12, boulevard Suchet, dans le chic seizième arrondissement, Bourvil s'est rapproché de ses pairs : Fernandel, Gabin et Pagnol. A deux pas de là, à Neuilly, s'est installé l'un des artisans les plus consciencieux du cinéma français : Gilles Grangier. A quarante et un an, ce cinéaste boulevardier, amoureux du septième art comme personne, s'est payé le luxe de faire débuter Mariano, Guétary et un certain Bourvil dans *Par la fenêtre* en 1947. Ces retrouvailles, cinq ans plus tard, prennent la forme d'un curieux « poisson d'avril ». Produit par Jean-Paul Guibert, adapté par son beau-frère – Michel Audiard – et Gilles Grangier, *Poisson d'avril* ou *Pêche interdite* est un film unique puisqu'il marque la première rencontre entre Bourvil et Louis de Funès.

« De Funès est resté seulement quatre jours sur le film, se souvient Gilles Grangier dans ses mémoires. Il était très drôle. Lui et Bourvil ont tout de suite sympathisé. C'était difficile de ne pas sympathiser avec Bourvil, qui était très agréable et avait toujours le sourire aux lèvres.

La jeune Annie Cordy, partenaire de Bourvil sur la scène de l'ABC, tourna dans ce film grâce à son entremise. Hélas, Grangier lui donna l'un des rôles « sérieux » du film (Charlotte, la femme de Bourvil) alors que ses dons comiques et sa gouaille la portaient tout naturellement vers une nature plus rigolote, comme Annette, la cousine. »

Entouré de Pierre Dux, Maurice Biraud et Denise Grey, Bourvil se retrouve sous les sunlights des plateaux de Boulogne au matin du 26 février 1954 pour le premier tour de manivelle de ce *Poisson d'avril* que des distributeurs peu scrupuleux rebaptiseront sous le titre *Le garde-champêtre mène l'enquête*, en mettant en gros caractères le nom de Louis de Funès. Entre-temps, il est vrai, le modeste partenaire de Bourvil était devenu une star grâce au *Gendarme de Saint-Tropez*.

Sur le script – et à l'image –, Bourvil est bien évidemment la seule vedette du film. Emile Dupuy (Bourvil), gentil mécanicien, achète une canne à pêche avec les économies destinées à l'acquisition d'une machine à laver. Venu taquiner le poisson chez une cousine en cachette de sa femme, il se fait pincer par un scrupuleux garde champêtre (la fameuse prestation de Louis de Funès). A partir de là, tout va basculer pour Emile que le procès-verbal du garde-champêtre finira par innocenter. Et, après bien des infortunes, des doutes, des cris, des larmes et des rires, Emile et son épouse pourront aller ensemble au bord de l'eau, à Lagny, goûter aux joies retrouvées du bonheur, de la campagne et de la pêche. Au cours de cette aimable bluette dont le tournage s'acheva le 24 avril 1954, Bourvil pousse une fois encore la chansonnette. Rien d'étonnant à cela...

Lorsque l'histoire le permettait, l'agent de Bourvil exigeait une ou deux chansons, ce qui rapportait des droits d'auteur. La chanson, en l'occurrence, s'appelait « Aragon et Castille », et son auteur, ami de Brassens et silhouette familière des derniers cabarets de la rive gauche, se nommait Bobby Lapointe.

> *Au pays da-ga d'Aragon*
> *Il y avait tu-gud' une fill'*
> *Qui aimait les glac's au citron*
> *Et vanille.*

Sans doute trop extravagante au sein du film, la chanson passa quasiment inaperçue dans le répertoire déjà important de Bourvil. Plus tard, son auteur, devenu alors son interprète, en fera un succès. N'empêche que ce fut Bourvil qui, le premier, se hasarda à chanter du Bobby Lapointe avant que ce dernier ne se hisse lui-même parmi les grands du music-hall. Le paysan madré aux refrains simplets est peut-être plus malin qu'il n'y paraît. Bourvil, une fois encore, Français moyen par excellence, était en avance sur son temps. A l'évocation du nom de Bourvil, on pense bien souvent d'abord à l'interprète des « Crayons », de « La tactique du gendarme » ou d'« A bicyclette ».

Tout comme le nom de Cadet-Rousselle fleure encore une chansonnette à l'eau-de-rose,

Cadet-Rousselle est bon enfant...

En 1954, l'idée du scénariste Jean Halain (futur adaptateur de la série des *Fantomas* avec le tandem Jean Marais-Louis de Funès) et de Jean-Paul Lacroix séduit aussitôt le cinéaste André Hunebelle.

« *Cadet-Rousselle* est un "western napoléonien", explique-t-il à Paul Carrière, du *Figaro*. Le scénario de

Jean Halain prête au personnage de la célèbre chanson des aventures qui resteront liées au chiffre 3. Nous jouerons un peu avec la chronique puisque la tradition situait notre héros vers 1792. Cadet-Rousselle, hurluberlu de l'armée impériale, sera amoureux de trois belles, aura trois logis, etc. Sa chanson sera le leitmotiv du film, mais on entendra également " Trois petits tambours ". Héros involontaire, Cadet-Rousselle sera responsable de nombreux faits d'armes que l'histoire attribue encore aujourd'hui à des personnages plus sérieux. Il connaîtra la faveur de l'Empereur et lui dira quelques bonnes vérités. Napoléon finira, malgré tout, par attacher quelque importance à son jugement... » Restait à trouver l'interprète idéal de ce film à costumes, dans la pure tradition des caractères habituellement défendus par Gérard Philipe ou Jean Marais.

Bien que l'acteur idéal, aux yeux d'Hunebelle, ne fût autre que Fernandel, le refus du Marseillais l'orienta vers un jeune premier à la fois léger, humoristique et piquant : François Périer. Ce qui eut l'heur de plaire à ce dernier. « On ne s'ennuyait pas sur ces tournages des années cinquante qui faisaient vivoter un petit monde sans envergure et assuraient au public ses rires du samedi soir », écrira-t-il joliment dans *Profession : menteur*. Forcé de faire réécrire le scénario à la dimension de son nouvel interprète, Hunebelle dut se résoudre à chercher l'inévitable argument commercial du film. Pourquoi ne pas battre le rappel de son Planchet dans *Les Trois Mousquetaires* ? D'autant que Bourvil se déclare ravi de l'occasion qui lui est donnée de fréquenter la « crème » de la scène et du théâtre français : Georges Chamarat (qui, bien qu'annoncé, n'apparaît pas dans le film), Jacques Fabbri, Henri Crémieux, Jacques Dufilho, etc. Hunebelle entraîna son équipe vers de superbes paysages repérés aux environs de Nemours, en Seine-et-Marne, après avoir commencé les prises de vue aux studios Francœur dans la matinée du 26 avril 1954.

Bien qu'invraisemblables, les rocambolesques mésaventures de Cadet-Rousselle font bon ménage avec les succès du moment. Dernier des triplés nés de la famille Rousselle sous trois régimes – la Royauté, la République et l'Empire – Cadet-Rousselle, bedeau à l'église de son village, part à l'aventure et à la conquête de trois amours : Isabelle la fille du maire, Violetta la danseuse gitane, et Marguerite une belle aventurière. A ses côtés, le brave Jérôme (Bourvil) dont l'amitié lui sera précieuse. Au résultat final, si François Périer ne parvient jamais à égaler Gérard Philipe dans *Fanfan la tulipe*, auquel le film fait indubitablement référence, Bourvil trousse le ton d'un efficace second rôle.

Heureusement, le temps des films gentillets est bientôt révolu. Celui des chefs-d'œuvre ne devrait plus tarder...

Après Marcel Aymé, Alexandre Dumas et Sacha Guitry, c'est au tour de Feydeau de traverser la vie du comédien Bourvil. Dans le célèbre vaudeville intitulé *Le Fil à la patte*, le voici transformé en clerc de notaire Bouzin aux côtés du comédien Noël-Noël. Ce dernier est à la fois le scénariste et le comédien principal de ce film réalisé par Guy Lefranc auquel Louis Jouvet venait de confier la mise en scène de *Knock*, puis d'*Une histoire d'amour*, son dernier rôle à l'écran. Tandis que, le soir, Bourvil triomphe encore sur la scène de l'ABC avec *La Route fleurie*, Guy Lefranc donne le matin du 4 août 1954 le premier tour de manivelle du *Fil à la patte* aux studios de Boulogne. Dans le personnage qu'il s'est taillé sur mesure, son partenaire Noël-Noël n'est pourtant pas très à l'aise.

« Je suis habitué aux rôles de composition, avouera-t-il à la sortie du film. A trente-cinq ans, je jouais le centenaire. Maintenant, à cinquante-sept, je prends ce personnage de Feydeau qui en a quarante... J'ai essayé de sortir du vaudeville et de donner un peu d'humanité à cette forme cruelle de comique, d'en atténuer l'outrance caractéristique de 1894, de diminuer légèrement certains effets pour les rendre plus valables, plus vrais... »

Cette libre adaptation donna lieu à des avis contradictoires, l'un jugeant le résultat comme « le film comique français le plus drôle, sans prétention ni bavure, et le plus spirituel dans son dessein que l'on ait sorti d'un vaudeville », tandis que l'autre assure avec affliction que « dans le petit manuel du producteur médiocre, on trouvera ce film cité en exemple et sa recette proposée à la paresse et à l'inconscience du premier venu ».

C'est l'occasion pour Bourvil d'être estimé pour son juste travail par la partenaire de ses débuts – dans le film *Par la fenêtre* –, la pétulante Suzy Delair. Celle qui donna la réplique à Pierre Fresnay dans *L'assassin habite au 21*, qui fut l'empoisonnante compagne de Bernard Blier dans *Quai des Orfèvres*, deux films signés Henri-Georges Clouzot, ne tarit pas d'éloges sur ce drôle de notaire.

« J'ai dû arrêter de tourner pendant deux jours car, dans une scène, je devais, je crois, lui casser une potiche sur la tête. Rien de bien compliqué mais, avec lui, impossible : à chaque prise j'étais prise d'un fou rire. Et le malheureux, chaque fois consterné, se tournait vers l'équipe : " Mais pourquoi elle rit comme ça, je n'ai rien fait moi!" C'était ça Bourvil, un comique, un vrai. Un de ceux trop rares qui n'eurent jamais besoin de recourir à la vulgarité. Quel professionnalisme! Pour s'en convaincre, revoyez donc cette scène qu'il a avec Gabrielle Dorziat. C'est du très grand cinéma. »

Aujourd'hui, elle souligne également ses qualités de cœur et regrette de ne plus avoir jamais eu l'occasion de le revoir sur un plateau. A l'époque, seul le journaliste – et futur scénariste – Claude Brulé remarque dans une sobre analyse la naissance d'un authentique comédien :

« Bourvil ne joue pas un fort grand rôle dans ce *Fil à la patte*, mais cela suffit pour qu'il nous prouve, une fois encore, ses merveilleuses ressources de comédien. De film en film, au-delà des pitreries idiotes auxquelles il dut la gloire, ce grand bon diable empêtré dans ses phrases a, en effet, acquis et fourbi les armes de son art : discrétion, exacte attaque des répliques, économie des gestes. Son jeu n'a plus de brisures, plus de cahots, passant d'un ton à l'autre aussi souplement qu'un bon pilote change de vitesse avant un virage trop sec... C'est lui, et lui seul, qui sauve *Le Fil à la patte.* »

Bouzin (Bourvil), clerc de notaire timide mais compositeur un peu plus audacieux, poursuit de ses assiduités Lucette Gauthier (Suzy Delair) afin de lui proposer ses chansons. Mais un plan machiavélique monté par Fernand de Bois d'Enghien, grand séducteur de ces dames, va faire de lui l'éternelle victime tandis que le noble galant s'en ira triompher des cours.

A la lecture du synopsis, on envisage sans peine le talent dispensé par Bourvil afin de percevoir l'essentiel d'un tel rôle. A ses côtés, Henri Guisol et Henri Crémieux tirent également leur épingle du jeu avec ce brio qui fera d'eux d'excellents seconds rôles du cinéma français.

On remarquera, bien que plus discrète, la participation du comédien Alain Feydeau, le propre petit-fils du célèbre auteur.

Dans l'agenda de Bourvil, le nom d'Alex Joffé va revêtir une importance considérable. De nos jours, pas un dictionnaire n'ignore la place qu'il occupe dans le cinéma français. Tel le fameux Seghers qui l'annonce ainsi : « Il fut quelque temps technicien de la prise de vues, avant de se consacrer à une activité de scénariste qui lui valut d'être, entre 1942 et 1952, un des auteurs les plus recherchés du cinéma français. »

En 1955, tout en continuant régulièrement à participer à l'élaboration des sujets qu'il réalise, en écrivant souvent les dialogues, Alex Joffé se lance dans le projet d'une farce historique inspirée d'une pièce de Pierre-Aristide Bréal. Dans le rôle du hussard Fricot, un soldat un peu couard engagé dans l'armée bonapartiste au cours de la campagne d'Italie, le jeune cinéaste (il a alors à peine trente-sept ans) songe aussitôt à Bourvil qu'il a connu alors qu'il était scénariste d'Hervé Bromberger pour *Seul dans Paris*. Puis, il avait manqué une autre occasion de le diriger dans le projet de *Sans laisser d'adresse*, où il lui destinait déjà un rôle dramatique, film réalisé finalement par Jean-Paul Le Chanois et rôle dévolu à Bernard Blier. C'est à ce dernier que l'oppose d'ailleurs Alex Joffé dans *Les Hussards*, dont la compagnie Jacques Fabbri a fait un triomphe sur la scène parisienne.

Le tournage eut lieu à Lagny, en Seine-et-Marne, en grande partie durant la fermeture estivale de l'ABC.

Du 4 mai au 6 août 1955, trois longs et difficiles mois pour Bourvil qui connaît, pour la première fois de sa carrière, les aléas d'un tournage pas toujours empreint d'une franche cordialité. Non avec son metteur en scène Alex Joffé auquel il vouera d'ailleurs une amitié et une fidélité rares (cinq autres films suivront ces *Hussards*), mais face à Blier dont le professionnalisme n'avait d'égal que le sens des affaires. Ce dernier provoqua une certaine gêne en exigeant son nom plus gros que celui de Bourvil au générique du film. Ce qui eut pour effet de voir celui de Bourvil encadré sur l'affiche alors que le sien ne l'était pas.

Au bout de la même affiche, apparaîtra celui d'un autre « caractériel » du septième art, et futur partenaire privilégié de Bourvil, un certain Louis de Funès (déjà un hilarant sacristain).

A la décharge de Bernard Blier, immense comédien devant l'Eternel qui le rappelait le 29 mars 1989, soulignons qu'il cherchait vainement, après vingt années au service du cinéma, une reconnaissance sinon une consécration définitive de la critique, après celle du public qui lui était déjà acquise depuis longtemps. La perte de Suzanne, sa mère disparue en 1953, le poussera sans doute à des exigences qu'il regretta ensuite. Comme l'écrivent Claude Dufresne et Annette Blier, son épouse, dans la biographie qu'ils ont consacrée à ce sublime comédien aux Editions Solar, « parce que, pour la première fois de son existence, il avait moins envie de jouer à faire semblant... ». Lancé dans cette sanglante campagne d'Italie, en 1796, le picaresque Le Gouce (Blier) se trouve donc en mission aux côtés du soldat Fricot (Bourvil) lorsqu'ils s'arrêtent afin de satisfaire un besoin naturel. Moment d'inattention que met à profit un mari jaloux, Pietro (Gianni Esposito), pour voler leurs chevaux. Par peur du châtiment qui les attend au camp, les deux hussards se terrent donc au village de San Angelo où ils trouvent le meilleur accueil. A leur capitaine (Georges Wilson), ils racontent qu'ils ont été faits prisonniers. Par mesure de représailles, Pietro sera fusillé. Mais, par un geste courageux, les deux hussards révèlent la vérité et se retrouveront, au terme d'un furieux combat avec les Autrichiens, décorés comme des braves!

Pour beaucoup bâclé ou franchement raté, *Les Hus-*

sards ne tint pas réellement ses promesses en ce qui concerne la promotion des deux comédiens pourtant en tout point remarquables. La puissance de jeu, les mimiques et la faconde d'un Blier associées à la truculence et à l'humour communicatif et naturel d'un Bourvil auraient pu créer l'événement et devenir un petit chef-d'œuvre de drôlerie caustique. A l'inverse de la pièce résolument satirique de Bréal, le film joue la carte d'un comique honorable mais sans force. Reste que le succès public des *Hussards* établira solidement Alex Joffé dans son statut de metteur en scène. Et qu'il n'oubliera jamais Bourvil tout au long de sa carrière.

En 1956, c'est au tour de Claude Autant-Lara de se souvenir du merveilleux Bourvil.

Déjà, au travers des personnages de *Pas si bête* ou de *Seul dans Paris*, le comédien lui avait prouvé qu'il pouvait se surpasser dans le registre de la tendresse et de l'émotion. Lorsqu'en 1950 il achète les droits de *La Traversée de Paris*, de Marcel Aymé, il pense aussitôt à la richesse de sentiments qu'il peut offrir au personnage de Martin. Entre-temps, le cinéaste heureux du *Diable au corps* – l'un des plus grands rôles de Gérard Philipe – a beaucoup tourné : *L'Auberge rouge* en 1951, *Le Blé en herbe* en 1953, *Le Rouge et le Noir* en 1954 et *Marguerite de la nuit* en 1956. Au début de cette même année, sachant Bourvil libre, Autant-Lara profite de l'occasion. D'autant que Jean Gabin et son agent Bernheim, après s'être proposés pour coproduire le projet, acceptent immédiatement le rôle de Grandgil.

L'histoire pouvait donc se mettre en place. A Christian

Plume et Xavier Pasquini qui l'interrogent, Autant-Lara s'épanche au cours d'un long entretien : « Il y a longtemps que je voulais faire *La Traversée de Paris*. Je voulais le produire moi-même. Et surtout avec Bourvil. On n'imagine pas combien j'ai souffert pour faire ce film. On sait qu'il est tiré d'une nouvelle de Marcel Aymé, que nous avions décidé d'adapter, Jean Aurenche, Pierre Bost et moi-même. Au départ, il était question de le produire avec Jean Gabin. Nous avions écrit environ la moitié du scénario et nous n'avions pas de fin. Au cinéma, les projets durent souvent des années. C'est ce qui se produisit avec *La Traversée de Paris*. Un jour que nous étions, Aurenche et moi, en train de travailler sur un autre film, je lui racontai une histoire tout ce qu'il y a de vrai, qui était arrivée en face de chez moi, rue Ballu, à côté de la Société des auteurs.

« C'était l'époque où venait d'avoir eu lieu le premier attentat perpétré contre l'occupant par les résistants et le colonel Fabien. Naturellement, les Allemands en avaient profité pour procéder à des représailles. Ils passèrent dans les commissariats et raflèrent tous les gens qui s'y trouvaient. En face de chez moi il y avait un commissariat dans lequel étaient retenus, à ce moment-là, quelques pauvres bougres. Notamment un dont la femme devait accoucher et qui était venu demander l'adresse d'un médecin. Cela se passait la nuit, pendant le couvre-feu, et il avait jugé plus prudent d'aller au commissariat pour cela. Les flics finirent par lui trouver un médecin mais, comme il était minuit passé, ils lui conseillèrent de rester là jusqu'au matin. Le gars est donc resté lorsque les Allemands sont arrivés vers 3 heures du matin et ont embarqué tous ceux qui s'y trouvaient, y compris le pauvre diable dont la femme allait accoucher. Et, en fait d'heureuse paternité, le pauvre homme a été servi : à 7 heures, il était fusillé. Quand j'eus terminé mon histoire, Aurenche me dit : " Espèce d'idiot, mais c'est la fin de ton film ! Au lieu de se faire rafler parce que sa femme va accoucher, ils se font rafler pour une histoire de cochon ! " Il avait raison. »

Autant-Lara s'est souvenu plus tard de précisions bien utiles à la suite de l'extraordinaire odyssée de *La Traversée de Paris*. « Tout d'abord, il faut savoir que je devais réaliser ce film en couleurs. Seulement, un beau jour, Deutschmeister, le producteur, me fit venir et m'expliqua qu'il avait quelques problèmes de trésorerie : il produisait à l'époque un film de Jean Renoir (*Elena et les hommes* avec Ingrid Bergman). » Le budget de ce film, déjà largement dépassé, mettait en péril l'existence même de *La Traversée de Paris*. Discussions, argumentations, Autant-Lara insiste et emporte la partie : « Il me proposa de faire le film en noir et blanc, ce qui lui permettait de réaliser quelques économies substantielles. Je lui demandai quelques jours de réflexion et c'est finalement ma femme (Ghislaine Auboin qui lui servait d'ailleurs d'assistante sur le film) qui m'a dit " Fais-le ", sans quoi j'aurais peut-être laissé tomber.

« Elle avait raison car ce film aurait certainement été moins bien en couleurs. *La Traversée de Paris* étant un film dont le récit appartenait au passé et dont l'action évoquait des heures difficiles de notre histoire. Le traitement en couleurs aurait rendu le tout plus gai et n'aurait jamais apporté ni la gravité ni la profondeur nécessaires, en somme. A cet égard, nous avons eu, je crois, une idée géniale (qu'une fois encore la couleur ne nous aurait jamais permis de réaliser !), en recréant l'atmosphère du Paris sous l'Occupation grâce à un procédé finalement tout simple. En effet, durant cette période, le soir, toutes les rues de Paris étaient bleues parce qu'il était interdit d'allumer, les vitres étaient bleutées, les becs de gaz également. Afin de recréer artificiellement ce bleuissement, j'ai décidé de tirer une copie de ce film en noir et blanc sur une pellicule couleur de dominante bleue. Du même coup, le film retrouvait son atmosphère de guerre par un procédé que la couleur ne nous aurait jamais permis de restituer ! »

Le scénario couché sur papier, restait le problème de l'interprétation. C'est là qu'intervient la rocambolesque affaire qui opposa l'auteur Marcel Aymé à... Bourvil.

Tout commence par une annonce pour le moins indélicate dans la presse où, sans l'accord définitif du père littéraire de *La Traversée de Paris*, le producteur annonce le tournage du film avec Gabin et Bourvil.

Lorsque nous l'avons rencontré, en 1990, Autant-Lara nous a confirmé les affres de la préparation : « Dès le début, lorsque le scénario fut achevé, nous sommes allés le présenter au producteur Henry Deutschmeister. C'était lui qui avait déjà produit des succès comme *La Beauté du diable*, *Belles de nuit*, ainsi que deux de mes films, *Le Blé en herbe* et *Le Rouge et le Noir*.

« La réponse fut catégorique.

« " Gabin d'accord c'est très bien, mais pas Bourvil, vous m'avez parlé d'un film sérieux. Si nous engageons ce comique paysan, il fichera tout par terre... ", lâcha-t-il avec ce fameux accent teuton qui faisait plier de rire toute la profession.

« J'ai tenu bon.

« Décontenancé, Deutschmeister fit volte-face et accepta.

« " D'accord sur Bourvil, mais je ne veux pas qu'on le fusille. Si vous ne me changez pas la fin, je ne fais pas ce film. " »

Pour Autant-Lara, il semble une fois encore que la

fatalité se soit mise en travers de son chemin. En maintes occasions, ce cinéaste cultivé et brillant s'est montré l'homme des « coups de gueule », celui dont les paroles, les actes ou les écrits auront parfois des effets désastreux (nul n'a oublié l'épisode de son « éclat » face à Simone Veil au Parlement européen en 1989). Trente années auparavant, le cinéaste dispensait une éloquence bien plus brillante avec une verve décapante sur les gens de cinéma et particulièrement sur la genèse de cette *Traversée* après le refus de « sa » fin par Deutschmeister.

« Que voulez-vous que nous fassions? Deutschmeister n'était pas un mauvais homme mais il était con. C'est l'argent qui rend les producteurs cons. Ils veulent que leur film ait du succès et ils pensent qu'il aura du succès avec une " bonne fin ". Ils se trompent. C'est faux. Cela, nous le savons mieux qu'eux. En fin de compte, chacun son métier : nous faisons les films et eux payent. Rien de plus. Ils ont tort de ne pas nous laisser faire. La vérité, c'est que *La Traversée de Paris* n'a pas, dans les dernières minutes, la force qu'elle aurait pu avoir. Avec une fin comme nous la voulions, il nous aurait arraché les tripes. Et sans effets exagérés. On n'aurait vu ni les fusils ni l'exécution. Je les aurais simplement évoqués, on aurait amené Bourvil derrière des buissons et entendu la salve. On aurait compris. Pas besoin de voir le sang couler. L'hémoglobine, ça ne sert à rien. Au cinéma, c'est toujours la suggestion qui est la plus forte. Beaucoup plus forte que la vision directe. Oui, vraiment, ce film je l'ai souffert. »

On le voit, la préparation ne fut pas des plus faciles. Surtout le rôle de Bourvil dont les producteurs ne voulaient à aucun prix.

Mais ce n'était pas là le plus terrible. La cabale était allée bien plus loin. Marcel Aymé, l'auteur de la nouvelle, ne voulait pas admettre le choix de Bourvil et adressa au metteur en scène du *Diable au corps* une cinglante missive dont il prit soin de faire publier le contenu par les très sérieux *Cahiers de la Cinémathèque de Toulouse*. Voici cette lettre :

« J'ai lu dans les journaux, il y a environ une semaine, que les interprètes principaux de *La Traversée de Paris* devaient être Gabin et Bourvil et j'ai cru à une farce. Il y a eu un temps où on voulait bien me consulter pour le choix des acteurs. Il faut croire que, pour cette étonnante décision, on n'avait pas bonne conscience puisque je n'ai même pas été informé après coup.

« Quant à Jean Gabin, que j'admire beaucoup, je n'étais pas d'accord à cause de son âge. Mais on pouvait discuter. Que dire du partenaire ? Une fois déjà, on avait choisi Bourvil contre mon gré dans *Le Passe-muraille* où il avait donné ce que vous savez. J'aurais haussé les épaules si on m'avait dit qu'un jour, il me serait encore imposé par l'équipe Autant-Lara, Bost et Aurenche.

« Vous savez aussi bien que moi que Bourvil est à l'opposé du rôle et je ne dis rien de ses qualités d'acteur. J'entends bien qu'il s'agit maintenant de faire commercial à tout prix et de tourner la chose en grosse guignolade, mais je ne crois même pas que ce soit là un bon calcul. Bourvil pourra y aller de toutes ses bonnes ficelles dans le rôle de Martin. Il ne sera qu'insignifiant. Il va sans dire que mon nom ne paraîtra pas au générique. En outre, je me réserve de dire dans la presse ce que je pense de cette petite mésaventure dont vous serez d'ailleurs victime aussi bien que moi.

« Je vous souhaite bon courage dans l'accomplissement de cette besogne. A vous bien sincèrement.

« Marcel Aymé. »

Elle était datée du 8 mars 1956.

Un mois plus tard, jour pour jour, Autant-Lara entamait le tournage de « sa » *Traversée* prêt à affronter encore mille périls s'il le fallait. Ce mois durant, il en avait vu bien d'autres.

« Sur sa lancée, Marcel Aymé a également écrit au producteur pour lui demander de prendre Bernard Blier à la place de Bourvil. Je m'y suis opposé de toutes mes forces. J'avais vu Bourvil dans *Pas si bête* et j'avais remarqué que, par-delà les gaudrioles qu'on lui faisait faire, il y avait un homme avec une sensibilité et un registre bien plus étendu. Alors, je me suis battu pour Bourvil. Finalement, pour l'avoir, j'ai dû accepter un marché : le devis du film passait de deux cents à quatre-vingts millions et j'avais la liberté de prendre les acteurs que je voulais. C'est ainsi qu'en plus de Bourvil j'ai pu avoir de Funès qui obtenait pour la première fois un rôle vraiment important : le rôle de Jambier dans lequel il était bien à sa place. Avec Gabin et Bourvil, il a constitué un trio inégalable. Un trio qu'il serait même impossible de réunir aujourd'hui, s'ils étaient encore de ce monde. »

Pour l'heure, Autant-Lara n'a pas encore goûté aux effets de sa production sur le public et les critiques.

Dernier obstacle. A la sortie du film, Deutschmeister ne voulut tirer qu'une seule et unique copie car le procédé choisi par le cinéaste se révélait fort coûteux.

Cette ultime copie s'envola donc vers Venise où le film devait concourir au sein de la fameuse Mostra, festival unique au monde par la valeur de ses prix, les jugements de son jury et par son histoire au cours de laquelle furent récompensés les talents du légendaire *Ordet* de Dreyer, du *Hamlet* de Laurence Olivier, ou encore de l'illustre *Anna Karénine* de Clarence Brown avec Greta Garbo.

Cette année, le Lion de Saint-Marc ne fut pas décerné, aucun des membres du jury n'étant d'accord sur les œuvres en compétition.

Toutefois, l'unanimité s'était faite sur le nom de... Bourvil. Il décrocha le Grand Prix d'Interprétation masculine qui demeure, à ce jour, l'unique marque de reconnaissance d'une profession à la mémoire courte.

Mais quel prix!

Il est vrai qu'à l'époque la mode n'était pas aux Molière, César et autres trophées dont l'attribution ne signifie plus grand-chose.

Aujourd'hui, comme si les cinéastes Louis Delluc ou Jean Vigo ne suffisaient plus à récompenser une œuvre, l'hypermédiatisation du cinéma a plongé la profession de comédien dans le marasme le plus total. On trouve annuellement une foire aux prix sur le souvenir d'une trentaine de noms de disparus parmi lesquels Louis Jouvet, Gérard Philipe, Jean Gabin et... Bourvil! Parmi les derniers lauréats de ce prix, on trouve même Michel Boujenah tout étonné de cet honneur un peu forcé : « Je n'ai pas eu le temps ni d'aller chercher mon prix ni de remercier Alex Joffé [l'un des fondateurs de cette initiative]. »

Lui, Bourvil, sera ravi, ému, bouleversé même par cet honneur et gardera toujours cette fameuse coupe Volpi que peu d'autres Français, avant lui, avaient pu serrer sur leur cœur.

Pour l'anecdote, Pierre Blanchar (en 1935, pour *Crime et Châtiment*, de Pierre Chenal), Pierre Fresnay (en 1947, pour *Monsieur Vincent*, de Maurice Cloche), Henri Vilbert (en 1953, pour *Le Bon Dieu sans confession*, de Claude Autant-Lara) et Jean Gabin (en 1954, pour *Touchez pas au grisbi*, de Jacques Becker) avaient été les seuls à obtenir cette consécration de la fameuse biennale de Venise. Si Bourvil, retenu encore en France, est absent,

Gabin, lui, s'est déplacé à Venise, espérant bien un doublé avec cette « foutue » *Traversée*.

A l'annonce du gagnant, fou de rage, il se terra dans sa chambre d'hôtel. Bien que Gabin montrât une évidente forme et marquât son rôle de façon classique, Bourvil réussissait la double gageure de s'imposer face à lui et de jeter aux orties sa défroque de paysan naïf.

Subtil, puissant, Bourvil fut merveilleusement bien dirigé par un Autant-Lara qui regrette encore « sa » scène finale : « Mais je m'entêtais et je m'étais juré de la faire cette fin. Alors, je l'ai payée de mes deniers, sur mon salaire : une journée de tournage. Et pourtant, je n'étais pas écrasé par l'argent... J'ai payé le camion et j'ai tourné tout ça, et on ne voit plus que la roue dans le film. C'est tout ce qu'on en a gardé ! Mais le père Deutschmeister, il ne me l'a jamais remboursé, le camion, jamais !

« "Che paierai pas !"

« Et il n'a jamais payé, le cochon ! »

Fin qui n'aurait peut-être jamais grossi les scores de ce film champion qui, non content d'avoir été sélectionné à Venise, obtint deux « victoires » du cinéma (meilleur film et meilleur acteur pour Bourvil) et, de l'autre côté de l'Atlantique, le prix Selznick (le producteur du fameux *Autant en emporte le vent*), permettant à la firme productrice, la Franco-London-Films de se renflouer de ses récents échecs financiers (dont le « fameux » film de Jean Renoir). Si, par la suite, les producteurs ont eu la mémoire courte face à Autant-Lara, Bourvil ne l'oubliera pas. D'ailleurs, dès qu'il apprend par un télégramme de son metteur en scène qu'il a obtenu le précieux trophée, il y répond aussitôt.

« Ma chère Ghislaine,
« Mon cher Claude,

« Je reçois votre télégramme à l'instant. Merci de tout cœur. Et moi qui ne voulais pas aller à Venise! Quelle surprise! Comme tu es à l'origine de tout ça, si je pouvais, je te donnerais la moitié de ma coupe. Si elle était en chocolat, nous la mangerions tous ensemble car c'est tous ensemble que nous l'avons gagnée. Je vous embrasse.
« Bourvil. »

Sept semaines de tournage qui changèrent Bourvil en un comédien accompli, apprécié, enfin reconnu de tous. Tel Marcel Aymé, dont le ton ne sera plus du tout le même dans la seconde missive adressée le 8 novembre 1956 à Claude Autant-Lara, lui affirmant son soutien et le poids de son nom au générique. « Et dire qu'au début, il nous avait signifié l'interdiction formelle de l'utiliser... », s'écriera le cinéaste.

« Cher ami,
« J'espérais vous voir à la présentation et j'ai regretté que vous n'y soyez pas. Je vous aurais dit de vive voix combien j'étais content du film qui est une vraie réussite. Je vous aurais dit aussi que j'avais trouvé Bourvil tout à fait remarquable et j'aurais hautement confessé mon erreur. Je n'ai vu, non plus, ni Bost ni Aurenche, et je n'ai pu complimenter que Gabin. J'ai été surpris par le ton de la presse, d'ailleurs excellente, mais qui a voulu voir dans cette *Traversée* un film pessimiste et méchant. Pour ma part, je n'y ai rien vu de tel. Merci de ce que vous avez fait. C'est vraiment la toute première fois qu'on ait fait au cinéma quelque chose tiré d'un de mes livres qui soit non seulement bien, mais d'une très grande qualité. Et, dans ce cas particulier, ce n'était pas facile. Je vous en suis très reconnaissant. »

Cette traversée mouvementée de Paris en 1942 par deux hommes (Martin-Bourvil, un chauffeur de taxi au chômage, et Grandgil-Gabin, mystérieux artiste peintre) chargés de convoyer une valise pleine de victuailles pour le compte d'un charcutier – trafiquant au marché noir –, résultat spectaculaire de sept années d'attente, de tâtonnements, d'espoirs puis d'échecs, sera récompensé par une presse résolument dithyrambique.

« La déambulation de deux saiopards, à travers l'Occupation en général et Paris en particulier, a porté un certain cinéma français à son point de perfection », affirme le journaliste Pierre Ajame tandis que Claude Mauriac dans *Le Figaro littéraire* constate que « *La Traversée de Paris* est probablement le plus beau film de Claude Autant-Lara grâce à ses adaptateurs Jean Aurenche et Pierre Bost, à Marcel Aymé et – écrit-il –, bien sûr, à ses interprètes. Jean Gabin et Bourvil sont l'un et l'autre stupéfiants. »

Même la plupart de très virulents « sages » du fameux « conseil des dix » des *Cahiers du cinéma* (où officiaient de futurs cinéastes tels Pierre Braunberger, Eric Rohmer et François Truffaut) conseillèrent à leurs lecteurs de courir dans les salles obscures voir l'œuvre d'Autant-Lara.

« A voir absolument » s'exclament en chœur Max Favalelli (*Paris-Presse*), Georges Charensol (*Les Nouvelles littéraires*) ou Jacques Doniol-Valcroze (*Les Cahiers du cinéma*) habituellement peu enclins à encenser le cinéaste. Autant-Lara, constatait François Truffaut dans *Arts* du 31 octobre 1956, littéralement fasciné par l'œuvre du cinéaste, « a enfin trouvé le sujet de sa vie, un scénario à sa ressemblance et que la truculence, l'exagération, la hargne, la vulgarité, l'outrance, loin de desservir, ont haussé jusqu'à l'épique... » Une semaine plus tard, il démontre par un autre article ce qui, selon lui, prouve la supériorité du film sur l'œuvre de Marcel Aymé, au cours d'un article resté célèbre dans l'histoire de la critique cinématographique.

« Chez Marcel Aymé, explique-t-il, les scènes ne sont jamais " faites ", jamais finies, et la logique dramatique y perd quelques plumes. Supériorité du cinéma, puisqu'on ne peut tricher avec la scène : si quatre personnages sont plantés dans un décor, il ne s'agit pas d'en laisser choir deux ou trois, comme cela, brusquement : nécessité donc, pour Aurenche et Bost, de raffermir le dessin, de renforcer le trait et de préciser chaque personnage. Par ailleurs, indépendamment du fait que le film me paraît, davantage que la nouvelle, chargé d'intentions, il est plus subtil que le texte dans la mesure où le narrateur n'existe plus. Marcel Aymé, après un échange de répliques, analyse le comportement de Martin et de Grandgil et ne cesse, pour nous, de faire le point. Je préfère deviner les mobiles, les pensées des deux comparses sur leur visage dans le film. Là où l'écrivain " explique ", le cinéaste se contente de " montrer "... Il est amusant de noter que la nouvelle de Marcel Aymé a des vertus proprement cinématographiques (retour en arrière, construction filmique, fin policière à double détente) alors que Claude Autant-Lara, Jean Aurenche et Pierre Bost, dédaignant ces commodités, ont insufflé à leur film cette liberté dont la littérature se nourrit plus volontiers que le cinéma. La fin du film, la rafle, les représailles, les otages et la suite sont moins romanesques sans doute que les ultimes détours de la nouvelle mais plus vrais par rapport à la période de l'Occupation. En un mot, le film va plus loin que la nouvelle, il est plus fort, plus profond, tout en recelant toutes les beautés du texte... Le meilleur film de Claude Autant-Lara ! »

Quant à Bourvil, l'ensemble des admirateurs et des détracteurs du cinéaste s'accordèrent à reconnaître qu'il était tout bonnement prodigieux. Et là où personne ne l'attendait, dans un rôle ambigu, fort, presque à la limite de l'infra-langage.

Quinze ans plus tard, notre excellente consœur Catherine Claude, auteur d'une très sérieuse étude sur l'acteur parue aux Editeurs français réunis, insistera sur cette période du « phénomène » Bourvil. « ... Martin rétablit le " minable " qu'il incarne dans sa vérité complexe. Combinard, un peu froussard, râleur, quelquefois hâbleur, homme quelconque jusqu'au cœur de l'os, enfermé dans son destin sans prestige, il porte l'expérience innombrable que l'homme le plus nombreux fait, depuis des siècles, de sa condition. Avec sa morale très simpliste, son réalisme, sa générosité très mesurée et sa tendresse bougonne! » Pour Bourvil lui-même, *La Traversée de Paris* clôt définitivement celle de son propre chemin de croix.

Et pour le cinéma français, s'annonce un tournant grâce à cette œuvre forte, devenue, avec les décennies, un authentique classique de l'écran, témoin remarquable et terriblement lucide d'une époque trouble. C'est surtout au travers de ce film qu'ont été révélées, pour la première fois, les affres de cette période noire, filmée telle qu'elle a été réellement vécue et soufferte par le peuple français.

A cet égard, lors de la présentation du film à la Mostra de Venise, une délégation de la communauté juive et quelques grands patriotes qui s'étaient joints à elle, regrettèrent certaines scènes humiliantes.

« Ces bien-pensants ont trouvé déplacées les séquences où l'on voit défiler les troupes allemandes dans Paris devant une foule de Français massés derrière des barrières, déclare Autant-Lara. Mais c'est pourtant ce qui s'est passé. Ces mêmes Français qui, en 1940, au lendemain de l'entrevue scélérate de Montoire, criaient encore " Vive Pétain " ! »

Au-delà de la polémique engagée, Bourvil se garde prudemment d'apporter un démenti à l'une ou à l'autre des parties en présence. La guerre, les privations, la mort, Paris sous l'Occupation, il en avait vécu sa part.

Déjà, le spectacle reprenait ses droits, et le chanteur sa route.

Le 29 décembre 1951, pour la seconde fois de sa carrière, il retourne chez lui – ou presque – à Rouen où il donne un gala, « La féerie étoilée des bâtons blancs », organisé au profit des œuvres sociales de la police.

En France, on l'a déjà écrit, tout finit par des chansons. Et, dans les années cinquante, tout commence aussi par des ritournelles souvent venues d'autres cieux : partout, sur les ondes et sur les scènes, ces voix du soleil tels le Grec Georges Guétary, le Basque André Dassary, le Turc Dario Moreno, sans oublier l'incomparable rossignol andalou Luis Mariano. Charmant, modeste, plein d'humour et de charme, le créateur de *La Belle de Cadix* au casino Montparnasse en 1945 connaîtra une carrière exceptionnelle et sans aucune faille jusqu'à sa disparition en 1970, deux mois tout juste après celle de Bourvil.

Justement, ces deux-là sont faits pour se rencontrer. *Le Chanteur de Mexico* va leur en donner l'occasion.

Créée le 15 décembre 1951 au Châtelet, l'opérette de Félix Gandéra, adaptée par Raymond Vinci et Henri Wernert sur une musique de Francis Lopez, permet à Mariano des explosions vocales époustouflantes avec, dit-on en coulisses, une merveille de contre-ut les soirs de très grande forme. Elle constituera longtemps le chef-d'œuvre absolu du trio magique formé par le ténor, son directeur metteur en scène Maurice Lehmann, et surtout son inséparable et infatigable compositeur Francis Lopez.

En 1955, Richard Pottier est engagé pour diriger Luis Mariano dans la version filmée de l'opérette dont la millième représentation venait d'être donnée sur la scène du Châtelet. Mais *Le Chanteur de Mexico* va connaître bien des déboires dans sa phase préparatoire.

Tout d'abord le départ de la vedette de la scène, Lilo, qui sera remplacée par la jeune révélation de *La Route fleurie* : Annie Cordy.

Ensuite, le refus des producteurs d'engager le partenaire de Mariano : Pierjac, remarquable dans le rôle du faire-valoir, mais jugé trop peu commercial, devra laisser la place à... Bourvil!

Le tournage est l'occasion pour les deux nouveaux complices de créer des liens d'amitié. Mariano et Bourvil, hommes simples aux goûts simples, orchestrent la fête et ne cherchent qu'à passer du bon temps du côté d'Irun, où le film fut tourné entre le 20 juin et le 18 août 1956.

Là-bas, en son Espagne natale, Mariano possédait une ferme modèle d'où l'équipe put rayonner en diverses escapades touristiques vers des lieux repérés lors des tournages des séquences du film. Conformément au désir du réalisateur, le sujet avait été réécrit en fonction de la personnalité des interprètes spécifiques au cinéma. Ainsi l'agent de Bourvil avait-il exigé une dizaine de scènes spécialement écrites pour sa nouvelle vedette (l'effet *Traversée de Paris*), précisant même la place des caméras, les angles de prises de vues et un texte adéquat afin de le mettre en valeur.

Quant à Annie Cordy, elle ne fit visiblement aucun effort pour répondre aux exigences du cinéaste à son tour excédé des caprices de la nouvelle vedette. Normal : dans le film, Cordy-Cri-Cri est excessivement jalouse. Face à cette situation, Mariano fera ce qu'il peut – entre deux sérénades – pour sauver le film de la faillite malgré la pauvreté des moyens engagés, le côté miteux des décors et la minceur du scénario.

Celui-ci confine Mariano durant cent trois minutes face à une cascade de situations plates et routinières dignes d'une bande de série B.

Sosie du populaire chanteur Miguel Morano, le jeune Basque Vincent Etchebar (Mariano) est envoyé à sa place au Mexique par l'imprésario Cartoni. Mais il est poursuivi par Tornada (Gisèle Grandpré), une véritable furie, la maîtresse de la vedette. Accompagné de son fidèle Bilou (Bourvil) et de Cri-Cri (Annie Cordy), jolie fleuriste amoureuse de lui, aidé d'Eva sa partenaire, il déjouera tous les pièges de Tornada, laquelle se consolera finalement avec Bilou. Perdu dans ce générique franco-espagnol, le journaliste Jacques Angelvin fera parler de lui quelques années plus tard en faisant éclater le scandale de la *french connection*. Dans ce film tiré d'un fait divers qui défraya longtemps la chronique, outre Gene Hackman qui en fut la révélation, on découvrira dans le rôle du trafiquant l'excellent acteur Fernando Rey, lequel incarne l'imprésario Cartoni dans Le Chanteur de Mexico! Curieuse coïncidence!

Puis Bourvil passe sans transition de la lumineuse Espagne aux sombres ruelles de Paris.

Drôle de proposition que celle de Jean-Paul Le Chanois – proche de Gabin puisqu'ils tourneront au total quatre films ensemble – d'adjoindre à sa vedette favorite Bourvil en ignoble Thénardier. A-t-on assez dit que sa composition se rapproche le mieux de ce personnage composé par Victor Hugo selon les plus vils sentiments de l'homme, à la fois lâche et délateur, brutal et odieux, avare et mesquin. Pour un peu, les machinistes de l'ABC ne le salueraient plus.

A dater du 1ᵉʳ avril 1957, sept mois de tournage seront nécessaires pour venir à bout de cet ambitieux *remake* où quelques grands noms du cinéma français des années cinquante ont été réunis autour de Gabin-Valjean : Blier, Ledoux, Reggiani, Baroux, etc.

Pour offrir à Hugo une seconde jeunesse, la firme Pathé s'est entourée de deux excellents scénaristes (René Barjavel et Michel Audiard assistent Le Chanois) et du meilleur compositeur du moment (Georges Van Parys).

Reste, au-delà de la démonstration – selon certains la plus mauvaise version des *Misérables* –, un jalon supplémentaire dans le potentiel dramatique du Normand. Comme l'écrira Maurice Bessy dans l'excellente monographie qu'il a consacrée à l'acteur chez Denoël, « Bourvil atteignait déjà dans *La Traversée de Paris* une grandeur dans le pitoyable qui le classe soudain parmi les plus grands, à force de candeur suggérée, de simplicité, de désarroi ».

Le cinéma – parfois les cinéastes – ont enfin compris tout le parti qu'on peut tirer de ce personnage issu de la naïveté provinciale qui, à ses débuts, forçait l'admiration par sa drôlerie à force d'être banal.

Pas banal, par contre, le tournage des *Misérables* qu'un accord de coproduction contraint à se dérouler entièrement... à Berlin! A Babelsberg très précisément, dans les studios ultra-modernes de la Defa, l'une des fiertés du cinéma de la République démocratique allemande.

« Certains, un peu perfidement, m'ont reproché d'avoir "transplanté" Paris à Berlin, constate Jean-Paul Le Chanois. Mais le choix de cette ville a été fait par les producteurs qui ont passé des accords. Quant à moi, j'aurais très bien pu tourner en Chine ou en Amérique, puisqu'il s'agissait, de toute manière, d'une reconstitution en studio. Quel sens auraient eu des prises de vues dans le décor naturel ? Sans parler de la circulation qui rend impensable, à Paris, une telle entreprise ! Mon décorateur, Serge Pimenoff, et les ouvriers allemands ont reconstitué avec exactitude les faubourgs parisiens de l'époque. Certaines scènes nous ont donné du fil à retordre : ainsi, l'épisode où Jean Valjean (Gabin) transporte le corps de Marius dans les égouts que nous avons reconstitués en studio, minutieusement. Nous étions jusqu'au ventre dans de l'eau colorée avec de l'huile de vidange. On dut même peindre des rats que les laboratoires nous avaient livrés trop clairs. A Potsdam, où fut reconstituée la rue Saint-Denis de 1830, dix mille figurants, pris dans les rangs de l'armée allemande (RDA), furent nécessaires pour les épisodes d'émeute et d'insurrection... On verra non seulement la bataille de Waterloo, mais l'enterrement du général Lamarque. Je crois que ces *Misérables* sont ainsi les plus complets, les plus fidèles qui aient été portés à l'écran. C'est aussi un film à la gloire de Paris et du peuple de Paris... »

Les intéréssés ne s'y ruèrent point. Et des barricades se seraient plutôt dressées pour empêcher les spectateurs de s'y rendre, tellement les critiques furent amères et revanchardes. Gabin ne parvint à faire oublier ni Harry Baur ni Gabrio ! En revanche, Bourvil apporta à Thénardier cette humanité que Charles Dullin, pourtant extraordinaire dans la version de Raymond Bernard, ne lui offrait pas.

Comme pour excuser la veulerie du personnage, Bourvil s'empressa de préciser à la presse ce qu'il comptait en faire. « Je vais essayer de justifier mon personnage : après tout, c'est la misère qui l'a fait ce qu'il est. S'il n'avait pas connu cette pauvreté atroce et cette malchance persistante, l'homme aurait été différent. »

Merveilleux Bourvil dont la compassion – et la véracité de jeu – eurent pour effet d'animer la plume de Jean Dutourd des meilleures intentions du monde à son égard : « La création la plus sensationnelle est celle de Thénardier par Bourvil, dont on connaissait depuis longtemps l'immense talent. Je ne pense pas que dorénavant on imagine Thénardier sous d'autres traits que les siens, tant il a agrandi ce personnage. Il en fait un véritable génie du mal, dangereux, d'une humanité effrayante, d'une vérité telle que, par moments, on n'a plus l'impression d'être au cinéma mais jeté dans la vie réelle. »

Désormais, Bourvil, utilisé en contre-emploi, semble réussir à qui veut bien en prendre le risque.

Peut-être Gérard Oury, coscénariste et acteur d'un projet signé André Cayatte, provisoirement intitulé *Les Masques*? Dans *Le Miroir à deux faces*, le titre définitif, l'ex-avocat qu'est Cayatte dresse le réquisitoire de la chirurgie esthétique. La victime se nomme Michèle Morgan. La comédienne s'est elle-même racontée et insiste sur le fait que le tournage du *Miroir à deux faces* aura été à la fois une parenthèse entre deux phases de sa vie, un trait d'union entre elles et un alibi. Visiblement, sa belle histoire d'amour avec le comédien Henri Vidal s'éteignait doucement, tandis que s'allumait devant elle les feux d'un autre brasier ardent avec l'acteur et futur cinéaste Gérard Oury.

Les succès futurs du *Corniaud*, de *La Grande Vadrouille* et du *Cerveau* prouvent combien cette rencontre Oury-Bourvil allait devenir quasi historique dans les annales du cinéma français. Pour l'heure, Michèle Morgan raconte la formidable puissance de jeu du comédien Bourvil.

« Nous en sommes au dernier jour de tournage. Bourvil va interpréter sa grande scène d'ivresse. Cayatte vient de lui indiquer " ses places ", elles sont compliquées : l'instituteur rentre chez lui, soûl de chagrin et d'alcool, la beauté de sa femme a brisé leur couple. Il lui en veut, la hait et l'aime. Bourvil doit se cogner contre les meubles, un circuit précis et complexe, insulter Marie-José, pleurer et faire rire à la fois. L'extraordinaire clavier dont dispose cet exceptionnel comédien lui permet tout, mais, pour nous qui connaissons les difficultés mécaniques du cinéma, ce genre de scène est un exploit. Sur le plateau, fait qui ne se produit que rarement, règne un silence presque religieux, l'équivalent des roulements de tambour dans un cirque. Du machino au producteur, tous sont conscients de la difficulté, de la concentration qu'exige ce plan.

« " Moteur ! "

« Une seule prise. La scène se déroule.

– " Coupez ", ordonne Cayatte.

« Alors, fait exceptionnel, du haut des passerelles, du fin fond du plateau, des applaudissements jaillissent, crépitants, chaleureux. Bourvil rit, salue, puis pirouettant, d'une voix de fausset, entonne la naïve chanson qu'il adore : " C'est nous qui sommes les abeilles, bzzzz, bzzzz... " C'est irrésistible et surréaliste comme la danse dans laquelle il m'entraîne, mi-valse, mi-bourrée... Irrésistible et émouvant. Mon regard cherche celui de Gérard, notre complicité est sans faille. Nous savons de quelle façon nous venons d'être touchés par la réaction de Bourvil aux applaudissements, nous mesurons ce qu'elle représente de pudeur, de véritable modestie, comme elle caractérise cet homme bon, sensible, vrai. »

Entrepris le 23 janvier 1958, terminé le 29 mars suivant dans les studios de Boulogne et en extérieurs à

Venise, *Le Miroir à deux faces* vaut également par l'étrange métamorphose de Michèle Morgan vouée à une prothèse sur le visage durant la plupart des scènes.

Fille intelligente au physique ingrat, Marie-José (Morgan) a épousé Pierre Tardivet (Bourvil) par « petite annonce ». A la suite d'un accident de la route, Marie-José rencontre le Dr Bosc, célèbre chirurgien esthétique (Oury). Devenue jolie, elle rendra jaloux le mari, lequel tuera le médecin. Par dépit et par devoir, Marie-José renoncera à un autre amour (Ivan Desny) pour se consacrer à son mari et ses enfants. Thème à la fois grave et amer, *Le Miroir* révèle une toute jeune comédienne issue du cours René Simon et dont c'est le premier rôle : Dany Saval, devenue l'une des jeunes premières les plus demandées du cinéma français des années soixante, puis l'épouse que l'on connaît auprès de Michel Drucker. Photographié par Christian Matras (le plus grand des chefs opérateurs de l'après-guerre), mis en scène par Cayatte sur des dialogues brillants signés Henri Jeanson, partenaire de l'une des plus grandes dames du cinéma français, Bourvil ne regrette pas son choix, d'autant qu'il lui offre sur un plateau la « Victoire » — en quelque sorte l'ancêtre du César — du meilleur acteur français de l'année. Et dire que, par peur de l'échec sans doute, il avait d'abord refusé l'offre de Cayatte, déjà en butte aux tracasseries de Deutschmeister (toujours lui) qui n'en voulait pas, et de Michèle Morgan peu favorable à son choix.

« Au début, paralysé (!) par le rôle éloigné des personnages joués habituellement, il n'osait pas exprimer ses sentiments. Il a fallu que je lui montre les rushes pour le convaincre de ses possibilités. »

Le futur réalisateur Gérard Oury garde au fond du cœur ce qui demeure, son plus beau souvenir sentimental et professionnel. « Pour plusieurs raisons majeures : je signais là mon tout premier scénario, j'y tenais également mon premier grand rôle, il marque le début d'une belle histoire d'amour, celle que j'entretiens depuis plus de trente ans avec Michèle, et la poursuite d'une longue amitié avec Bourvil que jamais le temps n'effacera... »

Qui a écrit que les gens heureux n'ont pas d'histoire ?

Bourvil, toujours, grâce à ce rôle aussi égoïste et antipathique que mesquin et stupide, parvient une fois de plus à séduire le plus incorruptible des critiques en la personne de Jean de Baroncelli. « C'est avec une vérité hallucinante qu'il interprète le rôle du mari veule, tatillon, mesquin et quand, à la fin du film, la jalousie le rend furieux, sa violence est telle qu'elle provoque chez le spectateur une sorte de gêne mêlée d'effroi... »

Dans le même registre, Jean Dutourd affirme sans détour : « Nous tenons probablement en lui le plus grand acteur français contemporain ! »

Ses amis en profitent.

Chacun le sait. André a grand cœur.

Faut-il rendre hommage à Jouvet (« cette voix singulière qui ne s'est jamais tue »), à la demande d'Henri Jeanson, pour qu'aussitôt l'acteur accepte, toujours désarmant de simplicité. « Après Marcel Aymé, Sacha Guitry, Marcel Pagnol, voici Jules Romains. Quel honneur ! » s'écrie-t-il sur un ton faussement goguenard, miné par l'appréhension de camper le Dr Knock.

Pour fêter l'ami disparu, le 16 août 1951, dans son théâtre de l'Athénée, Jeanson confie à Bourvil la fameuse scène de la consultation où le fascinant docteur s'oppose à son prédécesseur le Dr Parpalaid (rôle créé à l'écran par le comédien Palau en 1933, repris par Jean Brochard en 1950, tenu ce soir-là sur la scène de l'Odéon par le jeune Jean-Claude Brialy). On regretta que le metteur en scène d'un soir, Jean-Louis Barrault, n'ait pas persisté dans son idée d'un *Dandin* avec Bourvil.

Faut-il parrainer une heureuse initiative ?

Bourvil se dispense sans compter, d'autant, cette fois-ci, que le demandeur n'est autre que son vieux complice Etienne Lorin, lequel vient de réaliser l'un de ses vieux rêves : ouvrir une école d'accordéon dont le Normand sera le parrain. Sa trompette des débuts, son célèbre cornet à pistons, et même le piano à bretelles utilisé dans *La Traversée de Paris* sont autant de petites notes qui lui rappellent la petite musique de l'amitié.

Car on peut toujours compter sur Bourvil, comme le constate amèrement Claude Autant-Lara dans l'une de ses confessions. « Quand il a commencé à gagner beaucoup d'argent et qu'il est devenu une des plus grandes vedettes françaises, il s'est fait taper par tous ses amis. Il a été d'une naïveté incroyable. Il a signé des billets à ordre dans toutes les directions. Bien souvent, l'homme n'est pas à la hauteur de l'artiste, mais lui avait un cœur d'or. Il était la gentillesse et la générosité mêmes. Finalement, c'est lui qui a payé. Ses derniers contrats ont été malheureux. Il a sans doute été mal conseillé puisqu'on lui a fait prendre des participations dans des films qui ont mal marché et des forfaits dans des films qui ont gagné des fortunes. Il a fait le contraire de ce qu'il fallait faire. C'est ainsi que la pauvre Mme Bourvil s'est trouvée dans une situation bien difficile. Quand il est mort, certains à qui il avait prêté de l'argent ont mis la clef sous la porte et se sont déclarés en faillite : elle s'est retrouvée avec les billets à ordre qu'il fallait payer. »

Pour l'heure, Bourvil vit un rêve tout éveillé.

Pour Luis Mariano, l'année 1958 amorce un certain déclin. Si *Violettes impériales* (1951), *La Belle de Cadix* (1953) et *Le Chanteur de Mexico* (1956) s'inscrivent dans le tourbillon de ses refrains populaires — et de ses plus gros succès —, *Sérénade au Texas* sonne au contraire le glas d'une époque révolue. Le tourbillon anglo-saxon des années soixante, la nouvelle vague au cinéma, l'arrivée d'une génération de teenagers élevés au juke-box, au jean et au Coca-Cola, va bousculer le fragile édifice de l'opérette filmée.

Et de l'opérette tout court puisque, à partir de 1955, ses nombreux fans n'auront plus le loisir de le voir aussi souvent caracoler sur les scènes du Châtelet et de la Gaîté-Lyrique ! Côté cinéma, si *Sérénade au Texas* est son avant-dernier film (son dernier rôle fut *Le Candide* de Norbert Carbonneaux où il ne faisait qu'une figuration — un dictateur — parmi une foule d'autres vedettes), il apparaît surtout le plus mauvais. Malgré la laborieuse présence de Bourvil qui croise, pour l'anecdote, le chemin de son homonyme, le comédien Lucien Raimbourg, le sujet s'embourbe lamentablement dans les clichés les plus éculés qui soient.

A la fin du XIXe siècle, Jacques Gardel (Mariano), chanteur amateur, apprend par Me Quillebœuf (Bourvil), notaire d'Honfleur, qu'il hérite d'immenses terrains pétrolifères au Texas. Mais là-bas, à Big Ben, le banquier Dawson (l'irrésistible comédien Jean Paqui dont ce fut la dernière composition) ne l'entend pas de cette oreille. Comme toujours, après d'interminables bagarres, tout se terminera en musique... L'occasion pour Mariano de reprendre à son compte le fameux « Femmes, que vous êtes jolies », air célèbre de la Belle Epoque. Pour le réalisateur Richard Pottier et sa productrice Suzanne Goosens, l'arrière-pays de Vence et le plateau de Caussols en Provence feraient office de Texas et les studios de la Victorine de décors de western. En moins de deux mois – du 17 avril au 12 juin 1958 très exactement – l'équipe de *Sérénade au Texas* bouclait ce brouillon d'opérette né de la plume de Jean Ferry et du pupitre de Francis Lopez.

Ici, la magie des autres succès communs à Lopez et Mariano n'agit plus. Devenue, selon la propre expression du compositeur, « la plus accaparante des maîtresses », la musique ne parvient plus à sublimer les mots comme elle le fit jadis.

« L'air et l'interprétation de " Ma chérie " (l'un des thèmes du film) apparaissent même, à l'époque, beaucoup trop sirupeux et maniérés! Mariano... volontaire! »

Opérette archiconventionnelle, final de revue de troisième zone, manque de moyens, décors en carton-pâte et sans nulle trouvaille originale promettent le film à l'échec total.

Richard Pottier, dont *Meurtres* avait offert à Fernandel un second souffle dans le registre dramatique, ne s'en remettra d'ailleurs pas et finira sa carrière avec trois bandes plus fauchées les unes que les autres.

Luis Mariano, on l'a vu, abandonnera définitivement l'écran au profit de la scène et du disque.

Quant à Bourvil, faire-valoir d'un certain âge et d'une austère profession (il est notaire) auquel les scénaristes n'ont même pas accordé un intermède amoureux, il se contente de subir avec docilité les événements les plus invraisemblables et tente vainement d'égayer l'atmosphère – et l'image – par quelques grimaces désespérées.

Ensemble, « marianistes » et admirateurs de Bourvil réclameront maintes fois le retour de ce duo, deux artistes d'exception rappelés à quelques mois d'intervalle sur la scène éternelle.

Le 10 décembre 1958, on découvre Bourvil au théâtre de la Porte-Saint-Martin pour l'aventure de *Pacifico*. Là encore, il s'agit de retrouvailles puisque l'opérette est de Paul Nivoix (l'auteur du *Bouillant Achille*), la mise en scène signée Max Revol (*La Route fleurie*), les lyrics Camille François (auteur de la plupart de ses sketches et des couplets du récent *Sérénade au Texas*) et que son partenaire se nomme Georges Guétary.

Lors de la première, chacun se congratule chaudement. C'est l'euphorie. Dans un coin des coulisses, une timide et rougissante débutante attend sagement son tour : Pierrette Bruno. Elève de Denis d'Inès au Conservatoire national d'art dramatique de Paris, cette jeune Marseillaise de dix-huit printemps séduit autour d'elle par le charme de son accent du Midi. Aperçue derrière Fernandel dans *Le Boulanger de Valorgues* ou *Le Fruit défendu*, remarquée par Marcel Pagnol (*Marius* au théâtre et *Les Lettres de mon moulin* au cinéma), Pierrette Bruno attend son heure sur la scène du théâtre Daunou où elle joue *Virginie*, une pièce de Michel André avec, entre autres, Christian Alers. C'est là que Jean-Jacques Vital la remarque. Aussitôt il en parle à Bourvil qui s'empresse d'y aller à son tour. « A l'époque, précise Pierrette Bruno, toute la profession savait qu'il cherchait une partenaire pour *Pacifico*. Un soir, on m'a annoncé qu'il était dans la salle. Je me suis préparée à sa visite... Rien ! J'étais très déçue. Le lendemain, à ma grande surprise, le téléphone sonne chez moi.

« "Allô, Pierrette Bruno ? Bonjour, c'est Bourvil à l'appareil !" Avant que je n'aie eu le temps de lui répondre, il m'interrogea à brûle-pourpoint.

« "Savez-vous chanter ?

« — Oui, mais exclusivement dans mon bain !"

« Malgré son sonore "Alors, tant pis, nous ne chanterons pas ensemble", la glace était rompue. »

De ce qui n'aurait pu rester qu'une belle anecdote dans la carrière de Pierrette Bruno naquirent une complicité et une amitié à l'épreuve du temps et des calomnies.

Pour la convaincre, Bourvil déploya une obstination et une ténacité peu en rapport avec son caractère.

« J'ai été à la fois surprise et flattée de constater que ce grand comédien s'intéressait à l'inconnue que j'étais. J'ai donc accepté le jeu sans trop savoir ce qu'il adviendrait réellement de notre association. »

Pour la femme de théâtre qu'elle rêvait d'être, la perspective de défendre une opérette, même aux côtés de Bourvil, ne l'enchantait guère. Plus le temps passait, plus le comédien se faisait pressant pour la convaincre d'accepter.

« C'était l'idée d'abandonner le répertoire classique ou de ne pouvoir jamais reprendre *Fanny* qui m'effrayait. Un jour, il est venu me voir chez une amie qui, à l'époque, m'hébergeait. Il sortait des studios Pathé Marconi de Boulogne et tenait absolument à me faire écouter l'épreuve de son dernier disque. Je crois sincèrement que c'est de là qu'est née l'idée d'un duo entre nous. »

A priori, si elle s'est faite à l'idée d'être un jour sa partenaire, Pierrette Bruno n'est absolument pas résolue à chanter. Pour la convaincre, Bourvil lui donna carte blanche afin qu'elle écrive un projet de texte pour leur duo de *Pacifico*. C'est ainsi que sont nés « Je t'aime bien » et son fameux refrain

> *Oh! Casimir* (Bourvil)
> *Oh! Capucine* (Pierrette Bruno)

Très vite, le public « bisse » la chanson, fait un triomphe aux « gentils amoureux » de l'opérette. Puis les ondes s'en emparent avec d'autant plus d'intérêt que le comique vient de révéler sa sensibilité avec un autre titre romantique signée Eddie Marnay et Emile Stern, la fameuse « Ballade irlandaise ».

> *Un oranger sous un ciel irlandais*
> *On ne le verra jamais*
> *Un jour de neige embaumé de lilas*
> *Jamais on ne le verra.*

Mais revenons à l'année précédente.

En 1957, Bourvil se trouve déjà à la tête d'une impressionnante discographie : environ une cinquantaine d'enregistrements 78 et 45-tours. Il lui faut donc songer à renouveler son répertoire comme il l'a fait dans le domaine du cinéma.

D'ailleurs, depuis deux années, sa rencontre avec le chef d'orchestre Jerry Mengo lui a permis de changer et d'obliquer sensiblement vers d'autres genres musicaux, d'autres styles de chansons. De la naïveté originelle, ou de la grivoiserie de ses débuts, il a su évoluer vers le charme et la mélodie. Par exemple, au détour d'un enregistrement, il s'adonne à la passion de la polka en gravant quelques refrains populaires inspirés par cette danse, comme « La polka du colonel » en 1956 ou « Allumett'Polka » l'année suivante.

En 1957, André Trives lui glisse donc cette chanson nouvelle totalement à contre-emploi. Et, en dépit de tous les paris tenus sur l'échec de ce « coup », l'enregistrement se révélera un immense succès.

Il s'agit, bien sûr, de la célèbre « Ballade irlandaise » déjà évoquée.

Une bien belle ballade dans le ciel étoilé de la chanson française où brillent déjà les noms de Gilbert Bécaud (« Le jour où la pluie viendra »), Guy Béart (« L'eau vive ») ou Dalida (son « Gondolier » vogue vers le succès).

Pierrette Bruno n'a jamais oublié qu'elle doit tout à ce drôle de Français que personne ne prenait jamais tout à fait au sérieux. « Le monde est peuplé de Bourvil, ironisait-il alors. Ma chance, c'est qu'ils croient que je suis le seul ! »

. En 1974, elle lui dédie ce texte enregistré à sa mémoire :

« A Bourvil,

« Sur un air d'accordéon, j'ai fait cette chanson car, s'il existe un chemin pour aller te parler, l'accordéon, ton copain, saura bien le trouver !

« Tu es parti au pays d'où l'on ne revient pas,

« Cette vie que tu aimais, qui t'avait tant donné, un jour s'en est allée,

« Et j'ai beau me répéter que jamais, jamais plus, je ne te reverrai,

« Je ne puis me résigner, quand je parle de toi, à parler au passé,

« Tu es là, tellement présent qu'il m'arrive parfois de chanter avec toi " Oh ! Capucine, Oh ! Casimir ",

« Je revois ton regard bleu, ton nez un peu tordu et ton air ingénu,

« Mais, surtout, j'entends ton rire, ton grand rire enchanteur alors ça me fait rire,

« Et tes mains mêlées aux miennes, est-ce que tu te souviens comme on s'amusait bien ?

« Puis, quand le rideau tombait et qu'on t'applaudissait, et qu'on t'applaudissait,

« Tu serrais un peu ma main en disant simplement : " Ça va, ils sont contents ! "

« Car leur joie était ta joie ; tu as vécu pour ça et ils le savaient bien,

« Tu es là, toujours présent, le soir à la télé, tu viens les retrouver,

« Ils revoient ton regard bleu, ton nez un peu tordu et ton air ingénu,

« Ils entendent encore ton rire, ton grand rire enfantin, alors ça les fait rire,

« Et je sens ta grosse main serrer un peu ma main et ça me fait du bien,

« Oh! Capucine, Oh! Casimir, je t'aime bien, je t'aime bien... »

Hélas, musicologues et historiens n'ont pas jugé utile d'évoquer le magnifique duo formé par Casimir et Capucine, mais plutôt d'en déformer l'image par d'amères et hâtives conclusions sur le « couple ». Une déclaration d'amour sur le banc d'une scène, un refrain populaire et voilà la France des noces et banquets nageant dans le doute et la suspicion.

Qu'importe la fange soulevée – et inventée – par la presse à scandale, les Raimbourg au grand complet ont adopté la petite Marseillaise. Et, fortune faite, la « petite » s'achètera une belle maison, La Madrague, tout près de sa cité natale où elle leur fera goûter les spécialités du Midi, sous le soleil de la Ciotat où fut inventé le cinéma.

C'est, dans sa version familiale, déjà la cuisine au beurre!

Pour les échotiers, Bourvil s'est un peu plus fermé à leurs demandes. Prudent, il ne cherche jamais à démentir, mais ne prête jamais le flanc à la rumeur mensongère. Déjà il réagit comme le fera, bien plus tard, son personnage dans *Les Grandes Gueules*. Face aux (rares) détracteurs, il y a (beaucoup) d'ardents défenseurs à la cause Bourvil sur les trois longues années que dura l'aventure

Pacifico. Comme Claude Baignières qui écrit dans *Le Figaro* du 25 novembre 1958 que, « sans Bourvil, le cas de *Pacifico* serait désespéré. Jamais on n'entendit livret plus indigent, musique plus anodine, bien que son auteur ait battu le rappel de tous les rythmes sud-américains, jamais on n'eut à contempler de décors plus agressifs, et la vision bleu et or de Paris au dernier tableau est un exemple parfait du style qu'il faudrait éviter ! J'ai bien peur que *Pacifico* ne contribue pas à redorer le blason de l'opérette ni à créer une version française de la comédie musicale. Il est bien dangereux de confondre brillant et clinquant, fantaisie et vulgarité, art et facilité... » Ou bien Claude Sarraute pour laquelle dans *Le Monde* du 26 novembre 1958 « la carte maîtresse, évidemment, c'est Bourvil. Un Bourvil nonchalant, épanoui, détendu, un grand comédien révélé à lui-même et aux autres par le cinéma, qui peut se permettre de faire le pitre sur scène quand lui en prend l'envie ».

Peu soucieux des critiques, Bourvil met désormais les bouchées doubles.

Sorti le 19 novembre 1958, *Un drôle de dimanche* confirme son statut de meilleur acteur de l'année en... Allemagne, où une récente statistique le place en tête des stars françaises. Dans ce film de Marc Allégret, passé totalement inaperçu à cause du succès de *Pacifico*, Bourvil « parraine » en quelque sorte les premiers pas d'un jeune acteur débutant qui s'octroie d'emblée les bonnes grâces de la nouvelle critique dans *Arts*, dont l'un des membres écrivait que « ce n'est pas avec un Bourvil qu'on sauve un scénario », mais bel et bien avec un certain... Jean-Paul Belmondo puisque, affirmait le chroniqueur, « c'est le Michel Simon et le Jules Berry de demain... ».

Si Jean-Luc Godard — signataire de la diatribe — ne se trompait pas sur le second, il jugeait bien mal le premier qui défendait son rôle à merveille. D'ailleurs, Arletty, sa partenaire de *Drôle de dimanche*, confirmera à son tour les bonnes dispositions du comique Bourvil dans d'autres registres. Certes critiqué, Bourvil n'en était pas moins gâté par la chance. En quelques années, il avait eu les plus belles et les plus célèbres femmes du cinéma pour partenaires : Brigitte Bardot, Dany Robin, Suzy Delair, Michèle Morgan et, maintenant, Danielle Darrieux. Notons encore que ce *Drôle de dimanche* fut tourné entre le 7 juillet et le 6 septembre 1958 à Paris et dans sa banlieue, produit par l'inévitable Jean-Jacques Vital et que, mis à part l'irruption de Belmondo dans le paysage cinématographique, le film possède aussi sa drôle d'histoire.

D'abord, Danielle Darrieux entonne la chanson « Le temps d'aimer », écrite par le Compagnon de la chanson Jean Broussolle et mise en musique par Paul Misraki. En somme, un retour aux sources !

Ensuite, l'un des scénaristes-écrivains-dialoguistes parmi les plus célèbres du cinéma français fit ici ses premières armes avant d'obtenir la consécration en solo, l'année suivante, avec le fameux *Classe tous risques* dans lequel il révélait ses talents de cinéaste : Claude Sautet.

Enfin, cette journée particulière où un mari trompé (Bourvil) décide de tuer sa femme (Danielle Darrieux) cinq ans plus tard, offrira leur première chance (ou presque) à une pépinière de futures célébrités : Jean Carmet (truculent pompiste), Jean Lefebvre (en huissier) et Roger Hanin (l'amant).

Le 9 mars 1959, le film suivant plonge Bourvil et une partie de l'équipe dans la joie des retrouvailles. En effet, le producteur Ralph Baum avait demandé à Jean Aurenche et Pierre Bost de travailler à nouveau sur un roman de Marcel Aymé, reformant ainsi le trio littéraire de *La Traversée de Paris*. Mais *Le Chemin des écoliers*, mis en scène par Michel Boisrond, un jeune cinéaste plein d'avenir, ne parviendra jamais à faire oublier le coup de maître de son illustre aîné Autant-Lara. Cette chronique douce-amère sur le Paris du temps de l'Occupation, bien que réduite à la vision de deux étudiants plongés dans une banale intrigue, aurait pu évoquer d'une autre manière le quotidien de cette époque trouble.

Au lieu de cela, le sujet dérape souvent dans le frivole, voire le vaudeville dans lequel Boisrond se révélera d'ailleurs un excellent artisan (son évocation d'*Offenbach* pour la télévision en 1977 est à ce point de vue significative), sans jamais aborder le côté satirique ni plonger dans la profonde réflexion où nous entraînaient vertigineusement Marcel Aymé et sa nouvelle.

« Rire avec des situations sinistres », fera remarquer un critique, résumant ce film d'acteurs dont Boisrond a su pourtant tirer l'essentiel.

Demeure, pour l'histoire du septième art, la rencontre Bourvil-Delon, père et fils de cette famille de Français moyens ballottés dans la tragédie de la guerre.

L'action du *Chemin des écoliers* se situe à Paris, en 1944, quelques jours avant la libération. Antoine (Alain Delon) et Paul (Jean-Claude Brialy) font du marché noir, le premier pour entretenir sa maîtresse Yvette (Françoise Arnoul) dont le mari est prisonnier en Allemagne, le second par simple appât du gain. Leurs pères respectifs, Charles Michaud (Bourvil) et M. Tiercelin (Lino Ventura) ignorent tout de leur trafic. Toutefois, si le père d'Antoine ne l'entend pas de cette oreille, celui de Paul, qui dirige un restaurant fréquenté par les Allemands, comprend mieux les agissements du sien. Pour assurer leur tranquillité, Tiercelin père jette Charles dans les bras d'une fille facile, Olga. Après cette escapade, lorsqu'il revient au foyer, Michaud père comprend mieux désormais les erreurs de son fils. Belle démonstration d'acteurs, *Le Chemin des écoliers* manque toutefois du cynisme d'Autant-Lara, du lyrisme qu'un Christian-Jaque ou un Henri Decoin eussent apporté aux images empruntées à l'univers d'Aymé.

Pour Delon, voici au moins une occasion inespérée de perfectionner son jeu auprès de deux « monstres sacrés » du cinéma, qu'il retrouvera d'ailleurs par la suite : Bourvil et Ventura.

Le 30 avril 1959, sitôt le tournage du *Chemin des écoliers* terminé, Bourvil se prépare à retrouver sa partenaire, la sculpturale Italienne Sandra Milo, pour *La Jument verte*. Mais, entre-temps, son emploi du temps très chargé l'oriente vers d'autres joyeuses retrouvailles. Durant deux mois, du 19 mai au 28 juillet, il tourne la quatrième version du *Bossu* sous la direction du réalisateur André Hunebelle qui l'a déjà dirigé par deux fois, dans *Les Trois Mousquetaires* en 1953 et *Cadet-Rousselle* l'année suivante. Dans cette adaptation du roman de Paul Féval, le cinéaste a eu la brillante idée de réunir pour la première fois la force et le rire, le charme et l'humour. De cette union sacrée entre Jean Marais et Bourvil, naîtra l'un des gros succès du genre « cape et épée » à la française. Longtemps, cette idée du tandem fera recette et force est de constater que Bourvil s'y ingénia à plaisir, que ce soit dans le musical avec Georges Guétary et Luis Mariano, ou encore dans l'humour avec Louis de Funès et Fernandel.

Chacune de ces associations fut couronnée de succès.
La collaboration avec Jean Marais se limita à deux

films, *Le Bossu* et *Le Capitan*, tous deux inspirés de romans célèbres, tous deux tournés malheureusement à la va-vite. « Au travail, rappelle Jean Marais, André [Bourvil] était un homme formidable, amical et surtout très drôle. Il me faisait constamment rire, ce qui était souvent utile pour notre travail. Mis à part cette constante bonne humeur, j'avais remarqué qu'il était d'une santé et d'une vigueur incroyables. D'ailleurs, lorsqu'on m'a appris qu'il était très malade, épuisé, tout d'abord je n'y ai pas cru! »

Quelques années plus tard, en 1964, Hunebelle veut à nouveau réunir Marais et Bourvil dans *Fantomas*. Marais sera un Fantomas aux prouesses athlétiques, et Bourvil le commissaire Juve. « Hélas, poursuit Jean Marais à contre cœur, André a bien été contraint de refuser l'offre, déjà miné par le surmenage et les prémices de sa maladie. Sans minimiser le travail de Louis (de Funès donna d'ailleurs une époustouflante version de Juve, d'une drôlerie bien plus percutante que celle qu'attendaient sans doute les auteurs), André aurait été un fabuleux commissaire Juve. C'est vrai que je m'étais tellement bien entendu avec lui que j'ai insisté pour qu'il assure la trilogie des *Fantomas* avec moi... »

A sa sortie, *Le Bossu* obtint peu de bonnes critiques. Toutefois, les rares éloges furent tous voués à Bourvil. Retenons celui-ci : « Quelle saveur dans tout ce qu'il fait, quelle force comique dans sa moindre mimique! Il faut le voir en spadassin froussard et plus encore en Espagnol de contrebande. Mais, tandis qu'il s'avançait au pas lent de son bourricot, le chef enturbanné du classique foulard, avec cet air matois de paysan, cette inquiétude parfois dans le regard, cette constante appréhension des coups que semble flairer son diable de nez en coup de vent, toute cette sage prudence terrienne qui émane de sa personne et des quatre fers de sa monture, une autre image, brusquement, se superposait dans notre esprit à celle du héros de Féval : l'admirable Sancho que ce serait! »

Bientôt, ce serait la fermeture estivale de *Pacifico* – le 14 juin – et il en profiterait pour s'occuper enfin un peu mieux des trois Raimbourg qui l'attendaient religieusement chaque week-end.

Car, tous les soirs de semaine, infatigable, Bourvil jouait les Casimir. Lors de la sortie du *Bossu*, il fallut se plier aux affres de la promotion publicitaire du film. Bourvil, il est vrai, n'aimait pas précisément les conférences de presse et détestait les interviews. Là encore, il donnait des leçons de modestie aux autres vedettes.

« Que de péripéties passionnantes, expliqua-t-il à propos du *Bossu*. Mon rôle consiste à profiter de toutes les situations. Pas si bête... Et finalement, le vilain méchant est puni. Ça lui apprendra... [rires]. [Puis, plus sérieux :] Dès le 1er juillet, je partirai en famille sur la côte vermeille. A cette date, *Le Bossu* n'aura sans doute plus besoin de mes services. Puis ce sera *La Jument verte*... »

La phrase est lâchée.

Dès lors, le bruit court, s'amplifie jusqu'à parvenir au bureau de Claude Autant-Lara.

Le 18 août suivant – dix jours avant que Bourvil ne reprenne son rôle dans *Pacifico* –, le cinéaste donne une conférence de presse à L'Orée du bois où il annonce en effet qu'il entreprend le tournage de *La Jument verte* le jour même! Pourquoi cette précipitation?

« D'abord, explique Autant-Lara, parce que Marcel Aymé ne voulait pas vendre les droits de son roman. Puis, une fois ce problème réglé, la Gaumont commença à m'asticoter sur le contenu du film, l'histoire d'une mère qui se fait violer par un Allemand. Ce à quoi je répondis que je me contenterais de raconter une histoire sous l'Occupation, au demeurant très drôle sans être vulgaire.

« "D'accord, m'a-t-on dit, mais arrangez-vous pour que..." »

« J'ai répondu : " Je n'arrange rien, je tourne ou je ne tourne pas. C'est tout. " Ils n'acceptaient pas mon point de vue sur le film puis, finalement, ils ont cédé. Je n'avais plus qu'à me presser avant qu'ils ne changent d'avis... »

A son habitude, Autant-Lara jouera la carte de l'efficacité, tournant « utile » chaque plan, bouclant son planning de tournage à la date prévue : le 30 septembre 1959.

Arrivée là, la course ne fit que commencer pour l'équipe des monteurs sous la direction de Madeleine Gug, car la copie devait être prête pour l'ouverture et l'inauguration du Gaumont Champs-Élysées, le 29 octobre 1959.

Au-delà des problèmes financiers, de ses démêlés avec la censure sur laquelle nous reviendrons, Autant-Lara n'oubliera jamais celui qui fut son interprète de *La Traversée de Paris*, de *La Jument verte* et, plus tard, du *Magot de Joséfa*. « Pour *La Jument verte*, il n'a pas hésité une seconde et a accepté de suite le rôle que je lui proposais. De toute sa carrière, c'est le rôle qui lui a plu le plus. Retrouver un paysan — un vrai — c'était pour lui le retour aux sources. Ce film lui plaisait. De plus, il a été un succès qui a assis sa réputation et sa carrière. Il m'en avait gardé une grande reconnaissance. Nous étions faits pour nous entendre. Bien que le film ait provoqué un véritable scandale. »

Au siècle dernier, Jules Haudoin (Georges Wilson) a fait fortune grâce à la naissance d'une jument verte. Au village de Claquebue, ses fils, Honoré (Bourvil) le paysan, et Ferdinand (Francis Blanche) le vétérinaire, vont se venger d'un viol familial, semant la discorde dans le rang des Haudoin, des Maloret et des autres...

A la sortie du film, la presse ne fut pas tendre avec Autant-Lara. « Film de vieillard sénile », écrit Robert Chazal dans *France-Soir* du 30 octobre 1959. « La caméra comme une mouche va vers l'ordure », renchérit Pierre Marcabru dans *Combat* du lendemain, tandis que Louis Chauvet affirme : « Gauloiserie, soit. Grossièreté, non », dans sa rubrique du *Figaro* en date du 29 octobre. Même Bourvil, une fois n'est pas coutume, ne fut pas épargné par « ce tombereau d'ordures » (*dixit* Autant-Lara) qu'il avait osé coproduire !

« Pour une fois, Bourvil nous déçoit, constate Jean de Baroncelli dans *Le Monde* du 4 novembre 1959. Son personnage falot ne passe pas l'écran. »

« Mais, le soir même, les salles étaient bourrées et de même tous les jours qui suivirent, poursuit Autant-Lara. Alors, à partir du lendemain, j'ai quand même redressé mes oreilles de lapin. La presse continuait à être dégueulasse, et plus elle l'était, plus les gens affluaient. Et, finalement, ça a été un des plus grands succès de la maison Gaumont. »

1959 s'inscrit également comme l'année phare dans la carrière du chanteur Bourvil. « L'année des quatre saisons », ironisait un très sérieux critique face au succès du « Scoubidou » de Sacha Distel, de la « Petite fleur » chère à Sidney Bechet, sans oublier « Le poinçonneur des Lilas », révélateur d'un pianiste de bar nommé Gainsbourg, et cet irrésistible panier garni qu'est la « Salade de fruits », créée par Bourvil. Ecrite par Armand Canfora (celui-là même qui fit un succès de « La recette du couscous » chantée par Bob Azzam) et Noël Roux (on doit à celui-ci le non moins fameux « Twist du canotier », éternelle rencontre entre Chevalier et les Chaussettes noires), cette « Salade de fruits » fut l'occasion pour la firme Pathé Marconi, de mettre à l'épreuve toutes les vedettes maison dont Bourvil faisait partie.

Préférant de loin la « version originale » de Bourvil, les ondes bouderont toutes les autres malgré le talent d'interprètes aussi divers que Mathé Altéry, Annie Cordy, Claude Robin ou les Quatre de Paris. Autant dire, un tube avant l'heure!

Mais, entraîné malgré lui dans la spirale infernale du cinéma, Bourvil délaissera progressivement les studios d'enregistrement. Dès 1961, il ralentira considérablement le rythme de sa production discographique, boudé d'ailleurs par un nouveau public fanatisé par les idoles électriques des sixties. Si ce n'est, en 1962, où un jeune chauffeur de taxi débutant lui offre l'occasion de renouer avec son public avec la reprise du fameux « Clair de lune à Maubeuge » que « se disputèrent » joyeusement Fernand Raynaud, Annie Cordy et son auteur Pierre Perrin.

Côté cinéma, tout marchait pour le mieux.

Avec ses cinq cent quatre-vingt mille entrées à Paris, *La Jument verte* devint l'un des gros succès de la saison. Il rejoignait ainsi deux autres films avec Bourvil, *Le Bossu* et *Le Chemin des écoliers*, classés parmi les vingt films champions du box-office 1959/1960.

Désormais, Bourvil s'installait parmi les valeurs sûres de l'écran où l'on retrouvait les noms de tous ses partenaires, Françoise Arnoul, Brigitte Bardot, Jean Gabin, Jean Marais, Luis Mariano, Michèle Morgan et Dany Robin.

Dans ce classement apparaissaient encore les vingt réalisateurs champions de la décennie : son chemin en avait déjà croisé plus de la moitié. Et il lui restait encore une longue route à parcourir.

En 1960, avec *Le Capitan*, André Hunebelle reconstitue le tandem gagnant du *Bossu* : Bourvil et Jean Marais. Et celui de *Pacifico* : Pierrette Bruno et Bourvil.

« Le souvenir que je conserve d'André, explique encore Jean Marais, c'est ce fameux duo musical avec Pierrette ! En les regardant, on ne pouvait être qu'ému ; il était touchant de voir combien ses regards, ses expressions, chacune de ses attentions trahissaient la bonté, la générosité et surtout l'humilité. »

A l'époque, si le bondissant Jean Marais n'est doublé pour aucune des nombreuses scènes dangereuses du film, Hunebelle espère bien pousser Bourvil à se surpasser dans le registre acrobatique.

Les deux Normands — Marais est né à Cherbourg — respirent la santé dans la plupart des scènes du *Capitan*, tournées, pour l'anecdote, dans les Pyrénées, en forêt de Fontainebleau et dans les régions les plus sauvages des provinces françaises. Bourvil, tout comme Marais, se montre infatigable. « La santé — lui qui la possède — est une de ses préoccupations, écrit Pierre Berruer à propos de Bourvil. Généralement, ce sont plutôt les déficients qui s'obsèdent avec leur état général. Craint-il une mauvaise surprise du destin ? Chaque année, il passe une visite complète chez un médecin et, désormais, il suit un strict régime alimentaire, à base de produits diététiques. » « Sa santé, c'est son capital », dira encore son réalisateur et ami Alex Joffé, en compagnie duquel il se prépare justement à tourner dans le sillage du *Capitan*.

François de Capestang, dit le Capitan (Jean Marais), décide de se battre aux côtés du jeune Louis XIII menacé par les intrigues de Concini. Aidé par un gentil baladin maladroit et naïf, Cogolin (Bourvil), il trouvera l'amour en la personne de Gisèle d'Angoulême (Elsa Martinelli). Et sauvera la couronne de France... L'équipe Marais-

Bourvil-Hunebelle terminait à peine son tour de France que Joffé attendait déjà impatiemment sa vedette à Ebreuil, près de Vichy, dans l'Allier.

Avec le cinéaste des *Hussards*, une complicité s'est déjà instaurée tandis qu'avec sa partenaire du *Miroir à deux faces*, Michèle Morgan, se sont développés de solides liens affectifs.

« A peine rentrée, deux films m'absorbent, raconte la comédienne. Rien ne vous est plus secourable que le travail : un remake de *Grand Hôtel* où je reprenais le rôle de Greta Garbo, le rêve de la petite fille que j'avais été, et *Les Scélérats*, avec Robert Hossein. Ils ne sont pas terminés que déjà Olga (l'agent de Michèle Morgan) me parle de *Fortunat*, avec Bourvil. Elle sait qu'à ce nom, je donne une double résonance : lorsqu'il est prononcé, il n'évoque pas seulement l'amitié profonde que j'ai pour Bourvil, mais aussi Gérard. Pour moi, ils sont inséparables et le resteront. »

Jusqu'à sa disparition, Bourvil ne cessera d'affirmer que c'était là son rôle préféré, le seul où il incarnait un « séducteur », un homme déjà assez mûr pour découvrir les vertus de l'amour.

Fortunat, inspiré d'un roman de Michel Breitman, conte la tendre quête amoureuse entre Noël Fortunat, un cordonnier résistant (Bourvil), et Juliette, une fuyarde esseulée (Michèle Morgan). A la Libération, son mari revenu, Juliette se résoudra à contrecœur à quitter Fortunat pour rejoindre les siens...

« Il y a bien longtemps que je ne m'étais pas senti aussi transporté par mon personnage, avoue Bourvil. C'est peut-être prétentieux de le dire, mais j'ai souffert pour ce vieux Fortunat dès que sa Parisienne de Juliette l'a quitté. Grâce à tous les maléfices de la mise en scène, de l'éclairage et de la neige artificielle, à tout ce qui crée un climat " émotionnel ", j'étais, comme l'on dit vulgairement, " dans le coup "... Si mon rôle a pris tant de relief, c'est aussi grâce à Michèle Morgan. Dans le drame, j'ai besoin de sentir ma partenaire... bien plus que dans le comique où, là, je peux faire, si vous voulez, " mon numéro " ! »

Deux de ses autres partenaires féminines méritent largement d'être signalées : Gaby Morlay et Rosy Varte, qui trouvent là de belles compositions à défendre.

Pour Alex Joffé, *Fortunat* n'aurait jamais pu être monté sans son comédien fétiche (ils ont tourné six fois ensemble). « Je peux vous dire que j'ai fait ce film parce que Bourvil existe. Oui, sans lui, il n'aurait pas vu le jour. Il vient d'interpréter des rôles de composition étonnants, mais j'affirme que l'on ne connaît pas Bourvil tant que l'on ne l'a pas vu dans *Fortunat*... »

René Clair pourrait en dire autant. Le cinéaste prestigieux d'*Entr'acte*, de *Sous les toits de Paris*, du *Million*, d'*A nous la liberté*, du *Silence est d'or*, des *Grandes Manœuvres*, des *Belles de nuit*, dirigera Bourvil avec beaucoup de plaisir.

De plus, merveilleusement entouré par Philippe Noiret (dont c'étaient les prémices d'une longue carrière), Claude Rich et Alfred Adam, Bourvil connaissait enfin l'heureux privilège d'un triple rôle : le grand-père, le père et le fils, le rêve de tout comédien.

Cabosse, petit village de France, possède la réputation d'engendrer des centenaires. Promoteur peu scrupuleux, Victor Hardy (Philippe Noiret), flanqué de Fred (Claude Rich), son adjoint, et de Jules (Alfred Adam), son chauffeur, veut s'emparer de ce lieu paradisiaque. Les habitants sont ravis de l'aubaine car Cabosse va s'enrichir. Pourtant,

Mathieu Dumont (Bourvil), vieux paysan fidèle à sa terre, refusera de vendre, entraînant l'échec du projet immobilier, car il possède la seule fontaine du village. Lorsqu'il meurt, son fils Toine, le berger (Bourvil), accepte de vendre, puis se rétracte. Devenu une vedette, il fait face à Hardy dont la mort, à cause du surmenage, fera échouer un projet d'urbanisme, et le village, revenu à sa quiétude, connaîtra enfin le nouveau bonheur de Rose (Nicole Chollet) et de Toine... Cet *Académicien aux champs* (!) — titre original du film — offrait à Bourvil l'occasion de revenir goûter aux plaisirs de la terre;

« Les derniers rôles interprétés par Bourvil m'ont persuadé qu'il était le personnage, rapporte René Clair. Son image coïncidait bien avec celle de mon paysan, naïf, timide et pur. Je suis allé le voir et lui ai indiqué le thème général de l'histoire. "D'accord", m'a-t-il répondu, et nous avons fait un contrat alors que rien n'était écrit... »

Flatté de tourner avec René Clair, Bourvil pardonne bien des imperfections au film dont les deux assistants, Claude Pinoteau *(La Boum)* et Costa Gavras *(Z)* marqueront le cinéma des décennies suivantes. A signaler également que la jeune journaliste du film s'affirmerait dès l'année suivante comme l'une des plus prometteuses révélations de la nouvelle vague : Françoise Dorléac. Derrière le pupitre musical, René Clair — et le public — retrouvaient avec plaisir le plus français des compositeurs de musiques de film, dont ce fut la dernière partition pour le cinéma. Après trente années de bons et loyaux services envers le grand écran, Georges Van Parys s'octroyait enfin une heureuse retraite. Il suivra de très peu, dans la mort — il est décédé le 19 janvier 1971 —, son ami Bourvil.

Interprète prestigieux dont René Clair dira qu'il était « un comédien complet, aussi naturel dans le drame que dans la comédie ou la farce. Ce que savent en particulier ceux qui ont travaillé avec lui, c'est sa conscience professionnelle, son effacement volontaire dans la réalisation de l'œuvre commune et son extrême gentillesse qui le fait aimer de tous ses collaborateurs. » Des fleurs de circonstances ? Non, pas pour lui.

A ce moment-là, la popularité de Bourvil est extraordinaire. Son partenaire Claude Rich, merveilleux acteur remarqué et lancé par le même René Clair dans *Les Grandes Manœuvres* en 1955, raconte par le détail une savoureuse anecdote illustrant parfaitement cette prodigieuse popularité.

« Dans le village où nous tournions les extérieurs de ce film, chaque jour des enfants venaient nous demander des autographes. Ce qui d'emblée nous parut sympathique et charmant. Nous nous exécutions sans faillir. Seulement, au bout de quinze jours, nous avons commencé à nous inquiéter car les abords des lieux de tournage ne désemplissaient pas de hordes de gosses bruyants. L'équipe technique s'en est plainte, puis le réalisateur. Quant à nous, nous étions passablement agacés par le manège. Le lendemain, nous recevons, Noiret et moi, la visite de l'instituteur du village.

« " Savez-vous pourquoi ces gosses viennent vous voir tous les jours ? " nous demande-t-il.

« Nous lui répondons qu'effectivement nous n'en savons rien et que cela nous intrigue au plus haut point.

« " Eh bien, rétorque-t-il, c'est bien simple et je vais vous l'expliquer. J'ai découvert dans ma classe un véritable marché noir des autographes de vedettes. Et ces garnements se les échangent dans mon dos... "

« C'est ainsi que nous apprîmes que pour dix Claude Rich et dix Philippe Noiret, vous aviez un Bourvil !

Comme Bourvil, plus occupé que nous par ses scènes car il était la vedette du film, signait moins d'autographes, sa cote avait considérablement monté. Cela dit, sa gentillesse, son talent et sa célébrité en faisaient un objectif de choix pour ces paparazzi en culottes courtes... »

Après *Fortunat*, Bourvil et Joffé se sont juré de retravailler ensemble.

Le Tracassin (ou *Les Plaisirs de la ville*) en 1961, puis *Les Culottes rouges* l'année suivante, confirment leurs désirs respectifs. Dans le premier, l'acteur compose un représentant en pharmacie chargé de vendre des produits euphorisants. Mais, lui-même victime des tracasseries de la vie moderne (le téléphone, les embouteillages, le logement et même la télévision), il abusera du médicament. Il gardera son emploi et épousera l'élue de son cœur, Juliette, incarnée par... Pierrette Bruno. En compagnie de sa partenaire, Bourvil en profite pour échafauder le projet d'une pièce commune : ce sera *La Bonne Planque*.

Hélas, *Le Tracassin*, malgré une belle distribution (Armand Mestral, Maria Pacôme, Rosy Varte et bien d'autres, tous excellents), le film est un échec total sur le plan financier. Tout au moins à l'époque où deux cent mille entrées dans les salles en première exclusivité parisiennne ne réjouissaient personne! Aujourd'hui, ce chiffre-là ferait rêver bien des vedettes actuelles!

Dans le second film, Bourvil fait l'une des rencontres les plus surprenantes de sa carrière : Laurent Terzieff. En effet, pour *Les Culottes rouges*, Alex Joffé fait le pari de réunir ces deux personnages que rien ne pourrait apparemment rapprocher.

Hormis la magie du cinéma.

En 1940, deux hommes sont forcés de cohabiter et de

s'évader ensemble d'un camp de prisonniers en Allemagne. L'un, Fendard (Bourvil), peureux accessoiriste d'une troupe théâtrale, attend résigné la fin de la guerre. L'autre, Antoine Rossi (Terzieff), héroïque soldat, multiplie les tentatives d'évasion. Après de nombreux essais, Jules réussira là où Rossi échoua maintes fois, et sera le premier à revoir la France...

Pendant le tournage, au cours de l'été 1961, et durant six semaines pendant lesquelles il régnera une chaleur étouffante, en pays briard du côté de Nangis, les deux hommes auront largement le temps de fraterniser. Etienne Lorin qui tint un petit rôle dans le film les rejoignit quelques jours après sur le plateau.

Terzieff, qui vient de débuter avec *Les Tricheurs* de Marcel Carné au moment même où le cinéma d'antan s'essouffle durement et que la nouvelle vague emporte tout sur son passage, ne vit que par les planches où il mènera d'ailleurs une extraordinaire carrière. En cela, il ressemble à Bourvil dont l'expérience, moins classique, le passionne.

Pendant des heures, les deux hommes parlent avec leur chaleur humaine réciproque et, par de sinueux détours, finissent toujours par se rejoindre.

D'un côté, l'instinctif presque animal, l'homme de la terre et du pain. De l'autre, le cérébral issu du classique, des lettres et du sang.

L'un Normand, l'homme des choses naturelles comme le bon vieux temps où il fut mitron. L'autre Parisien, l'homme du Conservatoire habité par le démon des planches.

« Comédien ? Je l'ai été naturellement, avoue timidement le premier au second, jamais je n'ai eu l'occasion de travailler avec des professeurs. C'est en jouant que j'ai acquis, peu à peu, mon métier. »

A son tour, le second lui avoue avoir aussi appris son métier « sur le tas » en voyageant, souvent bien malgré lui. « A l'âge où on découvre la vie, la guerre m'a entraîné loin de chez moi dans un exode tragique. De Rouen (là le regard de Bourvil s'allume!) à Toulouse, j'ai connu les granges où l'on s'affale après de trop longues heures de marche harassante, les fermes où l'on demandait du lait et du pain encore blanc. »

Entre le plus secret, le plus marginal des comédiens et la modeste vedette du music-hall, se livre un échange passionnant de confidences.

A Claude Mauriac, à qui il livre les siennes, Terzieff révélera : « Bourvil me disait qu'il détestait l'automne, qu'il en avait horreur. Cette saison lui rappelait son enfance à la campagne. Pour lui, c'était l'époque la plus triste de l'année, celle qui faisait penser aux disparus, aux morts... »

Curieuse et macabre coïncidence lorsqu'on sait qu'il s'en ira avec les premières feuilles jaunies, un triste mois de septembre. Film émouvant et cruel, *Les Culottes rouges* inspirent quelques amères réactions au sein de la critique, mais dans l'ensemble l'ouvrage bénéficie d'un excellent accueil. Vingt ans plus tard, dans le livre confidence que Claude Mauriac a consacré à Laurent Terzieff, l'acteur s'y arrête avec une vive émotion : « *Les Culottes rouges*, comme tout film à deux personnages, implique sur le plateau et en extérieurs un long compagnonnage. Ce qui était bien, avec Bourvil, ce que j'aimais chez lui, c'est qu'il jouait avec vous, qu'il était un partenaire attentif et présent. Jouer la comédie, au cinéma comme au théâtre, c'est envoyer et recevoir. Bourvil recevait, il envoyait, on n'était jamais seul avec lui, c'était un partenaire merveilleux. Il y avait chez lui, comme chez la plupart des acteurs qui viennent du music-hall et chez eux seuls, une fraîcheur, un don d'improvisation, un jaillissement qui contrastaient heureusement avec le jeu volontariste, prémédité de beaucoup de nos camarades... Bourvil faisait oublier à tous qu'il était une vedette. Il avait une façon de s'asseoir au réfectoire, de manger sa soupe, de blaguer avec tout le monde, dont la simplicité, le naturel, étonnaient. Contrairement à la plupart des autres acteurs comiques, il n'avait pas besoin de s'entourer d'une cour; non, il plaisantait pour le plaisir de plaisanter, de s'amuser et d'amuser. Pas du tout pour faire des effets. Et c'est assez rare. »

Mais revenons à l'accueil de la critique à l'égard du film. Celle de Maurice Bessy, dans son *Bourvil* paru en 1972, mérite qu'on s'y arrête : « Un jour viendra où l'on s'apercevra que *Les Culottes rouges* est un petit chef-d'œuvre, constate-t-il. [...] Tout feux éteints — ceux de l'envolée lyrique, de l'humanitarisme, de l'amitié — ce film avance à petits pas mesurés et sûrs, implacable dans sa rigueur, avec un sourire en coin que n'aurait pas désavoué le divin marquis de Sade... »

Récompensé par le public, aimé des critiques, Bourvil fut fêté dignement par un hommage auquel il ne s'attendait guère. Le 5 décembre 1961, en présence de quelques-uns de ses anciens partenaires, au nombre duquel on remarquait Rosy Varte, Tilda Thamar, Armand Mestral et Pierrette Bruno, il recevait le prix Courteline, remis par la propre épouse de l'écrivain. Cette précieuse plaquette récompensait le talent dispensé par l'interprète du *Tracassin ou les plaisirs de la ville* qui s'intitula tout d'abord « La Journée d'un Parisien ».

« Il ne me reste plus qu'un vieux rêve à réaliser : jouer *Messieurs les ronds-de-cuir* » [signé... Georges Courteline], déclara-t-il ému par l'attribution de ce nouveau trophée français.

Dans sa Normandie natale, le personnel du Grand Théâtre de Rennes s'activait dans la fièvre d'un gigantesque événement populaire. Le 10 février 1962, le public attend impatiemment la première de *La Bonne Planque*.

Ecrite tout spécialement pour Bourvil en vedette, cette comédie en trois actes signée Michel André – l'auteur du fameux « Virginie » avec... Pierrette Bruno – lui permettait surtout de pousser la chansonnette en compagnie de cette dernière et ce grâce à Etienne Lorin qui signait la musique et à Roland Bailly qui assurait tout à la fois la mise en scène et un modeste rôle.

« Comme personne n'en voulait à Paris, fait remarquer Bourvil, je suis allé la présenter à Rennes! Comme également je n'avais pas trouvé de financiers, j'ai fondé les Productions Raimbourg pour la circonstance... »

Judicieux Bourvil.

Pas si bête car, en province, *La Bonne Planque* fait sortir le public de sa torpeur. Et la presse de son mutisme. « Tout cela est parfaitement invraisemblable, mais il importe peu. C'est un jeu, un pur prétexte pour permettre à Bourvil de déployer ses inégalables dons de comique », peut-on lire dans *Nice Matin*.

« Vous arrive-t-il de bouder votre plaisir? interroge le critique de *La Voix du Nord*. Je trouve cette attitude malhonnête. Rire pendant deux heures à gorge déployée et faire ensuite la fine bouche. *La Bonne Planque* est l'occasion d'une excellente soirée. Il faut le dire ou le reconnaître. »

Quant à *Nord Matin*, il ne craint pas d'affirmer qu'« on rit franchement, tant du comique de situation que de l'art de ce grand amuseur qu'est Bourvil ».

Véritable festival Bourvil, *La Bonne Planque* lui offre le moyen de prouver à la fois ses qualités de musicien (sur scène, il joue successivement de la guitare, du tuba, du piston et du clairon), de chanteur de charme (quatre chansons dont une en duo avec Pierrette Bruno), et bien sûr d'acteur sensible derrière l'hilarité déclenchée à chaque phrase.

Un effet qu'il lui arrive parfois de regretter : « Pour moi, le grand problème au théâtre est d'arriver à échapper au personnage comique que j'ai créé avec mes chansons et monologues, expose-t-il lors d'une conférence de presse. J'y suis parvenu au cinéma grâce à des situations telles que le spectateur n'avait pas envie de rire. Car mon personnage d'imbécile heureux, même si, profondément, il est triste, déchaîne toujours l'hilarité. Plus ses aventures sont lamentables – et, personnellement, je l'éprouve parce que je dois être totalement sincère dans mon interprétation –, eh bien! plus je me sens lamentable, plus les rires du public sont forts. C'est, en un sens, assez horrible! »

Sept mois plus tard, l'équipe de *La Bonne Planque* joue les prolongations sur une scène parisienne. C'est un succès.

Comme pour la remercier de ce cadeau précieux qu'est l'amitié, Bourvil-Casimir offrira une très jolie montre à sa « Capucine ». Bien des années après – en 1987 très exactement –, Pierrette Bruno brisa par inadvertance le remontoir de cette montre devenue la relique et le témoin d'une époque à jamais disparue. Afin de retrouver l'adresse du vendeur pour faire réparer le bijou, elle rechercha le coffret dans lequel il lui avait offert la fameuse montre. Et là, quelle ne fut pas sa stupeur, en recherchant le bon de garantie de l'objet, de découvrir, soigneusement plié dans la notice, un petit mot d'André qu'elle n'avait jamais trouvé. Les mains tremblantes, bouleversée, Pierrette Bruno parcourut ce message qui lui parvenait de l'au-delà : « Ma chère Pierrette, Que le tic-tac de *La Bonne Planque* vous accompagne longtemps, longtemps. Je vous embrasse bien fort. André. »

La découverte de cette tendre attention bouleversa la comédienne et raviva ce chagrin atténué par les années.

En décembre 1962, Bourvil se serait-il douté, en dissimulant ce touchant message, que sa destinataire ne le découvrirait que vingt-cinq ans plus tard ?

Pour le producteur Raimbourg, la réussite ne fait désormais plus aucun doute lorsqu'il parcourt la presse, élogieuse, déclenchée par sa vedette.

Pierre Marcabru, dans *Paris-Presse*, affirme : « De ce guignol, Bourvil, d'un naturel inaltérable, tire une comédie bien à lui. Une certaine manière de vous prendre à témoin tout en regardant ailleurs, une sorte de détachement ahuri mais où il entre quelque contentement de soi, enfin une façon très personnelle de jouer les idiots sympathiques, tout en nous laissant croire qu'on pourrait avoir des surprises : et voilà qui escamote les vulgarités trop voyantes. »

Même son de cloche chez André Ransan dans sa chronique de *L'Aurore* : « Bourvil, c'est évidemment toute la pièce qui, sans lui, ne serait pas ce qu'elle est. Il l'anime, d'un bout à l'autre, de sa verve, de son brio, de sa fantaisie. Bon comédien, il est aussi bon musicien et joue tour à tour de la trompette, du piston et de la guitare. Il chante même (discrètement) quatre chansons dont il est l'auteur, sur une musique d'Etienne Lorin, " J'pourrais faire ça ", " C'est pas le Pérou ", " Ce p'tit air-là ", " Si bien ". C'est un récital Bourvil et personne ne s'en plaindra. »

Tout aussi emballé, Paul Gordeaux, dans *France-Soir*, n'hésite pas à tirer son chapeau devant sa performance :

« Et cela serait d'une anodine insignifiance si Antoine Perrin n'était Bourvil, un acteur qui amuserait une salle rien qu'en lisant le Bottin car il a une inégalable " présence " drolatique, des intonations à la fois suaves et cocasses, des gestes, des attitudes, des étonnements, des regards, d'une bouffonnerie gentille et futée. Il est plaisant, divertissant, rafraîchissant, attendrissant à regarder vivre. Et il abonde en gags, inventions burlesques et pitreries forcenées, qui semblent lui venir spontanément. Un amuseur-né, une force comique de la nature. Chapeau ! »

Désormais, le public se presse au théâtre des Nouveautés où la pièce tiendra l'affiche durant deux années entières.

A destination de ses admirateurs – ainsi que de tous ceux qui n'auront jamais pu trouver une place vacante – Bourvil et son équipe enregistrent la pièce en public pour la télévision... belge. Bien des années plus tard – le 14 novembre 1988 – TF1 annonce enfin sa diffusion. Ce soir-là, Pierrette Bruno n'a pu se résoudre à revoir cet épisode extraordinaire de leur carrière commune. « Je n'aurais pas pu ainsi me replonger de plein fouet dans cette époque heureuse... »

Bourvil au théâtre c'est un peu le Bourvil de la radio, celui des monologues ou des disques. Pour l'occasion, Pathé Marconi édite justement l'album de la pièce où il interprète donc les quatre chansons, dont le succès « C'est pas le Pérou » en duo avec Pierrette Bruno.

Que raconte donc la pièce ?

A la suite d'un hold-up, Emile et Fredo planquent leur butin dans l'appartement vide appartenant à Antoine Perrin (Bourvil), un brave fonctionnaire du ministère de l'Agriculture. Or la fiancée d'Emile, la jolie Lulu (Pierrette Bruno), a suivi son amoureux jusque-là. Lorsqu'il rentre, Antoine trouve Lulu dont la mission est de convoyer par avion la précieuse valise contenant les quinze millions du butin. Le quiproquo s'installe, d'autant qu'Antoine est l'amant de la femme de son ami et voisin, l'inspecteur Péquinet. L'affaire devient d'autant plus malsaine que le couple Péquinet débarque, qu'Antoine possède une valise identique à celle des gangsters, etc. Enfin, Antoine finira par charmer Lulu et tout finira bien.

Le succès personnel de Bourvil dans *La Bonne Planque* a pour effet immédiat de multiplier les propositions les plus diverses à son égard. Celle des disques Pathé Marconi a tout pour le séduire : le rôle de Léopold, le maître d'hôtel, dans *L'Auberge du Cheval-blanc*.

Parmi les grandes opérettes de l'entre-deux-guerres — elle fut donnée pour la première fois à Berlin le 8 novembre 1930 — l'illustre composition de Ralph Benatsky et Robert Stolz conserve encore tout son attrait.

A la fois spontanée et mélodique, cette musique populaire exigeait un ténor dans le rôle de l'entreprenant Léopold. Selon Felix Nuvolone, le chef d'orchestre, Bourvil s'en est admirablement tiré. Preuve, une fois de plus, que l'évolution de Bourvil, ici peu commune, peut aller dans le bon sens, sans rupture.

« Il sait tout faire », diront les critiques.

Le cinéaste Christian-Jaque aurait-il la même opinion sur l'acteur ?

Pour ceux qui en doutaient encore, le film de Christian-Jaque *Les Bonnes Causes* apporte la preuve que Bourvil peut moduler à merveille son personnage et être également bouleversant d'authenticité. Tout au moins, la cause semble entendue et adoptée par Christian-Jaque, parfait technicien dont *Les Disparus de Saint-Agil* ou

Fanfan la Tulipe attestent de son incontestable savoir-faire.

Les Bonnes Causes, tout comme *La Seconde Vérité* (tourné en 1965 avec Robert Hossein), lui a été inspiré par des récits du célèbre chroniqueur judiciaire Jean Laborde. Mise en cause de la justice des hommes, *Les Bonnes Causes* permet à Bourvil une composition inhabituelle.

L'avocat Pierre Cassidy (Pierre Brasseur) vient de faire condamner une innocente (Virna Lisi) au bénéfice de la véritable coupable, Catherine (Marina Vlady), une ancienne maîtresse dont il espère retrouver les faveurs. La lutte sera acharnée pour le juge d'instruction Gaudet (Bourvil), un magistrat têtu, honnête et particulièrement tenace, qui trouvera au terme de son enquête un allié inattendu en la personne de son ancien adversaire Me Cassidy.

Au cœur de cette distribution exceptionnelle, Bourvil ne se montre pas toujours très à l'aise sur le plateau, d'autant que les dialogues, excellents, d'Henri Jeanson, alourdissent sa faconde naturelle.

Parfois, hésitant, il bafouille, obligeant ses partenaires et son metteur en scène à multiplier les « prises ». Heureusement, sa bonne humeur semble communicative et déride les plus irritables.

Pierre Brasseur, « monstre sacré » au caractère « difficile », apprécia, dit-on, beaucoup son partenaire. « Les grands acteurs sont des bons qui font des progrès », confiait-il en exergue de ses savoureux souvenirs intitulés *Ma vie en vrac*.

Peut-être pensait-il à lui lorsqu'il en griffonnait déjà les pages sur le plateau des *Bonnes Causes*!

Le père de *Fanfan la Tulipe* ressuscitait avec le film les spectaculaires plaidoyers de Hitchcock face à l'étau de la justice des hommes. Néanmoins, sa facture un peu glacée, aseptisée, rend le film emphatique, un peu trop démonstratif. Si ce n'étaient les numéros d'acteurs – brillants – servis par Mony Dalmès, Marina Vlady, Brasseur et Bourvil, le film manque du feu sacré de la réalité. Curieux alors que Maurice Clavel, dans sa chronique télévisée, retrouvât dans ce film, en décalage, le même déroulement infernal que la retentissante affaire de Bruay-en-Artois. « Un dossier est un instrument », écrit Jeanson afin d'étayer son travail sur *Les Bonnes Causes*. Et d'ajouter : « On lui fait jouer l'air qu'on veut. »

Pas ou peu de fausses notes dans le concert critique habituel qui accompagne la sortie du film, où chacun salue l'un ou l'autre des protagonistes, comédiens ou techniciens. A propos de ces derniers, *Les Bonnes Causes* marque pour Bourvil une sorte de promotion sociale non négligeable dans la profession.

Au sein du staff réuni par Christian-Jaque se trouvait une habilleuse du nom d'Annie Marolt. Elle avait, dit-on, habillé les plus grandes vedettes du spectacle puisqu'on associait à sa carrière – entre autres célébrités – Maurice Chevalier et Paul Newman.

« Or Bourvil n'a pas d'habilleuse personnelle, constate Pierre Berruer. C'est encore un aspect du " vedettariat " qu'il a négligé. Le directeur de production s'en émeut :

« " Écoutez, Annie, ça m'ennuie de voir Bourvil s'occuper lui-même de ses costumes et du matériel. Voulez-vous vous en charger ? "

« Et Annie, en dehors de ses attributions propres, va chercher la sacoche qui contient le repas préparé par Jeanne, ne manque pas l'heure, à laquelle il est très attaché, on le sait. Discrètement mais efficacement, elle note ses habitudes et en tient compte. Bourvil ne lui dira jamais rien mais, à la fin du film, André Trives sera son interprète : " M. Bourvil souhaiterait s'attacher vos services ! " Et Annie Marolt acceptera avec joie car elle a eu le temps de juger la valeur de l'homme comme celle du comédien. »

En février 1963, l'administration du prix Courteline lui demande de remettre le prix à son « successeur », un certain... Fernandel.

Quel honneur !

Bien sûr, les deux hommes se connaissent, se sont déjà rencontrés et projettent même de tourner un film ensemble : *Les Deux Amis* ou *Les Deux Époux*. Pour l'heure, les deux futurs complices de *La Cuisine au beurre* se congratulent entre deux petits fours.

« Merci, mon cher Bourvil, de me remettre cette plaque qui récompense mes trente-deux ans de service actif », ironise le Marseillais.

En 1963, Bourvil en compte déjà près de vingt.

Et tout autant de rencontres mémorables, de celles qui marquent dans la vie d'un artiste.

Sans doute aura-t-il aimé le texte de la romancière Catherine Claude pour accepter sans hésiter *Le Magot de Joséfa* ! Et pour, six ans plus tard, lui accorder l'autorisation de publier sur lui une première biographie intitulée *Notre ami Bourvil*, ouvrage depuis bien longtemps disparu des librairies.

Dans un autre ouvrage, lui aussi épuisé, Christian Plume et Xavier Pasquini ont interrogé Claude Autant-Lara sur cette mésaventure à épisodes du *Magot de Joséfa*. Un véritable constat d'échec. « Il y avait de ma faute, j'avais écrit un scénario moins bon que d'habitude car je m'étais laissé un peu impressionner par la nouvelle vague, leur avoue-t-il. Cela nous troublait, cette arrivée des jeunes. Alors, avec Aurenche et Bost, j'avais emmené avec nous Bernard Dimey. Tous étaient bourrés de talent mais ils ne pouvaient pas se voir. [...] Tout cela a créé une atmosphère difficile et le scénario s'en est ressenti. [...] Restaient quand même trois grands interprètes. »

Le tournage démarre donc le 15 avril 1963, très exactement à Bussy-Saint-Martin, un petit village de Seine-et-Marne (à l'époque), situé à une trentaine de kilomètres de la capitale. Toujours les obligations de Bourvil, enchaîné au succès de *La Bonne Planque*.

Moins connue, la vérité sur « l'exigence » du Normand d'avoir la Magnani comme partenaire. Autant-Lara le révéla alors que la grande dame du cinéma italien venait de disparaître.

« J'avais expliqué à André qu'Anna Magnani traversait une période très délicate de sa carrière. En Italie, ses opinions étaient très controversées car elle s'était présentée sur une liste communiste pour la députation. Dès lors, les producteurs et la plupart des financiers là-bas s'étaient mis à la bouder. Elle ne tournait plus du tout. J'en ai parlé à Bourvil qui m'a donné son accord pour que je lui propose le rôle de Joséfa, qu'elle a d'ailleurs accepté aussitôt. Il était tout fier intérieurement d'avoir aidé une de ses idoles ! »

Hélas, le ciel ne l'en remercia point !

A l'issue des premières semaines d'exploitation, les créanciers du film commencèrent à douter de l'avenir de leur investissement. Aussitôt, ils interpellèrent les producteurs : Autant-Lara et... Bourvil ! L'artisan de *La Traversée de Paris* apprécia l'amitié fidèle de Bourvil et ce, malgré l'échec du *Magot de Joséfa*, sans conteste le « bide » le plus retentissant de sa carrière.

Partenaires dans cette aventure, le cinéaste et le comédien furent contraints d'essuyer quasiment sur-le-champ une ardoise de cent vingt millions, une véritable fortune pour l'époque. Bourvil s'exécute sans rechigner. Or Autant-Lara est à court d'argent, quasiment ruiné. Vainement, il propose de régler par échéances, demande un délai de quelques mois, propose de travailler en participation, et gratuitement. Rien n'y fit. Le comédien, seul, viendra à son secours d'une belle manière. « Messieurs, dira Trives aux créanciers, je suis mandaté par M. Bourvil lui-même qui a estimé devoir trop à M. Autant-Lara pour sa carrière et m'a demandé de payer pour lui ! » Geste en l'occurrence large et généreux pour un scénario bien mince et des plus étriqués.

En compagnie de Pierre (Bourvil), Justin (Ramon Iglésias) décide d'escroquer sa mère Joséfa (Anna Magnani) que chacun croit immensément riche depuis qu'elle a hérité d'un oncle d'Amérique. En réalité, le magot n'existe pas. Joséfa, attirée par le gain, décide alors de s'associer avec Pierre pour faire chanter le maire (Pierre Brasseur), lequel n'est autre que le père de Pierre. Si la rumeur publique évoque le talent exsangue de Claude Autant-Lara, chacun de ses messagers pardonne à Bourvil. L'un d'eux, Jean Rochereau, dans *La Croix* du 3 janvier 1964, préfère l'absoudre : « Et on pardonne à Autant-Lara de ne même plus savoir diriger ses acteurs. Laissés à eux-mêmes, l'un en face de l'autre, et livrés à leurs tics, Anna Magnani et Pierre Brasseur, c'est baisser pavillon de cinéaste et accepter d'avance le pire. Le pire y est ! Bourvil, égaré dans cette cage aux grands fauves, rafistole ce qu'il peut du sujet à force de discrétion et d'airs gênés qui ne sont pas feints. Chez vous, cher grand Bourvil, les plus gênés s'en vont. Que ne l'avez-vous fait ! »

Déjà, Bourvil fait pénitence chez un jeune loup de la nouvelle vague : Jean-Pierre Mocky.

En 1962, cinéaste solitaire et ambitieux, cette figure bien à part du cinéma français vient de tourner coup sur coup trois films marquants : *Les Dragueurs*, pamphlet sur la jeunesse française, *Un couple*, écrit en collaboration avec Raymond Queneau, et *Snobs !*, l'une de ses œuvres les plus grinçantes. Durant le tournage de *Snobs*, le jeune cinéaste découvre un roman intitulé *Deo gratias*, paru chez Julliard. Avec son pécule, il propose l'achat des droits à l'éditeur. Dans l'intervalle, il cherche à décrocher l'accord de Fernandel pour le rôle principal, un aristocrate pilleur de troncs. Pour la vedette de *Don Camillo*, voilà l'occasion inespérée de rompre avec un personnage devenu trop envahissant avec les années.

Or, sceptique, Fernandel refuse, tandis que Bourvil accepte d'emblée le pari. Mais, engagé sur le tournage du *Magot de Joséfa*, il devra attendre d'être libéré.

Dans l'intervalle, Jean-Pierre Mocky décide de tourner *Les Vierges*, film à sketches satirique sur la perte d'innocence de quelques jeunes filles. Francis Blanche, grand « coureur » devant l'Eternel, fera encore partie de la fête avant de se retrouver en inspecteur de police sur les traces de Bourvil dans *Deo gratias*, devenu, au passage, *Un drôle de paroissien*. Bourvil libre, Mocky commence le tournage du film le 4 mars suivant.

Soixante-dix minutes de film plus tard, on s'aperçoit du désastre : l'œuvre se révèle bien trop courte. D'où la judicieuse séquence en couleurs, dans un film en noir et blanc, où Bourvil assume sa culpabilité au cours d'un rêve très kitsch.

A la première vision du film, Bourvil ne fut pas déçu. Selon lui, il avait placé sa confiance dans la bonne direction. Trois autres films suivront, *La Grande Frousse*

(1964), *La Grande Lessive* (1968) et *L'Etalon* (1970), l'une des rares prestations de Bourvil à être assortie d'une interdiction au moins de 18 ans!

Vingt ans après, Mocky se souvient parfaitement de sa première rencontre avec son interprète. « Bourvil était un homme ouvert, simple, sans manières malgré sa célébrité. J'ai déposé mon manuscrit à son domicile du boulevard Suchet (là où, huit ans plus tard, j'assisterai à ses derniers moments et le mettrai moi-même en bière). Trois jours plus tard, il me téléphonait. Dès notre première rencontre, notre complicité fut totale. On ne cessait de déconner l'un et l'autre. On avait ensemble des fous rires du genre qui allait s'imposer, par la suite, dans *Le Corniaud* entre lui et de Funès. Bourvil avait d'autant plus de mérite d'accepter ma proposition (en participation par-dessus le marché) que son entourage tentait, vainement, de le faire revenir sur sa décision. Son agent, ses familiers lui disaient " Tu es fou! Tu ne vas pas tourner avec ce type qui a fait *Snobs*! " Il répondait : " Mocky me plaît. Je vais tourner ce film. " » Seul regret — mais l'association ne va pas tarder —, de Funès était initialement prévu pour être le partenaire de Bourvil. Mocky entrera dans ce tournage comme en état de grâce, persuadé qu'avec Bourvil dans le rôle toutes les portes s'ouvriraient comme par miracle.

Cela se révéla inexact car le clergé refusa tout d'abord formellement son aide, puis, un subtil chantage aidant, revint sur sa décision initiale à condition que le film ait une fin digne des Saintes Ecritures.

La relative bonne moralité des séquences lui valut un excellent accueil auprès de la presse catholique, et la sélection au festival de Berlin où le cinéaste se rendit en compagnie de sa vedette.

« Il avait, pour la circonstance, revêtu un smoking, pour la première fois de sa carrière », dira encore Mocky.

Régulièrement, Bourvil montrait ses films en petit comité familial restreint. *Un drôle de paroissien* enthousiasma sa femme et fit rire aux larmes ses deux enfants âgés, à présent, de dix et douze ans.

Chacun s'étonna de l'authenticité des lieux, dans ce dédale d'images. « J'ai visité vingt-cinq églises de Paris pour m'imprégner de leur atmosphère, poursuit Mocky. Que les fidèles pardonnent à mon *Drôle de paroissien*, si d'aventure, pour les besoins de l'image, l'intérieur d'une église ne correspond pas à la façade que j'ai filmée. C'est ainsi que Bourvil pénètre dans l'église Notre-Dame-de-la-Croix à Ménilmontant, dont j'aime beaucoup le parvis, et se retrouve, à la séquence suivante, sous les voûtes de Saint-Nicolas-des-Champs... »

Les voies du Seigneur sont impénétrables... Pas pour tout le monde ! Selon un article paru dans *Les Nouvelles littéraires* du 20 août 1963, signé de l'auteur même du roman, Michel Servin, le film donna naissance à des vocations douteuses. « Jean Marcel L., surnommé le " roi des rats " (d'église) est à l'ombre. La brigade lui avait tendu une souricière. Certes, nous nous associons à l'épreuve qui lui est ainsi imposée, mais nous nous élevons, avec force, contre la déclaration qu'il aurait faite aux gendarmes chargés de son arrestation. En effet, d'après ces déclarations rapportées par un grand journal du soir, lu dans toute la France, c'est en voyant Bourvil dans le rôle du *Drôle de paroissien* que l'idée lui serait venue de procéder à l'exploitation systématique et quasi industrielle des troncs d'église... »

Tandis que le film sortait à Paris, Bourvil était déjà à Martigues – Bouches-du-Rhône – « chez » son ami Fernandel.

La Cuisine au beurre nous entraîne dans un fin quiproquo entre deux hommes d'âge mur. Prisonnier de guerre, Fernand (Fernandel) s'évade avant d'être reccueilli par Gerda, une plantureuse Tyrolienne (Anne-Marie Carrière). C'est le parfait amour jusqu'au retour de son mari. Entre-temps, la femme de Fernand, Christiane (Claire Maurier), le croyant mort, a refait sa vie avec son chef cuisinier André (Bourvil). Du même coup, le restaurant familial à l'enseigne de *La Bonne Bouillabaisse* a été rebaptisé *La Sole normande*. Au lieu de se haïr, Fernand et André finissent par s'entendre comme larrons en foire. Sauf au sujet de Christiane. Finalement, le retour de Gerda, nouvelle divorcée, arrangera bien les affaires des deux futurs associés.

Joyeuse confrontation au sommet entre deux géants du box-office, *La Cuisine au beurre* était, selon Gilles Grangier, une (fausse) bonne idée du producteur Robert Dorfmann, qui lui était venue sur le tournage du précédent film de Fernandel *Le Voyage à Biarritz*. A Aix-en-Provence, comme il se doit! ironise Grangier. « Son truc à lui, poursuit-il, c'était de former un couple de comiques. Comme il avait Fernandel sous la main, il a d'abord obtenu son accord. Pour Bourvil, c'était plus simple, il était en admiration devant Fernandel.

« Direction Martigues où le tournage commence. Puis, un jour, Fernand (Fernandel) explose. Le film sera arrêté quatre semaines. Par chance, Bourvil avait une tournée au music-hall, et Fernand besoin de vacances.

« Ça baignait dans l'huile, cette cuisine au beurre! raconte Grangier dans *Flash-back*. La première difficulté surgit au niveau du texte. Fernandel voulait que ses amis Raymond Castans et Jean Manse travaillent au scénario. Bourvil, lui, souhaitait Pierre Lévy et Jean Lévitte. Quant à Dorfmann, convaincu de l'efficacité d'une équipe à l'américaine, il avait embauché Albert Valentin ! Il est encore heureux qu'Audiard n'ait pas été libre ! (C'est une boutade ; à cette époque, Michel refusait d'écrire pour Fernandel.) Tout ce joli monde s'est mis au travail. Panique dans les bureaux, les feuillets des uns arrivant en même temps que le texte des autres. En outre, de toute évidence, l'équipe Fernandel avantagerait son leader et l'équipe Bourvil le sien.

« Quelqu'un eut une idée de génie au secrétariat. Comme il fallait taper et livrer les dialogues à toute allure, les secrétaires dactylographièrent les textes " Fernandel " sur du papier bleu, et les textes " Bourvil " sur du papier rose. Je me livrai ensuite à un amalgame sur papier blanc qui devint le découpage technique définitif, et pour lequel, avec une prudence et une équité dignes de Salomon, j'avais rétabli les deux rôles dans une absolue égalité : même nombre de scènes où chacun avait la vedette, même nombre de gros plans, répliques d'une longueur identique, etc. »

Sur le plateau, le tandem fonctionnait à merveille.

En apparence seulement car, à la mesure de ce que fut l'affrontement Raimu-Fernandel dans leurs œuvres communes (*Les Rois du sport*, *La Fille du puisatier*, etc.), il risquait fort d'y avoir de l'orage dans les relations de nos deux monstres sacrés. En cela, Grangier prouva sa très grande maîtrise dans la direction des deux acteurs.

« Je me rendis vite compte que, sur l'écran, Fernandel risquait d'étouffer Bourvil, poursuit Grangier. Cet animal avait une présence qui balayait tout. Ce n'est pas une question de talent, Bourvil en avait autant. C'est un phénomène d'impact physique. Fernandel clignait de l'œil ou retroussait sa lippe et, hop, on ne voyait plus Bourvil. Vis-à-vis de celui-ci qui me faisait confiance, je devais atténuer cette disparité. Je profitai d'un arrêt de tournage de trois semaines pour revoir certaines scènes et certains plans, chaque fois dans un sens favorable à Bourvil. »

Pas très digeste selon certains, franchement immangeable pour d'autres, *La Cuisine au beurre* atteignit rapidement des sommets vertigineux.

Lors de sa première exclusivité française, l'exploitation enregistre 6 377 000 spectateurs et permit à ses deux protagonistes de recevoir le fameux prix Courteline.

Ce jour-là, Fernandel, bien que seul pour recevoir son prix dans un restaurant des Champs-Elysées, adressa un clin d'œil à son comparse :

« Le prix Courteline est surtout destiné aux fantaisistes, précise Fernandel. Naturellement, on ne donnera pas le prix à Burt Lancaster ou à Elizabeth Taylor. On le donnera à des gens qui font rire. Nous l'avons eu avec Bourvil, chacun séparément et nous venons maintenant de l'avoir ensemble. C'est-à-dire que nous avons, cette année, cinquante pour cent du prix chacun... Nous couperons la médaille en deux s'il n'y en a qu'une ! »

Recensée parmi les vingt plus grosses recettes du cinéma français, *La Cuisine au beurre* servit de hors-d'œuvre à un autre plat de résistance cher à Bourvil : *Le Corniaud*. Au grand regret de Gilles Grangier, ni lui ni personne n'a reconstitué cette équipe après ce fulgurant succès.

Bourvil – sans Fernandel – s'en ira revoir sa Normandie afin de participer à la fabuleuse reconstitution du *Jour le plus long*, dantesque projet du « mogul » le plus puissant de Hollywood, Darryl F. Zanuck, destiné à magnifier, et uniquement à cela, le débarquement du 6 juin 1944 en Normandie.

Prétexte à un défilé de vedettes américaines (John Wayne, Robert Mitchum, Henry Fonda, etc.), anglaises (Richard Burton, Sean Connery, Kenneth More, etc.), allemandes (Gert Froebe, Curd Jurgens, etc.) et bien sûr françaises.

Peu d'élus parmi ces dernières mais, curieusement, même s'ils ne rencontrent pas Bourvil, bien de celles-là ont déjà été ses partenaires : Georges Wilson dans *Les Hussards* ou *La Jument verte*, Fernand Ledoux dans *Les Misérables* et Arletty dans *Un drôle de dimanche*. On y croise même Jean-Louis Barrault qui, après l'avoir dirigé dans l'extrait de *Knock* sur la scène de l'Odéon, ne désespérait pas de le voir, un jour prochain, interpréter *Georges Dandin* ou *Le Bourgeois gentilhomme*.

Pauvre Bourvil ! Il n'avait jamais lu Molière et n'osa point l'avouer au grand comédien qu'il retrouva sur le plateau du film suivant, le second avec Jean-Pierre Mocky, *La Cité de l'indicible peur*, exploité au cinéma sous le titre racoleur de *La Grande Frousse*.

A ce propos, ce film sorti à Paris le 28 octobre 1964 fut tronqué par un distributeur indélicat, ce qui obligera par la suite Mocky à racheter les droits (avec Bourvil d'ailleurs) pour pouvoir le ressortir, le 28 juin 1972, dans sa version et son titre original. Heureux Mocky qui, autour de Bourvil, est parvenu à réunir la distribution de ses rêves : Jean-Louis Barrault, Victor Francen et Raymond Rouleau, trois des idoles de sa jeunesse, mais aussi la bande de copains qui le suit depuis ses débuts : Jean Poiret, Francis Blanche, etc.

Lorsqu'il débarque à Bourges (le film fut tourné à Salers, près d'Aurillac, dans le Cantal) pour enquêter sur un assassinat, l'inspecteur Triquet (Bourvil) découvre une galerie de personnages plutôt étranges : le maire (Raymond Rouleau) est un obsédé sexuel en concubinage avec un mannequin de cire, l'employé municipal (Jean-Louis

Barrault) est mythomane, le médecin (Victor Francen) un ivrogne, le boucher (René-Louis Laforgue) un maniaque, le gendarme (Jean Poiret) un homme plein de tics, et le jardinier (Jacques Dufilho) un maniaque sexuel. Même la petite secrétaire de mairie n'est pas au-dessus de tout soupçon, et pour cause!

L'exploitation du film donna lieu à une suite de malentendus. D'abord, Mocky remercia le scénariste du film, un spécialiste de l'auteur Jean Ray, Claude Seignole – lequel ne lui pardonna jamais et monta une cabale contre le cinéaste.

Ensuite, Jean Ray décéda brusquement en plein tournage, privant le film de son auteur et surtout de son âme, de son esprit.

Enfin, dès sa sortie, le film essuya un échec retentissant.

Infatigable, Mocky tente à nouveau de réunir Fernandel et Bourvil pour un projet intitulé *La Bourse et la Vie*.

Seulement, cette fois-ci, Bourvil refuse car, semble-t-il, il ne voulait plus tourner avec le Marseillais. « Du moins, c'est le prétexte qu'il a utilisé pour ne pas donner suite immédiatement à mon projet. En réalité, l'échec cuisant de *La Grande Frousse* l'avait considérablement rendu sceptique à mon égard. Je ne lui en ai pas tenu rigueur... », confesse Mocky.

D'ailleurs, Bourvil souhaiterait faire le film qu'il ne le pourrait pas. Entre une tournée de *La Bonne Planque*, l'enregistrement d'un nouveau disque (« Bonjour, monsieur le maître d'école ») et les tracas(sins) de la vie familiale, l'acteur n'a plus une minute à lui.

Aussi refuse-t-il plusieurs projets dont le *Fantomas* d'André Hunebelle, décision qu'il regretta amèrement vu le succès de son comparse de Funès dans le rôle du commissaire Juve.

Le futur Juve et Bourvil vont d'ailleurs tourner ensemble sous la direction de leur ami commun Gérard Oury.

Celui-ci, dans ses savoureux *Mémoires d'éléphant* publiés chez Olivier Orban, explique longuement que c'est sous l'influence de l'affaire Angelvin (ce journaliste français compromis dans une sale affaire de drogue qui donna lieu à un procès retentissant, à son emprisonnement aux USA, et fournit également aux metteurs en scène William Friedkin et John Frankenheimer le thème de *French Connection*) qu'il écrivit la base du script de son futur *Corniaud*. « Bourvil et de Funès m'apparaissent évidents, le premier pour jouer le couillon qui, à la fin, prendra sa revanche, le second, la fripouille dont les manigances se retourneront contre lui. Ils ont envie de travailler ensemble. Ça tombe bien. Bourvil jouit du statut de vedette. Louis de Funès émerge à peine de ses années panouilles et tourne en ce moment le rôle principal d'un petit film, *Le Gendarme de Saint-Tropez*, dont personne n'imagine qu'il puisse être un succès. On peut également douter de mon aptitude à faire des films comiques. Peut-être de Funès se souvient-il de sa prédiction, il dit oui. Quant à Bourvil, c'est la crème des hommes. Depuis *Le Miroir à deux faces*, nos relations sont demeurées amicales. Il donne son accord sans même connaître l'histoire. »

Produit par Robert Dorfman – l'un des plus efficaces artisans financiers de l'histoire du cinéma français – *Le Corniaud* va se démarquer par ses innovations. D'abord, il sera filmé presque entièrement en extérieurs – le spectateur visitant ainsi la côte d'Azur, la Villa d'Este, Pise, les paysages toscans –, ensuite il nécessitera, à dater du 1er septembre 1964 (« un mois trop tard », selon Oury, mais Bourvil tenait à ses vacances en famille !) près de quatre longs mois de tournage, ce qui était exceptionnel pour un film comique.

Du moins à cette époque, où ce genre, plutôt mineur, n'avait droit qu'à des bandes fauchées, bâclées le plus souvent en noir et blanc.

Enfin, lors du dernier tour de manivelle – nous sommes le 7 décembre 1964 –, Oury a bouclé « son direct ».

Pour le néophyte, il faut savoir que la plupart des films français et la totalité de la production anglo-saxonne utilisent les bienfaits (!) de la post-synchronisation.

Sur le plateau, on enregistre la voix de l'acteur en « son témoin », et sur l'image définitive, dans le calme d'un studio d'enregistrement, il est ensuite appelé à réenregistrer son texte, ce qui évite ainsi la dodécaphonie des bruits extérieurs. En effet, la haute performance du matériel d'enregistrement sonore les rend bien plus présents que dans la réalité. Un bruiteur, un ingénieur du son rajoutent ensuite, atténués, tous ces bruits devenus accessoires autour de la voix du comédien.

Innovations qui n'empêchèrent pas Oury de collectionner les pires problèmes au cours du tumultueux tournage du *Corniaud*. Tout commence le lundi 31 août 1964, le jour du premier tour de manivelle, ou plutôt, tout devait commencer...

La Jaguar verte, volée par le fils d'un assistant, sera complètement détruite après avoir percuté un poids lourd. Résultat : il faut attendre une nouvelle voiture et commencer, à Rome, les plans de Bourvil et de sa Cadillac blanche, dont la fameuse scène du klaxon coincé fut inspirée à Oury par une anecdote. Anecdote confirmée par Michel, le fils d'Etienne Lorin, qui dirige encore aujourd'hui l'école d'accordéon créée par son père en 1946, boulevard Beaumarchais à Paris.

« En 1948, rapporte Michel Lorin, j'avais onze ans. Mes parents, très liés avec les Bourvil, étaient partis en vacances avec eux. Cet été-là, le comédien conduisait une très vieille Chevrolet dont c'était sans doute le dernier voyage. Elle fera cinquante kilomètres en quatre heures! Arrivé à Corbeil-Essonne, le klaxon s'est mis à hurler sans que personne puisse l'arrêter! Pour nous qui voulions passer inaperçus, c'était réussi! »

Seize ans plus tard, cette anecdote fournira à Oury l'une des séquences les plus irrésistibles de ce *Corniaud*.

Après les accessoires, c'est au tour des éléments de se déchaîner et de rendre à Gérard Oury la partie des plus difficile. Là encore, il faut toute l'énergie et le courage d'un général d'Empire pour ne pas céder au désespoir quotidien.

Après un tournage sans trop d'incidents du côté de Naples, toute l'équipe du film, près de soixante personnes, s'est retrouvée plusieurs jours coincée par une pluie torrentielle, sans jamais une seule éclaircie pour – selon l'expression d'Oury – « voler un plan entre ces nuages caracolant comme de sombres coursiers ». Restait encore l'énergie vitale à préserver : celle des comédiens.

Si Bourvil se révèle parfait, Louis de Funès soulèvera quelques problèmes inhérents à sa personnalité profonde : celle d'un comédien consciencieux mais irascible, merveilleux mais tatillon, malléable mais extrêmement susceptible.

Devenu entre-temps une grande vedette grâce au succès du *Gendarme de Saint-Tropez*, Louis de Funès peut enfin laisser aller à sa guise son légendaire perfectionnisme. Aux yeux de beaucoup, cela passa sur le compte d'un mauvais caractère et d'une humeur changeante.

Ce soir-là, lors d'une projection des « rushes » de la veille – la pellicule tournée sera tirée dans la nuit et visionnée le lendemain pour pallier un éventuel problème –, Oury invite de Funès et sa femme Jeanne (souvent présente, ce qui ne sera jamais le cas de la Jeanne d'André, vouée à ses occupations familiales). Or, sur la plupart des images, de Funès n'apparaît pas. Fait du hasard, mais hasard malheureux pour Oury. Le comédien et sa femme ne rient pas du tout. A la fin de la projection, ils s'éclipsent en silence. Le lendemain, de Funès demande à voir Oury pour lui jouer la grande scène de la déception, de l'abus de confiance et de la fin d'une amitié. « Puisque c'est comme ça, je ne joue plus ! » lance alors de Funès à Oury. Sa voix résonne comme une sentence.

Effectivement, il ne joue plus. Sans aucune expression, il se contente d'exécuter les termes d'un contrat exigeant sa seule présence sur le plateau. Comme un enfant dont il prolongerait les jeux, il boude, privé de ce rayonnement auquel il devait sa gloire récente. « Cette grève du masque ne durera que vingt-quatre heures, conclut Oury et mon cœur se serre chaque fois que je revois *Le Corniaud*. Je sais exactement à quel endroit du film se trouve le plan où Louis ne joue plus. Il pense que son ami l'a trahi. Cela me rend rétrospectivement très malheureux. »

Pourtant le 25 mars 1965, jour de la sortie du film, Oury a la sensation d'avoir gagné son pari. De ce scénario griffonné trois fois sur des cahiers de quatre cents pages, Oury avait fait le plus gros succès de la décennie. Qu'importe si, malgré les trois cent cinquante millions du budget initial prévu, Oury en a dépensé cinq cent trente ! En quelques mois, il en rapportait trois fois plus avec quatre cent trente-quatre mille spectateurs en six semaines, neuf cent mille les vingt semaines suivantes, pour arriver au total de quatre millions et demi à Paris, et neuf millions en France.

Un record public homologué par le prix du meilleur scénario au festival de Moscou, où Gérard Oury présentera le film le 14 juillet 1965.

Imaginé par Gérard Oury, adapté par l'auteur et Marcel Jullian sur des dialogues de Georges et André Tabet (ils taillèrent rôles et chansons sur mesure pour Fernandel), *Le Corniaud* met en présence l'estivant Antoine Maréchal (Bourvil) forcé de conduire la Rolls de Léopold Saroyan, riche industriel qui n'est autre que le parrain d'un syndicat de gangsters. En réalité, le naïf Antoine ignore que le flamboyant véhicule cache une véritable fortune. Tout au long de son voyage, poursuivi par une bande rivale, il perdra par maladresse, petit à petit, l'intégralité du trésor convoyé. Il parviendra également à faire arrêter Saroyan avant de partir enfin pour des vacances bien méritées. L'irrésistible tandem formé par Maréchal-Saroyan aura même ému les médias américains. Dans un numéro du *Times*, un chroniqueur très sérieux le compara à celui formé jadis par Laurel et Hardy. Prestigieuse référence qui ne laisse pas indifférente la vedette du *Gendarme*.

« Je suis enchanté de cette comparaison. Laurel et Hardy sont mes dieux, au même titre que Chaplin et Max Linder. Mais nous en sommes loin. Dans le genre comique, il reste encore à conquérir la lune, et nous ne faisons que des sauts de puce... Mon comique est agressif, celui de Bourvil naïf et tendre. Nous nous allumons l'un l'autre, sans jamais nous éteindre... De plus, Bourvil fait partie des comédiens à la drôlerie desquels je ne résiste pas. »

Celui-ci lui renvoie ce compliment assurément sincère, car il n'était pas dans les habitudes du sieur de Funès de flagorner son prochain. « De Funès et moi sommes si différents que nous ne pouvons nous gêner. Il est plus clown que moi, c'est un mime extraordinaire tandis que mon comique est plus émouvant : c'est le comique du Français moyen, victime des vicissitudes de l'existence. Ressembler à Laurel et Hardy, ce serait trop beau, non ? »

En cette année 1965, Bourvil est partout à la fois. Sur les écrans bien sûr avec *Le Corniaud*, mais aussi, nous y reviendrons, *Les Grandes Gueules*, *La Grosse Caisse* et *Guerre secrète*; à la radio où des chansons comme « Nous vieillirons ensemble » et « Au son de l'accordéon » repassent sans cesse; sur scène en compagnie d'Annie Cordy pour l'opérette *Ouah! ouah!*; et enfin à la télévision, où il ne se produira que très rarement. Exception faite pour des gens comme Jean-Christophe Averty (une « Douche écossaise » en 1966), Sacha Distel (et son « Sacha Show » en 1969) et l'inévitable Georges Guétary dont le « Guétary-Club » était très prisé des téléspectateurs en 1965.

Cette année-là, le 23 janvier, Bourvil y interprète un sketch avec son ami Jean Richard, et lit un texte de Charles Cros, l'inventeur du phonographe, une invention à laquelle, il est vrai, il doit beaucoup.

Dans *Paris-Jour* du 23 janvier 1965, il s'épanche sur l'étrange lucarne. « Je ne peux sacrifier un film, un tour de chant, une opérette à un travail de télévision qui sera payé dix, vingt ou trente fois moins cher. Tenez, pour le " Guétary-Club ", je ne sais même pas à combien se monte mon cachet et quand il me sera payé. Mais je ne me fais pas de souci! Je m'amuse beaucoup à la télévision... Heureusement que je n'attends pas après pour vivre. Mais je reconnais qu'en l'occurrence elle me rend service. »

André y officie parfois pour parler, le temps d'une furtive séquence, de l'un de ses films. Il fera d'ailleurs trois télés, rien que pour l'exercice 1965. C'est entre ces trois apparitions télévisées qu'il accepte en 1965 une figuration dans *Le Marjordome* de Jean Delannoy, où il apparaît dans les vingt dernières secondes du film comme le fiancé de l'héroïne Geneviève Page.

Dans *Guerre secrète*, un film à sketches – à tiroirs pourrions-nous dire –, Bourvil sera dirigé par Christian-Jaque.

Cette coproduction franco-italo-allemande assez lamentable et poussive le met sur le chemin du cinéaste britannique Terence Young, réalisateur de l'épisode sur l'espion soviétique. Avec *L'Arbre de Noël*, film qui mettra quasiment un point final à la carrière du comédien, Young retrouvera celui-là même qui sut l'émouvoir dans *Guerre secrète*.

C'est lui qui imposera sa présence face au géant de l'écran américain William Holden, au cours de ce dramatique face à face où deux hommes assistent ensemble à la mort lente de l'enfant qu'ils chérissent.

Dans *Guerre secrète*, ensemble inégal puisqu'il est traité par trois réalisateurs fondamentalement différents par leur ton, leur style et leur nationalité – outre Terence Young et Christian-Jaque, la production s'est adjoint l'Allemand Werner Klinger et l'Italien Carlo Lizzani –, Bourvil incarne l'agent Lalande dépêché à Djibouti afin de faire échouer une mission soviétique. Sur place, il sera fait prisonnier juste après avoir réussi à donner l'alerte.

En Italie, où l'action s'est déplacée, le général Bruce (Robert Ryan) parvient à empêcher l'enlèvement d'un savant, inventeur d'un carburant révolutionnaire, tandis qu'en Allemagne services secrets américains et soviétiques échangent leurs divers agents capturés autour de la planète, dont l'espion soviétique, le colonel Dimitri Kourlov (Henri Fonda) qui déclencha toute l'affaire par ses révélations.

C'est à la faveur d'un séjour en Europe du prestigieux acteur Henri Fonda, qu'un tel film – succédané parodique de la mode des films d'espionnage lancée par le succès des James Bond – trouvera son existence même.

C'est l'occasion pour Bourvil de revoir Georges Marchal, son partenaire des *Trois Mousquetaires*. Et d'apercevoir au générique du film le nom d'un jeune dialoguiste à la dent dure : Philippe Bouvard.

Aurait-il écrit lui-même la scène scandaleuse (!) du film : celle où Annie Girardot, dont c'étaient les années sombres, apparaît complètement nue aux yeux de Bourvil ?

Toujours est-il que Christian-Jaque ne jugea pas utile de « prévenir » son interprète!

« Sa gêne parut insurmontable, raconte le réalisateur. Mais, aussitôt après, il n'avait pas perdu le nord et me demandait une drôle de faveur! »

Laissons Bourvil s'expliquer sur cette fameuse faveur : effectuer une cascade lui-même car, pour les besoins de l'histoire, le flic devait en effet sauter de son véhicule.

« J'ai honte de moi : je sais qu'un accident peut compromettre le tournage d'un film et que les cascadeurs sont en partie prévus pour ça, mais c'était plus fort que moi. J'ai bondi de ma place et j'ai demandé à Christian-Jaque de tourner moi-même cette scène. Je ne me suis pas trop mal débrouillé si j'en crois les copains. Dorénavant, je ne signerai plus mes contrats que sous une seule condition : ne pas être doublé! Je plaisante, mais je m'amuse comme un fou. Jamais je n'avais joué d'agent secret. Il n'y a rien de tel pour vous maintenir en forme. J'ai déjà plongé, déguisé en homme-grenouille, pour aller voir au fond de l'eau si un cadavre ne se trouvait pas dans une voiture, j'ai couru sur la crête d'un mur, sauté sur le capot d'une voiture en marche et tué le chauffeur, je poursuis mes ennemis en hélicoptère avec mon complice Robert Hossein, je me battrai hardiment avec Georges Marchal. Vous voyez que je ne risque pas de m'empâter pendant les prises de vues... »

Le journaliste Jean-Louis Comolli, dans *Les Cahiers du cinéma* d'août 1965, ironisera sur les prouesses sportives de l'acteur : « Il faut d'autre part réserver aux anthologies futures du cinéma comique le rôle de Bourvil en sirène des profondeurs... »

Jean de Baroncelli, en revanche, défendait le comédien, manifestement égaré dans un film et un rôle qui n'étaient pas les siens : « Bourvil est le héros du sketch de Christian-Jaque. Il tient son rôle sans grande conviction, mais avec humour... » constate-t-il dans *Le Monde* du 29 juin 1965. A l'issue des prises de vues de *Guerre secrète*, entre le 8 février et le 10 avril 1965, Bourvil rejoignit l'équipe d'Alex Joffé installée aux studios d'Epinay pour *La Grosse Caisse*. Baptisée d'abord *Metropolitan Story*, cette histoire signée avec trois autres scénaristes, et des dialogues additionnels de son complice Pierre Levy-Corti, introduisait sur l'écran le personnage de Louis Barbin (Bourvil), un brave poinçonneur de la station de métro La Rapée. Hélas, ses rêves d'écrivain de romans policiers vont le pousser à commettre un véritable forfait : rafler six cents millions de la recette journalière de la RATP. Dénoncés par la belle Angélique (Françoise Deldick) dont il est amoureux, Louis et son complice Filippi (Paul Meurisse) sont incarcérés. Mais, à sa sortie de centrale, sa fortune est assurée car l'ingénieuse Angélique a profité de la publicité du hold-up pour faire éditer son livre devenu un best-seller.

Ce film sans histoires passa totalement inaperçu d'autant que les médias s'étaient emparés du phénomène Bourvil pour un tout autre événement.

Le 27 février 1965, à 21 heures, la diffusion impromptue de *La Bonne Planque* sur la première chaîne en grève provoque un tollé dans la presse, accompagné d'un torrent d'injures sur la valeur (!) de l'œuvre.

Il n'en fallait pas plus pour que Bourvil s'insurge, en comédien concerné par la « bavure ». « Peut-être que, ce samedi-là, ils auraient préféré voir *L'Annonce faite à Marie* ? C'est une question de disposition d'esprit. *La Bonne Planque*, moi, ça me fait rigoler. Il faut cependant la considérer comme un divertissement et non comme un message ou une pièce à thèse. Remarquez que je n'aurais pas pu jouer cela sans public, uniquement pour la télévision. A Bruxelles, les spectateurs, qui s'amusaient, me donnaient sans le savoir la réplique, ils servaient de trait d'union entre le théâtre et les caméras... »

Pas si bête, Bourvil.

D'ailleurs, à la ville, il ne ressemble en rien à ses rôles. « Dès que j'entre en scène, explique-t-il à Paul-Louis Mignon, je commence par être prisonnier de ce mécanisme comique. Jusqu'ici les auteurs m'ont écrit des pièces sur mesure, à la mesure de ce personnage tel qu'ils le voient, si bien qu'ils m'obligent à un numéro de virtuosité. Ce que je souhaiterais, c'est qu'un auteur, après avoir écrit la pièce, ait le sentiment qu'un rôle peut me convenir et me le propose. » Le philosophe Jean-Paul Sartre ne lui a-t-il pas avoué, lors d'un déjeuner-rencontre, qu'il avait envie de lui confier un rôle dans une de ses prochaines pièces !

Au cœur même de sa violence et de son explosion subite, pas mal d'enfants terribles de la nouvelle vague songèrent à engager Bourvil à contre-emploi. On raconte qu'à l'époque Jean-Luc Godard et François Truffaut brûlaient d'envie de l'appeler. Tel un rempart, dans son bureau des Champs-Élysées, le fidèle André Trives veillait jalousement à ce que son André ne s'y risque pas trop.

Jean-Pierre Mocky confirme assez bien cette situation des artistes « installés » face au fourmillement des nouveaux venus au sein de la colonie cinématographique française.

« Fernandel n'appréciait guère la nouvelle vague ni les jeunes réalisateurs, explique-t-il à Gaston Haustrate. L'aventure avec moi ne le tenta pas sur l'instant. Entretemps, de jeunes comédiens m'avaient fait savoir à quel point, par contre, Bourvil était un homme ouvert, simple, sans manières malgré sa célébrité. »

Formé à l'Institut des hautes études cinématographiques, la trentaine, Robert Enrico jouera les cinéastes militants dans la révolte de mai 68, puis prendra la tête du syndicat professionnel avant de signer, en 1975, son remarquable *Vieux Fusil* où il se sert avec brio des servitudes commerciales du cinéma français.

Son scénario des futures *Grandes Gueules*, adapté du roman *Les Hauts-Fers* de José Giovanni, plonge Bourvil dans l'euphorie.

« L'idée de choisir Bourvil, séduisant non ? explique Robert Enrico. Un aventurier, ça n'a pas toujours la gueule de John Wayne. Il sortait du *Corniaud*, ça le passionnait de jouer un rôle de dur, un homme fort. »

Bourvil se retrouvera donc dans le costume d'Hector Valentin, costume qui a d'ailleurs une histoire.

« Lors de notre première opérette commune, *Pacifico*, raconte Pierrette Bruno, André m'avait offert une médaille sur laquelle il avait eu la délicatesse de faire graver un bien touchant souvenir pour nous deux : " Casimir et Capucine : je t'aime bien. 1958 ". Durant tout le temps que dura notre collaboration – et bien après –, nous nous sommes toujours couverts de cadeaux, parfois des plus insolites. Un jour, lassée de le voir porter indéfiniment ces complets gris ou sombres, je lui ai offert un blouson et une chemise écossaise.

« " Je crois que je n'aurais jamais osé les acheter moi-même ", remercia-t-il.

« Ce blouson et cette chemise. André me fit la surprise de les porter dans *Les Grandes Gueules*, l'une des plus belles histoires qu'il ait tournées... »

Cette histoire nous plonge donc dans l'univers d'Hector Valentin, solide gaillard de retour du Canada après avoir hérité d'une scierie abandonnée, en plein cœur des Vosges. Lorsqu'il décide de faire revivre l'exploitation, personne ne veut travailler pour lui. Sauf Laurent (Lino Ventura), ex-gangster tout juste libéré de prison, venu là afin d'assouvir une vengeance personnelle : tuer un ancien complice encore incarcéré. La population locale s'oppose rapidement aux « libérés sur parole » venus prêter main forte aux deux hommes. Mais au contact d'Hector, Laurent s'humanise, renonce à sa vengeance et découvre l'amour avec Jackie (Marie Dubois). A l'évidence, après l'incendie de la scierie, les deux hommes redécouvriront ensemble le sens de l'amitié.

Western montagnard, il ne pouvait être tourné que sur place, sur les lieux mêmes, dans la clairière du Cellet, à six kilomètres de Gérardmer au cœur des Vosges.

Les Grandes Gueules, titre d'une célèbre chanson folklorique de la région, doit d'ailleurs tout ou partie de son succès à l'ensemble de la population locale et aux merveilleux décors naturels offerts par le somptueux environnement.

Lors des repérages, Robert Enrico s'obstine davantage sur le projet. « A cause de la beauté du paysage, explique-t-il à Paul Gilles. Et aussi parce que j'ai voulu faire un vrai western. Au début, je pensais mon film en format normal et en noir et blanc. Je croyais que le noir et blanc permettrait de durcir l'histoire. Quand je dis que j'ai voulu faire un western, je veux dire qu'il s'agit d'un film de caractère, sans subtilités psychologiques. C'est un film d'action avec des gens qui se battent pour un idéal. C'est un film sain, pas une série noire. »

Pourtant, à l'origine, le sujet était presque un thriller pouvant s'apparenter à la célèbre collection. Son auteur, un certain... Lino Ventura.

Très lié avec l'écrivain cinéaste José Giovanni depuis *Classe tous risques*, Lino Ventura lui demanda de l'aider à adapter une nouvelle qu'il venait d'écrire. Les années passèrent. Les deux hommes pensèrent d'abord à Claude Sautet — le cinéaste de *Classe tous risques* —, puis à Jacques Becker auquel Ventura devait ses débuts dans *Touchez pas au grisbi* en 1953.

Finalement, favorablement accueillie par le jeune cinéaste Robert Enrico, l'idée de Ventura aura trouvé son aboutissement. Et un interprète de choix en la personne de Bourvil.

« Bourvil s'est très bien comporté dans ce rôle, affirme Ventura. Je ne l'aurais jamais cru si costaud. D'ailleurs, j'ai terminé le film en boitant et ce n'était pas du cinéma. Lors de notre bagarre, il m'a fait violemment tomber. Résultat : une cheville foulée ! »

« Je n'ai rien à lui envier, rétorque Bourvil. Moi, j'ai encore à l'oreille la marque d'un coup qu'il m'a donné. Mais nous sommes sans rancune. Les coups, ça resserre l'amitié. »

Evoquée par la vedette féminine du film, Marie Dubois, l'image de Bourvil se confirme. « Au début, il pleuvait sans arrêt. Je me souviens que nous passions des heures entières dans sa voiture, une DS, à attendre le retour du soleil. Ce furent des moments délicieux car il avait une quantité d'histoires à raconter, principalement des histoires sur son métier, et c'était d'une drôlerie ! Moi aussi, comme Ventura et d'autres, j'avais remarqué son incroyable force physique. C'était une véritable force de la nature. D'autre part, je ne l'ai jamais entendu dire la moindre méchanceté, c'était un être adorable, d'une humanité et d'un respect pour autrui qu'on ne trouve plus guère de nos jours. Sans parler de cette simplicité dont il ne s'est jamais départi. C'était quelqu'un qui ne trichait pas, un grand monsieur ! » Quant à ce merveilleux second rôle que fut Paul Crauchet – découvert justement grâce à ce film après dix-sept années d'ombre –, il n'a aucun mal à se souvenir de son glorieux partenaire.

« Ce fut la seule et unique fois où j'ai tourné en sa compagnie ; dans *Le Cercle rouge*, nous n'avions malheureusement aucune scène ensemble. Ce fut un tournage extraordinaire, presque des vacances. C'était en juin, nous mangions dehors sur des tables confectionnées sur le décor même du tournage. Nous avons eu de grands moments de bonheur, à plus de mille mètres d'altitude, sous les sapins centenaires. C'est dans ce cadre idyllique que j'ai découvert et apprécié Bourvil, un homme d'une grande sobriété dans tous les sens du terme, il ne buvait jamais plus d'une verre de vin à table, ne fumait pas, se couchait tôt car, chaque matin, nous le voyions faire son footing. Il possédait une santé de fer et une incroyable énergie. En l'observant parfois, je me disais : " Lui au moins, il fera un beau centenaire. " Et puis il y avait ce moral inaltérable ; pendant les pauses repas, il nous faisait rire, et lui s'esclaffait tout le temps, de ses éclats de rire communicatifs qui ont rendu ces moments inoubliables... »

Bourvil, on le devine, fut également le plus fraternel des camarades. Syndicaliste, il défendra vaillamment le travail des comédiens comme on a pu le voir dans les coulisses de *La Route fleurie*. Aussitôt qu'il en avait le loisir, il n'hésitait pas à aller applaudir et soutenir ses confrères sur les planches. En toute simplicité... en payant sa place!

« Au mois d'avril de l'année suivante, poursuit Paul Crauchet, Bourvil s'est déplacé pour venir me voir jouer *Le Goûter des généraux*, de Boris Vian, au théâtre de la Gaîté-Montparnasse. C'est à cette époque-là que j'ai estimé encore bien plus l'homme et l'acteur. Car de tous ceux que j'ai rencontrés [Crauchet a tourné avec les plus « grands » de la profession : Gabin, Ventura, Delon, Belmondo, etc.], c'était le moins nombriliste! Au contraire des autres, il avait l'air de faire son métier en s'amusant, ne se prenait jamais au sérieux car, à chaque scène, c'était un nouveau jeu auquel il semblait participer, jeu dans le sens presque " enfantin " du terme. Sur son jeu d'acteur, que dire, sinon qu'il suffisait de le regarder pour constater qu'il savait tout faire? Et il faut dire que, dans sa carrière, il avait tout fait ou presque, comme Gabin par exemple. Je pense qu'il avait un instinct infaillible et que sa grande force résidait dans son jugement et sa sensibilité, celle d'un gosse de dix ans, c'est-à-dire, sans être péjoratif, qu'il possédait cette ouverture d'esprit, ce naturel, cette spontanéité que nous perdons en entrant dans l'âge adulte; lui les avait pieusement conservés... »

Œuvre épique haute en couleurs, *Les Grandes Gueules* drainèrent une foule de spectateurs enthousiastes.

Dès lors, les producteurs remboursèrent aisément le coût du film : un peu moins de quatre cents millions de francs.

Mieux encore, la critique s'extasia en phrases dithyrambiques.

« Avec sa naïveté épique, son insolente santé, sa beauté virile, sa propreté, sa noblesse, ce film ouvre à deux battants la porte par laquelle s'engouffre le vent de l'aventure qui déferle en tornade sur nos écrans, qui balaie les cloportes, culbute les taxis pour Tobrouk, décourage les marquises des Anges, achève les héros fatigués. Ah! Quel beau spectacle! » peut-on lire dans *Les Nouvelles littéraires* du 21 octobre 1965.

Au passage, Bourvil n'est pas oublié dans cette pluie d'éloges. « Bourvil, émouvant et sensible que nous aimons... », déclare Marcel Martin dans *Les Lettres françaises* du 28 octobre, tandis que, la veille, dans *Le Monde*, Jean de Baroncelli souligne que « la confrontation Bourvil-Lino Ventura se termine par un match nul qui est tout à l'honneur des deux comédiens. Ils sont l'un et l'autre remarquables, conclut-il. La subtilité du premier s'accordant à merveille avec la puissance du second ».

Ces *Grandes Gueules* firent définitivement taire, autour de Bourvil, les rumeurs incessantes sur son éternelle composition de niais ou d'idiot du village.

Chacun croyait tourner la page.

Hélas, non!

Pour Bourvil, c'est l'éternel retour à la case départ. Toutefois, cette simplicité, ce naturel désarmant n'étaient nullement feints, comme le rappelle Annie Cordy.

« C'était un garçon très modeste qui avait horreur du " m'as-tu-vu ", des " premières ", des mondanités. C'était tout aussi difficile de lui faire enfiler un smoking! Il préférait de loin son bon veston de tweed, et un pantalon côtelé. Là, il était heureux. »

Le soir du 31 octobre 1965, sur la scène du théâtre de l'Alhambra, devant les rappels, effectivement, il exulte.

C'est la première de *Ouah! Ouah!*. Une fois de plus, il pense ne pas s'être trompé sur cette opérette dont il est un peu l'auteur (en compagnie de Michel André et Max François), et surtout le coproducteur.

Pour monter l'affaire, il aura même réinvesti ses bénéfices sur l'ensemble de tous ses biens immobiliers. Il a également hypothéqué ses biens, signé des billets à ordre. Afin d'appuyer un budget déjà lourd – et largement dépassé – il parle lui-même de quatre-vingts millions –, il a mis sur la balance la chemiserie achetée avenue de l'Opéra, l'hôtel Alexandre de Monte Carlo dont il est actionnaire et son petit restaurant cannois, le Moby Dick.

Il l'a maintes fois prouvé, Bourvil aime le risque.

« J'étais déjà coproducteur de l'opérette *Pacifico* ou de films comme *La Jument verte* et *La Grosse Caisse*. Je réinvestis toujours l'argent gagné. Quand on est la vedette d'un spectacle, je trouve plus " fair play " d'y mettre de l'argent. »

On retrouve Roland Bailly à la mise en scène, Etienne Lorin pour la musique, Michel André pour le livret et Robert Rollis à ses côtés. Malgré le vieil adage selon lequel « on ne change pas une équipe qui gagne », Bourvil a peut-être eu tort de trop s'y fier.

Car la pièce n'accroche pas aussi fort que les précédentes. Sans doute le public a-t-il évolué. Ainsi, il fait la moue devant la fragilité de la situation.

A la mort du fiancé de sa fille Caroline (Annie Cordy), son père, devenu fou, croit que son âme est passée dans le corps de leur chien. Il engage donc un garde du corps, Nicolas (Bourvil), afin de protéger le précieux toutou...

Mis à part le succès d'une chanson, « Les abeilles » – ou « L'essaim », chantée par Annie Cordy – le spectacle apparaît poussif, parfois pénible dans certaines séquences.

Bourvil commence à montrer dès lors des signes de

fatigue, à céder au découragement, sans pour cela perdre une once de sa bonne humeur légendaire, encore moins de son redoutable entrain scénique.

« Nous jouons la comédie, nous chantons, précise Annie Cordy. Malheureusement pour moi, nous dansons aussi. Que ce soit une valse, une rumba, un tango ou un twist, Dédé utilise systématiquement le même pas : des sautillements, sans aucun souci du rythme ou des règles élémentaires de la chorégraphie. Résultat : je prends des coups, je tombe... Si ça continue, je ne serai plus que plaies et bosses ! Dédé m'en a fait voir de toutes les couleurs. Dans une scène, il fallait que je passe très vite devant une porte, que je l'ouvre et que je prenne une énorme valise, mais il n'y avait rien dedans, bien sûr. Et je cavalais à tout berzingue, je faisais toute la scène comme ça avec la valise. Un jour, au moment de prendre la valise, pas moyen de la soulever, Dédé avait mis deux pains de fonte dedans. Alors, vous pensez les crises de fous rires ! Une autre fois, nous chantions le " Tagada-tsoin-tsoin ", un pastiche de " Tagada-tsoin-tsoin, ça y est, je le vois dans les coins ", et un soir, j'ai eu un trou de mémoire. Alors là, ce fut l'horreur car il a pris le public à témoin en lui disant : " Vous voyez, elle a un trou et tous les soirs, elle a un trou au même endroit ! " Enfin, ça été véritablement horrible, j'en pleurais de rire et, entre nous, j'en ai même fait pipi dans ma culotte ! »

Malgré le semi-échec de l'entreprise, personne ne lui en a jamais voulu. Ni les collaborateurs ni les comédiens, encore moins le public et la presse, pour une fois, d'une délicate indulgence. « Bourvil offre, tout au long de l'opérette, un véritable récital de son talent comique », peut-on lire dans *Paris-Presse* en date du 12 novembre 1965. « Son numéro de timide audacieux est parfaitement réglé. Le moindre de ses sourires, son pied qui se tortille, ses regards en coin, le plus petit pas de danse : rien n'est laissé au hasard. Ce n'est certes pas de l'humour délicat, Bourvil appuie ses effets à fond, ses calembours sont juste dignes de l'almanach Vermot : " Je suis sapeur et sans reproche! ", mais il s'amuse tant lorsqu'il arrive déguisé en Goth ou en empereur romain qu'il nous fait partager sa joie! » Doit-on pour autant faire le procès de l'acteur comme il aura la tristesse de le lire dans *Les Lettres françaises* du 25 novembre 1965, sous la plume de René Bourdier : « Il faut adorer Bourvil pour glousser à ses niaiseries, apprécier cette démarche " paysanne " qu'il se donne, genoux légèrement ployés, et l'air ahuri qui lui sert d'enseigne, et son accent du terroir qui sent plus sa piquette que l'excitant cidre paré qui, lui, a réputation de donner l'ivresse! Il faut, pour applaudir le Bourvil de *Ouah! Ouah!*, ne pas avoir vu au cinéma presque voisin le Bourvil des *Grandes Gueules*, artiste de réel talent... »

Bientôt, il faudra plier bagage, quitter l'Alhambra et s'enfuir en province tenter de dénicher les derniers irréductibles.

Trois mois de tournée sans gloire avant d'enchaîner une autre balade qui, elle, devait le porter vers d'autres sommets vertigineux.

« Avec *Rabbi Jacob*, affirme Gérard Oury, *La Grande Vadrouille* demeure mon film préféré. »

Cela pourrait être le leitmotiv de la vingtaine de millions de Français qui se sont rués dans les salles voir jusqu'où le cinéma de divertissement peut aller. Dirions-nous perfection que nous serions traités de fous, de menteurs ou d'admirateurs béats de l'œuvre « ouryenne »! Parlons plutôt de justesse de ton, de petite merveille de précision et d'humour, et bien sûr de fabuleux numéros de comédiens. Après *Le Corniaud* Bourvil, de Funès, le producteur Robert Dorfmann et Gérard Oury étaient tous d'accord pour faire un autre film ensemble; mais Oury, homme avisé, n'en voulut jamais donner une suite. « Je ne remettrai pas les pieds dans les mêmes chaussures, si vernies soient-elles », écrit-il élégamment.

Alors, le réalisateur rachète les droits d'un projet coûteux qu'il vendit jadis à son producteur de *La Main chaude* (sa première réalisation), le fameux... Henry Deutchmeister! *La Vadrouille* se met en marche.

Aujourd'hui, les deux stars réunies touchent le même cachet. « Dans *Le Corniaud*, Fufu ne touchait que le tiers du salaire d'André », précise Oury.

L'entente est cordiale, irréprochable. L'aventure s'annonce sans failles.

Sauf sur le plan de la comédie.

Explications du metteur en scène.

« Jaillissement, spontanéité, certains acteurs se montrent excellents dès les premières prises, affirme Gérard Oury dans ses *Mémoires d'éléphant*. C'est le cas de Bourvil ou de Belmondo. De Funès, lui, règle son jeu à partir du moment où la caméra tourne... Je croyais avoir tout prévu. Pas cela : dans *Le Corniaud*, hormis deux scènes, l'une au début, l'autre à la fin, Bourvil et de Funès ne jouaient pas ensemble. Saroyan-Fufu pistait de loin Antoine-Bourvil, prenant bien soin de ne pas se faire voir. Tout au long de *La Grande Vadrouille*, ils ne se quittent pas... Or, le premier jour du tournage de *La Grande Vadrouille*, je découvre avec stupeur que l'un se détériore pendant que l'autre s'améliore! André perd sa fraîcheur au fur et à mesure que Louis remonte ses mécaniques. Cela s'arrange grâce à la complicité régnant entre les deux hommes. Ils répètent dans les coins, mettent au point des gags qu'ils viennent me soumettre. »

Ainsi donc, en ce printemps 1966, *La Grande Vadrouille* emmène son équipe dans les riantes vallées bourguignonnes, puis dans l'aride Lozère, les Causses de l'Aveyron, puis la Suisse, et Paris. Autour de l'épine dorsale du film – le tandem Bourvil-de Funès – le corps se meut avec une foule de comédiens confirmés dont la joyeuse sarabande dynamise l'équipe technique : André Parisy et Mary Marquet en délicieuses nonnes, Terry Thomas, alias « Big Moustache », en commandant de bombardier, etc.

Partenaire privilégiée des deux vedettes, la séduisante Marie Dubois se souvient avec émotion de cette rencontre : « Ma première scène avec de Funès m'avait donné un trac fou. Eux revenaient de Bourgogne, détendus. Moi, j'étais restée à Paris et j'arrivais là un peu perdue. Bourvil a dû le remarquer, il est venu me voir pour me rassurer.

« " Vous savez, Marie, il est très gentil ! Ça va bien se passer... " Au milieu du fourmillement, il était le seul à s'être déplacé pour me soutenir avec une simple parole. Depuis *Les Grandes Gueules*, nous avions sympathisé. Là, je crois que nous sommes devenus amis. Dans une autre séquence du film, nous avions une violente scène de ménage où nous devions casser un monceau d'assiettes. Jamais je n'aurais pu faire ça chez moi ! Avec lui, j'ai même cru que nous allions manquer d'assiettes. C'était un plaisir de travailler avec un homme qui savait vous écouter, vous comprendre, vous estimer. Je crois que toutes les femmes auraient dû envier la sienne... »

Le public, lui, conserve, pieusement enfouie dans un coin de sa mémoire au moins l'une des nombreuses séquences choc de ce film-événement.

Durant l'Occupation, trois aviateurs anglais sont recueillis par deux individus qui n'ont rien de héros.

L'un, Augustin Bouvet (Bourvil), est peintre en bâtiment. L'autre, Stanislas Lefort (de Funès), est chef d'orchestre. Bien malgré eux, ils deviendront des héros après avoir successivement échappé à la Gestapo, mis le feu à la Kommandantur de Meursault, fui mille cachettes et gagné mille combats avant d'atteindre, ultime bravoure, la zone libre sous le feu de l'ennemi...

Dix-sept semaines de tournage, pour un budget confortable d'un milliard de centimes, permirent encore à Gérard Oury d'affirmer en guise de conclusion :

« Bourvil et de Funès constituaient un duo inoubliable. L'eau éteignant le feu, ils auraient pu s'annihiler. Talent et complicité, ils se valorisent au contraire. Hélas, jamais plus on ne pourra les réunir... »

Pourtant, en 1966, Bourvil semble ne jamais devoir s'arrêter.

En janvier, il tourne pour Léo Joannon, le metteur en scène du fameux *Défroqué* (1953), où Pierre Fresnay, ex-prêtre, profane sa foi, et du *Désert de Pigalle* (1957) où l'on parle de lui comme d'un cinéaste voué au culte de Saint-Sulpice. Tout à la fois écrivain et technicien, juriste et prêcheur du septième art, Léo Joannon y occupe une place à la fois mythique et parfaitement insérée dans l'art baroque du XXe siècle.

Sans se décourager, l'homme filme depuis une trentaine d'années la morale, la mort, la peur, la loi et la justice.

Il y a un peu de tout cela dans son scénario intitulé *L'Article 38*, titre que les producteurs transformèrent, pour l'exploitation cinématographique, en *Trois Enfants dans le désordre*.

Industriel célibataire, Eugène Laporte (Bourvil), victime d'un complot, est accusé de haute trahison. Il risque vingt ans de prison et la confiscation totale de ses biens. Heureusement, son ami Fernand (Jean Lefebvre) déniche l'article 38 du code pénal selon lequel les enfants d'une personne condamnée pour haute trahison pourraient prétendre aux deux tiers de ses biens. Comme Eugène n'a pas d'enfants, Fernand lui en trouve trois qu'il reconnaît.

Entre-temps blanchi, il n'a plus besoin de cet habile subterfuge. Mais on ne revient pas sur un engagement en paternité! Et là, les ennuis commencent...

Tout le talent de Bourvil, associé à Jean Lefebvre, Rosy Varte et Anne-Marie Carrière — il l'avait croisée dans *La Cuisine au beurre* où elle incarne la femme de Fernandel — ne sauve pas l'entreprise du désastre.

A Saint-Maurice, en studio, ou encore à Paris et à Rungis (en construction à cette époque) pour les extérieurs, chacun s'est dépensé sans compter.

En vain.

Bien sûr, le divertissement joue son rôle mais le fond, la rigueur, la logique qu'exigerait un tel sujet sont inexistants. Bourvil partage l'affiche avec ses amis du spectacle, tels Pierre Doris dans le rôle d'un impresario, ou Gaby Verlor, la célèbre compositrice de chansons (elle lui écrivit « C'était bien (au petit bal perdu) », « Ma petite chanson », « Mon frère d'Angleterre » et « Nous vieillirons ensemble »), qui signe la musique du film. Le 3 juin 1966, *Trois enfants dans le désordre* sort dans une indifférence quasi générale. Même certains comédiens, dont Jean Lefebvre, en gardent un souvenir presque gêné : « J'ai dû souvent tourner dans des films médiocres car il fallait bien payer le percepteur, mais celui-là s'est révélé réellement catastrophique. Je me souviens que nous devions changer toutes les scènes à mesure que nous les tournions. Le résultat ne fut pas une réussite... »

En revanche, Jean Lefebvre conserve l'image d'un homme tout à fait exceptionnel, d'une humanité rare et qui, en l'occurrence, souffrait réellement de porter sa casquette de comique à longueur de bobines.

Autre détail qui n'échappa pas à l'œil exercé de ce partenaire auquel le registre comique allait par la suite apporter les mêmes joies, mais aussi les mêmes inquiétudes professionnelles : « Bourvil ne mangeait jamais à la cantine avec le reste de l'équipe entre deux prises. Cela me surprenait et je me demandais pourquoi cet homme si simple, si affable, se désolidarisait ainsi de nous. Il m'a expliqué alors qu'il n'aimait que la merveilleuse cuisine que lui faisait sa femme et qu'il venait tous les jours au studio avec sa gamelle et son réchaud. »

Pas si bête...

En 1966, malgré son peu d'intérêt envers la télévision, il se laisse tenter par diverses expériences et prête son concours à deux émissions de variétés : « Show-chaud », le 14 mai 1966, où il interprète en compagnie d'Annie Cordy une chanson extraite de l'opérette *Ouah! Ouah!*. Deux jours plus tard, les téléspectateurs retrouveront la même chanson — et les mêmes interprètes — dans « La douche écossaise », émission de Michèle Arnaud.

L'année suivante, malgré l'échec de *Trois enfants dans le désordre*, le réalisateur Léo Joannon n'a pas désarmé. De nouveau, il offre à Bourvil de composer un père adoptif. Bourvil accepte et commence le tournage, le 3 avril 1967, de ce film tiré de l'œuvre *Le Coup dur* et plus connu à l'écran sous le titre familier des *Arnaud*.

L'action se passe cette année-là, en 1967, à Aix où Henri Arnaud (Bourvil) est juge auprès du tribunal pour enfants. Il fait la connaissance d'André Arnaud (Adamo), jeune homonyme étudiant en droit, pour lequel il se prend d'amitié. Plus tard, André voulant se défendre d'un homosexuel agressif (Michel de Ré) le tue par accident et s'enfuit. Nul ne sait où, même pas sa fiancée Laëtitia (Christine Delaroche). Enfin, un jour, il avoue la vérité à son juge protecteur. Le magistrat l'adopte, l'aide à finir ses études et lui demande de se constituer prisonnier. Désormais, André n'est plus seul pour affronter la vie...

Au mois de mai, le tournage du film à Aix-en-Provence se transforme en véritable partie de cache-cache avec les jeunes fans de son partenaire.

Salvatore Adamo, dont c'était le premier rôle à l'écran, est devenu en quelques mois l'« idole des jeunes »; numéro un des ventes de disques de l'année, il alignait les tubes sans en avoir l'air : « Les filles du bord de mer », « Tombe la neige », « Vous permettez, monsieur » s'estompaient à peine que déjà « Une mèche de cheveux » et « Mes mains sur tes hanches » prenaient le relais sur les ondes. A l'évidence, l'adolescent italo-belge réconciliait deux générations et ses chansons désuètes parlaient d'hier avec des mots d'aujourd'hui.

Avec « Inch Allah », il lançait même des messages de paix. La France aimait son sourire, sa mèche noire, sa guitare et sa voix éraillée.

Tout comme Bourvil, lui aussi avait su séduire les foules par sa gentillesse et sa simplicité.

D'ailleurs, Bourvil aimait Adamo et ne le lui avait pas caché. Deux étranges tempéraments s'unirent donc, le temps d'un printemps, sur le cours Mirabeau à Aix. Adamo se souvient : « Bourvil était un être extrêmement simple, d'un talent rare mais aussi d'une grande timidité presque maladive. Parfois, nous n'étions pas d'accord avec la mise en scène de Léo Joannon, mais c'est toujours moi qui lui en faisais la remarque tant Bourvil avait du mal à contester. Et c'est donc moi que Léo remettait à sa place. »

Pour l'apprenti comédien, tourner avec l'un de ses acteurs préférés ne fut pas simple. Mais, au-delà de cette rencontre, c'est d'une autre dont il garde un drôle de souvenir à la fois embarrassé et ému : « Sur le plateau, Léo Joannon, qui avait largement l'âge d'être mon père et même mon grand-père – il avait soixante-cinq ans – voulait absolument que j'appelle Bourvil papa. Je ne pouvais pas, ça allait au-delà de ma pudeur. Et de celle de Bourvil qui était extrêmement humble avec moi. Parfois, cela nous contrariait... »

Toutefois, sobre et émouvant, l'acteur ne parvenait pas à sauver l'indigence de certaines scènes ou les faiblesses du dialogue. « Ça pourrait être émouvant si ce n'était si conventionnel, mélodramatique et invraisemblable. Noyé dans la guimauve ambiante, l'excellent Bourvil bêtifie ici dans le rôle de caramel mou ! » peut-on lire sur un hebdomadaire télévisé lors d'une des (rares) rediffusions de ce film dont un autre hebdo pense qu'il permet au moins « une bonne composition de Bourvil ».

En juillet 1967, Bourvil part pour Moscou invité par les organisateurs du festival du film. Dès son retour, il retrouve le cinéaste Alex Joffé pour le tournage du film *Le Tour le plus long*, rebaptisé *Les Cracks* lors de sa sortie. Pour Alex Joffé, il s'agit de montrer sous un jour burlesque ce qu'avaient d'héroïques les premières courses cyclistes.

On assiste à la naissance des diverses tactiques de la compétition : formation du peloton, premières échappées, rivalités individuelles et mésaventures personnelles. En ces temps héroïques, certains coureurs s'engageaient pour une ou deux étapes, ils n'avaient pas assez d'argent pour s'offrir un billet de retour en cas d'échec !

A l'origine du projet, Joffé veut absolument situer l'action du film dans le premier Tour de France. Or, les droits de cet événement sportif ont été achetés par une société américaine. Déçu, Joffé se tourne ensuite vers une autre manifestation : la course Paris-San Remo. Pour les besoins du film, la production devra passer commande de deux cents vélos modèle Belle Epoque. Celui de Bourvil sera fabriqué séparément car il est doté de dispositifs secrets et doit théoriquement valoir la victoire à son propriétaire. En fait, il s'agit d'une manivelle qui lui permet de baisser ou relever son guidon à volonté. A la lecture, l'épopée des « Cracks » séduit d'emblée Bourvil, il a participé à certaines courses et il se maintient en forme. De plus, ce qui l'amuse, c'est qu'exceptionnellement, on ne le verra pas dans un rôle de brave type souriant. Il sera même coléreux, hargneux et agressif.

Les Cracks nous ramènent en l'an 1901, où Jules Auguste Duroc (Bourvil), ingénieux inventeur d'un prototype de bicyclette de compétition, décide de faire participer son beau-frère Lucien Médard (Patrick Préjean) à la première course Paris-San Remo afin de faire connaître son invention. Poursuivi par les huissiers, abandonné par son beau-frère, il se mêle au peloton, que sa femme (Monique Tarbès) va suivre en triporteur. Après divers démêlés avec les coureurs et autres poursuivants, Jules verra son talent récompensé au cours d'une brillante arrivée.

Son partenaire, l'excellent Robert Hirsch, Frégoli au panache irrésistible et prodigieux comédien, campe l'irrésistible huissier lancé à la poursuite de l'inventeur. La rencontre avec Bourvil – dans l'une de ses rares apparitions au cinéma (seize films en quarante années de carrière essentiellement consacrée au théâtre) – lui apparut sans histoire.

« J'étais sûr que ça collerait entre nous ! Nous ne nous ressemblions pas du tout, mais nous aimions tous les deux les plaisanteries et le bon vin. Il n'en faut pas plus pour que deux hommes se lient. »

Un autre de ses partenaires, Patrick Préjean, évoque avec lui, sur le plateau, leur toute première recontre dont la vedette, bien sûr, n'a aucune souvenance.

Et pour cause. « Je devais avoir cinq ans. Ma mère Lysiane Rey était sa partenaire dans l'opérette *Le Maharadjah* jouée à Bruxelles. Et un soir, pendant les fêtes de Noël, après m'avoir présenté toute la troupe, elle m'a laissé seul. Durant l'entracte, je suis allé me promener en coulisses. Tout à coup, je me suis retrouvé dans un endroit très sombre. J'étais intrigué, c'est alors que la lumière s'est allumée; aveuglé par une rampe, j'ai entendu l'orchestre attaquer un morceau, puis les gens hurler de rire dans la salle; j'étais sur scène, dans le décor du *Maharadjah*! Un monsieur m'a saisi par les épaules pour me faire sortir de scène, il était mort de rire. C'était Bourvil! »

A noter que la plupart des extérieurs des *Cracks* seront tournés dans la superbe région du Vexin et près du bourg de Montjavoult, dans l'Oise, où, pour l'anecdote, Alex Joffé possédait une maison. Ce film serait rapidement tombé dans l'anonymat s'il n'avait été la cause, à en croire certaines informations, d'un événement majeur pour la suite de notre évocation.

Au cours d'une séquence de course à vélo, Bourvil fut victime d'une très mauvaise chute. Aujourd'hui encore, la comédienne Monique Tarbès (à l'époque, son mari, le chanteur Gilles Dreu, fait même une figuration dans le film) se souvient de cet accident qu'elle provoqua involontairement à la suite d'une mauvaise manœuvre : « Je conduisais un triporteur avec Robert Hirsch à mes côtés. Pour la séquence, Alex Joffé voulait que je me rapproche le plus possible d'André dans le peloton, je devais donc piloter " le triporteur selon le rythme des coureurs et surtout d'André que je devais " serrer " le plus possible. Mais, après une ou deux prises, Joffé, qui n'était pas satisfait, a voulu que nous recommencions. C'est à ce moment-là que l'accident s'est produit. Je devais freiner et la machine n'a pas répondu. Dans mon élan, j'ai renversé André qui, heureusement est tombé dans un fossé. Le triporteur s'est retrouvé à cheval sur le fossé avec André dessous. Presque aussitôt, on l'a vu se relever. Il n'avait rien de grave mais nous avions eu très peur ! »

Très vite, une énorme bosse se forma à la base de la colonne vertébrale, sur laquelle un médecin ordonna d'appliquer une pommade calmante.

Professionnel jusqu'au bout du guidon, Bourvil exigea de terminer la scène avant de songer à passer une radiographie. Par précaution, il demanda à Annie Marolt, sa fidèle habilleuse, de conduire la DS à sa place.

Le docteur ne signala rien de particulier ni d'alarmant. Pourtant, avec le temps, la douleur revint souvent, plus persistante. Mais aucun des spécialistes consultés ne diagnostiqua une quelconque lésion. Tout cela ne resterait peut-être qu'un mauvais souvenir... « Bien plus tard, pas mal de gens ont prétendu que cette chute malencontreuse était à l'origine du mal qui emporta André, poursuit Monique Tarbès. Sincèrement, je ne le pense pas car, dès le début du tournage, il avait évoqué, devant certains de ses amis, un début de maladie, qu'il avait mal dans le dos et qu'un traitement était en cours pour le guérir. A l'écouter, ça n'était pas grave, il allait très vite guérir, à nouveau être sur pied... »

Déjà, infatigable, Bourvil reprenait la route afin de rejoindre son ami Jean-Pierre Mocky dont il produit et interprète le prochain film : *La Grande Lessive*. Le sujet s'inspire de faits divers authentiques et le tournage se déroule sans incident jusqu'à ce qu'éclatent les premiers événements... Mai 68 !

Le 10 mai, Mocky et son équipe se trouvent sur la tour Eiffel pour mettre en boîte le sabotage final de l'antenne, l'un des derniers plans du film, lorsqu'une grève des techniciens éclate. Pour terminer son film, le réalisateur tournera en fraude les derniers éléments du film. Il était temps car, déjà, le cinéma s'insurge et provoque ses célèbres et orageux états généraux !...

Intitulé à l'origine par le distributeur *Un drôle de pirate*, référence évidente au précédent Bourvil signé Mocky (*Un drôle de paroissien*), on le baptisa ensuite *Le Tube* puis *Le Schproun*, et *La Grande Lessive (!)*, son titre définitif. Cet étrange point d'exclamation entre parenthèses, sorte de « sic » indicatif souhaité par Mocky, finira par apparaître sur l'affiche. Hélas, les contrats draconiens imposés par le distributeur enverront le film à la catastrophe financière.

S'ensuivra un interminable procès entre Mocky et la Gaumont que la grande firme perdit.

A noter que, pour sa composition dans le film, Bourvil s'était fait la tête du professeur de son enfance, M. Lemonnier.

« C'était le modèle des maîtres. Le jeudi, il nous projetait sur un drap des films de Charlot ou de Buster Keaton. Il nous apprenait aussi à avoir les mains propres et à respecter la langue française. » A peu près les mêmes inspirations que son héros de *La Grande Lessive!*

Armand Saint-Just (Bourvil) est professeur de français. Avec son collègue Missenard, prof de sport (Roland Dubillard), il constate que les élèves vivent sous l'emprise néfaste de la télévision. Avec l'aide de Benjamin (Jean

Tissier), ils aspergent d'acide les antennes sur les toits. Les ayant surpris, le dentiste Loupioc (Francis Blanche) les fait chanter. Devant l'ampleur des sabotages, le directeur de l'ORTF déclare la guerre aux deux terroristes. Finalement, après bien des batailles, Saint-Just fera entendre sa voix auprès de la présidence et obtiendra gain de cause dans son action de salut public.

En 1968, Bourvil enregistre encore deux nouveaux disques, « Pouet, pouet » et « Le fromage au lait », toujours pour Pathé Marconi, firme avec laquelle il est sous contrat depuis maintenant vingt et un ans.

« J'aimerais bien redonner le tour de chant de mes débuts dans un grand music-hall parisien, déclare-t-il. Chaque fois qu'il m'aperçoit, Bruno Coquatrix me le demande. Et, chaque fois, je recule. C'est surtout que je ne voudrais pas décevoir ou qu'on me reçoive avec des critiques du type : " Maintenant, il est trop vieux pour chanter ça ! " »

Au détour des interviews qu'il accorde parcimonieusement pour la sortie d'un film ou à l'occasion d'une émission de télévision, il se dévoile par petites touches.

A ce propos, dans celle réalisée pour *Paris-Jour* par notre consœur Arlette Chabrol, il entre en pleine confession comme il ne l'a jamais fait auparavant : « Deux films par an, c'est suffisant. J'ai peur de lasser le public. De le saturer. Et puis, je veux prendre du bon temps. Vous savez, ça passe vite, la vie... Je ne peux pas me permettre de m'ennuyer. Et puis, je m'aime bien, il faut que je prenne soin de moi, que je me cajole... Quand je ne suis pas à Paris ou à l'étranger pour le boulot, je me laisse vivre dans ma maison, en Normandie. Je jardine, j'adore ça ! Je suis un bêcheur acharné, je fais des trous pire qu'une taupe, puis je les bouche avec des plants de rosiers, d'arbustes de toutes sortes. C'est passionnant !

Pourquoi je continue à faire du comique? Il n'y a pas de déshonneur à rire de plaisanteries pas très fines. L'essentiel est de savoir que c'est un peu bête et de se laisser aller. Imaginez que je joue du Sartre. Ce serait facile! Pas besoin de défendre le texte. Il se défend tout seul. Je serais bien tranquille derrière mon auteur. Un rêve! »

A la faveur d'un train de nuit, Bourvil est déjà à Rome pour tourner sous la direction du Britannique Ken Annakin (l'un des nombreux réalisateurs chargé, à l'époque, de collecter les images du *Jour le plus long*) pour une superproduction intitulée *Le Rallye de Monte-Carlo*, curieusement retitré *Gonflés à bloc*!

A partir de cette expérience, il va destiner ses dernières prestations cinématographiques à une série de tandems aussi passionnants que paradoxaux : David Niven pour *Le Cerveau*, William Holden pour *L'Arbre de Noël*, Gian Maria Volonte pour *Le Cercle rouge*, et donc Tony Curtis pour *Gonflés à bloc*.

A l'origine, *Monte-Carlo et tout ce jazz* conte d'une manière humoristique l'organisation et le déroulement du premier rallye automobile de Monte-Carlo qui eut lieu en 1927.

Bourvil incarne un certain M. Dupont (!), un contrôleur de courses français plutôt burlesque. Charge pour lui de surveiller de drôles d'équipages comme ce trio d'étudiantes en médecine venues concourir en voisines (Mireille Darc, Marie Dubois et Nicoletta Machiavelli), cet ex-chauffeur allemand (Gert Froebe) qui a pris de la bouteille (!), ce lord tricheur (Terry Thomas) flanqué d'un jeune Américain (Tony Curtis), ces deux majors britanniques (Peter Cook et Dudley Moore), ou encore ces deux étranges policiers italiens (Walter Chiari et Lando Buzzanca).

Dans la publicité qui annonce le film, Bourvil se retrouve tout en haut de l'affiche.

« Autant vous dire la vérité : je suis en tête d'affiche car c'est par ordre alphabétique. Si Alfred Adam (son partenaire de *Cadet-Rousselle*) avait fait partie de la distribution, j'étais fichu », plaisante-t-il avec son sourire habituel. *Gonflés à bloc* lui permet sutout de retrouver quelques partenaires privilégiés comme l'impayable britannique Terry Thomas, irrésistible dans *La Grande Vadrouille*, ou sa complice des *Grandes Gueules*, Marie Dubois.

« Bourvil avait une dizaine de jours de tournage dans le film, rapporte-t-elle. Sa composition de contrôleur de courses, soûl du matin au soir, avait quelque chose de fascinant. Lui qui, d'habitude, appréciait la finesse et la sobriété, se permettait enfin d'en " faire des tonnes ", comme on dit... »

Superproduction franco-italienne à capitaux américains, *Gonflés à bloc* changea plusieurs fois de titre pour son exploitation américaine. D'abord *Monte-Carlo jazz*, puis *Monte-Carlo or Bust* (titre à destination de la Grande-Bretagne), enfin *Those Daring Young Men in Their Jaunty Jalopies* (« Ces audacieux jeunes hommes dans leurs vieux tacots »). Le temps aux copies du film de traverser l'Atlantique, le nom de Bourvil disparaissait de l'affiche. Curieux protectionnisme américain!

C'est pourtant là-bas que Gérard Oury s'envole avec armes et bagages (huit cents figurants, plusieurs dizaines de techniciens, etc.) où le *France* doit entrer majestueusement dans le port de New York tandis que Jean-Paul Belmondo est pendu à un filin sur une fausse statue de la Liberté. Car, après les énormes succès du *Corniaud* et de *La Grande Vadrouille*, Oury n'a pas oublié les exigences du public.

Dans *Le Cerveau*, outre la tête d'affiche Belmondo dans le rôle d'Arthur, un astucieux petit truand français, il s'est offert le luxe d'y associer trois autres « grosses pointures » du cinéma international.

D'abord David Niven, distingué et flegmatique Ecossais qui traversa cinquante ans de cinéma mondial sans en avoir l'air. Jusqu'à sa mort, en 1983, il demeura amoureux de la France où il possédait une somptueuse propriété à Saint-Jean-Cap-Ferrat. « En vacances à Crans-sur-Sierre avec Michèle Morgan, explique Gérard Oury, j'ai rendu visite à David Niven qui habite le château d'Oex. Je lui ai raconté que mon *Cerveau*, lorsqu'il avait une idée géniale, penchait lourdement la tête. Ça l'a amusé... »

Même s'il hésite avant d'accepter ce rôle écrit sur mesure pour lui : celui d'un Anglais guindé qui, entre deux tasses de thé, prépare minutieusement ses mauvais coups. Le cerveau, c'est lui. Finalement, il y consent.

Ensuite, le New-Yorkais Eli Wallach — le « méchant » des *Sept Mercenaires* auquel Leone assura la consécration mondiale grâce au truculent « truand » opposé au « bon » Clint Eastwood — est contacté pour camper l'exubérant mafioso préoccupé par l'argent et la vertu familiale.

Quant au quatrième larron — Anatole, jovial truand complice d'Arthur —, Oury n'a pas hésité une seconde sur le choix de Bourvil. La lourde machine artiste paraissait être en place.

« Il nous faut une ouverture vers le marché américain, constate Oury, La Paramount s'offre à coproduire *Le Cerveau*. A une condition : elle exige son propre négatif. Il me faudra donc tourner deux versions. Côté acteurs, en dehors de Niven, Anglais, et de Wallach, américain, Bourvil rêve de s'exprimer dans la langue de Shakespeare mais Belmondo s'y est toujours refusé. Il accepte. Ouf! Autre problème : l'affichage, résolu dans la foulée : Bébel sera au-dessus de Niven en Europe, Niven au-dessus de Belmondo aux Etats-Unis. Re-ouf! »

Calqué sur l'authentique fait divers de la fameuse attaque du train postal Glasgow-Londres, *Le Cerveau* naîtra de la complicité entre Gérard Oury et sa fille Danielle Thompson, avec la collaboration du scénariste Marcel Jullian.

Défini par le réalisateur comme « un super *Zig et Puce*, une gigantesque bande dessinée naïve... », il fonctionne par une succession de situations utilisant tous les ressorts du rire : la séquence du camion-chambre à coucher, l'aquarium géant, les fauteuils flottants, les automobiles-gags, le train blindé, et surtout la fameuse statue de la Liberté, un des clous du film puisqu'elle apparaîtra même sur l'affiche.

Selon Jean-Paul Belmondo qui s'en expliqua dans une revue spécialisée, cette profusion d'effets et de moyens nuira considérablement au film : « Je dois dire que *Le Cerveau* est une expérience de superproduction comme il ne s'en fait pas souvent en France et que, sur le plan du plaisir de l'acteur, ce n'est pas tellement passionnant. On se sent en effet un peu trop au service de la mécanique, du gag visuel, et les acteurs sont étouffés par l'énorme budget, les moyens matériels, les accessoires qui finissent par devenir les vraies vedettes du film. Et le fait de jouer avec des gens comme Bourvil, comme Niven, comme Wallach, qui sont formidables, ce ne fut pas aussi intéressant que je l'avais cru, car nous n'avions pas vraiment quelque chose à faire ensemble. »

Malaise ressenti d'ailleurs par la plupart des protagonistes écrasés par cette lourde machinerie qui demanda deux ans de préparation à Oury, et le gratifia de bien des soucis.

Le lundi 10 juillet 1968, il commence enfin à tourner. Avec deux mois de retard! Comme pour *Le Corniaud*, l'équipe va connaître d'abord des conditions météo épouvantables en Normandie où les extérieurs s'étendent du pont de Tancarville au Havre. A nouveau, le film prend du retard! Puis, comme tous ses confrères, Oury va enregistrer les secousses de Mai 68. « Production en cours stoppée, préparation freinée, ce film demeurerait-il un projet mort-né? s'interroge-t-il. Tous les producteurs paniquent : une clause résolutoire à leurs contrats d'assurances prévoit le non-règlement des sinistres en cas de grèves, guerres ou révolutions. S'agit-il vraiment d'une révolution? »

Malgré les barricades, les coups de gueule politiques, une agitation sociale permanente dans un climat de tension extrême, Oury tient bon.

Utilisant à bon escient un budget total de trois milliards de centimes (bien plus que *Le Corniaud* et même *La Grande Vadrouille*), le cinéaste en profita pour s'offrir – ainsi qu'aux spectateurs – un dépaysement total.

Ce fut donc loin des foules déchaînées du quartier Latin et des universités qu'Oury entraîna ses deux équipes de tournage ; de la Grande-Bretagne aux Etats-Unis, sans oublier l'Italie, la Normandie et bien sûr le paquebot *France*, l'une des vedettes du film.

Côté français, la Gaumont mobilisa l'une des plus incroyables armadas de moyens jamais mis à disposition pour une production cinématographique. Par exemple, pour les scènes de la gare, la SNCF leur procura deux trains blindés, une dizaine de wagons et des kilomètres de voie ferrée sur son réseau est. De son côté, la gendarmerie nationale prêta des voitures radio, des hélicoptères et une escouade de motards. Quant à la Régie Renault, elle fournira les éléments de la fameuse statue de la Liberté, réplique exacte de celle offerte par le sculpteur français Bartholdi.

Pour l'anecdote, on vola son flambeau pendant les prises de vues tandis qu'un collectionneur offrit de l'acheter afin de décorer son jardin. Même la municipalité du Havre se mit sur les rangs pour l'acquérir.

Beaucoup d'encre coula sur ce *Cerveau* embué par bien des faiblesses. Peut-être d'abord celle de son scénario. Le « cerveau » (Niven) décide de s'associer au mafioso Freddy Scannapieco (Wallach) pour dévaliser l'argent des forces de l'Otan. Fragile association d'autant que, maladivement jaloux de sa sœur Sofia (Sylvia Monti), Freddy ne voit pas d'un très bon œil Sofia flirter avec son nouveau patron. Loin de là, deux petits truands, Anatole (Bourvil) et Arthur (Jean-Paul Belmondo) ont fomenté le même coup. Ils filent donc discrètement le chef du train, lequel n'est autre que le Cerveau. Véritable imbroglio, la situation va rapidement dégénérer en affrontement entre toutes les parties en présence...

Ou bien encore cette « lourdeur » entraînée par les effets trop démonstratifs de ce même scénario. Réaction de Belmondo : « Il est difficile pour le spectateur de vraiment s'intéresser à l'un des quatre personnages car l'on passe de l'un à l'autre sans avoir le temps de les voir ensemble dans une situation irrésistible... Si vous voulez, c'est un film où aucun des quatre acteurs n'est volé – car l'ensemble est bien équilibré à ce point de vue – mais c'est finalement un cinquième qui prend la vedette au détriment de tous : le train ! Je crois que le comique est un genre qui s'accommode assez bien d'un côté artisanal... »

Au-delà du malaise des comédiens, celui d'Oury allait dans une tout autre direction.

« J'ai mal dans le dos, on ne pourrait pas s'arrêter un

peu ? » Bourvil se redresse, grimace. Creusant une galerie souterraine aboutissant à la cellule dans laquelle croupit son copain Belmondo, il a travaillé courbé en deux depuis quarante-huit heures. On s'arrête. Pause café. André s'assoit, rit, raconte trois blagues et demande lui-même à reprendre : « Ce n'est rien, dit-il, seulement quelques courbatures. »

On parle de douleurs dorsales attribuées justement à la navrante chute de vélo faite pendant le tournage des *Cracks*.

Le jeudi 6 mars 1969, date de sortie du *Cerveau*, il est venu avec Jeanne, aux côtés, noblesse oblige, de son ami de Funès invité pour la circonstance. Présence d'autant plus logique que Gérard Oury prépare avec eux un troisième film, *La Folie des grandeurs*. Entre deux prises du *Cerveau*, Oury a convaincu Bourvil. Ce dernier, déjà, est tenaillé par ce mal implacable qui, lentement, le ronge. Il porte un corset et se contraint à des massages et à des examens réguliers chez son kinésithérapeute. « Ça passera... dit-il, parlons plutôt de mon rôle, comment est-il, ce Blaze ? » demande-t-il maintes fois.

Dans la salle du cinéma Gaumont-Ambassade, ce 6 mars-là, Oury sourit au Tout-Paris qui déjà se presse devant l'écran en un joyeux essaim.

Pourtant, il sait déjà.

« La semaine précédente, alors que je téléphonais à Bourvil pour m'assurer qu'il se rendrait bien au gala de première, il m'avait répondu : " Je viendrai, à moins que j'aie trop mal au dos. " Le Dr C. soigne admirablement ma mère. Je conseille à André d'aller le voir. Passent quelques jours, puis, le matin même de la première, je compose le numéro du Dr C. presque machinalement. " Alors, mon copain, comment va-t-il ? " S'ensuivit un silence plus lourd que long ! »

Lourd de conséquences et de sous-entendus...

Ce 6 mars-là, dans cette salle de cinéma, Oury a le cœur gros. A quelques pas de lui, Jean-Paul Belmondo, insouciant, exulte. Au vu des quelques réactions, le numéro un du cinéma français sent bien le proche triomphe de cette ambitieuse production (il est vrai qu'avec sept cent vingt-trois mille spectateurs en vingt-neuf semaines d'exclusivité, Belmondo enregistrait là son meilleur score depuis ses débuts!).

Il ne tarit pas d'éloges envers son partenaire. « Je ne me suis pas rendu compte du comique... Mais Bourvil sait se marrer : pas un mot sans que je sois hilare. Pendant les pauses, on se racontait notre vie depuis nos débuts, quand on était des acteurs un peu miteux. On a ri tous les soirs... J'ai l'impression que, dans le film, on a formé un couple genre Laurel et Hardy, toujours ensemble avec des bourdes, des cafouillages. »

De son côté, Bourvil évoque avec passion ce partenaire qu'il avait connu débutant dans *Un drôle de dimanche* : « Jean-Paul n'a pas bougé, il reste aussi simple, aussi gentil. Il n'y a pas de problèmes avec lui, il arrive le matin avec son sourire de sportif et c'est parti pour la journée! Je souhaite de tout cœur refaire un film avec lui... » Hélas, Bourvil ne survivra que dix-huit mois à ce vœu. Quoi qu'il arrive, le taureau paraît infatigable lorsque par exemple, il se fait ôter un kyste gênant au-dessous de l'oreille. Il trouve même le moyen d'en plaisanter!

En septembre 1968, vers la fin du tournage du *Cerveau*, on constate un léger début de décalcification, ce qui entraîne une paralysie partielle de la langue. D'où la voix parfois mal assurée dans certaines séquences du film.

Le journaliste du *Figaro* venu l'interviewer sur le tournage a-t-il remarqué cette anomalie derrière les révélations d'un Bourvil fourmillant de projets?

Après *Le Cerveau*, et ses quatre millions huit cent mille spectateurs, Bourvil annonce qu'il va tourner *Le Mur de l'Atlantique* et qu'il vient d'accepter un autre rôle, celui de Verdun dans *L'arbre de Noël*. Le réalisateur Terence Young a retenu d'autre part Marcello Mastroianni. Verdun est l'homme à tout faire dans le château que possède son richissime patron. Près de ce rustre qui est resté un grand gosse, l'enfant du propriétaire, victime de radiations atomiques, découvre la tendresse et l'amour de la nature.

Mastroianni abandonne le rôle du châtelain que campera finalement William Holden. Immense vedette internationale, le héros du *Pont de la rivière Kwaï* viendra en voisin travailler aux studios de la Victorine à Nice, puisqu'il séjourne en Suisse.

Pour Bourvil, la situation est devenue plus pénible. Au mois de janvier 1969, à plusieurs reprises, il remit le rendez-vous avec Oury qui l'attend pour la post-synchronisation et les trois derniers plans du *Cerveau*. « Je me suis mordu la langue », dit-il en s'excusant poliment.

Oury s'inquiète chaque jour davantage car les bruits courent vite dans les couloirs des studios. « Arrêt de travail, les gens chuchotent. On a vu Bourvil dans tel ou tel hôpital. »

En Provence, où Terence Young poursuit le tournage de *L'Arbre de Noël*, la production — les films Corona — a bousculé quelque peu le plan de travail initialement prévu.

En effet, tout allait très bien jusqu'au jour où l'équipe part tourner au château de Castellane, petit village des Alpes de Haute-Provence. Un matin, Bourvil éprouve à nouveau de violents malaises.

Dédicade d'André pour son ami Yves Furet.

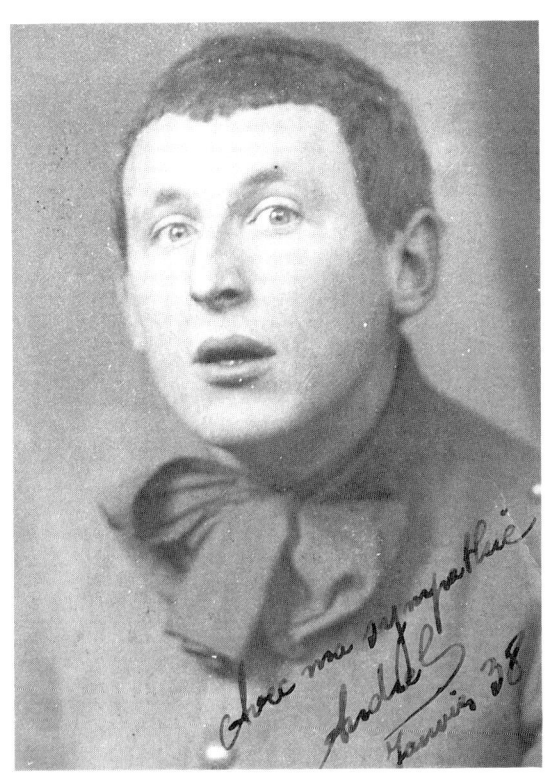

Le 24ᵉ R.I. à Paris et sa classe 1937.

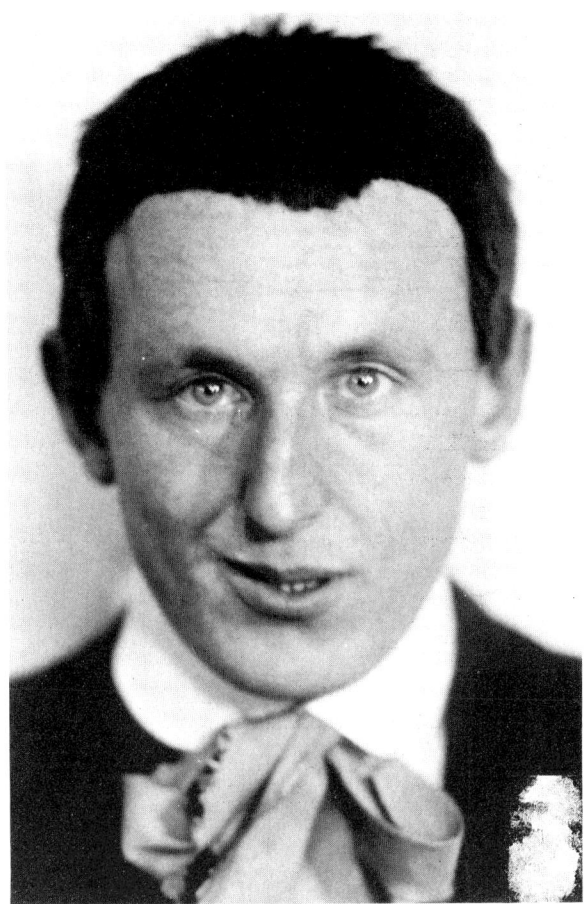

Ici l'expression « comique paysan » prend tout son sens.

page 2 : En famille avec Jeanne, Philippe et Dominique. 1967. Au festival de Moscou avec ses deux fils.

1940. Il enregistre les *Contes d'Hoffmann*.

1944. Ses premiers pas à la TSF.

Décembre 1946. Andrel, futur Bourvil, débute au music-hall.

Février 1949, *Le Bouillant Achille* au Théâtre des Variétés.

1953, avec Annie Cordy dans *La Route fleurie* à l'A.B.C.

1950, avec Geneviève Kervine dans *M'sieur Nanar* au Théâtre de l'Etoile.

haut : Novembre 1958, avec la troupe de *Pacifico*.

bas : Décembre 1959, avec Georges Guétary.

page 7 : haut : 1962, avec Pierrette Bruno dans *La Bonne Planque*.

bas : Juillet 1958, il joue pour Arletty.

Photographié par Raymond Depardon.

Un moment de détente !

Les années André Berthomieu : *Blanc comme neige* (1947) et *Le cœur sur la main* (1948).

Un autre Berthomieu, *Le Roi Pandore* (1949).

Les Trois Mousquetaires d'André Hunebelle (1953).

Autre film de cape et d'épée d'André Hunebelle : *Cadet Rousselle* (1954).

En compagnie de Bernard Blier dans *Les Hussards* d'Alex Joffé (1955).

La rencontre entre deux géants dans *La Traversée de Paris* de Claude Autant-Lara (1956).

Bourvil et Michèle Morgan, un couple étonnant dans *Le miroir à deux faces* d'André Cayatte (1958).

Un des grands succès de Bourvil : *La Jument verte* de Claude Autant-Lara (1959).

Avec Jean Marais dans *Le Bossu* d'André Hunebelle (1959).

haut : Fernandel, son idole de toujours, dans *La cuisine au beurre* de Gilles Grangier (1963).

bas : *Le Corniaud* (1964) et *La Grande Vadrouille* (1966), les deux succès du tandem Bourvil / De Funès dirigé par Gérard Oury.

page 15 : Sur le tournage des *Culottes rouges* d'Alex Joffé (1962).

Les Cracks d'Alex Joffé (1967).

Le Cercle rouge de Jean-Pierre Melville (1969).

Pendant que le tournage se poursuit, Bourvil vit, seul, son calvaire. Plus tard, il lui est impossible de tenir debout très longtemps.

La production décide alors de tourner diverses séquences sans lui. La presse n'a pas tardé à alimenter ses rubriques de ce fait divers bien alléchant au parfum de scandale. « Au prix de l'encre, ironise l'un de ces échotiers, le goût de la mort n'en a que plus de saveur... »

L'odeur de la maladie, de la mort n'a pas repoussé quelques reporters en mal de scoops qui, de « l'enfer des souterrains de la fondation Curie », au diagnostic du Dr V. établissant une tumeur cancéreuse, tissent avec complaisance le linceul du comédien, décrivant son calvaire avec force détails. Du mois de mars à celui de septembre 1969, rien n'est épargné au lecteur de l'hebdomadaire *Paris-Match*. De ces excès qui nous font parfois regretter d'appartenir à cette corporation.

De retour à Paris, afin de couper court à toutes rumeurs, il décide de s'expliquer. Il reçoit le journaliste Gilbert Picard qui, le 7 mars 1968, dans *Paris-Jour*, rend compte de l'entretien. « J'ai fait une mauvaise chute en tournant *L'Arbre de Noël*. J'ai eu mal sur le coup. J'ai lâché un bon juron, bien senti, et je n'ai plus pensé à cette péripétie. Hélas! Quelques jours après, je ne pouvais plus bouger. J'ai consulté des médecins. Selon eux, je souffre d'un début de décalcification de la colonne vertébrale. C'est tout ce que je sais... A tel point que j'ai dû interrompre le tournage de mon film. Et croyez-moi, pour que Bourvil fasse faux bond à un metteur en scène, il faut qu'il soit sérieusement malade. » A la lecture de l'article, paru dans ce grand quotidien parisien, au titre révélateur « Bourvil gravement malade », ses proches ont compris.

Circonspect, l'acteur parle de prendre du recul et surtout un repos bien mérité avant de se lancer dans de nouveaux projets.

« D'abord guérir! Puis tourner *L'Arbre de Noël*. Ensuite, je tournerai *Le Mur de l'Atlantique*. Je pense surtout à une nouvelle pièce de théâtre. Je reviendrai sur les planches, l'hiver prochain. Pour moi, le cinéma, c'est du travail. Au théâtre, je m'amuse, je change des répliques, j'improvise quand les gens me lancent des coups d'œil, je fonce... »

Le 4 avril 1969, le *Parisien libéré* publie, sous le titre « Bourvil, guéri, a retrouvé les studios », une photo de l'acteur entouré de l'équipe du film *L'Arbre de Noël* en train de joyeusement sabler le champagne.

Petite fête saluant le retour du comédien sur les plateaux niçois, mais la mise en scène ne trompe (presque) personne! Du temps a passé depuis le verdict du Dr C., ami de Gérard Oury, et, grâce à Dieu, Bourvil est toujours là.

Mais la menace plane...

En mai, le tournage se poursuit aux studios de Boulogne afin de permettre à Bourvil de rentrer chez lui tous les soirs. Bref retour vers Saint-Tropez où se tournent d'ultimes extérieurs de *L'Arbre de Noël*. Avec un courage inouï, l'acteur trouve la force de sourire à ses admirateurs et aux éternels chasseurs d'autographes.

Son partenaire dans le film, le petit Brook Fuller, fait partie de ceux-là.

C'est lui qui incarne, avec beaucoup d'émotion, Pascal, ce petit garçon de dix ans condamné par la leucémie à la suite d'un accident nucléaire et auquel il ne reste plus que quelques mois à vivre. Son père, le richissime Laurent Ségur (William Holden) décide de tout lui céder. Verdun (Bourvil), l'homme à tout faire du château, homme rustre et ignorant, s'offusque durement de l'attitude de son patron. Jusqu'au jour où ce dernier lui apprend la cruelle vérité. Dès lors, également choyé par Catherine, la maîtresse de Laurent (Virna Lisi), Pascal aura droit à deux pères attentifs jusqu'à l'issue fatale, un soir de Noël, au pied de l'arbre qui saluait sa naissance...

Si ce film exprime quelque chose de fort, c'est d'abord la stupidité qu'il y a à laisser des avions transportant des armes aussi destructrices nous survoler. Dès 1969, avaient lieu des entretiens préliminaires russo-américains à propos du désarmement atomique des fonds marins. Le public apprenait ainsi avec horreur l'existence de mines atomiques en se demandant à quel moment l'une d'entre elles se détacherait pour flotter librement entre deux eaux ! Un spectre encore d'actualité dont le film montre les criminels prolongements.

Au-delà de la parabole politico-sociale et de la menace nucléaire, *L'Arbre de Noël* dépeint la tendresse d'un père.

Cette chronique d'une mort annoncée cachait également celle d'un grand comédien dont la rumeur publique amplifiait chaque jour le drame. Au cours de l'été, afin de couper court à toutes spéculations sur sa santé, Bourvil donne l'impression d'un regain d'activités à travers mille projets.

« Je ferai bientôt ma rentrée théâtrale dans une pièce de Francis Veber, avec Louis de Funès. Je peux vous révéler d'autre part que nous avons promis de refaire un film avec Gérard Oury. Ce dernier est actuellement aux Etats-Unis. Je suis certain qu'il y récolte des gags à notre intention car, pour tout vous dire, le scénario évoquera les aventures de deux Français en Amérique et, naturellement, nous irons tourner le film sur place. Dans l'immédiat, je vais revoir ma Normandie, comme dit la chanson, et retrouver la saveur d'une salade à l'échalote, sans produit chimique. A la fin de l'été, je tournerai *L'Etalon* avec Philippe Noiret... »

Pour pouvoir réaliser *Solo*, dans lequel il redeviendra comédien (son dernier rôle remontait à *La Tête contre les murs*, de Georges Franju, en 1959), Jean-Pierre Mocky s'est engagé à réaliser auparavant un « film de commande » pour son producteur. Cet « étalon »-là ne fut pas facile à maîtriser.

« ... Une comédie genre *Un drôle de paroissien* avec Bourvil et Noiret, raconte Mocky. Très vite, l'accord des deux comédiens est acquis. C'est alors que l'agent de Bourvil m'apprend l'affreuse nouvelle : Bourvil est atteint d'un cancer et ne le sait d'ailleurs pas. Mais, dans ces conditions, pas question de le laisser tourner ce film. En fait, la famille de Bourvil est d'un autre avis : dans l'ignorance où l'acteur se trouve de son mal, il faut le laisser travailler si son état le permet. Reste que la situation pose un problème : l'impossibilité pour le producteur d'assurer Bourvil. Pour ne pas ficher le film en l'air, l'équipe de réalisation de ce qui va devenir *L'Etalon* s'engage à travailler à des conditions exceptionnelles. C'est-à-dire payée au jour le jour, sans assurance sur la suite en cas de malheur. Apprenant cela, Philippe Noiret nous lâche, ce qui n'était pas à son honneur. Il sera remplacé par Francis Blanche. »

C'est sur le tournage de *L'Etalon* que Bourvil apprendra la véritable nature de son mal.

A Granville, dans la Manche, où le film se tourne, l'ambiance est morose malgré la présence de quelques « natures » pas franchement tristes (Jacques Legras et Francis Blanche). Chacun s'efforçait de lui rendre la vie plus agréable, conscient d'assister, sans le vouloir, à la lente agonie d'un des géants du septième art.

Bourvil aimait écrire. Pourtant, il le fit rarement, se contentant d'apporter des idées sur une scène, ou encore de donner des conseils sur tel ou tel caractère de personnages.

Sur *L'Etalon*, il le fera d'autant mieux que, malgré la signature de Mocky au générique, le scénario était en quelque sorte de son fait.

« Bourvil était à la base de *L'Etalon*. Nous bavardions, André et moi, tranquillement attablés à la terrasse d'un café sous une tonnelle. Devant nous, il y avait deux femmes d'environ trente-cinq ans qui ne pouvaient pas nous voir car nous étions cachés sour la pergola. Tout à coup, un chanteur arrive avec sa guitare, puis il se met à chanter devant ces deux dames qui tricotaient. Ce type était grand, beau, bronzé, le torse nu; un beau mec, quoi! A la fin de sa prestation, elles lui donnent une pièce et le type s'en va. Et là, elles se mettent à discuter, l'une dit à l'autre :

« " Il est pas mal ce type, hein ? "

« L'autre reste songeuse. Au bout d'un moment, elle lui demande carrément :

« " Dis donc, avec ton mari, tu fais l'amour combien de fois par mois ? "

« L'autre lui répond aussi tranquillement :

« " Une fois toutes les trois semaines, mais pas en vacances parce qu'il joue aux boules et, le soir, il est fatigué!

« — Moi c'est pareil, réplique l'autre. Il va à la pêche, il se lève à 5 heures du matin, et le soir il se couche tôt pour pouvoir se lever le lendemain, toujours pour aller à la pêche. "

« Pendant ce temps-là, nous on riait. Puis le soir, en rentrant en voiture, je dis à André : " Ce serait rigolo d'écrire un scénario sur les bonnes femmes qui n'ont personne pour leur faire l'amour; on créerait une sorte d'escadron de mecs disponibles, à consommer comme des cachets. On formerait des étalons, des beaux mecs qui seraient à la disposition de ce type de femmes ! " Et André riait, riait! C'est là qu'il me dit : " Ça serait bien d'en faire un film, ce serait drôle! "

« C'est comme ça qu'est née l'idée de ce film que nous avons tourné quatre ans après. »

A cela près que, dans le film, Bourvil n'était plus un chanteur des rues mais un vétérinaire altruiste.

Après l'échec d'une campagne menée en faveur des animaux, William Chaminade (Bourvil) s'apprête à quitter la France lorsqu'il assiste à un acte d'héroïsme : un bel athlète (Lionel Labarrère) sauve une jeune femme, désespérée devant le peu d'ardeur de son mari. Chaminade pense alors à une idée du genre : créer une banque du sexe où les femmes délaissées viendraient chercher le plaisir auprès de l'étalon de leur choix. Les mâles sont bien vite submergés par le nombre, et Chaminade est contraint de faire appel aux soldats du contingent. Bientôt, l'affaire devient nationale et, devant le succès, après maintes péripéties, la banque du sexe sera reconnue d'utilité publique. « *L'Etalon* n'est certes pas un film pudique, assure Mocky, mais c'est incontestablement un film sain, décontractant, disons " rabelaisien ", une sorte de Gargantua érotique. Nous y retrouverons deux maîtres du comique français : Bourvil et Francis Blanche, qui ont toujours su habilement manier la grande vertu comique : déranger le public sans qu'il s'en aperçoive et faire rire tout en " agaçant " les dents! »

Hélas, Mocky quitte son comédien, à l'issue du tournage, pour ne jamais plus le revoir.

Entre-temps, Bourvil est revenu à ses premières amours et des activités bien plus reposantes puisqu'on y travaille assis : la radio.

En effet, tous les matins, en compagnie de ses

complices chansonniers Robert Rocca et Maurice Horgues, il présente « Paillasson », une émission préfigurant en quelque sorte le futur « esprit Coluche » sur les antennes d'Europe I.

Sur cette même antenne, tous les jours de la semaine, à 10 heures du matin, Bourvil joue les trublions de service. « Je donne mon avis sur l'actualité, je la commente à ma façon, je mets mon " grain de sel ". Le programme plaît. Je suis devenu, pour tout le monde " Monsieur Paillasson ". Dans mon seizième arrondissement, tout le monde appelle ma femme « Madame Paillasson " ! »

Pas facile pourtant, au début, de convaincre l'acteur Bourvil de faire ainsi marche arrière dans sa carrière. Très hésitant, il finira par se laisser séduire par l'idée de Lucien Morisse, alors directeur des programmes de la station.

Rarement Bourvil fut exigeant. Pour cela, il y avait Trives, l'agent tout à la fois financier, complice, confident et ami. Cette fois-là, le comédien met une condition à son contrat : ses textes seront signés par Maurice Horgues et Robert Rocca. Trop heureux de trouver un remplaçant à Maurice Biraud – à l'époque animateur vedette de l'antenne de la rue François-Ier et qui venait de claquer la porte pour une obscure affaire de « gros sous » –, Morisse engagea le trio sur-le-champ.

Bien sûr, on est bien loin de l'ambiance chère à Robert Rocca, lequel, plus de quarante ans après, se souvient des savoureux débuts de Bourvil.

« A l'époque, rappelle le chansonnier, une centaine de personnes se pressait tous les jours dans le grand studio de la rue Washington où était enregistrée l'émission. Ils venaient tous là pour l'applaudir, jouer avec lui, écouter les sketches que je lui écrivais la veille. Dans " Le chansonnier ", par exemple, il faisait crouler la salle de rire. A sa manière inimitable, il expliquait les droits d'auteur, la dévaluation de l'argent, tous nos problèmes quotidiens tournés en dérision... »

Viendront ensuite, on s'en souvient, d'autres émissions comme « Constellation 48 », puis sa prolifique association avec Vital pour « Le café du coin », financé par une célèbre marque d'apéritifs. On entendait alors en guise d'entracte :

« Que prendrez-vous, monsieur Bonnechose ? demandait le serveur.

— Un Cinzano, voyons ! Le Cinzano, moi j'aime ça ! »
Et le tour était joué.
Les gags reprenaient de plus belle.
En cette année 1969, en apparence, rien n'avait changé...

Ravi de se replonger ainsi dans ses souvenirs — il n'avait plus fait de radio depuis « Pêle-mêle » en 1945 — Bourvil goûte au plaisir du direct.

Le 10 décembre 1969, à la demande de Sacha Distel dont il apprécie énormément les chansons, Bourvil est l'invité du fameux « Sacha-Show », un divertissement demeuré célèbre dans l'histoire de notre petit écran.

« Mon personnage ? Celui d'un joyeux luron pas excessivement futé, qui a été chargé par la SNCF où il est employé de porter un paquet à Sacha Distel. Avant le départ, il a parié avec son copain Edouard de paraître sur le petit écran aux côtés du chanteur. Naturellement, il ne remettra son paquet qu'à la fin de l'émission car, à chaque étape, il arrivera après le départ du destinataire et ses interventions dans les chansons jetteront la perturbation sur le plateau. Je chanterai trois chansons : " Les sous de côté ", " Mon village au clair de lune " et " Le convoyeur "... »

Le visage forci du comédien sur le petit écran relance les potins dans la presse sur sa santé, ce qui a pour résultat de le faire entrer dans une vive colère.

Un énorme titre à la une du journal que la concierge vient de lui monter : « Le drame de Bourvil » !

Film annulé, détails scabreux, cancer. Le mot est lâché.

« M. Brun ne le savait pas », faisait dire le merveilleux Pagnol à Panisse lorsque César apprend son infortune à Escartefigue.

Alors, Bourvil continue son métier... et paie lui-même son assurance. Car ces messieurs, s'ils affirment assurer tous les risques, n'en prennent jamais aucun !

Qu'importe, André Bourvil peut désormais assumer totalement son image et sa légende.

Nous écrivons bien André Bourvil car, marque unique du nouveau statut de l'acteur, il a droit à voir enfin son nom précédé du prénom sur les annonces publicitaires du *Cercle rouge*.

André Bourvil, Yves Montand et Alain Delon, une affiche prestigieuse réunie par les soins d'un réalisateur qui l'était tout autant : Jean-Pierre Melville.

Dans ce film spectaculaire — la fin des années soixante mit à la mode les gros budgets et les réunions de stars sur la même affiche —, Bourvil incarne avec une rare maîtrise et une intelligente sobriété le commissaire Mattei.

Dans le train qui roule vers Paris, Mattei convoie Vogel (Gian Maria Volonte), un dangereux truand qui réussit à lui fausser compagnie. Pendant ce temps, Corey (Alain Delon), autre truand, sort de la prison de Marseille après avoir été libéré pour bonne conduite. Sur la route de Châlon, le hasard met en présence les deux hommes qui, chemin faisant, sympathisent et décident de s'associer. Pour monter un hold-up, ils font appel à Jansen (Yves Montand), ex-tireur de la police devenu alcoolique. Grâce à un indic (François Périer), Mattei suit les préparatifs du hold-up d'une bijouterie. L'affaire montée, il décide de leur tendre un piège. Jansen sera tué en voulant protéger Corey et Vogel à leur tour abattus après une course poursuite dans le parc de la propriété où devait avoir lieu la transaction finale.

Pour l'anecdote, le parc en question est celui du château de Jean-Claude Brialy à Monthyon.

Écrit d'abord pour Lino Ventura, puis modifié pour Paul Meurisse, il sera promis à Serge Reggiani avant d'être confié à Bourvil. Ce personnage de flic froid et calculateur, sans pitié, fut sans doute l'une des plus grandes joies professionnelles de l'acteur.

Afin de lui rendre hommage, le dernier plan et la dernière scène tournés lui furent réservés. Ce jour-là, Henri Decae, le chef opérateur, Jean Neny l'ingénieur du son, et leur équipe laissèrent tourner le matériel d'enregistrement bien après que Melville eut lâché le « Coupez » définitif.

Bourvil relâcha alors son « masque de Mattei » et se laissa aller à une improvisation de « La tactique du gendarme », conclue par un immense éclat de rire.

Le lendemain de sa mort, la télévision diffusa ce document exceptionnel lors du journal d'actualités.

Pour l'heure, Melville est satisfait de son tournage et s'enferme dans sa salle de montage avec ses assistants (chose rare, le cinéaste ne laissait à personne d'autre le soin de monter ses films, ce qui leur donne sans doute ce ton si personnel). En préambule, avant la première image, Melville avait écrit ces quelques mots qui, inscrits sur le grand écran, prenaient une signification particulière dans le secret combat que menait Bourvil : « C'est le cercle qui marque le destin de certains êtres et les isole du commun des mortels. »

Bourvil, forcé d'abattre Delon dont il avait été le père

dans *Le Chemin des écoliers*, avait parfois du mal à entrer dans son rôle.

« J'ai dû faire un effort : je n'ai pas l'âme d'un commissaire. C'est un métier que je n'aurais pas aimé faire », avoua-t-il. Heureusement, il y avait Melville dont la patience, les conseils et le sens de la perfection rassurèrent le comédien.

En décembre 1969, Melville emmène Bourvil dans une petite salle de projection privée située au 36 de la rue de Ponthieu. « Je vais vous montrer un film qui s'appelle *De sang-froid* (un étonnant thriller réalisé par Richard Brooks deux ans auparavant).

« A un moment donné, vous verrez un policier joué par John Forsythe. Je vous toucherai le bras. C'est comme lui que je veux que vous soyez ! »

Au moment de la séquence, après que Melville le lui ait signalé, Bourvil lui murmure : « Mais il est beau, lui ! Ce qui n'est pas mon cas. Et, en plus, il est bien habillé ! »

Melville lui répondit aussitôt :

« Faites-moi confiance, vous serez aussi beau et aussi élégant que lui. »

Puis ils iront ensemble dîner au restaurant asiatique tout proche. Avec l'odeur du thé, le goût du saké et la cuisine traditionnelle, Bourvil est détendu. Bientôt, il confesse ses inquiétudes, parle avec franchise à cet homme qu'il connaît si peu. Aussitôt, Melville se montra sous son vrai jour, un homme d'une rare délicatesse, fraternel, gentil. Sur un plateau — ce n'est un secret pour personne —, Melville est terriblement exigeant, sévère et peu affable. Dans ce restaurant, il se montre rassurant.

« Regardez John Wayne, il a tourné plus de dix films depuis qu'il a été opéré d'un poumon. Même si elles portent un nom affreux, toutes les maladies se guérissent. »

Les jours suivants, Melville a conduit Bourvil chez son tailleur. Sur mesure, il lui a fait confectionner deux costumes sombres, taillés droits, à trois boutons, ainsi que des chemises blanches à col italien souple.

Puis il fera venir de Londres deux superbes trench-coats de type militaire. Fou de joie, Bourvil avoue à Melville qu'il n'a jamais été aussi bien habillé.

« Croyez-vous que je pourrai racheter ces costumes à la production ? » interroge-t-il, le regard soucieux.

Pourtant, une chose continue à tourmenter le comédien : son personnage est-il un brave homme ?

« Rassurez-vous, répond Melville. C'est un brave type. Mais personne n'est tout bon ni tout mauvais ! »

C'est aussi grâce à Melville que son prénom lui fut rendu pour la postérité.

« Dans *Le Cercle rouge*, précisait Melville, Bourvil tient le rôle d'un policier très élégant, très séduisant même. C'est un nouvel acteur que la France a reçu, le vrai Bourvil que connaissaient sa famille et ses amis. Adieu le pitre. Il était d'ailleurs heureux de devenir un autre homme et, un mois avant sa mort, il disait : " Mes vrais copains, ceux qui veulent me faire plaisir à tout prix, affirment que je suis un gentleman : il y a, paraît-il, de l'anglais dans mon physique ! " »

C'est à Marseille, très précisément le 18 janvier 1970, que fut entamé le tournage du *Cercle rouge* avec un Bourvil nouveau, mais visiblement fatigué.

Sur la scène du gymnase tout proche, Pierrette Bruno joue *Pepsie*, sa nouvelle pièce.

« J'étais à Saint-Cyr-sur-Mer, chez mes parents d'où je l'ai appelé sur le tournage du film. Nous avions pris rendez-vous pour le dimanche suivant. Il m'a dit : " Je n'ai pas de voiture mais je me débrouillerai. " Durant toute la journée, il fut aussi charmant et souriant qu'à son habitude, on aurait même dit qu'il allait mieux. Il avait une large cicatrice sur le crâne mais, quand je l'ai questionné, il m'a répondu simplement : " Ce n'est rien, une petite blessure bénigne que je me suis faite en me cognant ! " »

Même discrétion pour la petite séquence improvisée de « La tactique du gendarme » qui fut en quelque sorte son chant du cygne. Car il n'ignorait pas qu'il était filmé !

« Dans son esprit, c'étaient ses adieux : il a fini par une pirouette ! » conclut Melville. Le cercle s'est refermé...

En mars 1970, il entre en studio en compagnie de Jacqueline Maillan afin d'y enregistrer « Ça », un duo humoristique calqué sur la chanson de Serge Gainsbourg « Je t'aime moi non plus ». Le texte est signé de l'humoriste Marcel Mithois dont les pièces (*Croque-Monsieur*, *Passez muscade*, *Les Folies du samedi soir*, etc.) débordent de verve et de chaleur.

Malgré la maladie qui déjà le ronge, Bourvil semble redoubler de vitalité et multiplie les projets tout azimuts.

« Quelques mois avant de disparaître, évoque Jean-Jacques Vital au micro de RTL, il avait été fort question qu'il crée la pièce de Francis Veber *Le Contrat*. J'ai assisté à sa lecture du premier acte mais quelque chose, visiblement, n'allait pas. Je savais qu'il était malade depuis des mois, mais par moments il faisait tout oublier de son mal tant il revivait face à la mort. Hélas, c'était un feu de paille. »

Ce *Contrat* qu'il n'honorera pas, créé d'abord sur la scène du Gymnase en septembre 1970 par Jean Le Poulain, fournira curieusement à Jacques Brel sa plus désarmante réussite dans le registre comique. En effet, dans *L'Emmerdeur* d'Edouard Molinaro, film tiré de ladite pièce, son rôle d'ahuri désemparé débordant d'amitié envers un tueur (Lino Ventura) amusera follement les six cent mille spectateurs qui lui firent un triomphe.

Après ce film, Brel quittera le monde futile du cinéma pour se reposer sous le soleil des îles Marquises.

Le 6 avril, à Barfleur, dans la Manche, commence le tournage de l'ultime film de Bourvil, *Le Mur de l'Atlantique*, dirigé par le cinéaste Marcel Camus, ancien assistant de Jacques Becker et palme d'or à Cannes en 1959 pour *Orfeu Negro*.

Le cinéaste attend cet instant depuis bien longtemps déjà car le tournage a été maintes fois reculé à cause des retards occasionnés par *L'Arbre de Noël* puis *Le Cercle rouge*. Tournage difficile car ce mois d'avril 1970 est particulièrement froid, glacial même. Un jour, on tourne à Saint-Vaast, ensuite de l'autre côté du Channel, puis au camp de Frileuse, un nom prédestiné.

Visiblement, l'acteur souffre. Loin des siens, de sa famille... et des rayons qui lui sont nécessaires et retardent peut-être l'échéance fatale.

Comme pendant *Le Cercle rouge*, les assureurs sont là qui guettent. En fait, Camus et Bourvil n'ont que douze jours pour boucler leur travail alors qu'il faudrait deux longs mois.

Et de retour à Paris, aux studios d'Epinay, le traitement médical se poursuit, s'intensifie.

Le soulager? Lucien Privat, sa « doublure », fait ce qu'il peut aux côtés de ce diable d'homme à l'énergie peu commune. Un jour, en studio, il glisse malencontreusement pendant une scène de bagarre et tombe violemment sur le dos. L'équipe s'est arrêtée, pétrifiée. Il reste quelques secondes allongé et, avant que quiconque ait pu réagir, se relève, se tient les reins et lâche : « J'ai failli casser mon verre de montre! »

Au mois de mai, tandis que Camus filme l'arrivée de

Rommel avec l'acteur John Eppler, lequel fut l'aide de camp du vrai maréchal allemand, Bourvil trouve encore le moyen de plaisanter ou de parler d'avenir. A un journaliste venu l'interviewer, il s'épanche en d'euphoriques confidences.

« Au mois de novembre, après trois mois de repos en Normandie, je ferai ma rentrée au music-hall. Avec les Compagnons de la chanson, nous préparons, sur une formule très nouvelle, un spectacle enlevé qui durera deux heures et demie. Je chanterai, soit tout seul, soit en chœur avec eux, mes premiers succcès, " Les crayons " ou des chansons nouvelles. Mais je ne resterai jamais en scène tout seul plus de dix minutes : je ne veux pas lasser le public. Il a besoin, non seulement de sourire, à l'heure actuelle, mais de rire, et on ne peut pas tenir le micro pendant quinze chansons sans un moment de passage à vide. Entre les chansons, donc, je jouerai du piston et de l'accordéon et j'interpréterai des sketches. »

Fabuleux conteur, Bourvil aimait commenter le film dont il allait être l'interprète. Pour *Le Mur de l'Atlantique*, il n'avait pas failli à la règle.

« Cela se passe durant l'Occupation, précise-t-il. Mes ennuis commencent avec une alerte. Un pilote anglais, fils d'évêque et rugbyman, tombe du ciel. Il séduit la fille de la maison... Peu après, je suis obligé de tapisser les locaux de la Kommandantur. Par mégarde, je dérobe les plans des VI. Agent secret malgré moi, je dois m'embarquer pour l'Angleterre où l'on me prend d'abord pour un farceur. Par la suite, après un entraînement, je suis parachuté en Normandie. Je fais l'impossible pour neutraliser Rommel qui veut rejoindre sa femme à l'occasion de son anniversaire et lui offrir des chaussures en antilope. Je parviendrai à les lui procurer, provoquant ainsi son départ, à la veille du débarquement allié... »

Côté maladie, il gardait le silence... et le sourire!

Aucun mot ne pourra jamais décrire le calvaire enduré depuis qu'une sale journée de 1968 son docteur diagnostiquait la maladie de Kahler, terrible et sournoise affection caractérisée par l'attaque et la lente destruction de la moelle osseuse. Un martyre insoutenable face auquel il montrera beaucoup de courage mais aussi et surtout une discrétion exemplaire, admirable, subisssant, jour après jour, de douloureux traitements tout en n'ignorant pas que, désormais, ses jours sont comptés. Qu'importe la maladie, il s'épuise en honorant vertueusement ses contrats.

« Il a été d'un courage formidable, affirme la comédienne Sophie Desmarets, sa soeur dans *Le Mur de l'Atlantique*. Sur le plateau, bien sûr, on ne parlait jamais de sa maladie. D'ailleurs, s'il a beaucoup souffert, il ne l'a jamais montré, il était toujours d'un caractère délicieux, gai, affable, souriant, le Bourvil que tout le monde admirait. A la seule différence de nous, lui finissait à 17 heures afin d'aller subir ses rayons au plus proche hôpital. Le lendemain, il revenait plus gai encore. Souvent, il me prenait à part et me chantait "Timichiné-la-pou-pou", l'une de ses premières chansons (elle fut enregistrée en 1946 en même temps que les célèbres "Crayons"). Plusieurs fois, il s'arrêtait de tourner et disparaissait sans raison apparente. J'ai demandé autour de moi et c'est là qu'on m'a appris sa lutte quotidienne contre la mort... »

Patrick Préjean apprendra lui aussi la triste vérité entre deux prises de vues du *Mur de l'Atlantique* : « Depuis *Les Cracks* où j'étais son partenaire, je l'avais trouvé bien changé. Ce n'était plus le même homme, envolée sa merveilleuse faconde, oublié son fameux sourire. Entre deux prises, il s'asseyait souvent, c'était très pénible pour lui... Comme pour nous d'ailleurs... »

Marcel Camus, maître d'œuvre de cette ultime comédie de Bourvil, se montra très discret sur la périlleuse situation de sa vedette. *Le Mur de l'Atlantique* sortira le 14 octobre 1970, une semaine avant *Le Cercle rouge* présenté à Paris le 21 octobre.

Hélas, la voix de Bourvil s'était définitivement tue. Camus sortit alors de sa réserve pour souligner à la fois le courage et le martyre du comédien : « André était un homme simple, très riche d'amour et de gentillesse. Pendant le tournage, il a fait preuve d'un courage exemplaire. Je suis fier de ce film qui a prolongé sa vie. Il a tenu bon pour le finir. Il ne se plaignait jamais, même quand il avait mal. Si vous riez, ne le regrettez pas, c'est un souvenir heureux qu'il voulait laisser derrière lui. Il nous cachait sa fatigue et n'a pas voulu être doublé dans une scène de bagarre. Or, ce jour-là, il avait très mal à la jambe car il venait de subir plusieurs piqûres. En cachette, il se mettait des compresses... Mais aucun de nous ne pouvait deviner l'issue si proche qui le guettait. D'ailleurs, il m'avait même donné un scénario à lire en vue d'une prochaine réalisation avec lui et Gabin. Il me donnait son avis. Il m'a demandé de rajouter certaines scènes dans lesquelles il pouvait faire naître l'émotion. Je lui ai fait confiance car son jugement était très sûr... »

Au lendemain de la sortie du film, on tressa à Bourvil une couronne de compliments. A ce titre, la chronique de Louis Chauvet s'inscrit dans le courant d'homélie qui se dégagea des médias au cours de ces fatidiques semaines : « ... Les démonstrations de l'acteur sur divers thèmes ont l'air à tout moment de constituer le récit : surprise et panique de Bourvil découvrant qu'on lui a remis par erreur un secret militaire allemand, colère de Bourvil quand il apprend que sa fille cache un parachutiste anglais dans le grenier, mines effarées de Bourvil voguant vers la Grande-Bretagne contre son gré, ses menues rébellions d'élève parachutiste, sa descente forcée dans le ciel normand, sa stupeur d'apprendre qu'il est grand-père, ses craintes et son humeur bougonne à travers les périls, ses grognements, plaintes grommelées, récriminations baragouinées, ses réflexes furieux, son fameux rire parfois émis de si bon cœur... C'est un récital Bourvil. Très drôle, très touchant, où le célèbre amuseur décrit la gamme entière de ses dons... »

Mais revenons à l'été précédent où, une fois achevé le tournage du *Mur de l'Atlantique*, à Londres et à Medson, Bourvil s'en est allé rejoindre les siens.

Dominique et Philippe ont bien grandi. A vingt ans, le premier nanti d'un diplôme des Hautes Etudes commerciales, d'une licence de français, prépare son doctorat en droit. Il sera avocat, profession qu'il exerce d'ailleurs aujourd'hui, installé à Nantes dans un cabinet où sa plaque rendrait fier le fils de fermier de Petrot-Vicquemare.

Le second, extrêmement brillant, n'a pas démérité non plus du sérieux du clan Raimbourg. Aujourd'hui, diplômé de HEC, docteur d'Etat, il est professeur agrégé des Universités de Paris. A l'époque, il vient tout juste de décrocher le bac. « Avec mention », ajoute Bourvil plutôt fier.

En juillet 1970, au cinquième étage du boulevard Suchet, dans la quiétude du bois de Boulogne proche, les siens profitent pleinement de sa rassurante présence.

Reporter de charme pour un grand quotidien, Denise Fabre lui demande une interview. L'acteur l'accorde d'autant plus volontiers qu'il est un de ses admirateurs.

« Je n'aime pas la télévision, dira-t-il. Heureusement qu'il y a les téléspeakerines... »

Dans l'appartement où il la reçoit, la voilà d'un coup très intimidée.

« Que voudriez-vous faire ?

— Continuer bien mon métier. Il n'y a que ça qui m'intéresse. J'aime mon métier, m'occuper de mes enfants et jardiner, c'est tout. Pour tout le reste, je suis comme n'importe quel autre Français. Je m'intéresse à la politique, mais je n'y comprends rien et quand je parle d'autre chose que de mon métier, je dis des bêtises énormes... Une nouvelle opérette ? Je ne sais pas, je voudrais bien l'Olympia avant... »

S'ensuivra une série de confidences dont nul ne sait — surtout pas la jolie journaliste d'occasion — qu'elles sont les dernières. Le 14 juillet 1970, alors que Paris s'anime et prépare sa nuit de liesse sous les lampions, la nouvelle tombe : « Luis Mariano est mort. »

Jeanne le ménage, mais André est effondré.

Le 16 juillet, il trouve la force de se rendre à la tour Eiffel pour une émission de télévision en compagnie de Jean-Pierre Mocky, afin d'y défendre leur *Etalon*. On parle projets...

Le lendemain, il file chez Oury afin d'en concrétiser un autre, en Espagne, avec « Fufu »... dans une libre adaptation de *Ruy Blas*.

Un jour, Pierrette Bruno l'appelle. Au bout du fil, elle reconnaît à peine la voix de « son Casimir ». Elle accourt boulevard Suchet. Pour la dernière fois, le duo de tant de jolies mélodies est reconstitué dans l'intimité de cet appartement où seuls sont admis quelques rares intimes de la famille. Puis les Raimbourg plient bagage pour aller se reposer à Montainville. Seul absent, Dominique est en vacances à l'étranger.

Le 6 août, Jean-Pierre Melville téléphone pour prendre des nouvelles de la santé de Bourvil. Rassuré, le cinéaste lui demande de venir re-synchroniser une phrase du *Cercle rouge* dont il achève le montage : « Mon directeur vient de dire que seule la chance pouvait me permettre de rattraper Vogel ! La chance et moi, en vérité », dit Bourvil au cours de cette séquence. Melville insiste. Finalement, Jeanne conduit son mari à l'auditorium où Bruno Coquatrix les surprend à l'abri des regards indiscrets. Il ne se montrera pas : le choc est trop fort.

Où est donc le fringant interprète de *La Bonne Hôtesse*, du *Maharadjah*, de *M'sieur Nanar*? L'athlète a cédé la place à un homme terriblement amaigri, voûté, méconnaissable, ses merveilleux yeux bleus assombris, dilatés.

« Pardonnez-moi de rester assis », s'excuse-t-il auprès de Melville, prétextant une crise de coliques néphrétiques la nuit précédente.

Septembre arrive.

Pour les Raimbourg, comme pour des millions de Français, les vacances sont terminées. Alité ou encore assis, André lit les premières critiques sur *Le Cercle rouge*, dont le générique — triste et malicieux hasard — débute avec la citation de Rama Krishna : « Au jour dit inexorablement, ils seront réunis dans le cercle rouge. »

André ne semble plus souffrir.

Placé sous perfusion depuis plusieurs jours, il ne reste plus que l'ombre du géant qu'il était. Etienne Lorin, André Trives, Pierrette Bruno, les amis téléphonent encore. Peut-être tout espoir n'est-il pas vain?

Le mardi 22 septembre, vers 5 heures de l'après-midi, André sent venir la fatale défaillance cardiaque. Très fort, il serre la main de Jeanne, puis ses dernières forces le quittent bientôt.

Dans la nuit, vers 1 heure du matin, en silence, il meurt. Comme incognito. Sans déranger. « C'est pas juste », lance-t-il dans un dernier souffle.

Le chagrin de la famille est tel que le drame restera

secret le reste de la nuit. Le lendemain, ses amis, ses proches, la France, tombent sous le choc de la nouvelle : « Bourvil est mort. »

Dès lors, son nom de scène appartient au monde du spectacle, de la presse et des médias dans l'habituelle ronde d'hommages.

Loin du tumulte inutile et des regrets vains, l'inhumation aura lieu, comme on dit, dans la plus stricte intimité. Sans aucune mise en scène, aucun spectacle, aucun débordement de foule.

En toute simplicité...

André Raimbourg venait de disparaître, mais le nom de Bourvil, lui, resterait à jamais dans les mémoires.

Troisième Partie

Florilège de Bourvil * :
ses monologues

* Tous ces monologues ont été publiés avec l'autorisation des Éditions Fortin, 4, cité Chaptal, 75009 Paris et des Éditions Pathé Marconi, 22, rue Jasmin, 75016 Paris.

L'arrestation *

Paroles de Bourvil

Comme j'ai été un garde champêtre : ferme, opiniâtre, conscient des lourdes responsabilités qui incombent à un homme de loi, je fus amené à faire des arrestations, des coups de main audacieux... audacieux, c'est le mot, parce que je n'étais pas armé... ma seule arme, c'était l'audace... Mais pensez, quand je me trouvais devant un sale individu qui tirait des coups de revolver, ça aurait été ridicule de ma part de vouloir riposter avec des coups... d'audace... Alors, à ce moment-là je la retenais mon audace, je la rentrais dans moi, je la sentais même me monter à la gorge. J'étais contracté, j' pouvais plus parler, on m'aurait pas passé une feuille à cigarette entre les dents tellement je les serrais pour pas laisser aller mon audace.

J' n' suis pas de ces gars qui s'dégonflent sous la pression d'un vent... de panique... Je garde mon sang-froid... même trop... parce que parfois j' grelotte. J' peux plus bouger tellement je suis stoïque, je suis vraiment le garde champêtre sans peur ni reproche. C'est de famille, mon grand-père était comme ça; il avait pourtant un métier dangereux, il était pompier, on l'appelait même le « sans peur pompier ».

Comme une arme m'était indispensable, le maire m'a

payé un fusil; il a un peu hésité... Il disait que c'était dangereux. Le fait est, car, quand je vise avec le fusil, je louche parce que je peux pas fermer un œil en ouvrant l'autre, alors, j'étais forcé de tirer les deux yeux fermés, ce qui était imprudent, quoique personnellement j' risquais rien... mais quand même, faut pas être égoïste... faut pas penser qu'à soi!... n'est-ce pas?... Alors, j'avais décidé de tirer les deux yeux ouverts, mais quand mes yeux fixent le point de mire, je vois deux cibles au lieu d'une, et il m'est arrivé (chose très fâcheuse) de toucher... un peu..., pas beaucoup... une troisième cible qui s' trouvait au milieu des deux autres et que j' n'avais pas vue, toujours à cause de mes yeux qui se croisent les bras; c'est pour ça qu'il faut que j' fasse attention de bien tirer... qu'avec des balles à blanc.

Le maire... lui, y veut pas j' me serve de vraies cartouches... vous parlez d'un froussard!... J' n'ai jamais vu un homme aussi peu téméraire.

Heureusement que c'était moi qui prenais les décisions : une fois, j'ai été amené à tirer avec une vraie cartouche!... une vraie!... Y fallait ça!... C'était pour arrêter un individu dangereux, y faisait ses coups l'dimanche matin; il se mettait dans la plaine; il repérait une brave femme qui allait à la messe tranquillement à pied, son sac à la main; puis il arrivait derrière à bicyclette à toute allure et à quarante à l'heure il lui donnait une gifle derrière la tête et hop!... il lui chipait son sac! Comme elle était étourdie, elle pouvait pas savoir qui c'était.

Ça c'est produit quatre cinq fois; alors moi, malin comme je suis, j'ai employé la ruse, le subterfuge... Naturellement, vous vous demandez ce que c'est (forcément vous n'êtes pas du métier). Voilà : je me suis déguisé en vieille femme avec une grande robe et un voile sur mon képi et j'ai été attendre le fameux cycliste dans la campagne.

Tout à coup j'en vois un qui débouche au loin ; d'après mon flair, je m' dis : « Ça doit être lui. » Je marchais tranquillement et au fur et à mesure qu'il s'approchait (comme je suis très physionomiste) je me retournais pour le reconnaître, mais comme j' l'avais jamais vu, c'était pas facile, et même que je l'eusse déjà vu ça ne m'aurait pas dit que c'était lui. D'un autre côté, je m' disais : « Si je ne me retourne pas et que ce soit lui, je vais recevoir un de ces coups derrière la tête... » J'aime pas ça...

Heureusement qu'il m'est venu une idée (je m'y attendais d'ailleurs!). Quand j'ai entendu le bruit du vélo à une dizaine de mètres derrière moi, j'ai sorti mon fusil chargé de dessous mes robes, je me suis retourné d'un seul coup et en le mettant en joue, je lui ai crié : « Haut les mains... C'est vous!... » Il a fait : « Hein?... Oui... Moi?... Moi?... C'est... moi! » Alors là, il m'a fait vraiment l'impression du coupable qui voit qu'il n'y a plus rien à faire. Il s'est rendu en levant les bras, il était perdu devant ma tactique.

Il a même pas réfléchi, cet imbécile, qu'en levant les mains il perdrait le contrôle de son guidon, alors il est tombé. Ça tombait bien comme je voulais l'arrêter... seulement... il m'est passé sur le dos. On s'est relevé en vitesse tous les deux et lui, pour jouer l'innocent, y m' dit : « Vous êtes une grande folle, madame!... » Alors là, je riais!... Pensez!... Moi!... Grande folle!... hein?... dites?... Il était complètement pris dans le piège... Y voyait même pas que j'étais un homme!... un vrai... Je riais sous cape, ou plutôt sous mon voile... tout en dominant l'inculpé ; c'est pour ça que j' l'avais remis en joue tout de suite.

Mais comme dans la chute j'avais perdu les journaux qui étaient à l'intérieur de mon képi, la visière me retombait sur les yeux; alors, pour le point de mire, j'ai eu un sérieux handicap pendant quelques instants; ce qui a permis à l'individu de se sauver en courant. Mais malheureusement pour lui, je cours bien, aussi, je l'ai rattrapé... il s'était arrêté sur la place du village.

Puis, là, y avait un attroupement de curieux, et lui, pour se défendre, il a voulu faire comme moi, employer la ruse (ça ne lui allait pas très bien). Il se faufilait en courant entre les curieux; alors pour viser c'était délicat. J'ai visé... longtemps... longtemps... c'était difficile! Forcément tous ces curieux, ça en faisait des cibles... surtout avec mes yeux qui multiplient par deux!... pensez!...

Puis les gens n'étaient pas raisonnables!... Ils étaient là qui m' criaient : « Attention!... attention!... »... ça m' gênait... On aurait dit qu'ils avaient pas confiance... c'est malheureux de ne pas être plus courageux que ça... C'est vrai qu'ils étaient habillés en dimanche... et un coup de fusil, ça déchire toujours un peu... Mais quand même! Je faisais attention... Ça faisait plus de dix minutes que je visais... pensez!... J'aurais pas voulu que ce soit une balle perdue. J' vous assure que j' faisais attention...J' le r'gardais, l' point de mire!... et j' le regardais... J' voyais qu' ça... c'est pas difficile. C'est pour ça que j'étais sûr de moi, j'étais obligé de réussir.

Je dois reconnaître que les curieux du village m'ont aidé, car, un moment ils se sont tous accroupis d'un seul coup... hop!... Alors l'individu suspect qui ne s'y attendait pas est resté seul debout au milieu des autres accroupis. Alors là!... pensez!... j'avais beau jeu!... J' n'avais qu'à tirer!... J'ai pas hésité!... Paf!... et il est tombé... parce que juste à ce moment-là les gens lui avaient fait un croche-pied. On l'a eu... On l' tenait... On n'a eu qu'à aller chercher les gendarmes et eux... y m'ont **arrêter** parce que l' coupable... c'était pas lui.

Comme y voulaient me mettre à la porte, j'ai donné ma démission et je suis venu spécialement ce soir pour vous dire qu'il fallait plus compter sur moi comme garde champêtre.

* Editions Fortin.

L'art des belles manières *

Paroles de Pierre Ferrary et Robert Picq
créé par Bourvil dans l'émission
« Constellation 48 » (Radiodiffusion française)

Mesdames, Messieurs,

Ayant remarqué que les gens ne savaient plus se tenir en société, j'ai rédigé un petit traité de maintien dont je vais avoir le plaisir de vous lire certains passages. Ça peut toujours servir!...

(*L'artiste sort un petit livre de sa poche.*)

Je l'ouvre au hasard... Chapitre 4 : DE LA CONVERSATION, COMMENT ON DOIT APPELER LES PERSONNAGES TITRES :

A un prince, on dit « Votre Altesse » et non « Votre Altitude ».

A un ministre, on dit « Votre Excellence » et pas « Votre Perfection ».

A un cardinal, on dit « Votre Eminence » et pas « Votre monticule »... *Et caetera, et caetera.*

Ah! ça c'est important! Ce sont des exemples de ce qu'il ne faut pas dire dans certains cas :

Quand vous faites des condoléances à quelqu'un, évitez d'ajouter : « A part ça, quoi de neuf? »

Au mariage d'une jeune fille pas jolie, ne dites jamais à ses parents : « Vous êtes enfin arrivés à la caser! »

A un monsieur qui est abattu par une infortune conjugale, ne dites pas en guise d'encouragement : « Allons mon cher ! il faut prendre le taureau par les cornes !... » *Et caetera, et caetera.*

Je feuillette au hasard... Chapitre 9 : DE LA FAÇON DE BAISER LA MAIN.

En règle générale, on ne baise jamais la main d'un homme, même quand on l'aime beaucoup... Le baisemain est réservé aux personnes du beau sexe.

DÉCOMPOSITION DU MOUVEMENT :

a) Approchez-vous de la dame sans timidité ni raideur.

b) Les talons joints formant un angle de quatre-vingt-dix degrés à peu près, saisissez-lui la main ; élevez les doigts jusqu'à vos lèvres, mais n'en mangez que l'extrémité ; vous devez laisser le gros bout filandreux sur le bord de votre assiette... Ah ! je vous demande pardon ! j'ai sauté une page... Ça, c'est la façon de manger les asperges... Elevez les doigts jusqu'à vos lèvres rassemblées en forme de cornet de frites et faites le simulacre de les baiser.

c) Evitez ensuite de vous essuyer la bouche avec le revers de votre manche, en faisant « mian ! mian ! » d'un air gourmand.

Tenez, voici un chapitre intéressant, le chapitre 15 : DE L'ART DE LA DANSE...

a) INVITATION : Inclinez-vous légèrement devant la dame que vous désirez inviter, saisissez-la par les épaules, placez-la sur un cintre en évitant qu'elle fasse des plis, et mettez-la dans une armoire bien close avec de la naphtaline... Qu'est-ce que j'ai encore fait ?... J'ai sauté une page!... Ça, c'est la façon de conserver une jaquette de cérémonie : excusez-moi!... Inclinez-vous légèrement devant la dame que vous désirez inviter et entraînez-la avec grâce, sans la presser contre vous comme une proie qu'on voudrait vous arracher.

b) S'il vous arrive de lui marcher sur le pied, tournez-vous vivement vers un autre danseur, avec un air courroucé, comme si c'était lui l'auteur de cette maladresse.

c) Dans le cas où, glissant sur le plancher, il vous arrivait de tomber lourdement par terre avec votre cavalière, dites-lui d'un air fin : « Vous ne connaissiez pas cette figure-là, n'est-ce pas?... J'ai appris cela en Amérique... »

Au hasard! au hasard!... Chapitre 31 : COMMENT ON DOIT SE MOUCHER AU COURS D'UN REPAS OFFICIEL.

Si le besoin vous prend de vous moucher à table, ne le faites qu'à la dernière extrémité. Tâchez d'éviter ce geste inopportun, sans toutefois renifler avec un bruit de friture toujours désagréable pour vos voisins.

DÉCOMPOSITION DU MOUVEMENT :

a) Saisissez votre mouchoir en évitant de le déployer comme étendard.

b) Pressez-vous le nez, légèrement, à l'aide d'une pince à sucre... Comment ça, une pince à sucre?... J'ai encore sauté une page! décidément!... Ça, c'est le chapitre sur la manière de prendre le thé... Pressez-vous le nez légèrement entre le pouce et l'index et soufflez par chaque narine à tour de rôle autant de fois qu'il sera nécessaire. Tâchez d'éviter de faire un bruit de trompette, car tout le monde n'apprécie pas le son de cet instrument.

c) Dans le cas où vous auriez omis de vous munir d'un mouchoir, vous pouvez par exemple saisir la salière avec un geste élégant dont vous profiterez pour vous frotter le nez contre la manche de votre habit. Ou bien vous pouvez faire tomber votre pain, comme par inadvertance, et, vous baissant pour le ramasser, utiliser furtivement le bas de la robe de votre voisine ou un pan de la nappe. Dans ce dernier cas, gardez-vous de tirer sur la nappe au point de faire tomber toute la vaisselle par terre.

Vous voyez si c'est instructif!... Quand vous l'aurez lu, vous pourrez aller dans le grand monde sans crainte de passer pour un goujat.

* Editions Fortin.

L'automobile *

Paroles de Bourvil

Etant pin-up boy, j'ai un certain standing à conserver, c'est pourquoi j'ai été obligé d'acheter une automobile... Elle n'est pas neuve!... c'est une occasion... mais une bonne... C'est une DE DION-BOUTON... ça marche... oh! la! la! Forcément les roues sont grandes alors ça n'a pas à tourner vite pour avancer, malheureusement avec des roues aussi grandes la voiture est un peu haute, mais par contre j'ai l'avantage d'y voir de loin, je regarde par-dessus les autobus et, comme les chiens passent dessous sans se baisser, ben!... ça évite les accidents, je ne les écrase pas. Faut voir comme elle démarre... grr... gr... Surtout moi j'ai le coup je suis un peu mécanicien, faut dire aussi que j'habite dans une rue qui descend alors je n'ai pas la peine de pousser... parce qu'il n'y a pas de démarreur (j'en n'ai pas besoin). L'été je suis bien, j'ai d' l'air... parce qu'il n'y a pas de portières... il y en avait... mais j'en claquais une : c'était l'autre qui s'ouvrait, alors quand j'ai vu ça, je les ai enlevées (faut pas s'embarrasser avec des portières). L'été je suis bien, j'ai d' l'air ; quand il pleut je mets des lunettes de soleil... à cause des éclaboussures... parce qu'il n'y a pas d'ailes... elles se sont envolées... Forcément avec leur ficelle en papier ça tient pas, on n' peut rien réparer. Ça n'empêche pas que je fais de la route avec ; une fois j'ai été jusqu'à Montmartre... (pas sur la butte... ça monte... mais dans le bas). Ç'a beau être une familiale, mais il y a l' docteur il veut toujours venir avec ma femme, il se met derrière avec ma femme et moi je fais le chauffeur, ça lui plaît bien lui au docteur de se mettre derrière avec ma femme, c'est un original... c'est un ami... oui!... C'est pas lui qui me ferait dépenser de l'argent pour rien!... non!... L'autre jour je voulais acheter un rétroviseur... Il m'a dit : « Mais non!... » (Vous voyez que c'est un ami.) Alors, comme je vous disais, nous étions allés sur la butte de Montmartre (j'avais laissé mon automobile dans le bas, mais je l'avais attachée avec une belle chaîne, j'avais fait un nœud) et nous avions passé une soirée bien gaie, bien parisienne, très agréable, oui, mais quand je suis redescendu j'ai été vexé... on me l'avait volé... la chaîne... (ils s'étaient pas trompés). Tout cela m'empêche pas de faire de la vitesse, de l'excès même, je suis parfois téméraire, je ne sais pas du combien je fais parce que je n'ai pas de compteur... Mais je m'en rends compte quand même parce que dans les pneus il y a des emplâtres, alors... glouc... glouc!... glouc!... j' les compte... une fois en moins de dix minutes j'ai compté vingt gloucs... ça marche. Il y a un copain qui m'a dit : « Tu marches à la vapeur!... » A cause de la fumée!... J' lui dis non!... à l'essence!... Il m' dit : « Comment fais-tu avec tes bons?... » Ben!... je vais chez le garagiste je lui demande un bon, pas un faux bon... un bon bon (c'est amusant ça). Alors il vous le donne, vous lui redonnez, il vous donne de l'essence à soixante francs le litre (c'est bien organisé). Mais comme j'en voulais un peu plus pour ma répartition, j'ai été voir le grand répartiteur au service du roulage, là où on se fait rouler, non!... où on fait rouler les voitures. Il me dit : « Comment ça roule? » Ben! pas tellement, c'est bien pour ça que je suis venu!... Regardez toutes ces voitures qui roulent à l'essence dans Paris!... « A l'essence?... » qu'y m'dit, il n'en savait rien! Y s'occupait toujours du gazogène! Il n'était pas au courant il n' lisait pas les journaux!... Mais il s'est intéressé à la question, il m'a dit : « A toutes ces voitures qui roulent à l'essence je vais leur demander où elles l'ont parce que j'en voudrais bien un peu aussi pour ma répartition. »

Ma femme a appris à conduire (parce qu'elle est très sport) et nous sommes allés chez mes parents, mais là-bas ma femme a voulu faire du zèle. Elle monte seule dans la voiture... elle emballe le moteur (vous savez ces moteurs-là, c'est nerveux!) puis elle part en troisième... parce qu'il n'y a pas de deuxième... forcément quand j'ai acheté la voiture j'ai marchandé, alors ils m'en ont enlevé une... c'est normal. Mais la voilà partie en troisième au milieu des pommiers... vous pensez!... Virer entre les pommiers sans les écraser... faut s'y connaître... La voilà prise de panique, alors elle me crie de loin : « Cale!... cale!... » Vous parlez d'un raisonnement. Heureusement j'ai eu une idée je suis allé chercher des bûches pour les mettre sous les roues... mais elle faisait au moins du dix-huit à l'heure!... J'ai beau être souple!... J'avais déjà usé deux stères de bois que la voiture n'était pas encore calée. Heureusement j'ai eu une autre idée... J'ai pris les bûches et je les ai jetées sous les roues... adroitement... pas n'importe comment naturellement!... Mais sans doute qu'à un moment je n'avais pas été tellement adroit... parce que... le nez de ma femme... pas beaucoup... mais quand même elle était sans connaissance!... Heureusement qu'il y avait un pommier, sans ça elle ne se serait jamais calée.

Alors mon père me l'a achetée, mon automobile, car il

est très moderne, mon père (le dernier cri, il saute dessus); et maintenant je reçois un lapin toutes les semaines... parce que il l'a démontée, l'automobile, et il élève des lapins dedans... au prix où est l'essence on ne peut pas rouler!...

* Editions Fortin.

Les castagnettes *

Paroles de Bourvil

Je vais vous parler d'une histoire que j'ai eue en Espagne. Avant d'être artiste lyrique, moi, j'étais danseur espagnol, je dansais avec des castagnettes ; alors comme j'en voulais des vraies, des bonnes, je m'étais dit : je vais aller en chercher en Espagne ; j'étais allé jusqu'à Bilbao et je revenais à pied vers les Pyrénées parce que je voulais les passer en fraude, mes castagnettes. En cours de chemin, je vois une auto qui passe par là ; je me dis, je vais l'arrêter, ce sera toujours ça de moins à faire à pied ; je ne parlais pas espagnol, mais je lui ai dit comme ça : « Stop, stop ! » Alors il a bien compris, il s'est arrêté, et je lui ai dit (parce que je parle un petit peu espagnol) : « Baillassé à Francia ?... » (« Allez-vous en France ? ») Il me dit : « Si !... » Je lui répond : « Hockey... », vu que je parle plusieurs langues ; je suis monté avec lui, puis on a parlé espagnol. Il me disait : « Francia lerross !... » Je croyais que ça voulait dire : les roses. Mais c'était pas ça !... J'ai bien compris, il faisait comme ça avec sa main (*faire un signe de la main*), puis pour dire bas, il faisait comme ça (*montrer avec la main*) ; puis pour dire haut comme ça (*montrer avec la main*), et pour dire large comme ça (*montrer avec la main*) ; alors, comme j'ai des facilités pour les langues, je comprenais tout de suite. On a parlé espagnol comme ça pendant deux ou trois heures et, à un moment, il s'est retourné vers moi et m'a dit : « Vous Français? » Je lui dis : « Oui! » Il me répond : « Moi aussi! » C'est bête, hein! Je l'avais pris pour un Espagnol et lui aussi.

Après on a continué notre chemin, mais on ne parlait plus espagnol, c'était pas la peine puisqu'on ne le savait pas, n'est-ce pas? Après ça on arrive à la douane; c'était plein de douaniers, alors, quand j'ai vu ça, j'ai mis les castagnettes sur le siège de la voiture, comme ça ils ne pouvaient pas les voir, mais j'ai eu tellement peur, je me suis mis à trembler, que les castagnettes jouaient toutes seules; alors je suis parti en galopant; on ne me voyait pas le derrière par la poussière; le douanier tirait... tirait, mais il ne savait pas où il tirait. Je courais dans les forêts, les broussailles, je me suis retrouvé dans des marais avec de l'eau jusque-là (*faire signe jusqu'au ventre*); mes castagnettes étaient toutes moites parce que je les avais mises dans mes poches. Après ça, la nuit est venue : alors c'était triste, vous savez, dans la montagne des Pyrénées, par une nuit sans lune, j'étais embarrassé, vous savez... Je savais bien qu'il fallait passer par un col, mais quel col? Vous savez, là-bas, c'est des cols raides... des cols montants, puis c'est toujours la même chose, les douaniers se mettent dans les cols pour repousser ceux qui veulent passer; alors, comme je savais qu'ils repoussaient du col, je n'ai pas été leur demander un renseignement. J'étais embarrassé!... J'avais bien entendu dire : si tu te trouves perdu dans la nuit et que tu n'aies pas de boussole, dirige-toi avec le grand chariot et le petit chariot, mais... là-bas il en passait jamais... Alors j'étais embarrassé, puis dans le lointain on entendait des mugissements : « Hu!... Hu! » C'était la ménagerie du cirque Gavarni, parce qu'il y a un cirque là-bas : heureusement que je le savais, sans ça, j'aurais eu peur. J'ai marché toute la nuit, je me suis retrouvé en France sans m'en rendre compte; j'avais perdu mon portefeuille, ma montre, un peu tout... sauf mes castagnettes; j'étais content, je n'avais toujours pas été en Espagne pour rien, car elles étaient belles, mes castagnettes, et on voyait bien qu'elles étaient spéciales parce que dessus c'était écrit : « *Made in France.* »

* Editions Fortin.

Le Charcutier *

Poème de Camille François

Je n'pens' pas entrer dans l'histoire
Comm' sauveur de l'humanité
Bien drapé dans mon tablier
J'ai pas d'prétention à la gloire
J'me boulott' et j'fais pas d'folies
Vu qu'ma tâch' ell' est définie
Aussi droit'ment qu'un fil à plomb
En deux mots... pour gagner ma vie
        J'tue l'cochon.

Sûr... si j'étais pépiniérisse
Ça f'rait bien plus sentimental
Et j'débit'rai sur mon étal
Des chrysanthèm's ou des narcisses...
Des œillets... pour les boutonnières
Des lilas blancs... des ros's crémières...
Mais à chacun sa vocation...
Puisque la mienn' est charcutière...
        J'tue l'cochon.

Ce n'est pas que j'mépris' la bête
J'tuerai pas un' puc' sur un chien
Mais... à l'idée d'faire du boudin

J'en ai l'sang qui m'mont' à la tête
D'ailleurs... j's'rais pas dans mon assiette
Si l'matin... après un' om'lette
Du p'tit salé et un litron
J'descendais pas dans ma courette
          Tuer l'cochon.

De charcutier en charcutière
De charcutièr' en charcutier
Depuis Napoléon Premier
La famill' a été prospère.
On n'a jamais eu d'inquiétudes
Pour les certificats d'études
Parc' que pour nous... de « l'instruction »
C'est uniqu'ment des aptitudes
          Au cochon

L'charcutier est humanitaire
C'est aut' chos' qu'un toréador
Il a pas b'soin d'habits en or
De brillants, d'musiques et d'lumières.
Et ça f'rait marrer la famille
Si des tas d'pépés en mantilles
Me balançaient des chapeaux ronds
Quand... aussi rapid' qu'un' torpille
          J'tue l'cochon.

C'est pas qu'on soye pas des poètes
On a aussi son coin d'ciel bleu
Et l'charcutier pour êtr' heureux
Il a sa p'tit' pensée secrète.
Y la suit... sans répit... sans trêve
Y a pas d'plaisir qui lui enlève

Surtout le charcutier-patron
Car... c'est qu'le commenc'ment d'son rêve,
   Tuer l'cochon.

La suite... c'est parer la boutique
Le jour de la fête du pays
Quand... les narin's plein's de persil
Sa bêt' a l'prix honorifique.
Là... l'artiste a sa récompense
Et son bonheur devient immense
Quand l'soir... sa femm' sur l'édredon
Dit... en s'rapp'lant leurs espérances :
   « Quel cochon ! »

* Editions Pathé Marconi.

Le Chasseur *

Paroles de Bourvil

Vous savez, dans la vie j'en ai vu, j'ai eu la vie dure parce que j'ai voulu faire tous les métiers. Il y a eu un moment dans ma vie où j'étais bien, c'est quand j'étais chasseur, mais c'est dur, oh! là! là! Vous savez : tirer le gibier, le vendre c'est dur, j' vous assure qu' j' mangeais pas de la viande tous les jours, mais j' m'en foutais pas mal parce que j' suis végétarien, parce que y a certains chasseurs qui s'habituent à manger du gibier tous les jours, mais moi non, j'ai su me mener une vie un peu mieux, j'ai été adroit. Pour le fusil, j'étais un peu moins adroit, c'est ça qu'était embêtant, forcément, j'avais un fusil que mon grand-père avait ramené de la guerre de 70, puis y paraît que quand mon grand-père il s'en servait, il tirait pas avec, y tapait avec la crosse parce qu'il était plus sûr de lui comme ça; mais malheuremnt le fusil il était tordu, alors c'était embêtant, y tirait en rond; ce qu'y avait de pratique, c'est que je pouvais tirer autour d'une meule. Mais quand même j'aurais préféré qu'y tire juste. Puis le plus triste c'est que c'était un fusil à un coup. Alors quand j' tirais!... pan!... Ça réveillait les lapins parce qu'ils ont l'oreille fine; ils s'mettaient sur leur derrière pour voir c' qu'il se passait, alors aussitôt qu'ils me voyaient, ils me reconnaissaient bien, ils voyaient bien qu' j'étais en chasse avec mon fusil, alors ils s' sauvaient le temps que je recharge, pensez bien... Comme je ressemblais à mon grand-père. J'aurais bien aussi tapé avec la crosse, mais les lapins c'est souple, c'est vrai que je suis souple aussi, mais moi j'ai pas quatre pattes, moi. Un jour j'ai eu de la chance, j'étais en forme, il y a des jours comme ça où on s' sent en forme, je l' sentais, j'allais avoir quelque chose ; ça n'a pas manqué, je vois un lapin qui part, il allait tout doucement sans s'en faire parce qu'il me reconnaissait, mais j'ai visé en fermant un œil, au début j' pouvais pas en fermer un sans fermer l'autre, alors c'était embêtant, mais c' coup-là j'ai pas loupé, pouf!... Aussitôt j'ai entendu hi! hi! Ça y était, j'avais tué mon chien ; forcément, c' t' idiot-là, y courait derrière tout près à quarante mètres, puis avec mon fusil qui tirait en rond, j'étais dégoûté ; à un moment, j'aurais bien vendu mon fusil pour acheter des cartouches. Heureusement y a mon cousin qu'est venu me voir, il est de Paris, il est boucher à la Villette, il m'aime bien parce qu'il m'dit que j'ressemble à son copain, qui est bouché aussi à l'émeri ; y m'avait dit : « Viens à Paris, l' chasseur, je te ferai chasser à Montmartre avec tous mes copains, ça ne te coûtera rien. » Ça semblait drôle surtout que quand y m'avait écrit il m'avait dit que la chasse se préparait sous les meilleurs auspices ; alors j' me suis dit y va encore me faire chasser dans un hospice, dans le bois d'un hospice où qu' c'est défendu. Enfin, je pars quand même, je suis arrivé à Saint-Lazare avec mon fusil à qu'un coup : tout le monde me regardait, on voyait qu'y avaient pas l'habitude de voir un chasseur, mon cousin m'avait dit : « Achète une housse pour ton fusil, dans une maroquinerie. » Je lui ai rien dit, mais dans moi j' me suis dit maroquinerie, maroquinerie, les produits marocains j'ai pas confiance, j'avais un doute. Le soir arrive, savez-vous où c' qu'y m'a emmené chasser... Hein, ben, dans une boîte de nuit... Ah!... je disais rien, mais j'avais un doute, c'est bête... J'avais un doute, mais y avait rien à faire!... On arrive dans ce cabaret. Tout le monde s'met à crier : « Vive le chasseur! » Alors j' me dis y m'attendent; tout le monde buvait, y en a un qui devait être soûl parce qu'y s' met à crier : « Chasser. » Alors j'y vais, alors y m' dit : « Donne-moi une cartouche. » Alors j' lui dit : « Vous n'en avez pas besoin, vous n'avez pas d' fusil » Alors il lève la main, puis y voulait m' taper, mon cousin m' dit : « C'est rien, c'est un gai luron. » Un gai luron, j'y dis, c'est plutôt un gai tapant. Mon cousin va chercher l'autre chasseur; ça m' semblait drôle d'être tout seul aussi, mais lui il était pas habillé comme moi, il était habillé avec des galons! Il avait un bel habit d' chasse, alors celui qui était soûl il l'embête comme moi y m'avait embêté, il lui redit : « Donne-moi une cartouche. » Alors lui, l' chasseur, sans s'en faire, froidement, vous savez ce genre de comique froid, il va lui chercher un paquet d' cigarettes; l'autre il était content avec ça, j'ai ri!... Qu'on peut-être bête quand on est soûl. Puis après, mon cousin il donne un p'tit coup d'œil à l'autre chasseur en lui disant : « Occupe-toi un peu d' mon cousin, fais-le chasser un peu avec son fusil à qu'un coup. » Alors il m'emmène dehors dans la rue, mais j'avais un doute, c'est formidable, c'est bête, hein, j'avais un doute surtout la nuit, j'aime pas braconner avec un autre chasseur que j' connaissais pas, finalement y m'a dit d'où y venait, y m'a dit qu'il était un chasseur de cérémonie, moi je lui ai dit que j'étais un chasseur de Normandie, alors quand on connaît les origines on est déjà un peu plus rassuré. Y m'a emmené savez-vous où? à l'entrée d'une cathédrale, puis y m'a dit : « Tu vois, là-haut, y a des pigeons » et puis y m' dit : « Tire ! »... Alors je tire avec mon fusil à qu'un coup, puis j' regardais en l'air pour voir si l' pigeon tombait, mais malheureusement avec mon fusil qui tire en rond j'avais décollé une brique qui dépassait... alors... comme je regardais en l'air, elle m'est tombée sur l'œil. J'étais pas content. Quand je suis rentré chez moi avec les yeux au beurre noir, les copains m'ont dit : « Alors, Jules, qu'est-ce que tu dis d' Paris ? T'as l'air d'en avoir plein la vue ! » Je leur dis : « Oui... puis ça m'a rien coûté avec mon cousin qu'est à Paris !... » Ils étaient épatés !... Ils m'ont dit : « Sacré Jules, tu t' débrouilles toujours pour avoir tout à l'œil. »

* Editions Fortin.

Le Cinéma *

Paroles de Bourvil

J'ai tourné un film dernièrement. C'était un beau film, il s'appelait : *Pourquoi es-tu parti ?*. Alors moi je jouais le rôle principal, je faisais celui qui partait. Avant d'aller tourner, j'avais été chez un professeur qui m'avait dit : « Surtout, toute l'expression dans le masque ! » Je lui avais dit « Oui », mais comme je faisais le rôle de celui qui partait, n'est-ce pas, en partant je tournais le dos et le derrière; aussi, alors, pour ce qui était de « tout dans le masque », ça tombait mal. Mais quand même, pour faire de mon mieux, en partant, je tournais la tête pour que l'on voie mon masque... hein !... Vous me comprenez ? Ce qu'il y a d'embêtant c'est que le metteur en scène il ne voulait pas... Il voulait me prendre par-derrière... Je lui dis : « Non ! Je ne marche pas ! » Il était là avec son appareil braqué derrière moi... Heureusement que je me suis retourné. Finalement je me suis laissé mettre en place parce qu'il était metteur en scène, alors c'était son travail de nous mettre en place. Moi, dans mon rôle, je partais parce que ma femme n'était pas gentille...Elle avait beaucoup d'enfants et je n'y étais pour rien, et lui, celui qui y était pour quelque chose dans les enfants, il me remplaçait. C'était un gros type ventru !... Il y en a qui en ont dans le ventre et qu'on le dirait pas, mais lui ça se voyait, et puis il avait un caractère pointu!... et s'il n'avait eu que ça de pointu!... D'après ma femme, qui était placée pour le savoir, il avait aussi ses chaussures du 45 et puis avec ça il la battait; alors j'étais parti, parce que dans mon rôle il ne fallait pas que je me batte, alors que, comme je n'y tenais pas, ça tombait bien. Pendant tout le temps que je suis parti − vous me verrez sur l'écran, je ne suis pas là... c'est mon rôle!... −, lui il s'occupe de ma femme, c'est son rôle. Il représentait le bon père de famille, il avait douze gosses... (Il s'occupait de ma femme!) Il faisait le type sérieux qui veut faire sa maison... Il était maçon, alors ça lui était facile. En plus de ça, il avait une vache, alors il allait la traire avec ma femme. Vous verrez sur l'écran, ce sera beau, ils s'en vont tous deux traire la vache dans la prairie ensoleillée, parmi les papillons... et... les corbeaux, non!... les oies... non! Que je suis bête!... Les oies, ça ne vole pas. Le metteur en scène, qui connaissait tout, savait bien que les oies ne volaient pas, parce qu'un jour il m'avait dit : « Vous qui faites le rôle de celui qui part, si elles volaient vous pourriez partir à tire-d'aile! » Pour blaguer qu'il m'avait dit ça!... Il savait très bien que je ne volais pas. Le cinéma, c'est pas comme le théâtre, c'est tout un métier, je vais vous expliquer. Par exemple, tout à l'heure, je vous parlais de ma femme qui s'en allait traire la vache, ben... au théâtre, ce serait pas la même chose. Au théâtre, vous avez une belle vache, mais... elle est en carton, ce n'est pas la même chose... Vous la trayez, mais c'est pas la même chose! Tandis qu'au cinéma vous avez une belle vache aussi, mais... elle est vraie, c'est pas la même chose! Vous la trayez aussi, mais c'est pas la même chose, ça donne beaucoup plus de lait; alors, si ça donne beaucoup plus de lait, c'est là qu'est la différence entre le théâtre et le cinéma... Vous me comprenez?... Pour en revenir à mon rôle, quand j'étais parti, ma femme elle disait au père de mes enfants : « Peut-être le rencontrerons-nous ? » Alors, lui, il prenait son air méchant et, le poing fermé, il disait : « Si jamais il revient, celui-là !... » Mais moi, dans mon rôle, il ne fallait pas que je revienne, alors, je m'en foutais pas mal !... Je n'avais pas peur !... J'avais le bon rôle !... Il avait été fait pour moi ! On ne pouvait pas dire qu'il avait été écrit pour moi, puisque je n'avais rien à dire... mais il y avait toujours ma silhouette... Seulement au début, pendant deux secondes, quand je pars... parce qu'après je suis parti trop loin, on ne me voit plus... Mais je me suis toujours fait remarquer... Peut-être que l'on ne me reconnaîtra pas parce qu'on me voit que de dos... C'est ça qui est embêtant !... Je l'ai même dit au metteur en scène ; je lui ai dit : « Je prends des leçons chez un professeur qui me dit : " Tout dans le masque " et vous me prenez par-derrière ! Non ! » Pendant un moment, je croyais qu'il s'était moqué de moi... Mais non ! Il m'a rassuré quand il m'a dit : « Rassurez-vous ! Si je vous ai photographié le derrière, c'est pour que vous soyez pas comme les autres, parce que les autres, c'est " tout dans le masque ", alors que vous ce sera " tout dans le masque ", mais ce sera spécial. D'ailleurs vous aurez un grand rôle dans mon prochain film *La Porteuse de pain* : c'est vous qui ferez les miettes ! »

* Editions Fortin.

Le Conservatoire *

Paroles de Bourvil

Je ne sais pas si vous avez remarqué mais moi j'ai la voix travaillée car j'ai été au Conservatoire. Je me souviens quand j'ai passé mon concours d'entrée, rue de Madrid, je me suis présenté au concierge ; il m'a laissé rentrer, il avait bien vu que j'étais un artiste, j'avais mes chansons sous mon bras. J'ai passé mon concours ; alors là, j'ai été très apprécié parce que je chantais le « Credo du paysan » ; je le chantais tellement bien qu'après le directeur ne m'appelait plus par mon nom, il m'appelait le paysan, à cause du « Credo » ; le fait est que je le chantais très bien, parce que je l'avais travaillé avec mon oncle qui joue du piston chez moi dans mon patelin ; c'est lui qui dirige la chorale ; c'est pas une grande, grande chorale, mais c'est une bonne petite chorale. On est quatre, puis ça marche bien !... On chante tout, vous savez !... Les « Raspodies » de Lits, enfin on chante tout. Pour en revenir à mon concours, le directeur m'avait dit : « Quand vous chantez le " Credo du paysan ", vous le chantez tellement bien que vous donnez l'impression d'être plus paysan que le " Credo ". » Il m'avait dit : « C'est dommage qu'il ne reste pas de place, sans quoi vous seriez rentré tout de suite. » Il m'avait dit : « On vous écrira », mais moi, comme un étourdi que je suis, j'ai oublié de laisser mon adresse... Enfin, je suis quand même au Conservatoire, c'est resté en suspens comme ça, mais... ce qui m'embêtait c'étaient les diplômes... quoique... des diplômes, j'en ai... le ministère de l'Agriculture... tout ça... enfin. J'étais surtout embêté parce que je voyais qu'il cherchait un bon élément, alors ça m'ennuyait de le priver... Enfin, qu'est-ce que vous voulez, je ne peux pas être partout, hein!...

Ce jour-là ma femme était venue avec moi et, comme dans l'après-midi on jouait les chansons de Beethoven à la salle Pleyel et que je ne les connaissais pas, je me suis dit : on va aller les écouter. On arrive à la salle Pleyel, le speaker annonce : « Maintenant, vous allez entendre la *Neuvième Symphonie* de Beethoven. » Je lui dis : « Tu vois, ça fait huit qu'on loupe, on est en retard. » On s'est assis quand même et on en a vu quand même une bonne partie ; c'était même long ; un moment je me suis dit : ils sont passés à la dixième sans l'avoir annoncée. Après, le speaker vient et annonce : « Maintenant vous allez entendre la *Polonaise* de Chopin. » Ma femme, qui est curieuse, me demande : « Est-ce qu'elle va chanter en français, la Polonaise? » Moi je lui réponds : « Je ne sais pas!... » Je savais que Chopin était né à Varsovie, mais je ne savais pas qu'il avait ramené une Polonaise... Enfin, la vie privée des artistes, ça ne regarde personne. Alors, en effet, voilà la Polonaise qui s'amène au piano. On n'aurait pas dit une Polonaise, vous savez, elle était comme nous. Elle se met à jouer ; vous parlez si elle jouait bien!... Elle mouvait les doigts!... C'était formidable ; puis elle avait une bague qui brillait... c'est ça qui était le mieux de tout. Quand elle a eu fini, je me suis dit : je vais aller lui demander une « orthographe », ça me donnera l'occasion de lui parler ; entre artistes, n'est-ce pas, on aime toujours bien causer. Alors je m'amène à la loge de la Polonaise; je lui dis : « Bonjour, madame! » Elle me répond : « Bonjour, monsieur! » (Elle savait parler français.) Je lui dis : « Je voudrais une " orthographe " ». Elle dit : « Vous êtes mélomane, monsieur?... » Je lui réponds : « Oh! non, madame la Polonaise, moi... je suis Français... »

* Editions Fortin.

Le Détective *

Paroles de Bourvil

Détective... détective!... oui... détective!... c'est un métier que j'aime bien, parce que je suis psychologue... puis en plus de ça, j'ai l'air « observateur » c'est fou!... Quand je vois quelqu'un, c'est automatique, je le regarde dans les yeux, pour voir ce qu'il a dans le ventre et je l'ai dans le nez tout de suite. Quand j'étais détective, je faisais mes recherches dans les bals clandestins, parce que vous savez, dans les bals clandestins... la mauvaise graine... ça « pilule », c'est fou ce que ça « pilule ». Le premier jour que je suis arrivé dans un bal clandestin, tout le monde m'a regardé parce qu'ils voyaient bien que j'avais un air spécial... Ils voyaient, ou plutôt ils voyaient rien du tout... Ils voyaient bien que j'avais un air... mais! quel air... ils s'doutaient pas que c'était l'air « observateur ». Il y a un grand monsieur qui est venu me trouver et qui me dit : « Qu'est-ce que tu fous là?... » Alors moi sans m'en faire... toujours la même méthode... je le regarde dans les yeux pour voir ce qu'il avait derrière la tête... Je ne voyais rien... je me dis... « Tiens!... mais comment ça se fait? » Mais malheureusement pour lui il s'est retourné, alors j'ai bien vu que derrière la tête il avait une bosse... je me dis... « Tiens, un coup dur », mais d'après mes calculs et mes études de détective, je me dis : Je peux lui faire confiance à lui, alors je lui dis : « Je suis détective »; il me répond : « Moi aussi »; ça y était je m'étais pas trompé, je l'avais jugé tout de suite. On s'est mis à parler, entre détectives on a toujours des mystères à se dire, mais à un moment il a fait une gaffe de métier parce qu'il m'a emmené auprès du bar et en me tapant sur l'épaule, il s'est mis à crier fort, tout haut : « Eh!... barman!... sers un verre au détective! » Alors pensez bien, tous ceux qui étaient là... ils l'ont su que j'étais détective... Mais heureusement pour moi ils ne voulaient pas le croire... ils se disaient entre eux : lui détective!... il a plutôt l'air d'un!... d'un... ils n'osaient pas s'prononcer... ils se doutaient pas non plus que c'était l'air « obervateur ». Je cachais bien mon jeu... c'est ce qui faisait ma force... y avait pas moyen qu'ils sachent; ça me faisait rire... même... Un jour la marchande de fleurs vient et me dit : « Tu veux une fleur, poulet?... » Sans doute qu'elle avait appris que j'étais de la police, elle voulait me faire parler, mais moi je disais rien. Poulet... poulet... pensez bien que je savais que les poulets, on les plume! Je rigolais doucement... et c'était moi qui la faisais parler. Parfois elle me prenait pour un imbécile... oui... elle ne se rendait pas compte, elle me racontait avec sa bannette que c'était dur la vie... qu'elle avait eu faim... que ça faisait trois fois qu'elle bouffait la bannette... pensez bien si c'est à moi qu'y faut dire ça... enfin!... Je la faisais parler comme je voulais... j'ai même poussé la hardiesse plus loin... je lui ai demandé : « De quoi j'ai l'air?... » (Fallait que je sois sûr de moi.) Elle m'a répondu : « Vous avec votre air et votre vue basse, vous ne pouvez être que... (elle non plus n'osait pas se prononcer), vous avez plutôt l'air d'un fumiste!... » qu'elle me dit... J'étais pourtant pas noir, pourquoi pas ramoneur... Enfin y avait pas moyen qu'on devine. Un jour une bagarre, la police s'amène, alors là j'étais heureux parce que comme j'étais de la police je me sentais moins seul... quoique je n'avais pas peur parce que j'avais appris à me battre pour faire ce métier-là. Tout à coup, je ramasse un coup derrière la tête... oh!... non de d'là... je perds pas de temps, je me retourne en vitesse, pas!... j'en prends un deuxième... c'était un flic cet idiot-là... il avait pas vu que j'étais détective (il était pas psychologue), je lui faisais pourtant des clins d'œil pour qu'il comprenne!... Finalement en douce, je lui ai dit, je lui dis : « Je suis poulet », alors il me retape de plus belle, vous parlez d'un raisonnement, vous parlez d'une salade... Alors ils nous ont mis dans le panier. Puis pendant qu'on était dans le panier à salade, il y en a un parmi ceux qui s'appelaient Jules (parce qu'y avait que des Jules là-dedans) qui se met à faire la vache : heu!... heu!... Alors le flic il s'est bien reconnu, il était pas content et comment qui croyait que c'était moi qui avait la voix de la vache, il m'en a repassé encore quelques coups (tous les métiers ont leur retour de bâton mais pas tant que celui-là quand même). Mais quand on est arrivé au commissariat je me suis dit : « Minute, maintenant je vais parler. » Je dis au commissaire : « Je suis détective!... » Il me répond : « Détective!... vous vous amenez comme ça la figure enfarinée, puis vous me dites : détective!... » La figure enfarinée... je croyais que c'était vrai, alors je m'essuie (c'était sans doute le bâton blanc du flic qui avait déteint), je lui réaffirme : « Oui, je suis détective! — Depuis combien de temps? » qu'il me dit. Je lui réponds : « Depuis cinq ans, personne ne s'en doutait, c'est ce qui faisait ma force!... — Ah!...

non!... qu'il me dit, l'air étonné, mais fallait me le dire avant, faut toujours faire vite dans ce métier-là... compris?... La prochaine fois faudra agir avec diligence. » Je lui ai répondu : « Entendu, au revoir, mais pour l'époque j'aimerais mieux une automobile. »

* Editions Fortin.

L'eau ferrugineuse
ou
La causerie antialcoolique *

Paroles de Roger Pierre

UN SPEAKER

M. le délégué de la ligue antialcoolique vous parle.
(*Bourvil entrait en titubant.*)

BOURVIL

Mesdam'oiselles (*hic*), messieurs. En tant que délélé...
En tant que dé... gué... lé! délégué... de la ligue antialcoolique, je vous parlerai de l'eau minérale.
De l'eau ferru... gineuse.
L'eau ferru... de l'eau ferro.
L'eau ferrugineuse!
L'eau ferrugineuse, comme son nom l'indique, contient du fer! (*rire*) du fer...
Et le dire, c'est bien, mais le fer, c'est mieux (*rire et gloussement*).
L'alcool, non! Mais l'eau ferrugineuse, oui.
Et je suis fer! euh... et je suis fier! de fer à ch'val sur le principe, une conférence (*hic*) contre l'alcool!
L'alcool, non, mais l'eau ferro, ferruchineuse... ferrugineuse, oui.
(*Grand temps.*)
Et pourquoi y a-t-il du fer dans l'alcool! euh... dans l'eau ferrugineuse, eh?

C'est parce que le fer à repasser! euh... non pas le fer, l'eau, disais-je, l'eau a passé et repassé sur le fer et le fer a dissous...

... Et le fer à dix sous! Il a dissous le fer et le fer à dix sous c'est pas cher!

Mais pourquoi boire cet alcool qui ruine la santé et le portefeuille... (*Il interroge.*) Hein? hein? hein?

L'alcool, non! mais l'eau ferru... ferro... ferrugineuse, oui!

D'ailleurs, l'alcool brûle les tissus de l'organisme... vous le sentez quand vous en bouvez..., quand vous en buvez!... hein..., ça pique!

Alors que le ver solitaire! Non! alors que le fer est salutaire (*rire*)... ah! ah! ah! ah!... il est salutaire, le fer! D'ailleurs, ne dit-on pas une santé de fer, hum, hum, un homme de fer? hum...

(*Un temps.*)

(*Vite.*) Un ch'min de fer!

(*Hésitant.*) Un mam'mifer!

Alors, suivez-moi et comme disait mon grand fer... euh! mon grand-père... Il faut suivre... mais il faut pas sans FER (*ici festival de rire*).

L'alcool, non, mais l'eau ferro, ferru, ferruchineuse, oui... oui!

(*Il sort épuisé.*)

* Editions Pathé Marconi.

Frédo l'Porteur *

Poème de Camille François

Me v'là... c'est moi... Fredo l'porteur.
Qu'aime mieux les gar's que les églises
Et qui trimballe tout's les valises
De ceux qui veulent changer d'secteur.

C'que j'en vois défiler des gens
Du matin au soir... dans ma gare
Où s'qu'on dit qu'ils sont si bizarres.
Des décidés... des hésitants...
Des trop heureux... des pas contents...
Des... qu'ont des malles qui sentent le fauve
Avec de belles étiquettes mauves,
Ou bleues... ou vertes... ou rouges, ou noires,
Qui racontent leurs moindres histoires
Encor' mieux qu'avec un roman ;
Parc' qu'alors... tout c'qu'on imagine
En lisant... ces noms d'grands hôtels
C'est encor' plus surnaturel
Que n'import' laquelle des combines.
C'que j'en vois défiler des gens.
Des pressés, des qui prennent leur temps
Tandis que moi... j'prends leurs valises.
Et... dans tous ceux-là qui s'en vont

On n'en voit jamais un qui s'dise :
« L'porteur... p'têtr' qui trouv'rait ça bon
D'monter avec nous dans l'wagon ? »
Alors... J'reste Fredo l'porteur
Qu'aime mieux les gares que les églises
Et qui trimballe tout's les valises
De ceux qui veulent changer d'secteur.

L'autre jour... un taxi s'arrête.
Je m'précipite... c'était mon tour...
J'ouvr' la portière... je rentr' la tête
Pour bien voir si y'avait du lourd.
Et pis... v'là qu'j'aperçois un' fille,
Un' fille qu'avait tell'ment d'beauté
Qu'j'en étais tout paralysé
Tout en tremblotant sur mes quilles.
Elle me dit avec un sourire :
« Tenez, porteur... prenez tout ça. »
Et moi... comm' un mann'quin en cire,
J'la r'gardais, et pis... j'bougeais pas.
J'avais envie d'crier : « Madame...
Depuis qu'y m'est permis d'rêver,
Depuis que j'connais l'verbe "aimer",
Dans l'corps... dans l'cœur et pis dans l'âme,
C'est toujours à vous... qu'j'ai pensé
Sûrement qu'vous étiez l'inconnue,
Cell' qu'on arrange à sa façon...
Qui r'fuse rien... qui s'met tout' nue...
Et qu'a la peau comm' un' chanson
Dont chaqu' refrain dirait : " Je t'aime." »
Oh oui... j'avais envie d'crier :
« Ecoutez-moi... j'suis un bohème
Mal rasé et mal habillé
Avec des godillots qui crèvent,

Mais vraiment... j'pouvais pas prévoir
Que d'un taxi... sur le trottoir,
Débarquerait mon plus beau rêve.
Et pis... prévoir... ça chang'rait rien,
Dans la vie faut plus d'un' minute
Pour qu'un clochard fass' la culbute
Qui l'retourne en Monsieur très bien.
Alors... je suis là... d'vant vos yeux,
Vos grands yeux bleus, si beaux, si sombres...
Qui trouv'nt moyen... avec tant d'ombre
De rester tell'ment lumineux
Qui faut conv'nir dans l'fond des cieux
La nuit a dû crever son voile
Pour que ses plus jolies étoiles
Dégringolent s'installer chez eux. »
Mais la fill' m'a interrompu :
« Alors... l'ami... qu'est-c'que vous faites ?
Ça va pas bien... vous êtes perdu ? »
J'ai répondu en s'couant la tête :
« Non... non... je suis Fredo l'porteur
Qu'aime mieux les gares que les églises
Et qui triball' tout's les valises
De ceux qui veulent changer d'secteur. »

« Bon, qu'elle a dit. Alors ça va...
Attendez pas... Prenez tout ça. »
Et j'ai empoigné les bagages,
Les sacs... les cartons à chapeaux,
Je m'suis tout filé sur le dos,
Et j'suis parti dans son sillage.
Vers le wagon capitonné
Où c'que j' l'ai doucement installée
Pour qu'ell' soit bien... pendant l'voyage.
Quand ell' m'a tendu du pognon,

Sûr'ment qu'ell' a pas dû comprendre
Pourquoi qu'subit'ment j'ai dit : « Non »,
Et qu'je m'suis dépêché d'descendre.
De là... j'suis parti au bistro,
J'ai bu un coup... deux coups... trois coups
J'ai bu jusqu'à temps que j'sois soûl.
Pis... j'ai expliqué aux poteaux
Les beaux yeux et les ch'veux d'ma blonde.
Quand j'ai eu fini d'raconter...
Si vous aviez vu... à la ronde.
Comment qu'ils ont tous rigolé !
Moi... j'ai rigolé avec eux.
Entre hommes... fallait ça... c'était mieux.
Mais nom de Dieu de nom de Dieu,
C'que ça pouvait m'fair' mal de rire,
Surtout que j'pouvais pas leur dire
Que d'un coup... je m'sentais tout vieux,
Parce que moi... Fredo l'porteur
J'venais d'fair' la plus grande bêtise
En ayant porté la valise
Qui pour toujours emm'nait mon cœur.

* Editions Pathé Marconi.

Le garde champêtre *

Monologue de Bourvil

J'ai toujours voulu être de la police, parce que j'ai beaucoup lu de romans policiers. Alors j'ai pris goût à l'aventure, au risque, au danger, dans les films policiers... j'vais les voir... puis j'n'ai pas peur!... Y peuvent tirer de la mitraillette, c'est pas ça qui m'fera partir de mon siège; puis j'ai l'flair du policier, je devine l'énigme!

L'autre jour au cinéma je voyais les policiers opérer, alors comme je suis du métier, je devinais bien comment ça allait finir ce film, alors je l'disais aux spectateurs qui étaient assis à côté de moi. Y m'disaient : « Taisez-vous! »... Y voulaient d'viner aussi, mais y avait pas moyen! Alors j'leur disais toujours... A la fin, vexés de ne pas deviner, ils ont crié : « Sortez-le! »... (Y n'se doutaient pas à qui ils avaient à faire.) Un flic est venu... mais quand je lui ai montré mes papiers y m'a tout de suite tutoyé... forcément... entre gars du métier. Puis, je suis sorti... d'ailleurs c'est l'habitude... à chaque fois qu'il y a un film policier je sors avant la fin... puisque je devine l'énigme.

Pour avoir cette place de police... ça été long, j'ai su faire des sacrifices... J'ai été vingt ans soldat... au bout de vingt ans, y m'ont dit : « Vous êtes mûr... apte! »... Pensez!... J'ai commandé des hommes... J'étais même culotté, je prenais les directives... de celui qui me commandait et qui avait la responsabilité de faire ce que lui dictait son supérieur par l'intermédiaire de deux subalternes qui m'étaient également supérieurs ; vous voyez qu'il y avait du monde... Y avait pas de danger que je ne sache pas ce que j'avais à faire. C'est pour ça qu'avec de semblables connaissances j'étais forcé d'avoir une bonne place... Naturellement, j'suis pas préfet de police ; j'aurais jamais voulu demander une place comme ça, d'ailleurs y n'auraient pas voulu me la donner, alors ça tombait bien... Non, mais j'ai une bonne place... bien payée... puis... presque rien à faire... jamais dérangé... à tel point que j'peux faire un autre métier en même temps (y faut bien que je gagne ma vie) parce que je suis officier de la police judiciaire préposé à la garde des propriétés rurales, mais... par intérim, autrement dit : je suis garde champêtre, mais par intérim seulement. Oui, à l'examen d'admission, à l'écrit il m'manquait deux, peut-être quatre points... peut-être un peu plus quand même... mais peu de chose. A l'oral, là... j'ai répondu beaucoup... j'en aurais plutôt dit trop ! L'examinateur m'a dit : « Ça va !... ça va !... » J'ai bien vu qu'il était content. D'ailleurs, comme j'en avais dit trop à l'oral et pas assez à l'écrit, ça faisait une moyenne.

J'vais pas rester par intérim, j'vais bientôt être titulaire, parce que personne veut l'être... à cause du képi... oui, parce que c'est toujours le même képi qui sert depuis... j'dirai pas depuis des dizaines d'années... mais disons depuis des siècles... alors, il s'est agrandi... il est un peu grand... mais comme j'ai une bonne tête... puis j'ai d'bonnes oreilles aussi... alors ça l'arrête un peu... y faut dire aussi que j'mets deux ou trois journaux à l'intérieur, alors ça va... j'suis plutôt bien avec. D'ailleurs, quand je suis dans l'exercice de mes fonctions et que je rencontre des gens du pays, y m'disent : « Oh !... il a mis l'beau képi ! »... c'est c'qui prouve que j'suis pas trop mal avec.

Puis les gens y m'aiment bien, faut dire aussi que j'fais mon boulot, y'a jamais de vol dans le pays... Y m'appellent « l'anti-vol »; c'est vrai qu'en tant qu'officier de la police judiciaire préposé à la garde des propriétés rurales... rurales... j'ai pas grand'chose à faire : y a qu'une rue dans l'pays... Si j'étais en ville, ce serait pas la même chose... y en a des rues. J'ai parfois du travail quand même, surtout... surtout quand y faut que je lise les avis avec mon tambour... c'est fatigant... Y a pas beaucoup de monde, mais c'est grand et dispersé, y a beaucoup de plaines. Au début, je me mettais au milieu, mais malheureusement les maisons ne sont pas au milieu... elles sont tout autour des plaines, alors j'avais beau taper à tour de bras sur mon tambour, y's'entendaient rien. Alors, je suis forcé d'aller jouer devant chaque maison. Y a deux ou trois maisons logées par des vieilles femmes qui sont sourdes... alors là, naturellement, je rentre tout simplement chez elles... et je joue du tambour dans la cuisine, comme ça elles entendent bien. C'est fatigant de faire une tournée comme ça, heureusement que je suis récompensé. A chaque maison, les gens m'offrent un verre ou deux, ou quatre, ou cinq... ça dépend... comment j'insiste; alors à la fin de la journée, je suis gai... à ce moment-là, l'avis je l'dis plus... je l'chante accompagné au tambour. (C'est l'côté amusant et lyrique de mon métier.) Naturellement je m'saoule pas, je suis sérieux (d'ailleurs, je tiens bien l'litre, même deux, même trois). Mais là, c'est plein... mais j'vais jamais jusque-là; parce que quand je suis à moitié, j'ai l'impression d'être plein. Alors je m'dis comme ça vaut mieux être plein avec une moitié du plein que d'être plein-plein avec deux moitiés qui s'entendent pas, qui se chamaillent la d'dans et qui se tournent à m'en faire mal au cœur, tant et si bien qu'une moitié est obligée de ressortir pour faire de la place à l'autre, j'vais jamais jusque-là...

J'suis jamais saoul... Pourtant, une fois, j'ai eu l'impression qu'on me donnait des croche-pieds (j'étais pourtant tout seul) j'ai trébuché, oh!... la la!... mais j'me suis rattrapé avec mes deux mains... hop!... je me suis raccroché... au gravier de la route... Y avait pas d'branches... alors forcément, y a qu'au sol que je pouvais m'raccrocher... puis, manque de chance, au moment où j'me rattrapais comme ça, à plat ventre, j'avais la tête dans un trou; pas moyen d'en sortir, j'y voyais plus rien... (pendant deux heures à plat ventre, la tête dans un trou, c'est pénible) j'n'osais pas tirer de peur que ça me fasse mal derrière les oreilles. A un moment, en colère, j'ai donné un grand coup à l'arrière pour me relever, mais j'm'étais trop élancé et j'suis r'tombé sur mon derrière et puis j'avais toujours la tête dans l'trou... Ça commençait à m'sembler bizarre... mais j'suis persévérant, j'ai bien tâtonné par terre pour bien me mettre les pieds en bas et la tête en haut et ça y était, j'étais debout, mais... j'avais toujours la tête dans l'trou... j'marchais pourtant pas la tête en bas! J'ai marché pendant deux heures, comme ça, et j'avais toujours la tête dans l'trou. Heureusement qu'un gosse est passé par là et m'a dit : « Eh!... l'antivol!... j'vous reconnais bien... même avec votre tête enfoncée dans l'tambour.

* Editions Fortin.

L'ingénieur *

Paroles de Bourvil

Moi, quand j'étais jeune, je ne voulais pas être artiste lyrique... Non, je voulais être ingénieur des ponts, puis des chaussées; alors mes parents m'ont mis à l'école; j'y suis resté longtemps, j'y suis resté jusqu'a dix-neuf ans et demi, parce que j'avais du mal à avoir mon certificat d'études, alors j'y suis resté jusqu'à cet âge-là pour l'avoir. Mais vous savez, à l'école, on n'étudiait pas tout pour être ingénieur dans les ponts puis dans les chaussées! Non! Moi, j'étudiais ça parce que j'avait ça dans le sang... le génie, l'initiative... Mais il y en avait d'autres qui étudiaient l'anglais parce qu'ils voulaient aller en Angleterre, d'autres qui étudiaient l'algèbre parce qu'il voulaient aller à Alger... Je ne sais pas si vous avez été dans les grandes écoles, mais c'est comme ça que ça se passe!

Puis, vous savez, quand on a terminé ses études en tant qu'ingénieur des ponts puis des chaussées, en sortant on a une place tout de suite... Alors moi, en sortant, j'ai débuté comme chef cantonnier. Alors là j'avais l'initiative, on m'avait confié le commandement; j'avais quatre cantonniers sous mes ordres. J'avais les plans, je calculais, parce que vous savez, dans les routes... tant de trous... tant de cailloux... tant de brouettes... n'est-ce pas... les multiplications, puis les divisions... Enfin, j'avais les études pour ça, c'était normal. Et tout le monde me connaissait bien là-bas, même les gosses... De loin, ils me criaient : « L'ingénieur!...L'ingénieur!... » Ils savaient bien que j'étais ingénieur!... Après ça, le moment d'aller au régiment est venu; alors je me suis dit : « En tant qu'ingénieur, ils vont me repérer... »

Ça n'a pas manqué, ils m'ont mis dans le génie... Mais là j'étais chez moi... avec tous les ingénieurs! Ils m'appelaient « l'ingénieur d'ailleurs »!... Ils m'appelaient même « l'homme lumière »... pour rigoler... parce que j'avais été versé dans une section motocycliste comme éclaireur. Dans les manœuvres, je partais de l'avant et j'éclairais avec ma moto, je faisais de la lumière. Un jour j'ai eu un ennui parce que ma moto était en panne; j'étais embarrassé parce que moi j'ai fait mes études dans les ponts puis les chaussées, mais dans le moteur... non... Mais quand même je n'ai pas voulu en rester là... Dans le génie on est tous comme ça on veut toujours voir plus loin... découvrir... J'en ai pas eu pour longtemps... J'ai l'habitude de chercher... J'ai vu un truc qui giclait... le gicleur... Ensuite la bougie, j'ai fait faire l'étincelle... En moins de deux ça y était... j'avais foutu le feu à la moto. J'étais embarrassé parce que j'avais de l'essence sur ma capote, alors j'ai pris feu. Ça me chauffait... ça me chauffait... Mais quand même j'ai pas perdu mon sang-froid... Toujours l'initiative! Il y avait un herbage à côté, je me suis roulé dans l'herbe pour tout étouffer... toujours l'initiative!... Mais je n'avais pas fait attention que dans l'herbage il y avait beaucoup de vaches, alors naturellement il y avait beaucoup de... Puis forcément je me suis roulé dedans... et plus je me roulais... plus j'en écrasais!... Surtout moi qui suis lourd... J'avais bien appris à l'école : pierre qui roule n'amasse pas mousse, mais je vous garantis que si Pierre... il en n'a pas ramassé de la mousse,

...moi j'en ai ramassé... J'étais plutôt emmoussaillé... Puis pour mes brûlures c'était pas bon... Je savais bien que l'on mettait de la pommade, mais tout de même pas celle-là. Mais quand même je n'ai pas perdu le nord... toujours l'initiative!... Il y avait une mare à côté; je me suis dit, je vais plonger, ça va tout éteindre... Aussitôt dit, aussitôt fait, je plonge jusqu'au fond... Ça n'a pas loupé!... Surtout que je ne sais pas nager, alors j'ai eu plus de facilité. J'étais au fond, je ne pouvais plus remonter, alors les copains m'ont repêché; je me suis retrouvé à l'hopital. Le docteur est venu et m'a dit : « Alors! Sacré ingénieur (parce qu'il savait bien que j'étais ingénieur), tu t'es noyé, tu t'es brûlé... tu t'es jeté dans l'eau bouillante? » Je lui dis :« Non, docteur! Je brûlais, alors, vous comprenez, j'ai plongé!... ». Alors il me dit : « Tu as dû être transi! » Je lui dis : « Non, docteur, j'étais bien couvert!... »

* Editions Fortin.

L'inventeur *

Paroles de Bourvil et de Jean-Jacques Vital

Le métier que j' préfère, c'est inventeur!... Oui!... Parce qu'inventeur c'est un métier où il faut déployer beaucoup d'intelligence et d'initiative. Alors y' m' semble que là-dessus j'ai pas à m'plaindre... j' suis bien servi!... hein!... On m'avait dit : « Si tu arrives à inventer quelque chose, tu n'auras qu'à en parler à un financier, il t'achètera ton invention, ça te rapportera beaucoup. » Alors j'ai décidé d'y aller. En arrivant, la secrétaire m'a dit : « Justement, on vous attendait! » J' m' dis comme ça : « Ça tombe bien. » Elle m'a dit : « Rentrez, on va vous introduire tout de suite! » Alors j'la vois revenir avec un grand balai; j' commençais à avoir peur et j'lui dis : « Je ne suis pas le balayeur, excusez-moi! » Elle me répond : « Y a pas de mal! » J' lui dis : « Si, y a une valise, c'est là-dedans que j' mets mon invention! » Elle m' dit : « Vous êtes inventeur?... » J' lui dis : « Oui... » Elle m'dit : « L'habit ne fait pas le moine. » J'lui dis : « Oui... » J'étais un peu troublé. Elle m'dit : « On va vous faire attendre un peu. J' lui dis : « Oui, mais pas trop longtemps!... » Alors j'attends trois heures!... Je m' disais comme ça, si ça continue ça va pas tarder à être long. J' m'étais assis sur ma valise en attendant parce que j'avais peur qu'on me vole mon invention, si toutefois j' m'étais endormi. Puis pendant tout le temps que j'attendais il y avait les dactylos; elles entrouvraient la porte les unes après les autres pour me r'garder... puis elles riaient! Elles étaient jeunes, fallait bien qu'elles s'amusent!... Ou alors peut-être bien qu'elles rigolaient parce que j'étais sympathique... Peut-être!... Ou alors elles me regardaient pour m'épier parce qu'elles avaient peur que j' m'en aille avec mon invention. A un moment j'ai même abusé, je leur ai fait peur, je leur ai dit : « Si vous me faites attendre encore... trois ou quatre heures, j' vais m'en aller avec mon invention... » Alors là elles ont eu peur. Le soir même j'étais reçu par le directeur. J' lui dis : « Bonjour... » J' lui dis : « J'suis l'inventeur! » Il m' répond : « J' suis sceptique! » J' lui réponds : « Enchanté! » Y m' dit : « Vous savez que pour un inventeur, il faut avoir un certain bagage! » J' lui réponds pas, mais sans avoir l'air de rien j' lui fais voir ma valise. Alors là il a été suffoqué, il en a même fait une réflexion à sa secrétaire; il lui a dit : « Qu'est-ce qu'y traîne... » Il m'a dit : « Vous avez une certaine ressemblance avec celui qui a inventé le fil à couper le beurre!... » J' lui dis : « Ça s' peut très bien, y a eu tellement d'inventeurs dans ma famille. » Alors j' lui ai présenté mon invention, je lui ai dit : « Voilà, j'ai inventé quelque chose pour attraper les crocodiles vivants!... » Alors, tout d'suite intéressé dans l'affaire, y m' répond : « Ah!... très bien!... » Je lui dis : « Voilà : il faut une valise pour mettre l'invention, puis pour rapporter le crocodile; une paire de jumelles, des journaux (parce que quand vous avez rendez-vous avec un crocodile, si toutefois il vous fait attendre, vous lisez l' journal), puis une pince à épiler; alors vous allez dans un endroit où y a des crocodiles, autant que possible (sans quoi vous êtes obligé d'emporter un stock de journaux), puis vous attendez, et quand vous voyez le crocodile s'amener, faut pas avoir peur... Tout simplement vous prenez votre jumelle... mais... vous la prenez par le gros bout... du sens opposé... Alors, forcément... l' crocrodile!... vous l' voyez tout p'tit!... Il est fait comme un rat... Enfin, comme un crocodile mais il est tout p'tit; alors vous prenez votre pince à épiler, puis vous l'mettez dans le panier!... Voilà!... »

* Editions Fortin.

Je suis chansonnier *

Musique de Gaston Claret
Paroles de Bourvil et de Robert Rocca

Chansonnier... c'est un bon métier aussi... ça rapporte... parce qu'il y a le « droit d'auteur »... Vous ne savez pas ce que c'est le droit d'auteur?... Ben!... je vais vous l'expliquer... Je me suis renseigné auprès d'un camarade chansonnier... Pensez bien que j'aurais pas voulu m'engager dans ce métier-là sans savoir. Le droit d'auteur c'est comme de l'argent que vous touchez... plus ou moins... selon la hauteur... Si vous êtes grand chansonnier... si... euh!... enfin... c'est le droit d'auteur. Maintenant pour moi ça marche bien, je suis au théâtre des deux ânes... J'y suis rentré assez bêtement... C'est le directeur du théâtre des deux ânes qui m'a écrit qu'il y en avait un des deux qui était malade, alors si je voulais le remplacer... Pensez bien que j'ai sauté sur l'occasion. J'ai bien vu comment ils faisaient, les autres chansonniers... c'est pas difficile... Quand on est chansonnier, il faut faire des chansons sur ce qui se passe, alors eux... les chansonniers, qu'est-ce qu'ils font?... Ils achètent le journal, puis ils lisent ce qu'il y a dessus, alors ils ne sont pas plus bêtes que d'autres, ils comprennent bien ce qu'ils lisent... Alors ils le mettent en vers et contre tous... Voilà... Vous n'avez peut-être pas bien compris?... Je vais vous donner un exemple... Par exemple, sur le journal, vous voyez :

« Aujourd'hui on ne touche pas de viande... » Ben... c'est le titre de votre chanson!... Mais si l'on en touche, faut changer... C'est vrai qu'en ce moment on est tranquille... On est parfois trois semaines sans changer. Puis il faut mettre ça sur un air, un air de danse... n'importe quoi... la danse devant le buffet par exemple... ou autre chose... un air vache... ou un air bœuf, ça corse un peu. Ecoutez la mienne... C'est sur un sujet original... c'est sur le ravitaillement.

Avec mes tickets d'viande mon boucher l'autre soir
Voulait m'donner du mou mais j'ai laissé l'mou... choir

Mouchoir... Hein!... Il est bon... Ça porte (*rires*), puis aux deux ânes mes camarades chansonniers sont gentils avec moi, quand je fais un jeu de mots, pour créer l'ambiance ils font : hi! han! hi! han!... parce qu'ils me disent que c'est moi le plus qualifié pour représenter les deux ânes.

Le franc est dévalué, il vaut un sou maintenant
A ce prix-là le franc n'est vraiment qu'un sous franc

Souffrant... Hein!... Il est bien aussi celui-là... Il porte... surtout à l'étranger...
Maintenant, le troisième :

Y a des engins nouveaux qui font sensation... on

(Là il me manquait un pied... alors j'ai ajouté on... je vais vous expliquer après...)

Mais aux bomb's atomiques je préfère les bomb'... on...

Bonbons... Hein... Il est peut-être plus difficile à comprendre mais il est bien aussi... celui-là.
Quatrième :

Pour faire la soupe, mettez un verre de lunettes
Dans un livre de messe... ça f'ra un verr' missel...

Vermicelle... Hein!... (*rires*) il est bien aussi celui-là... L'autre jour il y a un spectateur qui m'avait tellement compris qu'il m'a jeté un poireau sur la scène en me disant : « Tiens!... tu mettras ça dans ta soupe!... ça corsera... »
Cinquième :

Si vous applaudissez brav' gens ma p'tite chanson
Je penserai de vous que vous êtes des gens bons.

Jambons... Hein!... Il est bien aussi... Il porte... surtout chez les charcutiers...
Euh!... euh!... j'ai fini!...

* Editions Fortin.

La Laide *

Poème de Camille François

Elle était laid' depuis toujours,
Personne y avait parlé d'amour,
C'était dev'nu un' habitude.
Les hommes disaient en la voyant :
« T'aurais-t-y perdu en passant
Tes fess's dans un coup d'vent trop rude?

Dis-nous... qui c'est qu'a barbotté
C'que l'Bon Dieu avait dû poser
Dans l'temps... par devant ton corsage? »
Un aut' criait : « Bois un coup d'blanc,
P't'êt qu'en s'répandant sur tes dents,
Ça va donner du miroitage! »

Et ça r'commençait tous les jours.
Les gars... Ils étaient pas à court...
C'était entré dans les usages.
Ell' répondait presque jamais,
Ell' savait bien qu'son manqu' d'attrait
C'était l'point curieux du village.

Pour combl' de malheur... ses parents
Y avaient donné un nom charmant :

« Aurore », tout comm' à un' princesse.
D'puis qu'ell' savait un peu causer,
Ell' l'avait jamais prononcé
Qu'tout' seul'... pour calmer sa détresse.

Un jour... v'là-t-y pas qu'un parent
Qu'était parti d'puis un bout d'temps
Chercher des sous en Amérique,
Il a pris des dispositions
Pour qu'ell' hérite d'un' bell' maison
Et d'un' rente assez sympathique.

Alors... quand ell' a eu tout ça,
Dans son p'tit cerveau délicat,
La laide... ell' a pensé des choses...
Et tout autour de sa maison
Ell' a fait pour la belle saison
Un immense jardin de roses.

Et puis... riant de sa laideur
En regardant pousser les fleurs
Sous le soleil aux douceurs blondes,
La laide a compris qu'ell' avait
Le droit de dire désormais :
« J'ai embelli un coin du monde. »

* Editions Pathé Marconi.

Logis d'artiste *

Paroles de Bourvil

(A dire après une chanson.) Vous avez vu comment je l'ai chantée, cette chanson ?... J'suis content, ça marche !... ça marche mieux que ça a marché !... Il y a longtemps que j'suis artiste moi !... eh !... oui !. Mais ce qu'il y avait c'est que personne s'en apercevait, alors les directeurs de théâtre n' m'engageaient pas !... Y m'engageaient... mais à rester chez moi !... Vous parlez d'un raisonnement !... Ça m'rapportait pas à moi !... parce que j' faisais pas payer pour rentrer chez moi !... D'ailleurs y venait jamais personne !... C'est dommage parce que c'était gentil chez moi !... C'était petit, mais mignon !... On aurait pu faire des cocktails... si les gens avaient apporté à boire !... C'était petit, mais j'avais su arranger ça ! J'avais un lit pliant, une table pliante... un pliant pour m'asseoir... vraiment, j'aurais été curieux de voir tout ça déplié.. si ça avait été plus grand... Puis j'avais eu une idée !... parce que... comme j'suis artiste, j'ai du goût... je suis plein d'idées... pour isoler mon lit, j'avais eu l'idée de commander une cloison pliante... vous savez un... un panneau... alors j'ai écrit au magasin... Pensez bien qu'avec la plume que j'ai... j' suis pas embarrassé, j' me suis bien expliqué... Alors y m'ont envoyé une panoplie... alors là... j'ai été déçu parce que non seulement c'était trop petit, mais ça ne se pliait pas... j'étais pas content. Ça n'empêche pas que c'était mignon chez moi... J'dis pas que... parfois pour m'habiller l' matin, j' passais l' bras par la fenêre, pour me faire de la place... mais quand même j'étais chez moi ! J'ai vu parfois recevoir deux copains en même temps... Je les faisais rentrer tous les deux du même coup... J' laissais la porte ouverte pour rester ensemble... parce qu'à ce moment-là j'étais sur l'palier... Mais quand même j'étais chez moi... j'étais bien tranquille... j'étais incognito car quand on est artiste y faut être incognito... C'est vrai que moi j'avais l'avantage de ne pas être connu... Y avait qu' ma concierge qui m' connaissait... Mais elle était discrète, hein !... eh ! oui... quand j' passais devant sa loge et qu'il y avait des locataires, elle m'disait : « Bonjour, monsieur l'chanteur inconnu »... Inconnu... comme ça j' passais inaperçu... Et l' plus marrant c'est que c'était un autre... l' chanteur inconnu !... C'était pas moi !... Toujours double jeu, c'est ce qui faisait ma force. Moi j'étais pas l'chanteur inconnu... je préparais un numéro de danse sur *La Mort du cygne* de Saint-Saëns !... C'est difficile ça... Non seulement y faut être souple, mais y faut être gracieux c'est bien pour ça que j'avais du mal... L' professeur y me l' disait... « C'est-y l'cygne ou bien l'oie que vous voulez faire ?... » Je lui dis : « J' sais pas !... » Y m' dit : « C'est le cygne... l'oie de Saint-Saëns, ça n'existe pas !... » Y m' l'aurait dit avant... Après ça j'avais des engagements partout... à Pont-à-Mousson... Vaucresson... J'arrivais sur scène comme ça... (vous me regardez, hein !...), je faisais le cygne qui s' meurt... je faisais celui qui en avait un coup dans l'aile... et pouf... je tombais mort. Mais, dans ces fichues salles de province, c'est misère et compagnie. Alors... j' faisais l' mort comme ça (vous me regardez), mais j' pouvais pas être mort comme ça toute ma vie...

Y fallait bien que j'm'en aille, alors comme y avait pas de rideau, y voyaient bien que j'étais pas mort. Alors forcément y m'applaudissaient pas... Parce que, si j'avais été mort, y m'auraient applaudi. C'est pour vous dire que c'est ingrat ce métier-là, c'est ingrat!... Quand j'ai vu ça... j'ai dit : « Aux grands maux les grands remèdes! » J' me suis dit : « Un récital à la salle Pleyel... avec un rideau » (y faut pas s' laisser faire); alors j'arrive sur la scène de la salle Pleyel... comme un vrai cygne... pouf!... j' suis tombé dans fosse! Puis j'suis tombé sur un musicien... au lieu d'la mort du cygne, ça allait être la mort du musicien... Puis y m'ont même pas applaudi... Alors j' me suis ramassé tout seul... Puis j'ai salué pour triompher devant l'public... Il était pas là... y avait personne... Voyez-vous si c'est ingrat ce métier-là... avait juste une petite voix au poulailler qui faisait : « C'est ça l' cygne?... » (C'était ma concierge qu'était venue.) J' lui dis : « Oui, c'est ça l' cygne! — Ah!... qu'elle m' répond, si j'avais su, même que vous m'avez donné une place pour rien, si j'avais su, je n'serais pas venue! » Oh!... j'suis un artiste assez susceptible, quand j'ai vu ça, j'ai appelé la police et j'ai fait évacuer la salle...

* Editions Fortin.

Le ministre de l'Agriculture *

Paroles de Bourvil

Chers concitoyens,

C'est en tant que ministre de l'Agriculture et en tant que représentant de la paysannerie française que je vais vous parler ce soir de la terre.

Je m'adresserai plus particulièrement aux paysans des villes. « Paysans des villes », me direz-vous, chose paradoxale, oui je sais, mais je vais préciser. Je vais vous parler des paysans qui ont laissé la terre pour venir en ville et ils sont nombreux, je m'en suis aperçu. C'est vrai qu'il y en a qui ont l'air paysan tout en étant nés à la ville, mais quand même! Je veux demander à ceux qui ont quitté la terre de retourner à la terre, pour retourner à la terre. Certains sont honteux, il n'osent pas retourner, ils hésitent, mais non!... ne soyez pas pleins d'hésitations, ne dites pas comme la femme du grand compositeur Georges Bizet, Marie, je crois, qui disait : « J'y vas-t'y, j'y vas-t'y pas? » Allez-y et ne soyez pas honteux car « le cœur qui bat sous la blouse du paysan vaut bien l'sien qui bat sous l'chapeau du citadin ». Et tant que je serai ministre de l'Agriculture (mon ministère peut bien durer quelque temps! quand même! Y a pas de raison qui dure pas deux moins au moins). Ben!... je ferai une campagne pour la terre, car sans terre il n'y aurait pas de campagne. Je vous dis : n'abandonnez pas les plaines du Berry, de la Beauce, la plaine Saint-Denis. Et comme a dit Fénelon : « Pour que la France reste un pays cultivé, y faut des cultivateurs. » Il y en a un qui pensait à la terre : c'est Christophe Colomb qui à force de crier « Terre, terre, terre », il a découvert l'Amérique. Je sais, vous me direz c'était pas difficile, avec des gratte-ciel aussi hauts, ça se voyait de loin, mais quand même, fallait y penser. Malheureusement il y a trois fois plus d'eau que de terre, tous les savants en ont parlé, les savants de Londres, les savants de Washington, les savants de Paris, les savants de Marseille ont fait mousser la chose, si j'ose m'exprimer ainsi, en vérité, j'ose, oui j'ose, ah! oui, j'ose, et si je vous disais qu'il faudrait pomper l'eau ce serait pas une bonne idée?... Hein, dites! dites?... Vous voyez mon audace, c'est vrai que pomper l'eau pour la rejeter de l'autre côté, vous allez me dire tout de suite, c'est bête!... hein!... C'est pourquoi je n'insisterai pas plus sur la question. D'ailleurs des savants comme moi se sont penchés sur ce problème de l'eau, puis ils s'y sont noyés (y n'avaient qu'à pas tant se pencher); c'est pourquoi je ne m'avancerai pas plus sur cette question car je ne veux pas me mouiller. Inutile de faire la conclusion de mon discours, elle est toute trouvée, c'est vous qui la ferez, car vous avez senti que j'étais celui qui allait toujours de l'avant. Vous allez tous avec moi, pour que je me sente plus fort. Vous n'allez pas me laisser tout seul et pour terminer avec moi en avant, je vous dis : Allez, hue!...

* Editions Fortin.

Mon chien *

Poème de Camille François

Un' fois j'ai trouvé un cabot
Moitié fox... et moitié caniche,
Bien qu'y soye sûr'ment à des riches,
Il a r'niflé mes godillots.
J'étais l'long d'la Seine à Saint-Denis,
L'soleil tapait dans les feuillages,
C'était un vrai temps à mariage...
        Y m'a suivi.

J'y ai d'abord foutu des cailloux,
J'avais pas b'soin d'bouche inutile.
La tartine est trop difficile
A trouver... Et moi j'suis pas fou,
J'allais pas m'mett' à lui donner
L'peu qu'y avait dans ma musette,
Mais il était têtu... c'te bête...
        J'ai partagé.

Puis on est partis... tous les deux,
J'ai apprécié sa compagnie,
J'étais tout l'temps seul dans la vie,
Je m'suis senti moins malheureux.
Le soir... y v'nait s'entortiller

Près d'moi... et j'étais dans ma toile
Content d'avoir sous les étoiles
           Un' amitié.

Un chien, ça s'en fout d'la laideur,
Des manièr's et des élégances.
Tout bête que c'est... un chien... ça pense
Qu'on a du rêve... et puis un cœur.
Y a bien des filles pour rigoler
Qu'ont eu pour moi des complaisances;
Mais y a qu'mon chien dans l'existence
           Qui m'a aimé.

Un jour qu'y pleuvait, en hiver,
On finissait d'casser la croûte,
Il était à pein' su' la route
Qu'un' auto m'l'a fichu en l'air.
Y m'a r'gardé... l'air étonné,
Pis sa p'tit' âme s'est endormie,
Et, pour la première fois d'ma vie,
           Ben... j'ai pleuré.

* Editions Pathé Marconi.

Père nourricier *

Poème de Camille François

Non... qu'est-c'que j'peux avoir bonn'mine
A fair' prendr' le frais au lardon
C'est moi... la nourric' sèche maison
Je suis l'préposé aux tétines.
Tiens... on va s'mett' là... mon bonhomme
C'est un squar' qu'a pas d'courants d'air
Tu vas êtr' tout c'qu'y a d' « aux pommes »
Vu que l'soleil vient en travers.

Profit's-en... r'gard'-le bien ton père
Y va t'donner des bons conseils.
Réveill'toi... c'est pas dans l'sommeil
Que tu pass'ras un' vie pépère
Faudra t'remuer... secouer tes chaînes
Etr' celui qu'a toujours raison
Et pas t'fair' sonner tout' la s'maine
Par ta mégère... à la maison.

J'voyageais quand t'es v'nu au monde
Mais tu m'connais... j'suis pas jaloux
Si tu r'ssembl's au voisin du d'ssous
Ça m'ennuie pas un' seul' seconde.
C'que j'veux... c'est porter la culotte

Boire le Pernod... l'Picon-citron
Jouer au billard... à la belotte
N... de D... C'est l'heur' du bib'ron.

Bois un coup pendant qu'tu peux l'faire
Sans trop risquer d'êtr' engueulé.
T'es mon fils... t'as l'droit d'rigoler
Et l'devoir d'écouter ton père.
D'raconter tout ça... ça m'soulage
Et... comm' tu sais dir' que « caca »
J'suis pénard... pour mes bavardages
C'est pas toi qui les répét'ra.

Plus tard quand tu s'ras militaire
(Car de ça... y'en aura toujours)
L'juteux t'fera balayer la cour
Tu s'ras d'chiott's et pis d'pomm' de terre.
Si tout l'monde te tend des embûches
Et si t'es d'jus tous les matins
Venge-toi... en pissant dans la cruche.
Ça leur f'ra les pieds... aux copains.

Laiss's moi aussi t'parler des femmes
Ell's aiment les « Jules » qu'est des « César »
Ceuss' qui cognent... qui font du pétard
Et qu'ont la vedett' dans l'programme.
Fais pas comm' moi qu'es un' flanelle
Et qui fait marrer tout l'quartier
Quand j'fais la croût' et la vaisselle
Pendant qu'Madame... va prendr' le thé.

Y a des fois qu'je m'fous en colère
Que j'ai envie d'tout planter là.
Pis j'te r'gard' me tendr' tes p'tits bras

Comm' si tu m'faisais un' prière.
C'est là qu't'es plus fort que ta mère
Pisque je m'sens tout désarmé
Et qu'au lieu d'aller m'faire la paire
J'rest' avec toi... Pour t'embrasser.

* Editions Pathé Marconi.

Le Petit Tondu *

Paroles de Pierre Ferrary et Robert Picq
Créé par Bourvil dans l'émission « Constellations 48 »
(Radiodiffusion française)

Tel que vous me voyez, je suis très musicien, moi, oui! et poète également... La preuve, c'est que j'ai composé un opéra, paroles et musique, parfaitement!... D'ailleurs, je suis venu à Paris pour le présenter à l'Opéra... On m'a dit, il est très bien votre opéra, mais il n'y a pas assez de swing!... Ecrivez un opéra bien swing, et on vous le montera. Où ça? que j'ai demandé... On le montera au grenier avec les autres, qu'ils m'ont répondu... C'est dommage parce que c'est un rudement bel opéra! D'ailleurs, je vais vous le raconter, c'est l'histoire de Napoléon Ier... ça s'appelle *Le Petit Tondu*. Voilà :

PREMIER ACTE. Nous sommes dans la cour de la caserne d'Ajaccio. Napoléon Ier, qui n'est encore que caporal et pas encore tondu, fait faire l'exercice aux bleus... Les bleus, c'est des gracieuses danseuses habillées en soldats... Petit ballet. *(Il chantonne.)* Poum poum poum poum... Les bleus s'empêtrent dans leurs sabres qu'ils ne savent pas encore bien tenir et chantent :

Ah! c' qu'on s'empêtre ici
Ah! c' qu'on s'empêtre ici

Le rideau tombe comme quatre jours de boîte... Fin du premier acte.

DEUXIÈME ACTE. Napoléon se promène aux Tuileries... Tout à coup, passe une jolie femme, c'est Joséphine de Beauharnais... Son père était bourrelier, probablement!... Napoléon en tombe amoureux et lui chante :

> *José José Joséphine*
> *C'est fou c' que t'as la peau fine !*

Elle lui dit, coquette : « Je suis née aux Antilles. » Il lui répond galamment : « C'est pour ça que vous êtes si-z-entille !... »

Le calembour tombe à plat. Le rideau aussi... Fin du deuxième acte.

TROISIÈME ACTE. Napoléon épouse Joséphine, mais bientôt il la répugne... pardon ! il la répudie parce qu'il a rencontré Marie-Louise et qu'il en est tombé amoureux. Il lui avoue sa flamme, elle tombe dans ses bras et le rideau tombe à pic... Fin du troisième acte.

QUATRIÈME ACTE. Napoléon a épousé Marie-Louise, parce que pendant l'entr'acte, il lui a fait un petit Anglais... Pardon ! un petit aiglon... Baptême, dragées, bonbons acidulés, esquimaux, chocolats glacés... Le rideau tombe à genoux... Fin du quatrième acte.

CINQUIÈME ACTE. Les conquêtes de Napoléon : Madame Sans-gêne, Marengo, Sidonie Panache, Austerlitz, Fleurus 18-15... Pardon ! 1815... Dans ce temps-là, ils n'avaient pas le téléphone !... Apothéose : le rideau tombe à pieds joints... Fin du cinquième acte.

SIXIÈME ACTE. Napoléon est en Russie... Il fait un froid de canard... Il attrape des douleurs... De l'arthrite... C'est l'arthrite de Russie... c'est la plus mauvaise... Elle est très difficile à soigner... Ça se termine par une tempête de neige... Petit ballet pour balayer la neige... Le rideau tombe en plein dans la Bérézina... Fin du sixième acte.

AU SEPTIÈME ACTE. Ça se corse!... Forcément, avec Napoléon! On est à Waterloo... Les grognards sont rangés en carré autour de l'Empereur. Tout à coup, les Anglais leur crient : « Braves Français, rendez-vous!... » Et Cambronne qui n'avait pas sa langue dans sa poche leur répond : « Nous rendre? Ah ben, je la trouve amère alors!... » Et le rideau tombe à côté... Les musiciens tombent de fatigue... Les chanteurs tombent raides morts et les spectateurs tombent à bras raccourcis sur l'auteur...

* Editions Fortin.

La plume *

Paroles de Bourvil

Je vais vous chanter une rumba et je vais vous la danser; parce que je n'ai pas l'air comme ça, moi, je suis souple, vous savez. Quand je suis déshabillé, tout ça *(montrant ses pectoraux)*, c'est plein!... C'est dodu!... On voit le muscle. D'ailleurs, moi... avant je faisais des poses plastiques, j'ai pris trois ans de leçons avec Serge Nifar. Vous le connaissez Serge Nifar? Hein!... Bon! Quand vous le verrez, vous lui demanderez : « Est-ce que vous connaissez le danseur Bourvil? » Ben, il vous dira « Oui! » Vous voyez bien que je ne vous mens pas!... C'est une preuve ça!... Puis avec Serge Nifar vous voyez les poses plastiques! Vous regardez, hein?... *(Faire quelques poses comiques.)* Des poses plastiques, j'en connais beaucoup!... Pensez, j'en faisais mon métier! Alors! Puis Serge Nifar, c'est un type qui voyait clair! Il avait bien vu que j'avais des facilités, alors il m'avait dit : « On vous poussera un peu et vous me remplacerez à l'Opéra! » Alors je l'ai doublé à l'Opéra pendant trois ans, mais je n'ai pas eu de chance parce qu'il n'a jamais été malade! Alors!... Sans ça, je l'aurais fait, vous savez!... D'ailleurs Serge Nifar me l'avait dit; il m'avait dit : « Votre souplesse vous le permettrait. » Alors!... Pensez bien si j'étais content, moi. Après ça j'ai eu un contrat au Grand Casino de Paris, mais là c'était pas la même chose... du tout !... Mais ce qu'il y a, il fallait être souple ! Ah oui !... D'ailleurs, le directeur me l'avait dit, sans savoir à qui « qui » causait, il m'avait dit : « Y faut être souple. » Alors moi, vous pensez bien que là-dessus je craignais rien ! Hein ! Dites !... Vous me connaissez, hein ?... Dites !... Pas besoin de certificat, moi !... J'ai fait mes preuves !... Pensez bien, moi qui avait pris des leçons avec Serge Nifar, vous devez bien penser que je rigolais. Enfin, c'est ce qui prouve qu'on ne sait pas toujours à qui « qu'on » cause.

Le fait est qu'il fallait être souple parce que j'étais engagé pour faire l'oiseau rare ; j'étais nu, pas nu, nu, mais un petit peu nu, puis on m'avait mis une plume dans le... comme gouvernail, et je partais comme ça : vous regardez, hein ?... *(Quelques pas en danseuse.)* Il fallait que je sois léger, aérien, alors j'étais dans mon élément. Puis nous voilà au premier jour du contrat et, comme je ne suis pas bien habitué au music-hall — c'est surtout le classique, n'est-ce pas —, il s'est passé une histoire bête... vraiment bête, parce que, au moment de m'habiller, je me suis trompé ! C'est bête, hein !... Au lieu de me mettre la plume comme gouvernail, je me la suis mise dans les cheveux, c'est bête, hein !... C'est d'autant plus bête que vous devez bien penser que c'était pas la première fois que je voyais un oiseau !... Hein !... Enfin !... Je me suis mis à danser comme ça, mais le directeur qui était dans les coulisses s'en est aperçu, alors il m'a crié : « La plume !... La plume !... » et moi, comble de malheur, je ne comprenais pas, c'est bête, hein !... Vraiment je n'étais pas « subtil » ce jour-là ; même à un moment j'ai cru qu'il voulait que je chante : alors, comme je connais tous mes classiques, je me suis mis à chanter « Comme la plume au vent... » *(Rigoletto)*. J'ai continué jusqu'au bout comme ça, mais en arrivant dans les coulisses vous parlez d'une comédie!... Le directeur était en colère!... Vous parlez!... Mais quand même j'ai ri, parce qu'il est tellement grossier et vulgaire que, franchement, j'ai ri... vous savez... parce qu'il s'est approché tout près de moi et, tout grossier comme il est, il m'a dit : « C'est pas la plume au vent que je veux!... C'est la plume au c... »

* Editions Fortin.

Quand y pleut *

Poème de Camille François

Quand j'suis roulé dans mon pal'tot
Et qu'y'a la flotte qui dégouline...
Quand ça fait bâiller mes bottines
Comm' un' grenouille de météo,
Vu qu'j'ai pas un' têt' de cochon,
J'm'insurg' pas contre les mouillures.
J'laiss' le robinet d'la nature
Déballer à fond sa mixture,
Et pis... je m'fais des réflexions.

Je m'dis... ça y est... c'coup-là... mon vieux
C'est l'Bon Dieu qui fait sa lessive,
C'est à pein' parti... qu'ça arrive
Et qu'on en a plus qu'on en veut.
Faut dire que c'est un grand seigneur,
Y r'gard' pas à la fantaisie,
Mais y frein'rait p't'êt' sa manie,
S'il avait une compagnie
Qui lui ait foutu un compteur.

D'abord c'est un drôl' de Bon Dieu :
Y varie pas sur la cam'lote :
C'est d'la flott' et toujours la flotte,

Et moi... j'peux pas l'prend' au sérieux.
Y faudrait qu'un' fois... par hasard,
Y change un peu la fourniture,
Et qu'pour nous fair' un' bonn' coupure,
Y laisse tomber sur nos galures
Un' petit' tempête de pinard.

Comm' y a un proverb' qui dit
Que l'eau... ell' va à la rivière,
L'pinard... y f'rait pas plus d'manières :
Y fonc'rait d'dans... et moi aussi.
J'ai jamais été grand nageur,
Mais quand j'aurais mangé ma soupe,
Y aurait pas d'danger que j'la loupe
L'occasion d'y tirer ma coupe...
Dans du pinard... c'est un' splendeur!

C'est assez marrant d'y penser;
Ça chang'rait tout... mêm' la mer Blanche,
Et pis... sur n'import' quel bout d'planche
Tout l'mond' y voudrait naviguer.
Dans ma p'tit' boîte à réflexions,
J'emmanch' comm' ça des tas d'combines
Pendant qu'sur le bout d'mes tartines
L'eau qui s'est am'née en voisine
Va fair' un' visite aux talons.

Et je m'dis qu'c'est p't'êt' mieux comme ça,
Que l'gars d'là-haut, c'est pas un' bille!
Qu'y connaît bien sa p'tit' famille
Et qu'il s'agit en délicat.
Tout c'qu'est pas rare!... on n'en veut pas,

Et si c'était l'pinard qui fonde
Sur tous les clients d'la mapp'monde,
Comm' y en aurait pour tout l'monde...
Ben l'monde... y le r'gard'rait mêm' pas.

* Editions Pathé Marconi.

Une déclamation mouvementée *

Paroles de Pierre Ferrary et Robert Picq
Créé par Bourvil dans « Constellation 48 »
(Radiodiffusion française)

Mesdames et Messieurs, je vais avoir le plaisir de vous interpréter « La conscience », le célèbre poème de l'immortel Victor Hugo, dans lequel l'auteur retrace la fuite et les remords de Caïn après l'assassinat de son frère.

Je commence... Hum!... Hum!... *(Annonçant.)* « La conscience »... de Victor Hugo.

Lorsqu'avec ses enfants, vêtus de paires de bottes... de peaux de biques... de peaux de bêtes.

Echevelé, livide, au milieu des trompettes... des trempettes, des tempêtes... Excusez-moi, j'ai un peu le trac...

Caïn se fut enfui de devant Jéhovah.

Comme le square fermait... comme le phare tournait... comme le soir tombait, le limaçon bava... Le maçon... L'hameçon... Ah! zut!... L'homme sombre arriva.

Au gras d'une campagne... au bras d'une compagne... au bas d'une montagne, en une grange pleine... en une grande plaine.

Sa femme fatiguée et ses ficelles de laine... et ses fils hors d'haleine.

Lui dirent : « Mouchons-nous... couchons-nous sur la tête et mordons... Couchons-nous sur la terre et dormons. »

Caïn ne dormant pas songeait au mont-de-piété... au

coin du pont... au pied des monts!... Décidément!... je vous demande pardon...

Ayant levé la tête, au son des lieux... au long des pieux... au fond des cieux funèbres.

Il vit un œil, tout grand ouvert, dans les vertèbres... dans les ténèbres.

Et qui le regardait dans l' nombril, fixement... Non!... dans l'ombre fixement.

Je suis tout fou... je suis très frit... je suis trop frais... trop près, dit-il, avec un fourniment... un régiment... un tremblement...

Il réveilla ses fils normands, sa femme Luce... Non! ses fils dormant, sa femme lasse.

Et se remit à cuire... à luir... à fuir sinoque... ministre dans l'espèce... sinistre dans l'espace.

Il mâcha trois p'tits fours et cracha trois biscuits... il marcha trente jours, il marcha trente nuits.

Il allait mal et puait... il allait pâle et muet et frémissant au bruit.

Furtif, sans regarder derrière lui sans crêpe... sans fric... sans frac... sans froc...

Excusez-moi, messieurs, dames, je ne continue pas, parce que, la suite, je ne la connais pas bien.

* Editions Fortin.

L'unique mousquetaire *

Paroles de Pierre Ferrary et Daniel Roman
Créé par Bourvil dans l'émission « Constellation 48 »
(Radiodiffusion française)

Mesdames et Messieurs, je vais avoir l'honneur de vous interpréter, à moi tout seul, une pièce héroïque, tirée de l'immortel chef-d'œuvre d'Alexandre Dumas : *Les Trois Mousquetaires*.

Le théâtre moderne trouvant ses moyens d'expression davantage dans l'évocation que dans le réalisme, je demanderai au public, pour suppléer à l'absence de costumes, de décors et de personnages, le concours de son imagination.

Voici donc *Les Trois Mousquetaires* d'Alexandre Dumas. La scène se passe sous Louis XIII... (*En aparté*) : Ça ne nous rajeunit pas!... Dans un salon secret du Palais du Louvre.

D'Artagnan, Athos, Porthos et Aramis sont agenouillés devant la reine Anne d'Autruche... pardon Anne d'Autriche.

La reine. — M'êtes-vous dévoués, Messieurs les Mousquetaires?

D'Artagnan. — Corps et âme, Majesté.

Athos. — Corps et âme, Majesté.

Porthos. — Corps et âme, Majesté.

Aramis. — Corps et âme, Majesté.

L'écho. — Corps et âme, Majesté.

La reine. — Allez à Londres chercher les ferrets de diamants qui sont entre les mains de lord Bikiguan, et me les rapporter avant huit jours afin que je m'en puisse parer au bal de la Cour.

D'Artagnan. — Oui, Majesté.

Athos. — Oui, Majesté.

Porthos. — Oui, Majesté.

Aramis. — Oui, Majesté... (Comme si ils ne pouvaient pas dire ça tous ensemble!...c'est sans doute pour qu'on comprenne mieux.)

L'écho. — Oui, Majesté.

La reine. — Allez Messieurs, que Dieu soutienne vos épées.

D'Artagnan. — Bien Majesté.

Athos. — (*Qui n'avait pas beaucoup d'imagination.*) Bien Majesté.

Porthos. — (*Qui n'était pas contrariant.*) Bien, Majesté.

Aramis. — (*Pour faire comme tout le monde.*) Bien, Majesté.

L'écho. — Bien, Majesté. (Avec lui c'est toujours le dernier qui parle qui a raison.)

Et de claquer des éperons, et de saluer la reine, et de partir à bride abattue sur la route de l'aventure. Leur chemin est naturellement jalonné de pièges que leur tend sournoisement le caporal de Richelieu... (*Se reprenant :*) Pardon, le cardinal de Richelieu. Ils aperçoivent tout à coup des traversins... pardon des spadassins fourrés dans un tapis... pardon, tapis dans un fourré.

D'Artagnan. — En garde.

Athos. — (*Résolu.*) En garde.

Porthos. — (*Combatif.*) En garde.

Aramis. — (*Désinvolte.*) En garde.

L'écho. — *(Indifférent.)* En garde.

Et de dégainer, et ferrailler et de trucider l'ennemi et d'aller se rafraîchir dans une auberge où les accueille une accorte servante.

D'Artagnan. — *(Regardant la servante.)* Fft! *(L'interprète siffle admirativement).*

Athos. — *(Regardant la servante.)* Fft! *(Même jeu.)*
Porthos. — *(Regardant la servante.)* Fft! *(Même jeu.)*
Aramis. — *(Regardant la servante.)* Fft! *(Même jeu.)*
L'écho. — *(Sans regarder la servante.)* Fft! *(Même jeu.)*

Et de boire, et de s'esbaudir et de repartir vers l'aventure. Au sortir de la ville des sbires les arrêtent.

Le Sbire. — Oh là! Gentilshommes, le mot de passe?
D'Artagnan. — Euh!
Athos. — Euh!
Porthos. — Euh!
Aramis. — Euh!... (Y en a pas un qui savait son texte.)
Le souffleur. — Madeleine-Bastille.
L'écho. — Tout le monde descend.

Huit jours plus tard nos quatre héros assistent au bal de la Cour et regardent avec satisfaction les ferrets de diamants osciller sur la poitrine d'Anne d'Autruche... pardon Anne d'Autriche, au grand désappointement du caporal de Richelieu... pardon du cardinal de Richelieu... Je ne sais pas ce que j'ai aujourd'hui.

Le grand Chambellan. — Le Roi.
D'Artagnan. — *(Distrait.)* Je coupe.
Athos. — *(Distrait.)* Je coupe.
Porthos. — *(Distrait.)* Je coupe.
Aramis. — *(Distrait.)* Je coupe.
L'écho — *(Pas fou.)* Je ramasse.

RIDEAU

* Editions Fortin.

Le vélo *

Paroles de Bourvil

J'ai fait tous les sports, mais celui que je préfère, c'est le vélo parce que j'ai le coup, vous savez, j'appuie sur les pédales et je mouve les jambes vite... C'est formidable, on ne le dirait pas à me voir comme ça!... Mais j'étais unique dans mon patelin, je gagnais toutes les courses, je pourrais même dire que j'étais le seul à être vraiment de la pédale... Peut-être maintenant parce que ça plaît pas à ma femme, puis elle me dit toujours que je finirai par attraper du mal... Mais à ce moment-là j'allais bien en vélo. Je me souviens, ça avait créé des jalousies et un Parisien qui était en vacances dans le patelin avait voulu se mesurer avec moi... Vous pensez, moi, le roi!... Hein!... Enfin je n'ai pas voulu le contrarier, alors nous voilà sur la ligne de départ, et vous savez c'était un type qui bluffait beaucoup, il se faisait appeler le leader de la course... Pensez... le leader!... Qu'il s'appelle n'importe comment, c'était pas ça qui me dérangeait. Puis il était habillé avec des lunettes, puis un petit tricot, puis des culottes courtes; alors moi, quand j'ai vu ça, j'ai retroussé mes culottes du dimanche jusqu'aux genoux, comme ça j'avais pas l'air plus bête que lui. Enfin, on démarre; alors tout leader qu'il était il prend la tête; moi... sans m'en faire, je me mets derrière; il pédalait... je pédalais...

Il se dépêchait... je me dépêchais, plus qu'il les mouvait plus... que je les mouvais *(rires)* ; alors il ne pouvait pas me décoller. Même que ça ne lui a pas plu, parce que dans un tournant il m'a fait un coup de leader ; avec sa roue arrière il m'a pris ma roue de devant, ça fait que j'ai fait le tournant un peu plus grand que j'aurais voulu ; puis justement, là, il y avait une haie et, comme un fait exprès, on aurait dit que la haie était trop près... Alors... vous comprenez... quand... n'est-ce pas... la...le... la haie, je l'ai bien vue, je ne peux pas dire que je ne l'ai pas vue... au contraire, j'avais l'impression qu'elle se foutait dans moi, alors vous comprennez, quand j'y ai touché un peu à la haie... pas beaucoup... un peu avec la tête... je... je suis passé à travers, puis comme c'était une haie d'épines, elle s'est refermée derrière moi, et j'étais resté enfermé dans l'herbage ; alors le temps que j'aille rechercher la barrière qui était à quatre cents mètres, tandis que le leader pédalait toujours... Puis, pour une fois que je mettais un petit tricot rouge, il y avait un taureau dans l'herbage ; voilà qu'il se met à courir derrière moi ; vous parlez si je les mouvais... Heureusement que je suis souple ! Mais un taureau, c'est souple aussi, hein !... Il m'a rattrapé, vous savez... Je le sentais derrière ; vous parlez si j'ai eu peur. Il y a certains taureaux qui ont des cornes en guidon de course, mais pas celui-là... *(Faire signe avec les deux index comme deux cornes en l'air.)* Je me rendais compte de la situation... On a beau être le roi de la pédale, c'est pas pour ça qu'on galope plus vite qu'un taureau... Je sentais ses naseaux tout près... C'était le moment de dire : il m'y soufflait pour que j'aille plus vite. A un moment il a eu un coup de tête... parce que les taureaux ils ont des coups de tête terrible ; il m'a pris par-derrière et hop ! il m'a mis par-dessus la haie. Je suis retombé à côté de mon vélo ; alors, comme je suis persévérant, j'ai voulu continuer la course, mais sur mon vélo j'avais toujours ce cauchemar-là *(montrant à la tête)*, le taureau, là!... Pas là! mais là! *(Mettre ses mains derrière.)* J'avais l'impression que... surtout que ma selle était un peu pointue. Quand même je suis arrivé... oui... mais la course était finie... Puis tout le monde rigolait parce que mon pantalon était déchiré; je m'en étais pas aperçu, il ne faisait pas de vent, n'est-ce pas!... Et il y a ma mère qui était là qui me dit : « Alors, mon roi de la pédale, tu as vu ton postérieur? » Je lui répondis : « Oui, maman, qu'est-ce que tu veux, c'est le métier qui rentre! »

* Editions Fortin.

Vingt-cinq ans d'apprentissage *

Paroles d'Eugène Lemercier

Tel que vous me voyez, j'ai trente-cinq ans. Eh! bien je n'ai pas encore appris de métier. Oh! ce n'est pas la faute de mes parents... ils m'ont fait faire vingt-cinq ans d'apprentissage.

A l'âge de dix ans, comme j'avais des dispositions pour le dessin, ils me placèrent chez un entrepreneur de peinture qui leur demanda trois ans d'apprentissage. Malheureusement, mon patron était un ancien charbonnier tombé dans la peinture à l'huile, si bien qu'au bout de trois ans d'apprentisage, j'avais appris à... casser du bois.

Alors mes parents me placèrent chez un charbonnier qui leur demanda quatre ans d'apprentissage... pour m'apprendre à servir du charbon.

Malheureusement, mon nouveau patron, sachant que j'avais été peindre, me fit employer mon temps à peindre sa boutique, si bien qu'au bout de quatre ans d'apprentissage, j'avais appris à... parler l'auvergnat.

Alors, mes parents me dirent : « Voici que tu connais une langue de plus, il faut utiliser tes aptitudes. »

Et ils me placèrent dans un magasin de nouveautés en qualité d'interprète. Malheureusement, les Auvergnats qui venaient dans ce magasin-là s'exprimaient tous en espagnol, si bien qu'au bout de cinq ans d'apprentissage j'avais appris à... ficeler les paquets.

Alors, mes parents me placèrent chez un épicier qui leur demanda six ans d'apprentissage.

L'épicier fit d'abord des difficultés parce que je n'étais pas bachelier ès science; néanmoins il me prit pour casser du sucre. Comme j'avais déjà cassé du bois, j'étais un peu au courant du travail.

Malheureusement les clients s'étant mis à acheter du sucre cassé à la mécanique, je restai dans l'inaction, si bien qu'au bout de six ans d'apprentissage j'avais appris à... nettoyer les carreaux.

Alors mes parents me placèrent chez un marchand de vins qui leur demanda sept ans d'apprentissage pour m'apprendre à rincer les verres et j'étais tellement habitué à rincer les verres... que j'étais noir tous les jours, alors ils m'ont mis dans une blanchisserie qui me demande sept ans d'apprentissage, mais comme je voulais aider la repasseuse elle m'a dit : « Vous repasserez demain... »

Ah! pardon, cette dernière fois j'avais appris quelque chose : j'avais appris à ne rien faire.

Alors mes parents me placèrent dans l'administration, si bien que je ne fais rien. Eh! bien, je ne m'en porte pas plus mal. Mes parents ont même découvert que c'était la profession pour laquelle j'avais le plus d'aptitudes. Ce qui m'étonne, c'est qu'ils aient mis vingt-cinq ans à s'en apercevoir.

* Editions Fortin.

Vive la mariée *

Poème de Camille François

Ça vous f'rait rien d'pas bousculer?
L'trottoir il est bien à tout l'monde,
C'est pas parc' que la terre est ronde
Qui faut vous rouler sur mes pieds.
Moi aussi — j'veux voir la mariée.
Bon... on la verra tous les deux,
Y suffit d'se tasser un peu
Et ça s'goupille sans simagrées.
Fait's pas d'bruit... J'écout' la musique.
Y s'sont payé du « Betoven ».
C'est dommage que l'grand paravent
Y fasse un p'tit peu hermétique,
Sans ça... j'crois qu'on entendrait tout,
Enfin... faut pas d'mander l'Pérou...
Pour décorer l'église comm' ça
Faut qu'ce soient des gens à galette,
Qu'est-c'qui doit y'avoir comm' toilette!
C'est d'la vraie noce à tralalas...
Attention... attention... les v'là.
Ah! ben... c'qu'elle est bell' la poupée!
R'gardez-moi ça... R'gardez-moi ça...
    Viv' la mariée!

J'suis plutôt l'gars à critiquer,
Ben là... j'trouv' qu'y'a rien à dire
L'marié fait un peu étonné,
Mais la mariée... c'est tout sourire.
Le gars... sûr'ment qu'il en r'vient pas
D'sentir posée contre son bras
Un' petit' main aussi légère...
Pourvu qu'il ait la bonn' manière
Pour la conduir' comm' un' amie
Tout là-bas... jusqu'au bout d'la vie !
Pour un peu j'irais lui parler,
J'lui dirais : « Puisque t'as la chance
De posséder un tel trésor,
Fais attention... joue pas au fort.
Quand c'est dans les mains qu'ça vous passe,
Y suffit d'un rien pour qu'ça casse.
Regard'la... avec son voil' blanc,
C'est comme un ang', tant qu'ell' est belle.
Mais un ang'... vu qu'ça a des ailes,
Ça peut facil'ment fout' le camp,
Tâch' de la t'nir contre ton cœur,
Et, si y fait un' bell' musique,
Comm' ell' trouv'ra ça magnifique.
Elle en écout'ra pas ailleurs. »
Mais... qu'est-ce que j'ai à raconter ?
C'est pas moi qu'est l'pèr' du marié.
Vaut mieux r'culer... faire d'la place...
Faut saluer... C'est la joie qui passe...
On peut préparer les dragées
    Viv' la mariée !
Tout l'monde est parti... c'est fini ;
On vient d'enrouler les tapis
Qu'on va mett' dans un cagibi
Pour attend' la prochain' séance,

Parc' que tous les jours ça r'commence
L'histoir' d'la fille et du garçon
Qui vienn'nt « célébrer leur union »,
Comme on dit dans la bourgeoisie...
Moi... je m'demande avec envie
Quand c'est donc... qu'y viendra mon tour
De montrer à tous les badauds
Qu'y a un' fill' qui m'a trouvé beau
Et qu'a bien voulu qu'not' amour
Y soit pas un' passad' d'un jour...
Et j'suis là... d'vant c'te grande église,
A répéter toutes mes bêtises,
Comm' si l'Bon Dieu dans sa maison
Y pouvait entend' mes raisons
Et m'envoyer un' demoiselle
Avec un voile... tout en dentelle,
Un voile si blanc... si beau à voir
Qu'il couvrirait tout l'côté noir
Où c'que mon cœur fait sentinelle.
J'crois pourtant pas qu'ça m'arrivera.
Les gens comm' nous... on est des gars
Pour applaudir les réussites...
Faut qu'il y en ait des deux côtés :
A part ceux qui doiv'nt profiter,
Y a ceux qui doiv'nt se contenter
D'pousser des « bravos » à la suite.
Alors... comm' je crois qu'c'est mon cas
Et qu'un aut' emporte à son bras
La femm' que j'aurais désirée,
Mêm'... si ça m'fout envie d'pleurer,
Tant pis... j'vais continuer d'crier :
      Viv' la mariée !
      Viv' la mariée !

* Editions Pathé Marconi.

Quatrième Partie

Bourvil au cinéma : [ses films]

1941

CROISIERES SIDERALES

Réalisation : André Zwobada
Scénario : Pierre Guerlais
Dialogues : Pierre Bost
Musique : Georges Van Parys
Production : Industrie cinématographique et Alliance cinématographique moderne
INTERPRÈTES : Julien Carette *(Lucien Marchand)*, Madeleine Sologne *(Françoise Monier)*, Robert Arnoux *(Antoine)*, Jean Marchat *(Robert Monier)*, Suzanne Dehelly *(Georgette Marchand)*, Paul Ollivier *(l'oncle)*, Suzanne Dantès *(Camille)*, Simone Allain *(Béatrice)*, Auguste Bovério *(le directeur)*, Jean Dasté *(Pépin)*, Guita Karen *(la vénusienne)*, Marcel Maupi *(un policier)*, Paul Frankeur *(un bonimenteur)*, Tony Jacqueot *(le jeune marié)*, Alfred Adam *(le décorateur)* et Violette Briet, Luce Ferrald, Solange Guibert, Jean Morel, Georges Jamin, Hubert de Malet, Richard Francoeur, Serge Laroche, Philippe Olive, Maurice Marceau, Maurice Salabert, Pierre Ferval, François Joux, Albert

Michel, Erno Crisa, Jacques Dufilho, Joe Davray, BOURVIL (figuration).

1 h 35. Noir et blanc
Sortie à Paris : 29 avril 1942

1945

LA FERME DU PENDU

Réalisation : Jean Dréville
Scénario : André Paul Antoine, d'après le roman de Gilbert Dupé
Dialogues : André Paul Antoine
Musique : Marcel Delannoy
Production : André Tranché
INTERPRÈTES : Charles Vanel *(François Raimondeau)*, Alfred Adam *(Grand Louis)*, Arlette Merry *(Amanda)*, Lucienne Laurence *(Marie)*, Claudine Dupuis *(la Mauffe, femme de Ménétrier)*, Marthe Mellot *(la grand-mère de Marie)*, Guy Decomble *(Bénoni)*, Henri Genès *(Jérôme)*, Léonce Corne *(Ménétrier)*, Gaston Mauger *(le voisin)*, Hélène Dartigue *(Margot)*, Georges Bever *(Filladeau, le rebouteux)*, Adrienne Allain *(la Renaude)*, Robert Moor *(le notaire)*, Roger Desmorget *(Petit Jean)*, Ginette Valton *(la mariée)*, Bourvil *(le bourrelier)* et Jack Gauthier, Jacques Dubois, Jacqueline Noëlle, Laure Paillette, Jean-Marc Tennberg, Marcel Magnat.

1 h 36. Noir et blanc
Sortie à Paris : 5 décembre 1945

1946

PAS SI BETE

Réalisation : André Berthomieu
Scénario : André Berthomieu
Dialogues : Paul Vandenberghe
Musique : Maurice Thiriet, Etienne Lorin et Georges Van Parys
Production : Les Productions cinématographiques
INTERPRÈTES : BOURVIL *(Léon Ménard)*, Suzy Carrier *(Nicole)*, Jacques Louvigny *(Bellemont)*, Mona Goya *(Gaby Moreuil)*, Bernard Lancret *(Didier de Bellemont)*, Yves Deniaud *(Antony)*, Jean Duvaleix *(François Ménard)*, Yvette Andreyor *(Mademoiselle)*, Made Siamé *(la mère Ménard)*, Jacqueline Beyrot *(Rosine)*, Paul Faivre *(le notaire)*, Charles Bouillaud *(Joseph)*, Gaston Mauger *(le père de Léon)* et Naudès *(un invité)*.

1 h 40. Noir et blanc
Sortie à Paris : 19 mars 1947

1947

LE STUDIO EN FOLIE

Réalisation : Walter Kapps
Scénario : Guy Favereau
Production : Francinex
INTERPRÈTES : BOURVIL, Fred Adison et son orchestre, et Josette Daydé.

27 mn. Noir et blanc
Sortie à Paris : 31 mars 1947

1947

PAR LA FENETRE

Réalisation : Gilles Grangier
Scénario : Georges Neveux
Dialogues : Georges Neveux et Jacques Alain
Musique : Georges Van Parys et Etienne Lorin
Production : Les Productions cinématographiques
INTERPRÈTES : BOURVIL *(Pilou)*, Suzy Delair *(Fernande/ Yvette)*, André Alerme *(Alavoine)*, Roland Armontel *(Sabourdin)*, Michèle Philippe *(Renée Laforest)*, René Dupuy *(Albert)*, Mona Dol *(Blanche)*, France Ellys *(Mme Laforest)*, Jean Barrère *(Paul)*, Paul Faivre *(Laforest)*, Yvette Andreyor *(Clémence)*, Jacques Baumer *(Miroud)*, Madeleine Suffel *(la concierge)*, Jean Bertou *(un agent)*, Palmyre Levasseur *(une cliente)*, Yvonne Yma *(la femme de ménage)* et Colette Mareuil, Janine Miller, Frédéric Munié, Henri Niel, Albert Broquin, Jean-Marc Tennberg.

1 h 25. Noir et blanc
Sortie à Paris : 22 janvier 1948

1947

BLANC COMME NEIGE

Réalisation : André Berthomieu
Scénario : André Berthomieu
Dialogues : Paul Vandenberghe
Musique : Georges Van Parys et Etienne Lorin
Production : Les Productions cinématographiques
INTERPRÈTES : BOURVIL *(Louis Ménard)*, Paulette Dubost *(Charlotte)*, Jacques Louvigny *(Me Floridor)*, Louis Florencie *(Martin)*, Mona Goya *(Suzy Rexy)*, Frédéric O'Brady *(Van Golden)*, Paul Faivre *(Paul)*, Robert Berri *(Bob)*, Alice Tissot *(Mlle de Brézolles)*, Pauline Carton *(Mme Potinel)*, Charles Bouillaud *(Robillard)*, Robert Rollis *(un copain)*, Jean Diéner (le président), Marcelle Rexiane *(la vendeuse)*, Gaston Orbal *(le chef de l'orphéon)*, Marcel Méral *(le concierge)*, Harry Max *(le juge d'instruction)* et Albert Broquin, Roger Vincent, Maurice Régamey, Marcel Rouzé, Michel Roux, Pierre Ferval, Robert Fretel, Maurice Derville.

1 h 40. Noir et blanc
Sortie à Paris : 28 avril 1948

1948

LE CŒUR SUR LA MAIN

Réalisation : André Berthomieu
Scénario : André Berthomieu
Dialogues : Paul Vandenberghe
Musique : Georges Van Parys et Etienne Lorin

Production : Jean Mugeli
INTERPRÈTES : BOURVIL *(Léon Ménard)*, Jacques Louvigny *(Martineau)*, Michèle Philippe *(Mary Pinson)*, Lolita de Sylva *(Solange)*, Robert Berri *(Alex)*, Paul Faivre *(le curé)*, Charles Bouillaud *(Paulo)*, Marcelle Rexiane *(Madeleine)*, Blanche Denège *(Augustine)*, Marcelle Monthil *(Aglaé)*, Albert Broquin *(le cafetier)*, Charles Lavialle *(l'éditeur)*, Harry Max *(Musard)*, Léon Larive *(le directeur du cirque)*, Fernand Blot *(le frère du directeur)*, Georges Bever *(un clown)*, Gabrielle Rosny *(une femme pieuse)*, Pierre Ringer *(premier homme)*, Emile Genevois *(deuxième homme)* et Pierre Ferval, Nicolas Amato, Marcel Rouzé, René Hell, Jacques Vertan, Serge Lecointe, Paul Derly, Christian Martaguet, Irène Russi, Luong Van Yen.

1 h 35. Noir et blanc
Sortie à Paris : 29 juin 1949

1949

LE ROI PANDORE

Réalisation : André Berthomieu
Scénario : André Berthomieu, d'après un roman de Corriem
Dialogues : André Hornez et Pierre Ferrari
Musique : Bruno Coquatrix et Etienne Lorin
Production : Hoche Productions
INTERPRÈTES : BOURVIL *(Léon Ménard)*, Mathilde Casadesus *(Marika de Sergarie)*, Georges Lannes *(Adrien Cochard)*, Paulette Dubost *(Angèle)*, Charles Bouillaud *(Grenu)*, Frédéric O'Brady *(Toliev)*, Marcelle Rexiane *(Mme Quichenette)*, Arthur Allan *(Pilovar)*, Gaston

Orbal *(le capitaine)*, Paul Faivre *(le maire)*, Jean Diéner *(un gendarme de Sergarie)*, Pierre Clarel *(l'ambassadeur)*, Jean Richard *(M. Quichenette)*, Marcel Méral *(un garçon de café)*, Rivers Cadet *(Célestin)*, Charles Lavialle *(le vagabond)*, Nicolas Amato *(un huissier)*, Max Elloy *(un créancier)*, Fernand Blot *(un client du café)* et Paul Villé, Marcel Charvey, Titys, Paul Derly.

1 h 35. Noir et blanc
Sortie à Paris : 31 mars 1950

1949

MIQUETTE ET SA MERE

Réalisation : Henri-Georges Clouzot
Scénario : Henri-Georges Clouzot et Jean Ferry, d'après la pièce de Robert de Flers et Gaston Arman de Caillavet
Dialogues : Henri-Georges Clouzot
Musique : Albert Lasry
Production : Alcina, CICC et Silver Films
INTERPRÈTES : BOURVIL *(Urbain de la Tour-Mirande)*, Louis Jouvet *(Monchablon)*, Danièle Delorme *(Miquette Grandier)*, Saturnin Fabre *(le marquis de la Tour-Mirande)*, Pauline Carton *(Perrine)*, Mireille Perrey *(Mme Grandier)*, Jeanne Fusier-Gir *(Mlle Poche)*, Madeleine Suffel *(Noémie)*, Louis Seigner *(l'Évêque)*, Jean Temerson *(Saint-Giron)*, Henri Niel *(Lahirel)*, Dandy *(Pierre)*, Philippe Nicaud *(Robert de Flers)*, Maréchal *(Gaston Arman de Caillavet)*, Paul Barge *(l'abbé)*, Olivier Hussenot *(Frédé)* et Maurice Schutz, Solange Certain, Pierre Olaf, Numès fils, Léon Larive, Léonce Corne, Georges Bever, Joëlle Bernard, Julienne

Paroli, René Lacourt, Sylviane Aladin, Hélène Delval, Paule Launay, Eliane Salmon, Evelyne Salmon, Gabrielle Rosny, Marie-Louis Godard, Yvonne Dany, Georges Le Roy, Frank Maurice, Victor Tabournot, Charles Bayard, Henri Gerrar.

1 h 36. Noir et blanc
Sortie à Paris : 14 avril 1949

1950

LE ROSIER DE MME HUSSON

Réalisation : Jean Boyer
Scénario : Marcel Pagnol, d'après le roman de Guy de Maupassant
Dialogues : Marcel Pagnol
Musique : Paul Misraki
Production : Georges Agiman, Eminente Films
INTERPRÈTES : BOURVIL *(Isidore)*, Jacqueline Pagnol *(Elodie, la bergère)*, Pauline Carton *(Virginie Pastouret)*, Mireille Perrey *(la comtesse de Blonville)*, Suzanne Dehelly *(Mlle Irène Cadenat)*, Germaine Dermoz *(Mme Husson)*, Yvette Etiévant *(la Marie)*, Georges Baconnet *(M. Laboureur, le maire)*, Albert Duvaleix *(le curé)*, Nina Myral *(Mme de Gondreville)*, Henri Vilbert *(le brigadier)*, Christian Lude *(Dr Barbassol)*, Jeanne Véniat *(Mme Pitart)*, Jean Dunot *(Polyte)*, Germaine Reuver *(Nicoline)*, Fernand Blot *(un conseiller communal)*, Marcel Loche *(un conseiller communal)*, Marcelle Ferry, André Dalibert et l'orchestre d'Etienne Lorin.

1 h 24. Noir et blanc
Sortie à Paris : 29 septembre 1950

1950

LE PASSE-MURAILLE

(ou *Garou-Garou... le passe-muraille*)
Réalisation : Jean Boyer
Scénario : Jean Boyer et Michel Audiard, d'après une nouvelle de Marcel Aymé
Dialogues : Jean Boyer et Michel Audiard
Musique : Georges Van Parys
Production : Cité Films
INTERPRÈTES : BOURVIL (*Léon Dutilleul*), Joan Greenwood (*Suzan*), Marcelle Arnold (*Germaine*), Raymond Souplex (*Jean-Paul*), Gérard Oury (*Maurice*), Frédéric O'Brady (*le médecin spécialiste*), Jacques Erwin (*Gaston*), Roger Tréville (*M. Félix Burdin*), Henri Crémieux (*Gustave Lécuyer*), Georges Lannes (*le directeur de la prison*), Nina Myral (*Mme Héloïse*), René Worms, Marcel Méral, Maurice (*les employés du ministère*), Germaine Reuver (*la concierge*), Jeanne Véniat (*la Sud-Américaine*), Georgette Anys (*Maria*), Nicolas Amato, Frank Maurice (*les agents*), Georges Flateau (*M. Robert*), Marcel Charvey (*le barman*), Fignolita (*la négresse*), Edmond Beauchamp (*Arturo*), Titys (*le prisonnier*), Gérard Buhr (*le vendeur de journaux*), Dominique Davray (*un mannequin*), Nicole Riche (*la dame du deuxième*), Pamela Wilde (*une mannequin*), et Nicole Rimbaud, André Dalibert, Alain Raffaël, Alfred Arlais.

1 h 25. Noir et blanc
Sortie à Paris : 4 avril 1951

1951

SEUL DANS PARIS

Réalisation : Hervé Bromberger
Scénario : Alex Joffé
Dialogues : Alex Joffé et Jacques Berland
Musique : Raymond Legrand
Production : Films Marcel Pagnol, Eminente Films
INTERPRÈTES : BOURVIL *(Henri Milliard)*, Magali Noël *(Jeannette Milliard)*, Camille Guérini *(M. Milliard)*, Jeanne Véniat *(Mme Milliard)*, Jean Dunot *(M. Duvernet)*, Georges Baconnet *(M. Bouquetet)*, Claire Olivier *(Mme Bouqueret)*, Albert Rémy *(Arthur)*, Max Révol *(l'employé de la consigne)*, Léonce Corne *(le patron du Bon Accueil)* et Germaine Reuver, Yvette Etiévant, Denise Kerny, Christian Lude, Georgette Anys, François Joux, Alain Bouvette, Raymond Francky, Albert Michel, Max Amyl, André Dalibert, Pierre Cadot, Sylvie Serliac, Germaine Stainval.

1 h 35. Noir et blanc
Sortie à Paris : 25 novembre 1951

1952

LE TROU NORMAND

Réalisation : Jean Boyer
Scénario : Arlette de Pitray
Dialogues : Arlette de Pitray
Musique : Paul Misraki
Production : Cité Films

INTERPRÈTES : BOURVIL *(Hippolyte Lemoine)*, Pierre Larquey *(Testu)*, Jane Marken *(Augustine Lemoine)*, Georges Baconnet *(Pichet, l'instituteur)*, Noël Roquevert *(le maire)*, Jeanne Fusier-Gir *(Maria)*, Nadine Basile *(Madeleine Pichet)*, Albert Duvaleix *(le notaire)*, Brigitte Bardot *(Javotte Lemoine)*, Roger Pierre *(l'imprésario)*, et Florence Michael, Léon Berton, Jean-Pierre Lorrain, Marcel Charvey, André Delibert, Jean-Claude Méral, Jacques Deray, Pierre Naugier, Guy Saint-Clair, Jacques Ary.

1 h 25. Noir et blanc
Sortie à Paris : 7 novembre 1952

1952

CENT FRANCS PAR SECONDE

Réalisation : Jean Boyer
Scénario : Jean-Jacques Vital
Dialogues : Serge Veber
Musique : Henri Betti
Production : Simoja
INTERPRÈTES : Philippe Lemaire *(Philippe)*, Henri Genès *(Fernand)*, Jeannette Batti *(Louloute)*, Geneviève Kervine *(Jacqueline Bourdinet)*, Fred Pasquali *(Bourdinet, le producteur)*, Jean-Jacques Vital *(l'animateur)*, et Orbal, BOURVIL, Nicolas Amato, Ray Ventura, M. Champagne, André Gillois, Jacques Morlaine, Jacques Eyser, Marcel Charvey, André Carnège, Monique Defrançois, Emile Genevois.

1 h 28. Noir et blanc
Sortie à Paris : 9 janvier 1953

1953

LES TROIS MOUSQUETAIRES

Réalisation : André Hunebelle
Scénario : Michel Audiard, d'après le roman d'Alexandre Dumas
Dialogues : Michel Audiard
Musique : Jean Marion, Constantino Ferri
Production : PAC, Pathé Cinéma, SGC (Paris), Titanus (Rome)
INTERPRÈTES : Georges Marchal *(Charles d'Artagnan)*, Yvonne Sanson *(Milady de Winter)*, Gino Cervi *(Porthos)*, BOURVIL *(Planchet)*, Danielle Godet *(Constance Bonacieux)*, Marie Sabouret *(la reine Anne d'Autriche)*, Jacques François *(Aramis)*, Jean Martinelli *(Athos)*, Steve Barclay *(Georges Villiers, duc de Buckingham)*, Félix Oudart *(M. de Tréville)*, Renaud Mary *(Armand-Jean Duplessis, cardinal de Richelieu)*, Jean-Marc Tennberg *(le comte de Rochefort)*, Jean Parédès *(le comte de Wardes)*, Louis Arbessier *(Louis XIII)*, Georges Chamarat *(Bonacieux)*, Paul Demange *(l'aubergiste de Beauvais)*, Nicole Guézel *(la servante)*, Françoise Prévost *(Kitty)*, Charles Bouillaud *(l'aubergiste de Calais)*, Florence Arnaud *(une dame de la Cour)*, Jacques Legras *(un garde de Rochefort)*, Geneviève Morel *(la marchande de poulets)*, Gaston Orbal *(M. de Soissons)*, Marcel Pérès *(le geôlier)*, Bernard Musson *(un laquais)*, Roger Saget *(l'hôtelier)*, Alain Bouvette *(Lubin)* et Raphaël Patorni, Jean-Marie Robain, Raoul Billerey, Paul Clérouc, Danielle Dumont, André Wasley, Jean Sylvère, Marcel Rouzé, Yvan Govar, Christian Bertola, Janine Clarvil, Jean Duval, Nicole Gamma, Jean Henry, Michel Vadet.

1 h 56. Gevacolor
Sortie à Paris : 7 ocotobre 1953

1953

SI VERSAILLES M'ETAIT CONTE

Réalisation : Sacha Guitry
Scénario : Sacha Guitry
Dialogues : Sacha Guitry
Musique : Jean Françaix
Production : CLM Cocinor
INTERPRÈTES (par ordre alphabétique) : Martine Alexis *(Mme de Nouchy)*, Louis Arbessier *(Louis XIII)*, Michel Auclair *(Jacques Damiens)*, Jean-Pierre Aumont *(le cardinal de Rohan)*, Paul Azaïs *(un révolutionnaire)*, Brigitte Bardot *(Mlle de Rosille)*, Lilly Baron *(Mme de Balto)*, Jean-Louis Barrault *(Fénelon)*, Liliane Bert *(Armande Béjart)*, Jacques Berthier *(Robespierre)*, Jeanne Boitel *(Mme de Sévigné)*, Gilbert Boka *(Louis XVI)*, Roland Bourdin *(Fragonard)*, BOURVIL *(un gardien de musée)*, Anne Carrère *(Mme de Chamarat)*, Pauline Carton *(la Voisin)*, Jany Castel *(Marie-Thérèse d'Espagne)*, Gino Cervi *(Cagliostro)*, Georges Chamarat *(La Fontaine)*, André Chanu *(le duc de Noailles)*, Claudie Chapan *(Louis XIII enfant)*, Jean Chevrier *(Turenne)*, Aimé Clariond *(Rivarol)*, Claudette Colbert *(Mme de Montespan)*, Paul Colline *(un visiteur)*, Annie Cordy *(Mme Langlois)*, Nicole Courcel *(Mme de Chalis)*, Jean-Jacques Delbo *(M. de la Motte)*, Danièle Delorme *(Louison Chabray)*, Yves Deniaud *(un paysan)*, Jean Desailly *(Marivaux)*, Renée Devillers *(Mme Campan)*, Bernard Dhéran *(Beaumarchais)*, Emile Drain *(Napoléon)*, Clément Duhour *(un révolutionnaire)*, Alain Durtal *(Bontemps)*, Christian Duvaleix

(un acheteur), Cécile Eddy *(Mme de Frépons)*, Samson Fainsilber *(Mazarin)*, Robert Favart *(M. de Carlène)*, Jacques de Feraudy *(Voltaire)*, Tina Fésor *(Marie Leckzinska)*, Jacques François *(Saint-Simon)*, Jeanne Fusier-Gir *(une révolutionnaire)*, Roger Gaillard *(d'Alembert)*, Daniel Gélin *(Jean Collinet)*, Gilbert Gil *(Jean-Jacques Rousseau)*, Lucienne Granier *(Mme de Senlis)*, Fernand Gravey *(Molière)*, Sacha Guitry *(Louis XIV)*, Pierre Larquey *(un gardien de musée)*, Marie Mansart *(Mme de Kerlor)*, Jean Marais *(Louis XV)*, Georges Marchal *(Louis XIV jeune)*, Lana Marconi *(Marie-Antoinette, Nicole Legay)*, Mary Marquet *(Mme de Maintenon)*, Olivier Mathot *(Boileau)*, Nicole Maurey *(Mlle de Fontanges)*, Jacques Morel *(Bohmer)*, Gaby Morlay *(la comtesse de la Motte)*, Gilbert Moryn *(Bossuet)*, Jean Murat *(Louvois)*, Lucien Nat *(Montesquieu)*, Claude Nollier *(la comtesse de Soissons)*, Gisèle Pascal *(Louise de la Vallière)*, Jean-Claude Pascal *(Axel de Fersen)*, Gérard Philipe *(d'Artagnan)*, Edith Piaf *(une fille du peuple)*, Micheline Presle *(Mme de Pompadour)*, Gilles Quéant *(Racine)*, Constant Remy *(M. de La Reynie)*, Gaston Ray *(Henri IV)*, Jean Richard *(Du Croisy/Tartuffe)*, Philippe Richard *(Louis-Philippe)*, Tino Rossi *(un gondolier)*, Germaine Rouer *(Mlle Molière/Elmire)*, Louis Seigner *(Lavoisier)*, Raymond Souplex *(le commissaire-priseur)*, Maurice Teynac *(M. de Montespan)*, Jean Tissier *(un gardien de musée)*, Charles Vanel *(M. de Vergennes)*, Jacques Varennes *(Colbert)*, Howard Vernon *(l'acheteur anglais)* et Orson Welles *(Franklin)*.

2 h 45. Eastmancolor
Sortie à Paris : 15 décembre 1953

1954

POISSON D'AVRIL

Réalisation : Gilles Grangier
Scénario : Gérard Carlier
Adaptation : Michel Audiard et Gilles Grangier
Dialogues : Michel Audiard
Musique : Etienne Lorin
Production : Victory, Intermondia Films
INTERPRÈTES : BOURVIL *(Emile Dupuy)*, Annie Cordy *(Charlotte Dupuy)*, Pierre Dux *(Gaston Prévost)*, Denise Grey *(Clémentine Prévost)*, Louis de Funès *(le garde champêtre)*, Jacqueline Noëlle *(Annette Coindet)*, Maurice Biraud *(le vendeur du bazar)*, Bugette *(le garagiste)*, Paul Faivre *(Louis, le patron du café)*, Suzanne Grey *(la femme de chambre des Prévost)*, René Havard *(l'examinateur)*, Jean Hébey *(M. Dutreille, le client du garage)*, Charles Lemontier *(M. Gaultier)*, Gérard Sabatier *(Jacky Dupuy)*, Charles Denner *(un consommateur au café)*, Gérard Darrieu *(un livreur de la machine à laver)* et Guy Loriquet, Zeimet.

1 h 45. Noir et blanc
Sortie à Paris : 28 juillet 1954

1954

CADET-ROUSSELLE

Réalisation : André Hunebelle
Scénario : Jean Halain et Jean-Paul Lacroix
Adaptation : Jean Halain
Dialogues : Jean Halain
Musique : Jean Mario
Production : PAC
INTERPRÈTES : François Périer *(Cadet-Rousselle)*, Dany Robin *(Violetta Carlino)*, BOURVIL *(Jérôme Baguindet)*, Madeleine Lebeau *(Marguerite de Beaufort)*, Henri Crémieux *(le maire)*, Jean Parédès *(le général)*, Noël Roquevert *(le commissaire Berton)*, Christine Carère *(Isabelle)*, Alfred Adam *(Ravignol)*, Louis Arbessier *(le tribun)*, Pierre Destailles *(Rouget de Lisle)*, Jacques Dufilho *(Carlos)*, Jacques Dynam *(l'aubergiste)*, Jacques Fabbri *(le colonel)*, René Génin *(le curé)*, Jean-Louis Jemma *(Bonaparte)*, Marcel Pérès *(Martin)*, Giani Esposito *(Monseigneur)*, Charles Bouillaud *(un officier)*, Corinne Marchand *(une danseuse)*, André Numès *(le patron de l'auberge)*, Gaston Orbal *(un caporal)*, Robert Seller *(un invité du maire)*, Paul et Jacques Préboist *(les voleurs de l'église)* et Raoul Billerey, Jo Davray, Marcelle Hainia, Guy Henry, Anne Carrère, Anne-Marie Cortis, Paul Clérouc, Isabelle Eber, Françoise Favier, Lucien Guervil, Max Harry, Benoite Lab, Pierre Naugier, André Wasley, Bugette, Hugues Wanner, Nicky Voillard, Paulette Seyrac, Véronique Verlhac, Pierre Seguin, Christian Brocard,

Made Siame, Riandreys, Raphaël Patorni, José Davilla, Édouard Rousseau.

1 h 45. Eastmancolor
Sortie à Paris : 20 octobre 1954

1954

LE FIL A LA PATTE

Réalisation : Guy Lefranc
Scénario : Noël-Noël, d'après le vaudeville de Georges Feydeau
Dialogues : Noël-Noël
Musique : René Cloerec et Paul Misraki
Production : Cinéphonic, Cité Films, Gaumont
INTERPRÈTES : Noël-Noël *(comte Fernand de Bois-d'Enghien)*, Suzy Delair *(Lucette Gauthier)*, BOURVIL *(Bouzin, le clerc de notaire)*, Henri Guisol *(Claude Bertrand)*, Gabrielle Dorziat *(baronne du Verger)*, Geneviève Kervine *(Viviane du Verger)*, Jacques Eyser *(général Urugua)* et Henri Crémieux, Yvette Etiévant, Jacqueline Cadet, Claude Borelli, Gaston Orbal, Régine Lovi, Rudy Lenoir, Antonin Baryel.

1 h 26. Noir et blanc
Sortie à Paris : 14 janvier 1955

1955

LES HUSSARDS

Réalisation : Alex Joffé
Scénario : Alex Joffé, P. A. Bréal et Gabriel Arout, d'après la pièce de P. A. Bréal

Dialogues : Alex Joffé, P. A. Bréal et Gabriel Arout
Musique : Georges Auric
Production : Cocinor, Cocinex, Sédif
INTERPRÈTES : BOURVIL *(Flicot)*, Bernard Blier *(Le Gouce)*, Giovanna Ralli *(Cosima)*, Alberto Bonucci *(Raphaël)*, Carlo Campanini *(Lippi)*, Giani Esposito *(Pietro)*, Virna Lisi *(Elisa)*, Georges Wilson *(le capitaine Georges)*, Louis de Funès *(le bedeau)*, Rosy Varte *(Juliette)*, Clelia Matania *(Mme Lippi)*, Franco Pesce *(le curé)*, Jean-Marie Amato *(Carotti)*, Jess Hahn, Albert Rémy, Roger Hanin *(les hussards)*, Marcel Daxely *(le berger Giacomo)* et Jean Lanier, André Weber, Georges Montant, Catherine Le Couey.

1 h 42. Noir et blanc
Sortie à Paris : 14 décembre 1955

1956

LA TRAVERSEE DE PARIS
(La traversata di Parigi)

Réalisation : Claude Autant-Lara
Scénario : Jean Aurenche et Pierre Bost, d'après la nouvelle de Marcel Aymé
Dialogues : Jean Aurenche et Pierre Bost
Musique : René Cloérec
Production : Franco London Film (Paris), Continentale Produzione (Rome)
INTERPRÈTES : BOURVIL *(Marcel Martin)*, Jean Gabin *(Grandgil)*, Jeannette Batti *(Mariette Martin)*, Louis de Funès *(Jambier, l'épicier)*, Georgette Anys *(Lucienne Couronne, la patronne)*, Robert Arnoux *(Marchandot)*, Laurence Badie *(la serveuse)*, Myno

Burney *(Mme Angèle Marchandot)*, Germaine Delbat *(une cliente du restaurant)*, Monette Dinay *(Mme Jambier, l'épicière)*, Bernard Lajarrige *(l'agent de Police)*, Jacques Marin *(le patron du restaurant)*, Hubert de Lapparent *(l'hystérique)*, Jean Dunot *(Alfred Couronne, le patron du café)*, Hans Verner *(le secrétaire de la Kommandantur)*, Hubert Noël *(le jeune « mac »)*, Anouk Ferjac *(la jeune fille)*, Jean Vinci *(un client mécontent)*, Albert Michel *(le concierge)*, Harald Wolff *(le colonel)*, Clément Harari *(un homme arrêté)*, Georges Béver *(un client du restaurant)* et René Hell, Hughes Wanner, Yvonne Claudie, Anne Carrère, René Brun, Martine Alexis, Michèle Nadal, Yvette Cuvelier.

1 h 22. Noir et blanc
Sortie à Paris : 26 octobre 1956

1956

LE CHANTEUR DE MEXICO
(*El cantor de Mexico*)

Réalisation : Richard Pottier
Scénario : Raymond Vinci, d'après l'opérette de Félix Gandéra et Raymond Vinci
Dialogues : Raymond Vinci
Musique : Francis Lopez
Production : Jason Productions (Paris), Benito Perojo (Madrid)
INTERPRÈTES : Luis Mariano *(Miguel Morano/Vincent Etchebar)*, BOURVIL *(Bilou)*, Annie Cordy *(Cri-Cri)*, Tilda Thamar *(Eva Marchal)*, Gisèle Grandpré *(la Tornada)*, Pauline Carton *(la tante de Cri-Cri)*, Fernando Rey *(Cartoni, l'imprésario)*, Manolo Morano

(*Martinez*) et Robert Dalban, Jacques Angelvin, Yvonne Jacquemot.

1 h 43. Eastmancolor
Sortie à Paris : 21 décembre 1956

1957

LES MISERABLES

Réalisation : Jean-Paul Le Chanois
Scénario : René Barjavel, Michel Audiard et Jean-Paul Le Chanois, d'après le roman de Victor Hugo
Dialogues : René Barjavel, Michel Audiard et Jean-Paul Le Chanois
Musique : Georges Van Parys
Production : Pathé Cinéma, Séréna Film, DEFA
INTERPRÈTES : Jean Gabin (*Jean Valjean*), Danièle Delorme (*Fantine*), BOURVIL (*Thénardier*), Bernard Blier (*Javert*), Serge Reggiani (*Enjolras*), Fernand Ledoux (*Mgr Myriel*), Gianni Esposito (*Marius*), Béatrice Altariba (*Cosette*), Silvia Montfort (*Eponine*), Lucien Baroux (*Gillenormand*), Jean Murat (*colonel de Pontmercy*), Jimmy Urbain (*Gavroche*), Jacques Harden (*un révolutionnaire*), Jean d'Id (*Mabeuf*), Edmond Ardisson (*le brigadier*), Bernard Musson (*Bamatabois*), Gérard Darrieu (*un révolutionnaire*), Marc Eyraud (*un révolutionnaire*), Martine Havet (*Cosette enfant*), Luc Andrieux (*un révolutionnaire*), Elfriede Florin (*Mme Thénardier*), Mme Paroly (*Mme Magloire*), M. Daix (*Cosette à huit ans*), Pierre Tabard (*un révolutionnaire*) et Paul Ville, Gabrielle Fontan, Jean Tabard, Laure Paillette, Suzanne Nivette, Max Doria, Christian Fourcade, André Wasley, Jean Sylvère, Julienne

Paroli, Mag Avril, Pierre Ferval, Yvonne Decade, André Dalibert.

3 h 27 (2 époques). Technicolor, Technirama
Sortie à Paris : 12 mars 1958

1958

LE MIROIR A DEUX FACES
(Lo specchio a due facce)

Réalisation : André Cayatte
Scénario : André Cayatte et Gérard Oury
Dialogues : Denis Perret et Jean Meckert
Musique : Louiguy
Production : Paris Union Film, Franco London Film, Gaumont (Paris), CEI Incom (Rome)
INTERPRÈTES : BOURVIL *(Pierre Tardivet)*, Michèle Morgan *(Marie-Josée Vauzange-Tardivet)*, Yvan Desny *(Gérard Durieu)*, Sandra Milo *(Ariane)*, Gérard Oury *(Dr Bosc)*, Elisabeth Manet *(Véronique Vauzange)*, Sylvie *(Mme Tardivet, mère)*, Georgette Anys *(Mme Benoit)*, Julien Carette *(M. Benoit)*, Georges Chamarat *(M. Vauzange)*, Jane Marken *(Mme Vauzange)*, Marcel Pérès *(le bistrot)*, Pierre Brice *(Jacques)*, Corrado Guarducci *(le maître d'hôtel à Venise)*, Hubert de Lapparent *(l'employé des petites annonces)*, Jacques Marin *(un collègue de Pierre)*, Renée Passeur *(une cliente du Dr Bosc)*, Robert Rollis *(le steward)*, Charles Bouillaud *(l'homme qui croise la nouvelle Marie-Josée)*, Catherine Candida *(le modèle)* et Jacques Mancier, Aurore

Paquiss, Anne Auger, André Philip, Dany Saval, Bruno Balp, Yves Barsacq, Lisa Jouvet.

1 h 36. Noir et blanc
Sortie à Paris : 15 octobre 1958

1958

SERENADE AU TEXAS

Réalisation : Richard Pottier
Scénario : Richard Pottier
Dialogues : Jean Ferry
Musique : Francis Lopez
Production : Jason Films
INTERPRÈTES : Luis Mariano *(Jacques Gardel)*, BOURVIL *(Me Jérôme Quillebœuf)*, Sonia Ziemann *(Silvia)*, Germaine Damar *(Rose)*, Yves Deniaud *(Roderick)*, Arlette Poirier *(Dolorès)*, Gil Delamare *(Harry)*, René Blancard *(le shérif)*, Robert Rocca *(le fonctionnaire)*, Jean Paqui *(Dawson)*, Paul Mercey *(Bill)*, Lucien Raimbourg *(Ben)*, Miguel Gamy *(Clark)*, Nicole Jonesco *(Rita)*, Jacqueline Georges *(Dorothy)*, Albert Michel *(Albert)*, André Philip *(le commissaire)*, Micheline Gary *(Denise)*, Sylvain *(le garçon)* et les Bluebell Girls du Lido.

1 h 38. Eastmancolor
Sortie à Paris : 17 décembre 1958

1958

UN DROLE DE DIMANCHE

Réalisation : Marc Allégret
Scénario : Serge de Boissac
Adaptation : Serge de Boissac, Pascal Jardin et Jean Marsan
Dialogues : Serge de Boissac, Pascal Jardin et Jean Marsan
Musique : Paul Misraki
Production : Jean-Jacques Vital, CCFC, UDIF
INTERPRÈTES : BOURVIL *(Jean Brévent)*, Danielle Darrieux *(Catherine Brévent)*, Arletty *(Juliette Armier)*, Jean-Paul Belmondo *(Patrick)*, Cathia Caro *(Caroline Armier)*, Roger Hanin *(Robert Sartori)*, Jean Wall *(Saunier)*, Colette Richard *(Mireille, la secrétaire)*, Jean Lefebvre *(l'huissier)*, Fernand Sardou *(le brigadier)*, Jean Carmet *(le pompiste)*, Jean Ozenne *(le représentant de Galbar)*, Oliver Darrieux *(un ami de Jean)*, Nicolas Vogel *(un dessinateur)*, Michel Subor *(un élève du cours)* et François Saint-Laurent.

1 h 30. Noir et blanc
Sortie à Paris : 19 novembre 1958

1959

LE CHEMIN DES ECOLIERS
(*Furore di vivere*)

Réalisation : Michel Boisrond
Scénario : Jean Aurenche et Pierre Bost, d'après le roman de Marcel Aymé
Dialogues : Jean Aurenche et Pierre Bost
Musique : Paul Misraki
Production : SPCE, Franco London Film, Mondex Films, Gaumont (Paris), Zebra Film, Tempo Film (Rome)
INTERPRÈTES : BOURVIL (*Charles Michaud*), Françoise Arnoul (*Yvette*), Lino Ventura (*M. Tiercelin*), Alain Delon (*Antoine Michaud*), Jean-Claude Brialy (*Paul Tiercelin*), Pierre Mondy (*Lulu*), Sandra Milo (*Olga*), Madeleine Lebeau (*Flora*), Paulette Dubost (*Hélène Michaud*), Jean Brochard (*Coutellier, voisin d'Yvette*), Micheline Luccioni (*Solange, la secrétaire*), Gaby Basset (*Lucette, la sœur de Tiercelin*), Christian Lude (*Lolivier, collègue de Michaud*), Charles Bouillaud (*le client enrhumé*) et Martine Havet, Catherine Brieux, Hans Verner.

1 h 20. Noir et blanc
Sortie à Paris : 23 septembre 1959

1959

LE BOSSU
(*La spada degli Orléans*)

Réalisation : André Hunebelle
Scénario : Jean Halain, Pierre Foucaud et André Hunebelle, d'après l'œuvre de Paul Féval
Dialogues : Jean Halain
Musique : Jean Marion
Production : PAC (Paris), Globe Film International (Rome)
INTERPRÈTES : Jean Marais *(Henri de Lagardère)*, BOURVIL *(Passepoil)*, Sabina Selman *(Isabelle de Caylus / Aurore de Nevers)*, Jean Le Poulain *(Peyrolles)*, Hubert Noël *(Philippe de Nevers)*, Paulette Dubost *(dame Marthe)*, Alexandre Rignault *(l'aubergiste)*, Georges Douking *(le marquis de Caylus)*, Edmond Beauchamp *(don Miguel)*, Paul Cambo *(Philippe d'Orléans)*, François Chaumette *(Philippe de Gonzague)*, Annie Anderson *(une invitée de Gonzague)*, Pâquerette *(la vieille Gitane)*, Edmond Tamiz *(un Gitan)* et Raoul Billerey, Barbara Cruz, Claude Carliez, Rosita Fernandez, Guy Delorme, Juliette Villenot, Bernard Rougerie, Jacques Henriot, Alain Nobis, Christian Brocard, Jean-Michel Rouzière, René Roussel, Françoise Deldick.

1 h 44. Eastmancolor, Dyaliscope
Sortie à Paris : 13 janvier 1960

1959

LA JUMENT VERTE
(La giumenta verde)

Réalisation : Claude Autant-Lara
Scénario : Jean Aurenche et Pierre Bost, d'après le roman de Marcel Aymé
Dialogues : Jean Aurenche et Pierre Bost
Musique : René Cloerec
Production : SOPAC, Films Raimbourg, Star Press, Gaumont (Paris), Zebra Film (Rome)
INTERPRÈTES : BOURVIL (*Honoré Haudouin*), Francis Blanche (*Ferdinand Haudouin, son frère*), Sandra Milo (*Marguerite Maloret*), Yves Robert (*Zèphe Maloret, son père*), Achille Zavatta (*Déodat, le facteur*), Julien Carette (*Philibert, le maire mourant*), Valérie Lagrange (*Juliette Haudouin, fille d'Honoré*), Marie Déa (*Anaïs Maloret, femme de Zèphe*), Guy Bertil (*Toucheur*), Mireille Perrey (*Mme Haudouin, mère d'Honoré*), Georges Wilson (*Jules Haudouin, père d'Honoré*), Amédée (*Ernest*), Marie Mergey (*Adélaïde Haudouin, femme d'Honoré*), Nicole Mirel (*Aline*), François Nocher (*Noël Maloret*) et Hans Verner, Michel Bardinet, Martine Havet, Benoîte Lab, Ernest Varial, Riandreys.

1 h 34. Eastmancolor, Franscope
Sortie à Paris : 29 octobre 1959

1960

LE CAPITAN

Réalisation : André Hunebelle
Scénario : Jean Halain, Pierre Foucaud et André Hunebelle, d'après le roman de Michel Zévaco
Adaptation : Jean Halain, Pierre Foucaud et André Hunebelle
Dialogues : Jean Halain
Musique : Jean Marion
Production : PAC, SN Pathé, Da. Ma. Cinematografica
INTERPRÈTES : Jean Marais *(François de Capestang)*, BOURVIL *(Cogolin)*, Elsa Martinelli *(Gisèle d'Angoulême)*, Arnoldo Foa *(Concini)*, Lise Delamare *(Marie de Médicis)*, Guy Delorme *(Rinaldo)*, Christian Fourcade *(Louis XIII)*, Raphaël Patorni *(le duc d'Angoulême)* et Pierrette Bruno, Robert Porte, Jacqueline Porel, Annie Anderson, Jean-Paul Coquelin, Jean Berger, Piéral, Marcel Pérès.

1 h 51. Couleurs
Sortie à Paris : 5 octobre 1960

1960

FORTUNAT

Réalisation : Alex Joffé
Scénario : Alex Joffé et Pierre Conti, d'après un roman de Michel Breitman
Adaptation : Alex Joffé et Pierre Conti
Dialogues : Alex Joffé et Pierre Conti

Musique : Denis Kieffer
Production : Cinetel, Silver Films, Produzione « Méditerranée »
INTERPRÈTES : BOURVIL *(Noël Fortunat)*, Michèle Morgan *(Juliette)*, Gaby Morlay *(Mlle Massillon)*, Teddy Bilis *(M. Falk)*, Patrick Millow *(Pierre Valecourt)*, Rosy Varte *(Mme Falk)*, Frédéric Robert *(Maurice Valecourt)* et Alan Scott *(l'Américain)*.

2 h 01. Noir et blanc
Sortie à Paris : 16 novembre 1960

1961

TOUT L'OR DU MONDE

Réalisation : René Clair
Scénario : René Clair, Jacques Rémy et Jean Marsan
Adaptation : René Clair, Jacques Rémy et Jean Marsan
Dialogues : René Clair, Jacques Rémy et Jean Marsan
Musique : Georges Van Parys
Production : SECA Filmsonor (Paris), Cineriz Royal Film (Rome)
INTERPRÈTES : BOURVIL *(Mathieu, Toine et Martial Dumont)*, Alfred Adam *(Jules, le chauffeur)*, Philippe Noiret *(Victor Hardy)*, Claude Rich *(Fred)*, Colette Castel *(Stella)*, Annie Fratellini *(Rose)*, Nicole Chollet *(la patronne du café)*, Françoise Dorléac *(la journaliste)*, Albert Michel *(le maire)*, Michel Modo *(Tony)*, Claude Véga *(le metteur en scène)*, Sophie Grimaldi *(l'actrice)*, Catherine Langeais *(la speakerine)*, Yves Barsacq *(un photographe)*, Paul Bisciglia *(un photographe)*, Robert Burnier *(le directeur du magazine)*, Max Elloy *(le garde champêtre)*, Edouard Francomme

(un conseiller municipal), René Hell *(le notaire)*, Jean Marsan *(un speaker)*, Pascal Mazzotti *(un speaker)*, Georges Toussaint *(le sous-préfet)* et Max Montavon.

1 h 40. Noir et blanc
Sortie à Paris : 1ᵉʳ novembre 1961

1961

LE TRACASSIN
(ou *Les Plaisirs de la ville*)

Réalisation : Alex Joffé
Scénario : Jean-Bernard Luc et Alex Joffé
Adaptation : Jean-Bernard Luc et Alex Joffé
Dialogues : Jean-Bernard Luc et Alex Joffé
Musique : Georges Van Parys
Production : Films Raoul Ploquin, Pathé Cinéma
INTERPRÈTES : BOURVIL *(André Loriot)*, Pierrette Bruno *(Juliette)*, Armand Mestral *(Dr Clairac)*, Maria Pacôme *(Mme Gonzalès)*, Rosy Varte *(la patronne)*, Teddy Bilis *(le petit vieux)*, Mario David *(le moniteur)*, Micheline Luccioni *(la serveuse)*, Yvonne Clech *(la locataire)*, Harry-Max *(Crollebois)*, Léo Campion *(Van Hooten)*, Mireille Perrey *(la patronne du Babilys)*, Dominique Davray *(la concierge)* et Charpini *(le coiffeur)*.

1 h 43. Noir et blanc
Sortie à Paris : 20 décembre 1961

1962

LE JOUR LE PLUS LONG
(*The Longest Day*)

Réalisation : Andrew Marton, Ken Annakin et Bernhard Wicki
Scénario : Cornelius Ryan et Romain Gary, d'après le livre de Cornelius Ryan
Dialogues : Cornelius Ryan et Romain Gary
Musique : Maurice Jarre et Paul Anka
Production : Darryl F. Zanuck
INTERPRÈTES : John Wayne (*lieutenant-colonel Vandervoort*), Robert Mitchum (*général Norman Cota*), Henry Fonda (*général Theodore Roosevelt*), Robert Ryan (*général James Gavin*), Robert Wagner (*un ranger américain*), Edmond O'Brien (*général Raymond Barton*), Rod Steiger (*le commandant du destroyer*), Mel Ferrer (*général Robert Haines*), Roddy Mc Dowall (*soldat Morris*), Stuart Whitman (*soldat Sheen*), Jeffrey Hunter (*sergent Fuller*), Sal Mineo (*soldat Martini*), Red Buttons (*soldat John Steele*), Richard Burton (*David Campbell*), Richard Todd (*major John Howard*), Peter Lawford (*lord Lovat*), Leo Genn (*général Parker*), Kenneth More (*capitaine Colin Maud*), Sean Connery (*soldat Flanagan*), Irina Demick (*Janine Boitard*), BOURVIL (*le maire de Colleville*), Jean-Louis Barrault (*le curé de Sainte-Mère-Eglise*), Christian Marquand (*commandant Philippe Kieffer*), Arletty (*Mme Barrault*), Madeleine Renaud (*la mère supérieure*), Jean Servais (*amiral Jaujard*), Georges Wilson (*Alexandre Renaud*), Fernand Ledoux (*Louis*), Bernard Fresson (*un membre du commando*), Curd Jurgens

(*général Gunther Blumentritt*), Werner Hinz (*maréchal Erwin Rommel*), Hans Christian Blech (*commandant Werner Pluskat*), Peter van Eyck (*lieutenant-colonel Ocker*), Wolfgang Preiss (*général Max Pemsel*), Gert Froebe (*sergent Kaffeeklatsch*), Paul Hartmann (*maréchal Gerd von Rundstedt*) et Kurt Meisel (*capitaine Ernst During*).

2 h 55. Noir et blanc
Sortie à Paris : 4 octobre 1962

1962

LES CULOTTES ROUGES

Réalisation : Alex Joffé
Scénario : Alex Joffé et Pierre Corti, d'après une idée d'Etienne Bierry
Adaptation : Alex Joffé et Pierre Corti
Dialogues : Alex Joffé et Pierre Corti
Musique : Jean Marion
Production : Valoria, Cinétel, Silver Film
INTERPRÈTES : BOURVIL *(Fendard)*, Laurent Terzieff *(Antoine Rossi)*, Etienne Bierry *(le chef du débarquement)* et Antoine Bourseiller, Jacques Balutin, Etienne Lorin, Paul Mercey, Robert Rollis.

1 h 46. Noir et blanc
Sortie à Paris : 19 décembre 1962

1962

LES BONNES CAUSES

Réalisation : Christian-Jaque
Scénario : Paul Andreota, Christian-Jaque et Henri Jeanson, d'après un roman de Jean Laborde
Adaptation : Paul Andreota, Christian-Jaque et Henri Jeanson
Dialogues : Henri Jeanson
Musique : Georges Garvarentz
Production : Georges Cheyko; Méditerranée Cinéma, Flora Films, Nizar Films
INTERPRÈTES : BOURVIL *(le juge Gaudet)*, Pierre Brasseur *(Charles Cassidi)*, Umberto Orsini *(Philliet)*, Jacques Monod *(le procureur Magnin)*, Robert Vidalin *(le président)*, José-Luis de Vilallonga *(Paul Dupré)*, Jacques Mauclair *(Georges Boisset)*, Marina Vlady *(Catherine Dupré)*, Virna Lisi *(Gina Bianchi)*, Hubert Deschamps *(Dr Mermet)*, Frédéric Pottecher *(le chroniqueur judiciaire)*, Marcel Cuvelier *(le secrétaire de Cassidi)*, Gilbert Gil *(le journaliste Garat)* et Hubert Noël *(l'amant)*.

2 h. Couleurs
Sortie à Paris : 19 avril 1963

1963

LE MAGOT DE JOSEFA

Réalisation : Claude Autant-Lara
Scénario : Jean Aurenche et Pierre Bost, d'après un roman de Catherine Claude
Adaptation : Jean Aurenche et Pierre Bost
Dialogues : Bernard Dimey
Musique : René Cloerec
Production : SOFAC, Productions Raimbourg, Star Presse, Arca Film
INTERPRÈTES : BOURVIL *(Pierre Corneille)*, Pierre Brasseur *(le maire)*, Anna Magnani *(Joséfa)*, Ramon Iglésias *(Justin)*, Maryse Martin *(Maryse)*, Henri Virlojeux *(Charquin)*, Gil Vidal *(le curé)*, Christian Marin *(Pierrot)* et Sophie Réal *(la femme de Pierrot)*.

1 h 30. Couleurs
Sortie à Paris : 2 octobre 1963

1963

UN DROLE DE PAROISSIEN

Réalisation : Jean-Pierre Mocky
Scénario : Jean-Pierre Mocky, Michel Servin et Alain Moury, d'après le roman de Michel Servin *Deo gratias*
Adaptation : Jean-Pierre Mocky, Michel Servin et Alain Moury
Dialogues : Alain Moury
Musique : Joseph Kosma
Production : Le Film d'art, Atica, Corflor

Interprètes : Bourvil *(Georges Lachaunaye)*, Jean Poiret *(Raoul)*, Francis Blanche *(inspecteur Cucherat)*, Solange Certain *(Juliette)*, Denise Péronne *(Claire)*, Véronique Nordey *(Françoise)*, Jean Yonnel *(le père de Georges)*, Claude Mansard *(l'épicier)*, Lucienne Dutertre *(la belle-mère de Georges)*, Bernard Lavalette *(le préfet de police)*, Marcel Pérès *(le chef de brigade)*, Jean Tissier *(le brigadier Bridoux)*, Rudy Lenoir *(inspecteur Quiqueville)*, Jean-Claude Remoleux *(inspecteur Bartin)*, Jean Galland *(le supérieur du collège)*, Roger Legris *(le sacristain de Saint-Etienne-du-Mont)*, Gérard Hoffmann *(le pilleur de tronc au bandeau sur l'œil)*, Guy Denancy *(le curé de Saint-Etienne-du-Mont)*, Albert-Michel *(un sacristain)*, Pierre Durou *(le sacristain mécontent)*, Alexandre Randall *(l'ecclésiastique)*, Dominique Zardi *(un clochard)*, Willy Braque *(Albert, le domestique)*, Luc Andrieux et Jean-Pierre Mocky *(les clochards au landeau)* et Richard Francœur, Max Desrau, Gloria France, Mohamed Jamoussy.

1 h 22. Noir et blanc et couleurs
Sortie à Paris : 28 août 1963

1963

LA CUISINE AU BEURRE

Réalisation : Gilles Grangier
Scénario : Jean Levitte et Pierre Levy-Corti
Dialogues : Raymond Castans
Musique : Jean Marion
Production : Corona
Interprètes : Bourvil *(André)*, Fernandel *(Fernand Jou-*

vin), Henri Vilbert *(Sarrazin)*, Michel Galabru *(Maximin)*, Andrex *(Pelletan)*, Claire Maurier *(Christiane)*, Anne-Marie Carrière *(Gerda)*, Mag Avril *(Mme Rose)*, Henri Arius *(le maire)*, André Tomasi *(Gervasoni)*, Evelyne Séléna *(Louise)*, Laurence Lignières *(Marinette)*, Georges Audoubert *(un client)*, Edmond Ardisson *(Carlotti)*, Gaston Rey *(Espinasse)*, Georges Rostand *(un marmiton)* et Frédéric Gérard *(un journaliste)*.

1 h 21.
Sortie à Paris : 19 décembre 1963

1964

LA GRANDE FROUSSE
(ou *la Cité de l'indicible peur*)

Réalisation : Jean-Pierre Mocky
Scénario : Jean-Pierre Mocky et Gérard Klein, d'après le roman de Jean Ray *La Cité de l'indicible peur*
Adaptation : Jean-Pierre Mocky et Gérard Klein
Dialogues : Raymond Queneau
Musique : Gérard Calvi
Production : Atica, SNC, Productions Raimbourg
INTERPRÈTES : BOURVIL *(Inspecteur Simon Triquet)*, Véronique Nordey *(Livina)*, Jean-Louis Barrault *(Douve)*, Francis Blanche *(Franqui)*, Jacques Dufilho *(Gosseran)*, Victor Francen *(Dr Clabert)*, Jean Poiret *(brigadier Loupiac)*, Raymond Rouleau *(Chabriant, le maire)*, René-Louis Lafforgue *(le boucher)*, Roger Legris *(M. Paul, le pharmacien)*, Marcel Pérès *(inspecteur Virgus)*, Joé Davray *(Mickey le bénédictin, et la patronne du magasin de mannequins)*, Jenny Orléans

(Mme *Gosseran*), Fred Pasquali (*le chef de la police*), Rudy Lenoir (*le patron du café*), Jean-Claude Remoleux (*le gros homme à l'imperméable*), Pierre Durou (*le chef de gare*), Virginie Valois (*Dorothée, la sœur de Livina*), Maritin (*le garde-chasse*), Léonce Corne (*le brigadier au cassoulet*), Claude Mansard (*le bourreau*), Lisette Lebon (*une employée au bordel*), Michel Duplaix (*le contrôleur*), Pierre Raffo, Gérard Hoffmann, Jo Labarrère (*les cavaliers noirs*), Dominique Zardi (*un policier*), Philippe Castelli (*le photographe*) et Maria-Rosa Rodriguez, André Multin, César Torres.

1 h 27. Noir et blanc
Sortie à Paris : 28 octobre 1964

1964

LE MAJORDOME

Figuration dans la dernière minute du film, rôle du « fiancé » de Geneviève Page.

1964

LE CORNIAUD

Réalisation : Gérard Oury
Scénario : Gérard Oury
Adaptation : Gérard Oury et Marcel Jullian
Dialogues : Georges et André Tabet
Musique : Georges Delerue
Production : Valoria Films, Corona
INTERPRÈTES : BOURVIL (*Antoine Maréchal*), Louis de

Funès *(Léopold Saroyan)*, Venantino Venantini *(Mickey)*, Henri Genès *(l'adjudant)*, Saro Urzi *(le garagiste)*, Nando Buzzanca *(le coiffeur)*, Beba Loncar *(Ursula)*, Alida Ghelli *(la manucure)*, Pierre Roussel *(le maître d'hôtel)*, Jacques Ary *(le douanier chef)*, Grosso *(un douanier)*, Modo *(un douanier)*, Jean Droze *(premier gangster)*, Jacques Ferrière *(deuxième gangster)*, Henri Virlojeux *(troisième gangster)* et Jean Meyer *(quatrième gangster)*.

1 h 45. Couleurs
Sortie à Paris : 25 mars 1965

1965

La Grosse Caisse

Réalisation : Alex Joffé
Scénario : René Asseo, Geno Gil, Luc Charpentier et Alex Joffé
Adaptation : Alex Joffé et Pierre Lévy-Corti
Dialogues : Alex Joffé et Pierre Lévy-Corti
Musique : Jacques Maumont
Production : Marceau Cocinor
INTERPRÈTES : BOURVIL *(Louis Bourdin)*, Paul Meurisse *(Filippi)*, Françoise Deldick *(Angélique)*, Daniel Ceccaldi *(Pignol)*, Roger Carel *(Souveste)*, M. Choura *(le gérant)* et Pierre Vernier *(Aimé de March)*.

1 h 45. Noir et blanc
Sortie à Paris : 9 juillet 1965

1965

LES GRANDES GUEULES

Réalisation : Robert Enrico
Scénario : Robert Enrico et José Giovanni, d'après le roman de José Giovanni *Les Hauts Fers*
Dialogues : José Giovanni
Musique : François de Roubaix
Production : Belles Rives, SNC - Gérard Beytout-René Pignères (Paris), Alexandra Film (Rome)
INTERPRÈTES : BOURVIL *(Hector Valentin)*, Lino Ventura *(Laurent)*, Marie Dubois *(Jackie)*, Jean-Claude Rolland *(Mick)*, Jess Hahn *(Nénesse)*, Michel Constantin *(Skida)*, François Vibert *(Keller)*, Nick Stephani *(Therraz)*, Roger Jacquet *(Capester)*, Reine Courtois *(Yvonne)*, Hénia Suchar *(Christiane)*, Marc Eyraud *(l'éducateur)*, Pierre Frag *(Fanfan)*, Paul Crauchet *(Pélissier)*, Mick Besson *(Raoul)*, Michel Charrel *(Cuizepas)*, Henry Csarniak *(Stan)* et Frédéric Santaya *(Scarella)*.

2 h. Techniscope, Eastmancolor
Sortie à Paris : 22 octobre 1965

1965

GUERRE SECRETE
(La guerra secreta, The Dirty Game, Spione unter Sich)

Réalisation : Christian-Jaque (sketch avec Bourvil), Terence Young, Carlo Lizzani et Werner Klinger
Scénario : Christian-Jaque, Jacques Rémy et Ennio de Concini
Dialogues : Philippe Bouvard
Musique : Robert Mellin et Paul Reverberi
Production : Franco-London Films (Paris), Eichberg (Munich), Fair Film (Rome)
INTERPRÈTES : BOURVIL *(Lalande)*, Robert Hossein *(Dupont)*, Annie Girardot *(Monique)*, Georges Marchal *(Serge)*, Henry Fonda *(colonel Kourlof)*, Peter Van Eyck *(Petehatkin)*, Mario Adorf *(Callahan)*, Robert Ryan *(général Bruce)*, Vittorio Gassman *(Ferrari-Perrogo)*, Jacques Sernas *(Glazou)*, Maria-Gracia Buccella *(Nathalia)* et Klaus Kinski, Louis Arbessier, Gabriel Gobin, Jacky Blanchot, Violette Marceau.

1 h 58. Couleurs
Sortie à Paris : 23 juin 1965

1966

LA GRANDE VADROUILLE

Réalisation : Gérard Oury
Scénario : Gérard Oury
Adaptation : Gérard Oury, Danielle Thompson et Marcel Jullian
Dialogues : Georges et André Tabet
Musique : Georges Auric
Production : Films Corona, Robert Dorfmann
INTERPRÈTES : BOURVIL *(Augustin Bouvet)*, Louis de Funès *(Stanislas Lefort)*, Terry Thomas *(sir Reginald)*, Claudio Brook *(Per Cunningham)*, Mike Marshall *(Alan Mac Intosh)*, Brenno Sterzenbach *(major Achbach)*, Andréa Parisy *(sœur Marie-Odile)*, Marie Dubois *(Ginette)*, Colette Brosset *(Mme Germaine)*, Mary Marquet *(la mère supérieure)*, Catherine Marshall *(une religieuse)*, et Henri Genès *(le gardien du zoo)*.

1 h 39. Couleurs
Sortie à Paris : 8 décembre 1966

1966

TROIS ENFANTS DANS LE DESORDRE

Réalisation : Léo Joannon
Scénario : Léo Joannon et Jacques Emmanuel
Dialogues : Léo Joannon et Jacques Emmanuel
Musique : Gaby Verlor
Production : Gaumont International
INTERPRÈTES : BOURVIL *(Eugène Laporte)*, Jean Lefebvre

(Fernand), Rosy Varte (Mme Duchemin), Jean-François Maurin (Georges), Uta Taeger (Zoé), Robert Dalban (Juge Gaubert), Anne-Marie Carrière (Marguerite), Jacques Legras (Barnachon), Jeanne Colletin (Élisabeth), Gérard Lartigau (Roger), Robert Lombard (Mᵉ Chevassot), Antonio Ramirez (Ferreira), Hubert de Lapparent (Simonet), Jeanne Herviale (une ménagère), Henri Coutet (le garçon de bureau), Yves Arcanel (l'inspecteur), Roger Trapp (un gardien de prison), Jacques-Henri Chambois (le juge d'instruction), Max Elloy (l'appariteur), Robert Rollis (un fonctionnaire), Pierre Doris (l'imprésario de Zoé), Jacques Mancier (Mᵉ Vertex) et Jean Lara (le directeur de la prison).

1 h 35. Couleurs
Sortie à Paris : 3 juin 1966

1967

LES ARNAUD

Réalisation : Léo Joannon
Scénario : Léo Joannon
Adaptation : Léo Joannon et Jacques Robert
Dialogues : Jacques Robert
Musique : Frank Pourcel
Production : Belles Rives, Flora Film
INTERPRÈTES : BOURVIL *(le juge Henri Arnaud)*, Salvatore Adamo *(André Arnaud)*, Michel de Ré *(Josseron, l'antiquaire usurier)*, Christine Delaroche *(Laetitia)*, Marcelle Ranson *(Michèle Granpré, la sœur du juge)*, Rémi Longa *(un boxeur)* et Suzanne Courtal, Gisèle Grandpré.

1 h 29. Couleurs
Sortie à Paris : 13 octobre 1967

1967

LES CRACKS

Réalisation : Alex Joffé
Scénario : Jean-Bernard Luc, Gabriel Arout, Pierre Lévy-Corti et Alex Joffé, d'après une idée d'Alex Joffé
Adaptation et dialogues : Jean-Bernard Luc, Gabriel Arout, Pierre Lévy-Corti et Alex Joffé
Musique : Francis Lai
Production : Fidès, Corona, Regina, TC Production, SNC, West Film
INTERPRÈTES : BOURVIL *(Jules Duroc)*, Monique Tarbès *(Delphine Duroc)*, Robert Hirsch *(Mulot)*, Michel de Ré *(comte de Lion)*, Fianni Bonagura *(le commandatore)* et Anne Jolivet, Teddy Billis, Max Fournel, Patrick Préjean, Albert Michel, Bernard Veley, Gilles Dreu.

1 h 50. Couleurs
Sortie à Paris : 1ᵉʳ mars 1968

1968

LA GRANDE LESSIVE (!)

Réalisation : Jean-Pierre Mocky
Scénario : Jean-Pierre Mocky
Adaptation et dialogues : Jean-Pierre Mocky, Alain Moury et Claude Pennec
Musique : François de Roubaix

Production : Balzac Films, Méditerranée, Firmament Film

INTERPRÈTES : BOURVIL *(Armand Saint-Just)*, Francis Blanche *(Dr Loupioc)*, Roland Dubillard *(Missenard)*, Jean Tissier *(Benjamin)*, Jean Poiret *(Lavalette)*, R. J. Chauffard *(le commissaire Aiglefin)*, Marcel Pérès *(l'inspecteur Toilu)*, Jean-Claude Remoleux *(l'inspecteur Barbic)*, Karin Balm *(Mélane)*, Michael Lonsdale *(Delaroque)*, Alix Mahieux *(Mme Delaroque)*, Roger Legris *(le père Loupioc)*, Albert Pillette *(Futane)*, André Numès *(le proviseur)*, Henri Poirier *(le gérant de l'immeuble)*, Philippe Castelli *(Tamanoir, technicien ORTF)*, Rudy Lenoir *(le chef de service ORTF)*, Agostino Vasco *(un technicien)*, Micha Bayard *(la concierge)*, Philippe Brizzard *(le réparateur)*, Raphaël Delpard *(le professeur d'anglais)*, Pierre Durou *(le facteur)*, Jacqueline Fontaine *(une femme dans l'escalier)*, Renée Gardes *(la bonne des Delaroque)*, Jo Labarrère *(le coiffeur)*, Roger Lumont *(le restaurateur auvergnat)*, Jean-Marie Richier *(le livreur)*, Claude Legros, Christian Chevreuse et Claudine Berg *(des locataires)*, Pierre Benedetti *(l'animateur TV)*, Daniel Crohem *(l'homme au chien)*, Simone Duhart *(la directrice de la chorale)*, Luc Delhumeau *(le flic enrhumé)*, Igor Tyczka *(l'homme au bandeau noir)*, Antoine Mayor *(l'employé du lycée)*, Edith Ker *(la bonne de Lavalette)*, Jean-Michel Molé *(Bouligre, l'homme interviewé)* et Robert Andreozzi, Françoise Arnaud, Georges Bruce, Nicole Chomo, René Fleur, Maria Goud, Frédéric Magne, Jean-Maurice Vayne.

1 h 35. Eastmancolor
Sortie à Paris : 15 novembre 1968

1968

GONFLES A BLOC
ou *Le Rallye de Monte-Carlo*
(*Monte-Carlo or Bust*)

Réalisation : Ken Annakin
Scénario : Ken Annakin et Jack Davies
Adaptation et dialogues : Ken Annakin et Jack Davies
Musique : Ron Goodwin
Production : Mariane Production, Paramount, Dino de Laurentiis
INTERPRÈTES : BOURVIL *(M. Dupont)*, Tony Curtis *(Chester Schofield)*, Mireille Darc *(Marie-Claude)*, Marie Dubois *(Pascale)*, Suzan Hampshire *(Elisbeth)*, Terry Thomas *(Ware Armitage)*, Peter Cook *(major Dawlish)*, Lando Buzzanca *(Marcello)*, Walter Chiari *(Angelo)*, Gert Froebe *(Willi Schihel/Horst Muller)* et Annabella Incontrera, Nicoletta Machiavelli, Jack Hawkins, Eric Sykes, Jacques Duby, Dudley Moore.

2 h 05. Couleurs.
Sortie à Paris : 28 mai 1969

1968

LE CERVEAU

Réalisation : Gérard Oury
Scénario : Gérard Oury
Adaptation et dialogues : Gérard Oury, Marcel Jullian et Danièle Thomson
Musique : Georges Delerue

Production : Gaumont International
INTERPRÈTES : BOURVIL *(Anatole)*, Jean-Paul Belmondo *(Arthur Lespinasse)*, David Niven *(le « cerveau »)*, Eli Wallach *(Franckie Scannapieco)*, Sylvia Monti *(Sophia)*, Raymond Gérome *(le commissaire de police)*, Jacques Balutin *(l'inspecteur Pochet)*, Franck Valois *(Bruno)*, Henri Genès *(le gardien chef de la prison)*, Tommy Duggan *(Cummings)*, Yves Barsacq *(le gérant du magasin)*, Jacques Ciron *(l'inspecteur Dubœuf)*, Robert Dalban *(un gardien dans le train)*, Mario David *(Jean-François l'antiquaire)*, Raoul Delfosse *(un des gardiens du train)*, Sophie Grimaldi *(une jeune femme dans le train)*, Fernand Guiot *(l'inspecteur Mazurel)*, Roger Lumont *(le commerçant de Carnaby Street)*, Paul Mercey *(le voisin du dessous)*, Max Montavon *(le deuxième antiquaire)*, Patrick Préjean *(le chef des gardes du train)*, Dominique Zardi *(un gardien de prison)* et Henri Attal, John Rico, Trevor Stephens, Arch Taylor, Franck Valois.

1 h 50. Couleurs
Sortie à Paris : 7 mars 1969

1969

L'ARBRE DE NOEL
(*The Christmas Tree*)

Réalisation : Terence Young
Scénario : Terence Young, d'après un roman de Michel Bataille
Adaptation et dialogues : Terence Young
Musique : Georges Auric

Production : Films Corona, Jupiter Generale Cinematografica, Valoria
INTERPRÈTES : BOURVIL *(Verdun)*, William Holden *(Laurent Ségur)*, Virna Lisi *(Catherine)*, Mario Feliciani *(Vernet)*, Brook Fuller *(Pascal)* et Madeleine Damien *(Marinette)*.

1 h 30. Couleurs
Sortie à Paris : 15 octobre 1969

1970

L'ETALON

Réalisation : Jean-Pierre Mocky
Scénario : Jean-Pierre Mocky
Adaptation : Jean-Pierre Mocky et Alain Moury
Dialogues : Alain Moury
Musique : François de Roubaix
Production : Balzac-Films, CCFC
INTERPRÈTES : BOURVIL *(William Chaminade)*, Francis Blanche *(Dupuis)*, Michael Lonsdale *(le commissaire Donald Both)*, R. J. Chauffard *(Dr Finus)*, Lionel Labarrère *(Lionel)*, Agostino Vasco *(Sam)*, Jacques Legras *(Pointard)*, Noëlle Leiris *(Nelly Pointard)*, Marcel Pérès *(le commandant Mourson)*, Jean-Claude Remoleux *(le député Lacassagne)*, Francis Terzian *(Lino Ferrucci)*, Solange Certain *(Irène Dupuis)*, Pierre Benedetti *(Michel Lyx)*, Pierre Durou *(le capitaine Mathieu)*, Denise Péronne *(Mlle Lorthiloir, infirmière)*, Sophie Sam *(la femme du commissaire)*, Roger Legris *(le président de l'Assemblée)*, Philippe Brizzard *(Leplanchet)*, Liza Braconnier *(Mme Leplanchet)*, Mercédès Lintermans *(l'assistance sociale)*, Edith Perret *(la*

directrice d'école), Rudy Lenoir *(un mari)*, Dominique Zardi *(le premier député)*, Roger Lumont *(le deuxième député)*, Antoine Mayor *(le troisième député)*, Thérèse Aspar *(la conseillère conjugale)*, Christian Chevreuse *(Piquemou)*, Raphaël Delpard *(Lemercier)*, Luc Andrieux *(le brigadier Zorba)*, et Nicolas Bang, Edith Fontaine, Pierre Raffo, Andrée Servilanges, Janine Wallet.

1 h 30. Eastmancolor
Sortie à Paris : 13 février 1970

1970

CLODO

Réalisation : Georges Clair
Scénario : Georges Clair
Dialogues : Georges Clair
Production : Christian Vebel
avec la participation de Colette Renard, Raymond Souplex, Pauline Carton, Roger Nicolas, Jean Rigaux et BOURVIL (le « pioupiou »).

15 minutes. Noir et blanc
Sortie à Paris : 11 mars 1971

1970

LE MUR DE L'ATLANTIQUE

Réalisation : Marcel Camus
Scénario : Marcel Camus, d'après une idée du colonel Rémy
Adaptation : Marcel Camus et Marcel Jullian
Dialogues : Marcel Jullian
Musique : Claude Bolling
Production : SNC, Fono Roma
INTERPRÈTES : BOURVIL *(Léon Duchemin)*, Peter Mac Enery *(Jeff)*, Sophie Desmarets *(Mlle Duchemin)*, Sara Franchetti *(Juliette)*, Jean Poiret *(Armand)*, John Eppler *(Rommel)*, Terry Thomas *(Perry)*, Reinhardt Kolldehoff *(Jekobus)* et Annabel Leventon, Pino Caruso, Jacques Balutin, Roland Lesaffre, Patrick Préjean.

1 h 40. Couleurs
Sortie à Paris : 14 octobre 1970

1970

LE CERCLE ROUGE

Réalisation : Jean-Pierre Melville
Scénario : Jean-Pierre Melville
Adaptation et dialogues : Jean-Pierre Melville
Musique : Eric de Marsan
Production : Corona (Paris), Selenia (Rome)
INTERPRÈTES : André BOURVIL *(le commissaire Mattéi)*, Alain Delon *(Corey)*, Yves Montand *(Jansen)*, François

Périer *(Santi)*, Gian Maria Volonté *(Vogel)*, André Eykan *(Rico)*, Pierre Collet *(le gardien de prison)*, Paul Crauchet *(le receleur)*, Paul Amiot *(l'inspecteur des services)*, Jean-Pierre Posler *(l'assistant de Mattéi)*, Jean-Marc Boris *(le fils de Santi)* et Ana Douking *(la maîtresse de Rico)*.

2 h 15. Couleurs
Sortie à Paris : 21 octobre 1970

Cinquième Partie

Bourvil au théâtre :
[ses pièces]

LA BONNE HOTESSE

21 décembre 1946 : théâtre de l'Alhambra
Opérette en trois actes, de Jean-Jacques Vital et Serge Veber
Musique : Bruno Coquatrix
Mise en scène : Fred Pasquali
INTERPRÈTES : BOURVIL, André Claveau, Grégoire « Coco » Aslan, Duvaleix, Pierre Clarel, Gisèle Pascal, Alice Tissot, Irène de Trébert et Muny del Monte.

LE MAHARADJAH

19 décembre 1947 : théâtre de l'Alhambra
Opérette à grand spectacle en quinze tableaux, de Serge Veber et Jean-Jacques Vital.
Musique : Bruno Coquatrix
Mise en scène : Fred Pasquali
INTERPRÈTES : BOURVIL, Lysiane Rey, Henri Legay, Alice Tissot, Jacques Bodoin, Lydia George, les sœurs Normand et les Bluebell's.

LE BOUILLANT ACHILLE

21 février 1949 : théâtre des Variétés
Comédie de Paul Nivoix
Mise en scène : Robert Dhéry
INTERPRÈTES : BOURVIL *(Achille Poche)*, Duvaleix *(Racoli)*, Jacques Derives *(Charles V)*, Suzet Maïs *(Caroline Poche)*, Madeleine Suffel *(Georgette)*, Charles Bouillaud *(M. Félix)*, Arlette Accard *(Janine)*, Numès-fils *(Victor)* et Jean Vinci *(Gilbert Dufour)*.

M'SIEUR NANAR

23 décembre 1950 : théâtre de l'Etoile
Opérette en deux actes et douze tableaux, de Jean-Jacques Vital, Pierre Ferrari et André Hornez
Musique : Bruno Coquatrix
Mise en scène : Fred Pasquali
INTERPRÈTES : BOURVIL *(Nanar)*, Tilda Thamar remplacée en 1951 par Irène de Trébert *(Katia)*, Pierre Mingand *(Freddy)*, Geneviève Kervine *(Jeannette)*, René Bourbon *(le bourgmestre)*, Violette Calvi *(Frederika, une baigneuse)*, Jean-Jacques Lecot *(Jacques)*, Charles Rigoulot *(Charles Rigoulot)*, Tristan *(Micky)*, Huguette Lacoste *(Hortense, une baigneuse)*, Jacques Desta *(Bazile)*, Maurice Beaujard *(le pilote)*, Van Duzen *(le directeur du cirque)*, Sergine Day *(Gertrude, une baigneuse)*, Françoise Bouchard *(Catherine, une baigneuse)*, Fouqué *(le gardien de prison, un gendarme, un baigneur)*, Norbert Pierlot *(le fou)*, Ginette Bernard *(une baigneuse)*, Alane Suize *(une baigneuse)*, Lucette Guy *(une baigneuse)*, Jacques Bohème *(un baigneur, un gendarme)*, Fred Orbeck *(un baigneur, l'assistant, le vieux monsieur)*, Jacques Maire *(un baigneur, un liftier)*, Lucien Fernez *(un baigneur)* et Marc Guilloux, Claude et Michel Cordier, Christian et Michel Ferez,

Georges Krumhorn, J.-P. Bezard, Coco Raymond, Michel Pfaff, Jean-Claude Mouillet *(les enfants)*.

LA ROUTE FLEURIE

19 décembre 1952 : théâtre de l'ABC
Opérette de Raymond Vincy
Musique : Francis Lopez
Mise en scène : Max Revol
INTERPRÈTE : BOURVIL *(Raphaël)*, Georges Guétary *(Jean-Pierre)*, O'Brady *(le professeur)*, Annie Cordy *(Lorette)*, Claude Arvelle *(Mimi)* et Annie Dumas *(la vamp)*.

PACIFICO

10 décembre 1958 : théâtre de la Porte-Saint-Martin
Opérette en deux actes et seize tableaux, de Paul Nivoix
Musique : Jo Moutet
Mise en scène : Max Revol
INTERPRÈTES : BOURVIL *(Casimir)*, Pierrette Bruno *(Capucine)*, Georges Guétary *(Lorenzo)*, Corinne Marchand *(Maryline)*, Marcel Journet *(Wilcox)*, Nadia Dauty *(Adélaïde)*, Hennery *(le directeur)*, Suzanne Grey *(Mme Rodorosa)*, Max Elloy *(le poète)*, Tania Florey *(Cécile)* et le ballet de Marie-Jo Weldon, les Melodians, François Rodon, Tony Charley, Joseph Franzetti, Jack Danel, Philippe Rolland, Jean Darly, Albert Pilette, Claude Aliotti, Lucien Privat, Georges Guy, Anika Dova, Edith Guerry, Diana Michel, Jacqueline Lecœur, Arlette Giraldy, Josette Laroche, Edmee Jacque, Colette Dissac.

LA BONNE PLANQUE

10 février 1962 : Grand Théâtre de Rennes
Comédie en trois actes, de Michel André

Musique : Etienne Lorin
Mise en scène : Roland Bailly
INTERPRÈTES : BOURVIL *(Antoine)*, Pierrette Bruno *(Lulu)*, Albert Michel *(Péquinet)*, Robert Rollis *(Emile)*, Alix Mahieux *(Fernande)*, Roland Bailly *(Frédo)* et Max Desrau *(Legrand)*.

OUAH! OUAH!

31 octobre 1965 : théâtre de l'Alhambra
Opérette à grand spectacle, de Michel André
Musique : Etienne Lorin et Gaby Wagenheim
Mise en scène : Roland Bailly
INTERPRÈTES : BOURVIL, Marco Perrin, Robert Rollis, Annie Cordy, Françoise Deldick, Max Desrau, Mag Avril, Gaby Verlor, Albert Pillet, Fred Triolet et le ballet d'Arthur Plaschaert.

Sixième Partie

Bourvil à la télévision :
[ses émissions]

« Gros plan »
Diffusion : 23 mars 1957
Durée : 37 mn
Petit reportage bien documenté sur l'acteur et le chanteur.

« Toute la chanson »
Diffusion : 25 février 1959
Durée : 39 mn
Emission de variétés réalisée par Marcel Cravenne.

« Divertissement »
Diffusion : 28 octobre 1959
Durée : 21 mn
Emission de variétés réalisée par Lazare Iglésis.

« La joie de vivre de Colette Renard »
Diffusion : 24 novembre 1959
Durée : 1 h 11 mn
Emission de variétés réalisée par Stellio Lorenzi.

« Toute la chanson »
Diffusion : 1er décembre 1959

Durée : 39 mn
Emission de variétés réalisée par Marcel Cravenne.

« Magazine de la chanson »
Diffusion : 29 février 1960
Durée : 57 mn
Emission de variétés réalisée par Marcel Cravenne.

« Toute la chanson »
Diffusion : 25 avril 1960
Durée : 56 mn
Emission de variétés réalisée par Marcel Cravenne.

« Rendez-vous avec Bourvil »
Diffusion : 9 décembre 1961
Durée : 33 mn
Emission de variétés réalisée par François Chatel.

« Le bon numéro »
Diffusion : 6 juin 1962
Durée : 57 mn
Emission-jeu de Pierre Bellemare réalisée par Roger Pradines.

« Discorama »
Diffusion : 14 octobre 1962
Durée : 52 mn
Emission de variétés réalisée par Jean-Pierre Marchand et présentée par Denise Glaser.

« Guétary-Club »
Diffusion : 23 janvier 1965
Durée : 55 mn
Emission de variétés réalisée par Alexandre Tarta.

« La Bonne Planque »
Diffusion : 27 février 1965
Durée : 90 mn
Retransmission de la pièce enregistrée, en remplacement des « Cinq dernières minutes ».

« Bourvil au cinéma »
Diffusion : 27 novembre 1965
Durée : 32 mn
Réalisé par François Chalais et produit par Frédéric Rossif.

« Show-chaud »
Diffusion : 14 mai 1966
Durée : 57 mn

« Douche écossaise »
Diffusion : 16 mai 1966
Durée : 57 mn
Réalisé par Jean-Christophe Averty.

« Palmarès des chansons »
Diffusion : 6 octobre 1966
Durée : 1 h 18 mn
Emission de variétés réalisée par Roger Pradines.

« Leur vérité : Bourvil »
Diffusion : 1er janvier 1968
Durée : 33 mn
Emission de variétés réalisée par Bernard Lion.

« Heureuse rencontre avec Gaby Verlor »
Diffusion : 24 novembre 1968

Durée : 1 h 30 mn
Emission de variétés réalisée par André Flédérick.

« Sacha Show »
Diffusion : 10 décembre 1969
Durée : 57 mn
Emission de variétés de Maritie et Gilbert Carpentier.

« Au cinéma ce soir »
Diffusion : 25 septembre 1970
Durée : 55 mn
Emission-hommage le surlendemain de sa disparition.

« A la rencontre de Bourvil »
Diffusion : 28 décembre 1975
Durée : 1 h 45 mn
Emission de souvenirs réalisée par Aline Tacvorian et présentée par Robert Beauvais.

« C'est pour rire »
Diffusion : 9 octobre 1976
Durée : 50 mn
Emission de souvenirs avec Gérard Oury.

« Ces chers disparus : Bourvil »
Diffusion : 20 et 27 juin 1978
Durée : 27 mn
Emission-montage réalisée par Denis Derrien.

« Bourvil : un éclat de rire »
Diffusion : 24 octobre 1982
Durée : 57 mn
Emission-montage réalisée par Roger Pradines.

« Bourvil : quatorze ans déjà ! »
Diffusion : 20 septembre 1984
Durée : 1 h 30 mn
Emission-montage réalisée par Jean-Pierre Spiero.

« Bourvil nostalgie »
Diffusion : 9 octobre 1987
Durée : 1 h 30 mn
Emission-montage réalisée par Christian Vidalie.

« On en rit encore »
Diffusion : 4 novembre 1989
Durée : 1 h 30 mn
Emission-montage sur les grands comiques disparus.

Septième Partie

Bourvil et le disque :
[sa discographie]

Disques Pathé, puis Pathé Marconi

1946

PG 2320 ou PG 144 (78 t.) : « La plume; L'inventeur » (monologues)

PG 2350 ou PG 145 (78 t.) : « L'ingénieur; Le vélo » (monologues)

PG 2321 ou PG 146 (78 t.) : « Les castagnettes; Le conservatoire » (monologues)

PG 2331 ou PG 163 ou PG 248 (78 t.) : « Les crayons; Timichiné-la-Pou-Pou » (orchestre Faustin Jeanjean)

PG 2342 ou PG 174 ou PG 128 (78 t.) : « Houpetta la Bella; Quand même » (orchestre Faustin Jeanjean)

1947

PA 2352 ou PG 243 (78 t.) : « Pour sûr » (du film *Pas si bête*); « Il a suffi d'un hasard » (orchestre Quintin Verdu)

PA 2380 ou PG 233 (78 t.) : « La bougie; Prends mon bouquet » (orchestre Marius Coste)

PA 2391 (78 t.) : « Attachement » (orchestre Marius Coste); « Je suis chansonnier » (monologue)

PG 187 ou PG 219 (78 t.) : « Je suis content, ça

marche » (de l'opérette *La Bonne Hôtesse*) ; « A pied, à ch'val et en voiture » (de l'opérette *La Bonne Hôtesse*), (orchestre Marius Coste)

PA 2430 ou PG 251 (78 t.) : « Ma place ; A bicyclette » (orchestre Marius Cost)

1948

PA 6371 ou PA 2438 ou PG 220 (78 t.) : « La brave fille des abattoirs » (orchestre Marius Coste) ; « Le ministre de l'Agriculture » (monologue)

PA 2455 ou PG 237 (78 t.) : « La rumba du pinceau » (du film *Par la fenêtre*), « C'est l' piston » (du film *Blanc comme neige*, orchestre Marius Coste)

PA 2484 (78 t.) : « Le boogie yogi » (de l'opérette *Le Maharadjah*) ; « Musique ! Musique ! » (de l'opérette *Le Maharadjah*) (orchestre Marius Coste)

PA 2514 ou PG 247 (78 t.) : « Avec ses castagnettes ; Nénesse d'Epinal » (orchestre Marius Coste)

PG 244 (78 t.) : « Chanson anglaise ; Sous la lune » (du film *Le Cœur sur la main*) (orchestre Marius Coste)

PG 292 (78 t.) : « Menteries ; Le poisson rouge » (monologues)

LFX 797 (78 t. 30 cm Columbia) : « Les contes d'Hoffmann » (orchestre et chœurs du théâtre national de l'Opéra-Comique, sous la direction d'André Cluytens)

1949

PG 304 (78 t.) : « Adèle, la dondon dodue » (orchestre Marius Coste)

PA 2567 (78 t.) : « Sous la pluie ; Chanson anglaise » (orchestre Marius Coste)

PA 2568 (78 t.) : « Idylle ; Dimanche » (orchestre Marius Coste)

1950

PG 346 (78 t.) : « La tactique du gendarme » (du film *Le Roi Pandore*) ; « Pin-up » (orchestre Marius Coste)

PG 349 (78 t.) : « D'où viens-tu ? Pêcheur et paysan » (orchestre Jacques Hélian et les Hélianes).

PG 373 (78 t.) : « Ah ! l'éloquence ; A la campagne » (orchestre Marius Coste)

PG 406 (78 t.) : « Le grand dindon blanc » (du film *Le Rosier de Mme Husson*) ; « C'est la fille à tout le monde » (orchestre Marius Coste).

PG 421 (78 t.) : « Caroline, Caroline ; En rev'nant d' la revue » (orchestre Marius Coste)

1951

PG 452 (78 t.) : « Nana » (orchestre Marius Coste) ; « Causerie antialcoolique » (monologue)

PG 472 (78 t.) : « M'sieur Nanar » (de l'opérette *M'sieur Nanar*) ; « La Parisienne » (de l'opérette *M'sieur Nanar*) (orchestre Marius Coste)

PG 480 (78 t.) : « Papa joue du trombone ; Le garçon d'ascenseur » (orchestre Marius Coste)

1952

PG 587 (78 t.) : « Fredo le porteur ; Vive la mariée » (monologues)

PG 589 (78 t.) : « Graffouigne-moi ; Tu aimes faire pleurer les femmes » (avec Simone Alma, orchestre Marius Coste)

PG 598 (78 t.) : « A Joinville-le-Pont ; En nourrice » (orchestre Marius Coste)

33 DTX 111 (33 t.) : *Phi-Phi* (orchestre et chœurs sous la direction de Marcel Cariven)

PG 632 (78 t.) : « Vive la chasse ; Les enfants-fan-fan » (du film *Le Trou normand*) (orchestre Marius Coste)

PG 640 (78 t.) : « Candide ; Papa joue du trombone » (orchestre Marius Coste)

1953
PG 677 (78 t.) : « C'est la vie de bohême » (de l'opérette *La Route fleurie*) (avec Georges Guétary, orchestre Jacques-Henry Rys)
PG 685 (78 t.) ou 45 G 1006 (45 t.) : « On est poète ; Les haricots » (de l'opérette *La Route Fleurie*) (orchestre Jacques-Henry Rys)
PG 686 (78 t.) : « Madagascar ; Pas d' chance » (de l'opérette *La Route fleurie*) (orchestre Jacques-Henry Rys)
PG 720 (78 t.) : « La belle abeille ; Le petit coq » (avec les Pierrots parisiens, orchestre Nelly Marco)
PG 721 (78 t.) : « Le papeau des pompiers ; Le petit sapin » (avec les Pierrots parisiens, orchestre Nelly Marco)
PG 722 (78 t.) : « Sébastien le pingouin ; Une jolie trompette » (avec les Pierrots parisiens, orchestre Nelly Marco)
PG 723 (78 t.) : « Jonas et la baleine ; Le vieux tromblon » (avec les Pierrots parisiens, orchestre Nelly Marco)
33 AT 1024 (33 t.) : (Compilation des PG 720 à 723) Cet enregistrement a reçu le Grand Prix de l'Académie du disque français.

1954
PG 769 (78 t.) : « Tiens, voilà le facteur ; Niaca » (orchestre Marius Coste)

1955
PG 944 (78 t.) : « Qui donc eût dû ? ; Bling ! Bling » (orchestre Jacques Hélian)

PG 945 (78 t.) : « Par ici les ballots ; La Môme Rustine » (avec Papoum, orchestre Jacques Hélian)

PG 963 (78 t.) ou 45 G 1111 (45 t.) : « Nous n'irons pas à Calcutta ; Abonné au gaz » (orchestre Jacques Hélian)

PG 1011 (78 t.) : « Odile ; Les jaloux » (orchestre Jerry Mengo)

1956

45 EG 201 (45 t.) : « Mam'zelle Bigoudi ; Le figurant ; Le lait de Lolo ; Ma Lulu » (orchestre Jerry Mengo)

45 G 1296 (45 t.) ou 45 EG 247 (45 t.) : « T'épier ; Mon (bon) vieux phono » (orchestre Jerry Mengo)

45 G 1297 (45 t.) ou 45 EG 247 (45 t.) : « Pstt! ; La Polka du colonel » (orchestre Jerry Mengo)

1957

33 AT 1106 (33 t.) : « Bourvil dit neuf poèmes de Camille François : Vive la mariée ; Les terrassiers ; Fredo le porteur ; Une redingote ; Mon chien ; Le charcutier ; La laide ; Père nourricier ; Quand il pleut »

45 G 1384 (45 t.) ou 45 EG 352 (45 t.) : « Elle faisait du strip-tease ; Allumett'polka » (orchestre Jerry Mengo)

45 G 1385 (45 t.) ou 45 EG 352 (45 t.) : « Le hoquet ; Le croque-Madame » (orchestre Jerry Mengo)

45 E 373 (45 t.) : « Ballade irlandaise (Un oranger) ; Et ta sœur ; Le baïon de Cupidon ; Ne reviens pas sur ton passé » (orchestre Jerry Mengo)

1958

45 EG 440 (45 t.) : « C'est du nanan ; Bonne année ; Je t'aime bien » (de l'opérette *Pacifico*) avec Pierrette Bruno (orchestre Jo Moutet)

45 EG 450 (45 t.) : « Berceuse à Frédéric; Tatane; Monsieur Balzac; Les pruneaux » (orchestre Jerry Mengo)

45 G 1470 (45 t.) ou 45 EG 452 (45 t.) : « Alors, qu'est-ce qu'on fait?; Ah! c' que t'es bête! » avec Pierrette Bruno (orchestre Jerry Mengo)

45 EG 452 (45 t.) : « Vraiment, ça tombe bien; Mimile », avec Pierrette Bruno (orchestre Jerry Mengo)

45 G 1480 (45 t.) : « Le chemin des écoliers; Comme t'étais » (orchestre Jerry Mengo)

1959

45 G 1496 (45 t.) ou 45 EG 488 (45 t.) : « Salade de fruits; Les Rois fainéants » (orchestre Jerry Mengo)

45 EG 488 (45 t.) : « On a vécu pour ça » (avec Pierrette Bruno, orchestre Jerry Mengo)

45 G 1545 (45 t.) ou 45 EG 506 (45 t.) : « Abuglubu, abuglubu; Aux quatre saisons » (avec Pierrette Bruno, orchestre Jerry Mengo)

45 G 1548 (45 t.) ou 45 EG 506 (45 t.) : « Si on l' faisait faire; Hay di ho » (orchestre Jerry Mengo)

45 G 1569 (45 t.) ou 45 EG 523 (45 t.) : « Les Papous; Ma p'tit' chanson » (orchestre Jerry Mengo)

45 G 1571 (45 t.) : « Baladin; Pour se parler d'amour » (du film *Le Capitan*) (avec Pierrette Bruno, orchestre Jerry Mengo)

1960

45 G 1604 (45 t.) ou 45 EG 535 (45 t.) : « De fil en aiguille; Mets tes petits souliers » (orchestre Jerry Mengo)

45 G 1605 (45 t.) ou 45 EG 535 (45 t.) : « J'ai des hauts et des bas; Je fais ce que tu veux » (orchestre Jerry Mengo)

45 EG 543 (45 t.) : « Notre petit caniche ; Dent de lait ; Tu peux, tu peux ; Il s'en est fallu de peu » (avec Pierrette Bruno, orchestre Jerry Mengo)

45 EG 550 (45 t.) : « La terre ; Douce, si douce ; Mon frère d'Angleterre ; C'est toujours à la mode » (orchestre Jerry Mengo)

45 EG 565 (45 t.) : « Kilimandjaro ; Angèle ; Joli, joli mois de mai ; Tchin tchin à ton cœur » (orchestre Jerry Mengo)

1961

45 EG 578 (45 t.) : « Les sourires de Paris ; Vieux frère ; Un (Le) clair de lune à Maubeuge ; Notre amour est en grève » (orchestre Jerry Mengo)

45 EG 587 (45 t.) : « Les printemps d'aujourd'hui ; C'est l' piston ; Pom pom pom ; Le voleur de pervenches » (orchestre Jerry Mengo)

1962

45 EG 606 (45 t.) : « Maurice ; Passe-moi les crudités ; Oh ! là, là, qu' c'est beau ; J'ai six femmes à la maison » (orchestre Jerry Mengo)

45 EG 611 (45 t.) : « J' pourrais faire ça ; C'est pas le Pérou ; Ce p'tit air-là ; Bien, si bien » (de la pièce *La Bonne Planque*) (avec Pierrette Bruno, orchestre Jerry Mengo)

2 C 057 10599 (33 t.) : *L'Auberge du Cheval-blanc* (orchestre et chœurs sous la direction de Félix Nuvolone)

1963

45 EG 625 (45 t.) : « Toi, tu es ma maison ; La complainte du boucher ; tricoter près d'un transistor ; Antarès » (orchestre Jerry Mengo)

45 EG 657 (45 t.) : « La tendresse; Du fromage et du pain; Un air de jeunesse; Ta mère est là » (orchestre Jerry Mengo)

1964
45 EG 627 (45 t.) : « J' suis papa et j' suis dans l' coup; Bonjour Monsieur le maître d'école; Du côté de l'Alsace; Dans la bruyère de Quimperlé » (orchestre Jerry Mengo)

1965
45 EG 845 (45 t.) : « Je voudrais bien être; Au son de l'accordéon; Nous vieillirons ensemble; Heureusement qu'y en a » (orchestre Jerry Mengo)

1966
45 EG 863 (45 t.) : « Ballade irlandaise (Un oranger); Mon frère d'Angleterre; C'était bien; La tendresse » (orchestre Jerry Mengo)
45 EG 934 (45 t.) : « Ton cor; Je promène le chien; Moi j' te regrette; La ronde du temps » (orchestre Jerry Mengo)

1967
45 EG 1047 (45 t.) : « Les girafes; La valise; La marche des matelassiers; Un p'tit coup Monsieur » (orchestre Jerry Mengo)

1968
45 EG 1084 (45 t.) : « Pouët pouët (elle est à vous); Ma pipioute; Mon village au clair de lune; Devant l'enfant » (orchestre Jerry Mengo)
45 FC 006-10530 M (45 t.) : « Le fromage au lait; Des sous de côté » (orchestre Jerry Mengo)

33 PTX 40 154 (33 t.) : Extraits de l'opérette *Pacifico* (orchestre Pierre Chaille)

1969
45 C 006-10698 M (45 t.) : « Le convoyeur; Tout le monde est artiste » (orchestre Jerry Mengo)
33 PTX 40 312 (33 t.) : Extraits de l'opérette *Ouah! Ouah!*

1970
12 C 178 14997/8 (double 33 t.) : « Ça » (avec Jacqueline Maillan, orchestre Paul Piot)

Nota : Les collectionneurs trouveront les enregistrements d'Etienne Lorin sur disques Sofradi, Polydor, Gramo.

Cette liste n'est pas exhaustive et n'inclut pas les nombreuses rééditions depuis la disparition de Bourvil. Ne figurent pas non plus dans cette liste les repiquages et les reprises en album 33-tours ainsi que les duos figurant sur les albums d'autres artistes comme « Le duo des célibataires », avec Georges Guétary, extrait de *Pacifico*, ou « Le p'tit coup de chance », avec Annie Cordy, de l'opérette *Ouah! Ouah!*.

D'autre part, nous tenons à remercier Roland Gerbeau et Gérard Trimbach pour leur aide précieuse dans l'établissement et l'exactitude de cette discographie.

Huitième Partie

Bourvil et la littérature

OUVRAGES SUR BOURVIL

« Bourvil », *Le Film vécu*, n° 32, 1951.
Notre ami Bourvil, par Catherine Claude, Editeurs français réunis, 1969.
André Bourvil, par Maurice Bessy, Denoël, collection « Etoiles », 1972.
Bourvil du rire aux larmes, par Pierre Berruer, Presses de la Cité, 1975.
Bourvil, par Jacques Lorcey, PAC, 1981.
Bourvil, les années radio, par Jean-François Remonté et Simone Depaix, L'Arpenteur, 1984.

OUVRAGES D'ORDRE GÉNÉRAL

Jean-Paul Belmondo, par Philippe Durant, PAC, 1984.
Jean-Paul Belmondo, par Alexandre Grenier, Henri Veyrier, 1985.
Bernard Blier, par Annette Blier et Claude Dufresne, Solar, 1989.
« Christian-Jaque », *Travelling 47*, Cinémathèque suisse, 1976.
Cinéma français, les années 50, centre Georges-Pompidou, 1987.
Jean Delannoy, institut Jacques-Prévert, Aulnay-sous-Bois, 1985.
Jean Dreville, Editions Dujarric, 1987.
Annie Girardot, par Pascal Merigeau, PAC, 1978.

« Gilles Grangier » *Cinquante ans de cinéma*, Le Terrain vague/ Losfeld, 1989.
Gilles Grangier présente *Flash-Back*, Presses de la Cité, 1977.
Georges Guétary, *Les Hasards fabuleux*, La Table ronde, 1981.
Sacha Guitry, *Cent ans de théâtre et d'esprit*, par Jacques Lorcey, PAC, 1985.
Henri Jeanson, *70 ans d'adolescence*, Stock.
Louis Jouvet, par Josée Cathala, Henri Veyrier, 1989.
Bobby Lapointe, par Huguette Long-Lapointe, Encre, 1980.
Jean Lefevre, *Pourquoi ça n'arrive qu'à moi?*, Michel Lafon/ Carrère, 1984.
Francis Lopez, *Flamenco*, Presses de la Cité, 1987.
Luis Mariano, par Joëlle Montserrat, PAC, 1984.
Jean-Pierre Mocky, par Gaston Haustrate, Edilig, 1989.
Michèle Morgan, *Avec ces yeux-là*, Robert Laffont, 1977.
Gaby Morlay, *Du rire aux larmes*, Editions France-Empire, 1987.
Philippe Noiret, par Dominique Maillet, Henri Veyrier, 1978.
Gérard Oury, *Mémoires d'éléphant*, Olivier Orban, 1988.
François Périer, *Profession : menteur*, Le Pré-aux-clercs, 1990.
Roger Pierre, *Eclats de rire*, Presses de la Cité, 1982.
Roger Pierre et Jean-Marc Thibault, *Laissez-nous rire*, Jean-Claude Lattès, 1986.
Line Renaud, Éditions n° 1, 1989.
Jean Richard, *De Paulus à Tino Rossi*, Librairie de Paris, 1964.
Patrick Sébastien, *Le Masque et les Plumes*, Michel Lafon/ Carrère, 1986.
Georges Tabet, *Vivre deux fois*, Robert Laffont, 1980.
Laurent Terzieff, par Claude Mauriac, Stock, 1980.
Monsieur Vanel, par Jacqueline Cartier, Robert Laffont, 1989.
Lino Ventura, par Gilles Colpart, PAC, 1979.

REVUE DE PRESSE

1946
16 janvier, *Le Canard enchaîné*, Pierre Laroche
13 décembre, *Arts*, C.C., *La Bonne Hôtese*
25 décembre, *Libération*, *La Bonne Hôtese*

29 décembre, *Ce soir*, Richard Balducci, *La Bonne Hôtesse*
29 décembre, *L'Etoile du soir*, Fred Rose, *La Bonne Hôtesse*

1947
1ᵉʳ janvier, *Opéra*, Jean Barreyre, *La Bonne Hôtesse*
2 janvier, *Combat*, Jean Silvant, *La Bonne Hôtesse*
2 janvier, *L'Epoque*, Hubert de Malafosse, *La Bonne Hôtesse*
2 janvier, *Paris-Presse*, H.S., *La Bonne Hôtesse*
3 avril, *Franc-Tireur*, Jean Néry, *Pas si bête*
4 avril, *France libre*, Pierre Chartier, *Pas si bête*
6 avril, *L'Aube*, J.M., *Pas si bête*

1948
7 janvier, *La Bataille*, Henri Sauguet, *Le Maharadjah*
8 janvier, *L'Epoque*, Jacques Dantille, *Le Maharadjah*
9 janvier, *Le Figaro*, André Warnod, *Le Maharadjah*
15 janvier, *Les Nouvelles littéraires*, Serge, *Le Maharadjah*
21 janvier, *Combat*, Yves Gibeau, *Le Maharadjah*
10 février, *L'Écran français*, Jean Thévenot
10 février, *Cinevie-Cinévogue* n° 4, Lise Claris
10 février, *Stars et films* n° 21, Alain Jeff
10 février, *Le Miroir des vedettes* n° 2, Jean Polbernar, biographie

1949
22 février, *Paris-Presse*, Henri Spade, *Le Bouillant Achille*
11 mars, *Paris-Presse*, Max Favalelli, *Le Bouillant Achille*
9 juillet, *L'Aube*, J.M., *Le Cœur sur la main*
18 juillet, *Combat*, Rémy Gordon, *Le Cœur sur la main*
29 juillet, *Libération*, *Le Roi Pandore*
26 août, *Le Figaro*, Roger Cantagrel, *Miquette et sa mère*
6 septembre, *Le Figaro*, Roger Cantagrel, *Miquette et sa mère*
6 septembre, *L'Aurore*, *Miquette et sa mère*
7 septembre, *Opéra*, Maud Max-Linder, *Le Roi Pandore*
8 octobre, *Combat*, J.-P. Vivet, *Miquette et sa mère*
13 octobre, *La Bataille*, A.M., *Miquette et sa mère*
15 octobre, *Ce soir*, C.D., *Miquette et sa mère*

1950
27 mars, *Le Figaro*, Paul Carrière, *Le Passe-muraille*
2 avril, *Libération*, Simone Dubreuilh, *Le Roi Pandore*

5 avril, *Le Parisien*, François Chalais, *Le Roi Pandore*
9 avril, *L'Humanité Dimanche*, Armand Monjo, *Le Roi Pandore*
13 avril, *Le Figaro*, P. Ms., *Le Roi Pandore*
13 avril, *L'Aube*, J.M., *Le Roi Pandore*
14 avril, *Combat*, Hugues Robert, *Miquette et sa mère*
14 avril, *Le Parisien libéré*, François Chalais, *Miquette et sa mère*
15 avril, *Franc-Tireur*, Jean Néry, *Miquette et sa mère*
15 avril, *Ce matin*, André Lafargue, *Miquette et sa mère*
17 avril, *Combat*, Hugues Robert, *Le Roi Pandore*
17 avril, *L'Epoque*, Roger Régent, *Miquette et sa mère*
17 avril, *Le Figaro*, Louis Chauvet, *Miquette et sa mère*
19 avril, *Opéra*, Jean Fayard, *Miquette et sa mère*
19 avril, *Libération*, Simone Dubreuilh, *Miquette et sa mère*
22 avril, *La Croix*, J. Guys, *Miquette et sa mère*
23 avril, *L'Humanité Dimanche*, Armand Monjo, *Miquette et sa mère*
24 avril, *L'Aube*, Jean Morienval, *Miquette et sa mère*
29 avril, *Réforme*, Michel Braspart, *Miquette et sa mère*
31 mai, *Opéra*, Maud Max-Linder, *Le Rosier de Mme Husson*
9 juin, *Franc-Tireur*, René Gordon, *Le Rosier de Mme Husson*
23 septembre, *Combat*, Jean Pelleautier, *Le Passe-muraille*
2 octobre, *Le Parisien*, François Chalais, *Le Rosier de Mme Husson*
4 octobre, *Combat*, R.M. Arlaud, *Le Rosier de Mme Husson*
6 octobre, *Ce soir*, H.-J. Dupuy, *Le Passe-muraille*
10 octobre, *Libération*, Simone Dubreuilh, *Le Rosier de Mme Husson*
17 décembre, *Ce soir*, Marcel Frère, *M'sieur Nanar*
20 décembre, *Libération*, J.- F. B., *M'sieur Nanar*
27 décembre, *Paris-Presse*, Max Favalelli, *M'sieur Nanar*
28 décembre, *Ce soir*, *M'sieur Nanar*
28 décembre, *Ciné Digest*, n° 10, F. O'Brady

1951
6 janvier, *Combat*, Constantin Brive, *M'sieur Nanar*
6 janvier, *Ce matin*, Mathilde-Stéphane Epin, *M'sieur Nanar*
7 janvier, *Ce soir*, J. Durkheim, *M'sieur Nanar*
8 janvier, *Le Figaro*, André Warnot, *M'sieur Nanar*
8 janvier, *Franc-Tireur*, Guy Verdot, *M'sieur Nanar*
11 janvier, *Paris-Presse*, Claude Hervin, *M'sieur Nanar*
4 avril, *Opéra*, René Guilly, *Le Passe-muraille*

5 avril, *Combat*, R.-M. Arlaud, *Le Passe-muraille*
6 avril, *Franc-Tireur*, Jean Néry, *Le Passe-muraille*
6 avril, *Le Figaro*, Jean-Jacques Gautier, *Le Passe-muraille*
8 avril, *Paris-Presse*, Max Favalelli, *Le Passe-muraille*
12 avril, *Les Nouvelles littéraires*, Georges Charensol, *Le Passe-muraille*
13 avril, *L'Aube*, Jean Morienval, *Le Passe-muraille*
18 avril, *Opéra*, Michel Braspart, *Le Passe-muraille*
21 avril, *Le Monde*, Henry Magnan, *Le Passe-muraille*
25 avril, *Ce soir*, Jean Boissounouse, *Le Passe-muraille*
27 avril, *Témoignage chrétien*, R. Darmance, *Le Passe-muraille*
28 avril, *Réforme*, J.G., *Le Passe-muraille*
5 septembre, *L'Ecran français* n° 321, Bob Bergut
6 décembre, *Le Figaro*, Louis Chauvet, *Seul dans Paris*
7 décembre, *L'Humanité*, Georges Sadoul, *Seul dans Paris*
13 décembre, *Les Nouvelles littéraires*, Georges Charensol, *Seul dans Paris*
15 décembre, *La Croix*, P.-J. Buys, *Seul dans Paris*

1952
3 juin, *Libération*, *Le Trou normand*
4 juin, *Ce soir*, *Le Trou normand*
7 juin, *La Croix*, *Le Trou normand*
9 juin, *Combat*, Jacques Guilhon, *Le Trou normand*
24 juillet, *Les Lettres françaises*, José Zendel, *Le Trou normand*
21 août, *Le Parisien*, D.M., *La Route fleurie*
12 novembre, *Le Parisien*, André Bazin, *Le Trou normand*
13 novembre, *Les Lettres françaises*, Josette Daix, *Le Trou normand*
14 novembre, *Ce soir*, Yvon Samuel, *Le Trou normand*
14 novembre, *France réelle*, André du Dognon, *Le Trou normand*
14 novembre, *Combat*, R.-M. Arlaud, *Le Trou normand*
9 décembre, *Paris Comœdia*, *La Route fleurie*
11 décembre, *Le Parisien*, *La Route fleurie*
31 décembre, *L'Aurore*, Pierre Loewel, *La Route fleurie*
31 décembre, *Paris-Presse*, Emile Vuillermoz, *La Route fleurie*
31 décembre, *Le Parisien*, W.L. Landowski, *La Route fleurie*

1953
1er janvier, *Le Monde*, René Dumesnil, *La Route fleurie*
1er janvier, *Franc-Tireur*, René Gordon, *La Route fleurie*

2 janvier, *Ce soir*, J.D., *La route fleurie*
5 janvier, *Libération*, Guy Dornand, *La Route fleurie*
6 janvier, *Paris Comœdia*, Bourvil, « Faire rire »
7 janvier, *Carrefour*, Serge, *La Route fleurie*
21 mai, *Climats*, Pierre Ferrussac, *Les Trois Mousquetaires*
23 mai, *Franc-Tireur*, J.N., *Les Trois Mousquetaires*
13 septembre, *Radio-Cinéma-TV* n° 191
10 octobre, *France-Soir*, André Lang, *Les Trois Mousquetaires*
11 octobre, *L'Aurore*, Claude Garson, *Les Trois Mousquetaires*
12 octobre, *Le Parisien*, André Bazin, *Les Trois Mousquetaires*
13 octobre, *Le Figaro*, Jean-Jacques Gauthier, *Les Trois Mousquetaires*
14 octobre, *Carrefour*, Jean Dutourd, *Les Trois Mousquetaires*
15 octobre, *Les Lettres françaises*, Josette Daix, *Les Trois Mousquetaires*
15 octobre, *Les Nouvelles littéraires*, Georges Charensol, *Les Trois Mousquetaires*
16 octobre, *La Croix*, Pierre-Jean Guys, *Les Trois Mousquetaires*
17 octobre, *Libération*, S.D., *Les Trois Mousquetaires*
29 octobre *Le Monde*, Jean de Baroncelli, *Les Trois Mousquetaires*

1954

9 janvier, *Le Figaro*, Paul Carrière, *Cadet-Rousselle*
16 janvier, *Combat*, F.-D. A., *La Route fleurie*
25 janvier, *Combat*, Annie Cordy, *La Route fleurie*
17 février, *Le Parisien*, *La Route fleurie*
22 février, *Franc-Tireur*, *La Route fleurie*
29 juillet, *L'Aurore*, A.R., *Poisson d'avril*
3 août, *L'Information*, René Guyonnet, *Poisson d'avril*
4 août, *Combat*, R.-M. Arlaud, *Poisson d'avril*
4 août, *Arts*, Gilbert Guez, *Poisson d'avril*
6 août, *La Croix*, *Poisson d'avril*
15 septembre, *Le Parisien*, Jacques Bucquet, *Un fil à la patte*
22 octobre, *Franc-Tireur*, Jean Néry, *Cadet-Rousselle*
22 octobre, *L'Aurore*, Claude Garson, *Cadet-Rousselle*
23 octobre, *Paris-Presse*, Robert Chazal, *Cadet-Rousselle*
25 octobre, *Combat*, R.M. Arlaud, *Cadet-Rousselle*
25 octobre, *Le Figaro*, Louis Chauvet, *Cadet-Rousselle*
26 octobre, *France-Soir*, André Lang, *Cadet-Rousselle*
27 octobre, *Le Parisien*, Jacqueline Michel, *Cadet-Rousselle*

29 octobre, *Le Monde*, Jean de Baroncelli, *Cadet-Rousselle*
29 octobre, *La Croix*, Jean Rochereau, *Cadet-Rousselle*
30 octobre, *Réforme*, Saint-Blanquat, *Cadet-Rousselle*
4 novembre, *Les Lettres françaises*, Georges Sadoul, *Cadet-Rousselle*
5 novembre, *Témoignage chrétien*, Roger Fressoz, *Cadet-Rousselle*

1955
15 janvier, *Le Parisien*, André Bazin, *Un fil à la patte*
15 janvier, *Paris-Presse*, Claude Brulé, *Un fil à la patte*
17 janvier, *L'Humanité*, G.M., *Un fil à la patte*
18 janvier, *Le Figaro*, Louis Chauvet, *Un fil à la patte*
19 janvier, *L'Aurore*, Claude Garson, *Un fil à la patte*
19 janvier, *France-Soir*, André Lang, *Un fil à la patte*
19 janvier, *Arts*, Jean Aurel, *Un fil à la patte*
20 janvier, *Les Lettres françaises*, Jean Thévenot, *Un fil à la patte*
20 janvier, *Libération*, Simone Dubreuilh, *Un fil à la patte*
22 janvier, *Combat*, R.-M. Arlaud, *Un fil à la patte*
25 janvier, *Le Monde*, Jean de Baroncelli, *Un fil à la patte*
26 janvier, *Carrefour*, Jean Dutourd, *Un fil à la patte*
27 janvier, *Franc-Tireur*, Jean Néry, *Un fil à la patte*
28 janvier. *La Croix*, Jean Rochereau, *Un fil à la patte*
28 janvier, *Aspects de la France*, Georges Hellio, *Un fil à la patte*
20 janvier, *Dimanche matin*, François Vinneuil, *Un fil à la patte*
6 février, *Réforme*, S.B., *Un fil à la patte*
16 juillet, *Le Parisien*, André Lafargue, *Les Hussards*
17 décembre, *L'Humanité*, Roger Boussinot, *Les Hussards*
17 décembre, *Information*, René Guyonnet, *Les Hussards*
17 décembre, *Le Figaro*, Louis Chauvet, *Les Hussards*
20 décembre, *Le Parisien*, André Bazin, *Les Hussards*
20 décembre, *Le Monde*, Jean de Baroncelli, *Les Hussards*
20 décembre, *L'Express*, Nino Frank, *Les Hussards*
21 décembre, *Arts*, François Truffaut, *Les Hussards*
21 décembre, *Carrefour*, Jean Dutourd, *Les Hussards*
22 décembre, *Les Lettres françaises*, Jean Thévenot, *Les Hussards*
24 décembre, *Combat*, R.-M. Arlaud, *Les Hussards*
24 décembre, *Réforme*, Hubert Engelhard, *Les Hussards*
24 décembre, *Franc-Tireur*, Les Trois Masques, *Les Hussards*

1956
12 janvier, *L'Express*, Michel Gall, *La Traversée de Paris*
20 janvier, *Témoignage chrétien*, Roger Fressoz, *Les Hussards*
21 avril, *L'Humanité*, *La Traversée de Paris*
4 octobre, *Cinémonde* n° 1156, Georges Baume
24 octobre, *Franc-Tireur*, Henri Marc, *La Traversée de Paris*
25 octobre, *La Tribune de Genève*, *La Traversée de Paris*
27 octobre, *L'Humanité*, Samuel Lachize, *La Traversée de Paris*
29 octobre, *L'Aurore*, Claude Garson, *La Traversée de Paris*
30 octobre, *Libération*, Simone Dubreuilh, *La Traversée de Paris*
30 octobre, *France-Soir*, André Lang, *La Traversée de Paris*
31 octobre, *Le Parisien*, André Bazin, *La Traversée de Paris*
31 octobre, *Carrefour*, Michel Mohrt, *La Traversée de Paris*
31 octobre, *Le Figaro*, Louis Chauvet, *La Traversée de Paris*
31 octobre, *Arts*, François Truffaut, *La Traversée de Paris*
1er novembre, *Franc-Tireur*, Les Trois Masques, *La Traversée de Paris*
1er novembre, *Les Nouvelles littéraires*, Georges Charensol, *La Traversée de Paris*
1er novembre, *Le Monde*, Jean de Baroncelli, *La Traversée de Paris*
2 novembre, *Paris-Presse*, Max Favalelli, *La Traversée de Paris*
3 novembre, *Le Figaro littéraire*, Claude Mauriac, *La Traversée de Paris*
3 novembre, *Réforme*, Hubert Engelhard, *La Traversée de Paris*
4 novembre, *Télé Programme Magazine* n° 49
4 novembre, *Dimanche matin*, François Vinneuil, *La Traversée de Paris*
4 novembre, *La Croix*, Jean Rochereau, *La Traversée de Paris*
7 novembre, *Arts*, François Truffaut, *La Traversée de Paris*
22 novembre, *La Tribune de Genève*, *La Traversée de Paris*

1957
17 mars, *Télé Programme Magazine* n° 73
5 avril, *Ciné-Revue* n° 14
19 avril, *Libération*, *Les Misérables*
1er août, *Ciné-Révélation* n° 174, Georges Leser
6 septembre, *Ciné-Revue* n° 36

1958

6 mars, *L'Aurore,* Yves Salgues et Raphaël Valensi, *Les Misérables*
13 mars, *Les Lettres françaises,* J.- P. Le Chanois, *Les Misérables*
14 mars, *Le Parisien,* André Bazin, *Les Misérables*
14 mars, *Libération,* Simone Dubreuilh, *Les Misérables*
15 mars, *L'Aurore,* Claude Garson, *Les Misérables*
15 mars, *Le Figaro,* Pierre Mazars, *Les Misérables*
19 mars, *Arts,* E.R., *Les Misérables*
19 mars, *Carrefour,* Jean Dutourd, *Les Misérables*
19 mars, *France-Soir,* France Roche, *Les Misérables*
20 mars, *Les Nouvelles littéraires,* Georges Charensol, *Les Misérables*
20 mars, *Le Monde,* Jean de Baroncelli, *Les Misérables*
20 mars, *L'Express,* Denis Vincent, *Les Misérables*
21 mars, *L'Information,* René Guyonnet, *Les Misérables*
22 mars, *Réforme,* Hubert Engelhard, *Les Misérables*
26 mars, *La Croix,* Jean Rochereau, *Les Misérables*
28 mars, *Témoignage chrétien,* Jean Carta, *Les Misérables*
4 avril, *Aspect de la France,* Georges Hellio, *Les Misérables*
7 septembre, *Télé Programme Magazine* n° 150
Octobre, *Unifrance Film* n° 48
2 octobre, *Les Nouvelles littéraires,* Georges Charensol, *Le Miroir à deux faces*
16 octobre, *Paris-Presse,* Michel Aubriant, *Le Miroir à deux faces*
16 octobre, *L'Aurore,* Claude Garson, *Le Miroir à deux faces*
17 octobre, *Le Figaro,* Louis Chauvet, *Le Miroir à deux faces*
18 octobre, *France-Soir,* France Roche, *Le Miroir à deux faces*
20 octobre, *Le Parisien,* Jacqueline Michel, *Le Miroir à deux faces*
22 octobre, *Carrefour,* Jean Dutourd, *Le Miroir à deux faces*
22 octobre, *L'Humanité,* Armand Monjo, *Le Miroir à deux faces*
22 octobre, *Combat,* Henry Magnan, *Le Miroir à deux faces*
22 octobre, *Libération,* Jacqueline Fabre, *Le miroir à deux faces*
23 octobre, *Le Monde,* Jean de Baroncelli, *Le Miroir à deux faces*
28 octobre, *Le Figaro littéraire,* Claude Mauriac, *Le Miroir à deux faces*
28 octobre, *Combat,* Jean-François Robin, *Le Miroir à deux faces*
29 octobre, *Les Lettres françaises,* Henry Magnan, *Le Miroir à deux faces*
29 octobre, *La Croix,* Jean Rochereau, *Le Miroir à deux faces*

29 octobre, *Arts*, Roger Tailleur, *Le Miroir à deux faces*
31 octobre, *Témoignage chrétien*, Jean Carta, *Le Miroir à deux faces*
1ᵉʳ novembre, *L'Humanité*, Guy Silva, *Pacifico*
5 novembre, *France-Soir*, *Pacifico*
7 novembre, *Le Parisien*, *Pacifico*
11 novembre, *L'Aurore*, *Pacifico*
12 novembre, *L'Aurore*, *Pacifico*
20 novembre, *Le Figaro*, Philippe Bouvard, *Pacifico*
21 novembre, *France-Soir*, Marcel Idzkowski, *Pacifico*
21 novembre, *L'Aurore*, André Ransan, *Pacifico*
21 novembre, *L'Humanité*, Gilbert Bloch, *Pacifico*
22 novembre, *Le Parisien*, W.L. Landowski, *Pacifico*
25 novembre, *Le Figaro*, Claude Baignères, *Pacifico*
26 novembre, *Paris-Presse*, Emile Vuillermoz, *Pacifico*
26 novembre, *Le Monde*, Claude Sarraute, *Pacifico*
2 décembre, *Le Parisien*, Jacqueline Michel, *Un drôle de dimanche*
3 décembre, *Carrefour*, Christian Megret, *Pacifico*
13 décembre, *La Croix*, Henry Rabine, *Un drôle de dimanche*
20 décembre, *Paris-Presse*, Michel Aubriant, *Sérénade au Texas*
25 décembre, *Le Parisien*, Jacqueline Michel, *Sérénade au Texas*
26 décembre, *Aspects de la France*, Georges Hellio, *Un drôle de dimanche*
30 décembre, *Le Figaro*, *Sérénade au Texas*

1959
15 janvier, *La Croix*, H.R., *Sérénade au Texas*
13 mars, *Ciné-Revue* n° 11, Robert Chazal
15 mars, *Le Technicien du Film* n° 48
14 avril, *Paris-Journal*, Jacques Louis, *Le Bossu*
10 juin, *L'Humanité*, Guy Silva, *Le Bossu*
18 août, *Paris-Presse*, *La Jument verte*
18 août, *Le Parisien*, J.-C. Jaubert, *La Jument verte*
19 août, *Combat*, J.H., *La Jument verte*
17 septembre, *Paris-Journal*, Henry Magnan, *Le Chemin des écoliers*
24 septembre, *L'Aurore*, Claude Garson, *Le Chemin des écoliers*
24 septembre, *Paris-Presse*, Michel Aubriant, *Le Chemin des écoliers*

25 septembre, *Le Figaro*, Louis Chauvet, *Le Chemin des écoliers*
25 septembre, *Le Monde*, Y.B., *Le Chemin des écoliers*
28 septembre, *Combat*, Pierre Marcabru, *Le Chemin des écoliers*
28 septembre, *Libération*, Jeander, *Le Chemin des écoliers*
30 septembre, *Le Parisien*, J.-C. Jaubert, *Le Chemin des écoliers*
30 septembre, *Arts*, Jean Douchet, *Le Chemin des écoliers*
1er octobre, *Les Nouvelles littéraires*, Georges Charensol, *Le Chemin des écoliers*
1er octobre, *Les Lettres françaises*, Michel Capdenac, *Le Chemin des écoliers*
3 octobre, *L'Humanité*, Georges Marescaux, *Le Chemin des écoliers*
14 octobre, *La Croix*, Jean Rochereau, *Le Chemin des écoliers*
17 octobre, *Le Figaro littéraire*, Claude Mauriac, *Le Chemin des écoliers*
26 octobre, *Le Parisien*, *La Jument verte*
26 octobre, *L'Aurore*, *La Jument verte*
27 octobre, *Paris-Presse*, *La Jument verte*
27 octobre, *Libération*, Jacqueline Fabre, *La Jument verte*
29 octobre, *Libération*, Jacqueline Fabre, *La Jument verte*
29 octobre, *Les Lettres françaises*, Martine Monod, *La Jument verte*
29 octobre, *Paris-Presse*, Michel Aubriant, *La Jument verte*
29 octobre, *Le Figaro*, Louis Chauvet, *La Jument verte*
30 octobre, *France-Soir*, Robert Chazal, *La Jument verte*
30 octobre, *Paris-Jour*, Henry Magnan, *La Jument verte*
31 octobre, *Combat*, Pierre Marcabru, *La Jument verte*
31 octobre, *L'Humanité*, Samuel Lachize, *La Jument verte*
3 novembre, *Le Parisien*, Jacqueline Michel, *La Jument verte*
4 novembre, *Le Monde*, Jean de Baroncelli, *La Jument verte*
4 novembre, *Carrefour*, Jean Dutourd, *La Jument verte*
4 novembre, *Arts*, René Cortade, *La Jument verte*
5 novembre, *L'Express*, Denis Vincent, *La Jument verte*
5 novembre, *Les Lettres françaises*, Georges Sadoul, *La Jument verte*
6 novembre, *Aspects de la France*, Georges Hellio, *La Jument verte*
19 novembre, *Les Nouvelles littéraires*, Georges Charensol, *La Jument verte*

1960

14 janvier, *Combat*, Pierre Marcabru, *Le Bossu*
14 janvier, *L'Aurore*, Claude Garson, *Le Bossu*
15 janvier, *France-Soir*, Paul Guyot, *Le Bossu*
15 janvier, *Le Figaro*, Louis Chauvet, *Le Bossu*
15 janvier, *Paris-Presse*, Michel Aubriant, *Le Bossu*
15 janvier, *Libération*, Jeander, *Le Bossu*
15 janvier, *Paris-Jour*, Henry Magnan, *Le Bossu*
16 janvier, *Le Parisien*, Jacqueline Michel, *Le Bossu*
16 janvier, *L'Humanité*, Samuel Lachize, *Le Bossu*
19 janvier, *Le Monde*, Jean de Baroncelli, *Le Bossu*
20 janvier, *Arts*, Jean Douchet, *Le Bossu*
21 janvier, *Aspects de la France*, Georges Hellio, *Le Bossu*
21 janvier, *Les Lettres françaises*, Michel Capdenac, *Le Bossu*
27 janvier, *La Croix*, Henry Rabine, *Le Bossu*
28 janvier, *L'Express*, Bruno Gay-Lussac, *Le Bossu*
5 octobre, *L'Aurore*, Steve Passeur, *Le Capitan*
7 octobre, *Paris-Presse*, Michel Aubriant, *Le Capitan*
7 octobre, *L'Humanité*, Martine Monod, *Le Capitan*
8 octobre, *Combat*, Pierre Marcabru, *Le Capitan*
9 octobre, *Le Monde*, Jean de Baroncelli, *Le Capitan*
11 octobre, *Le Parisien*, Jacqueline Michel, *Le Capitan*
11 octobre, *France-Soir*, Robert Chazal, *Le Capitan*
11 octobre, *Le Figaro*, Louis Chauvet, *Le Capitan*
12 octobre, *Libération*, Jacqueline Fabre, *Le Capitan*
13 octobre, *Les Lettres françaises*, Michel Capdenac, *Le Capitan*
20 octobre, *La Croix*, Jean Rochereau, *Le Capitan*

1961

31 mai, *Libération*, Jacqueline Fabre, *Tout l'or du monde*
1ᵉʳ juin, *Combat*, René Quinson, *Tout l'or du monde*
17 octobre, *Cinémonde* n° 1419, Dominique Chantal
18 octobre, *Le Parisien*, J.-C. Jaubert, *Tout l'or du monde*
18 octobre, *Combat*, Henry Chapier, *Tout l'or du monde*
18 octobre, *Le Figaro*, Jean Fayard, *Tout l'or du monde*
18 octobre, *Les Lettres françaises*, Anne Philipe, *Tout l'or du monde*
18 octobre, *Paris-Jour*, Jacques Louis, *Tout l'or du monde*
19 octobre, *Paris-Presse*, Michel Aubriant, *Tout l'or du monde*
19 octobre, *Le Monde*, C.L., *Tout l'or du monde*

21 octobre, *Le Figaro littéraire*, René Clair, *Tout l'or du monde*
26 octobre, *Les Lettres françaises*, Anne Philipe, *Tout l'or du monde*
1er novembre, *L'Humanité*, Samuel Lachize, *Tout l'or du monde*
2 novembre, *Candide*, René Cortade, *Tout l'or du monde*
2 novembre, *Le Figaro*, Louis Chauvet, *Tout l'or du monde*
3 novembre, *Combat*, Pierre Marcabru, *Tout l'or du monde*
3 novembre, *L'Aurore*, Steve Pasteur, *Tout l'or du monde*
4 novembre, *France-Soir*, Robert Chazal, *Tout l'or du monde*
4 novembre, *Le Monde*, Jean de Baroncelli, *Tout l'or du monde*
4 novembre, *Le Figaro littéraire*, Claude Mauriac, *Tout l'or du monde*
4 novembre, *Libération*, Jeander, *Tout l'or du monde*
5 novembre, *Paris-Presse*, Michel Aubriant, *Tout l'or du monde*
6 novembre, *Le Parisien*, Jacqueline Michel, *Tout l'or du monde*
9 novembre, *Les Lettres françaises*, Georges Sadoul, *Tout l'or du monde*
9 novembre, *La Croix*, Pierre-Jean Guys, *Tout l'or du monde*
9 novembre, *Aspects de la France*, Georges Hellio, *Tout l'or du monde*
11 novembre, *Réforme*, Marcel Reguilhem, *Tout l'or du monde*
3 décembre, *Télérama* n° 620, Jacques Siclier
8 décembre, *Le Film français* n° 914, « Box-office »
23 décembre, *Le Monde*, Jean de Baroncelli, *Le Tracassin*
25 décembre, *Le Figaro*, S.F., *Le Tracassin*
27 décembre, *Paris-Presse*, Michel Aubriant, *Le Tracassin*
28 décembre, *L'Humanité*, Samuel Lachize, *Le Tracassin*

1962
3 janvier, *Arts*, *Le Tracassin*
4 janvier, *Le Parisien*, André Lafargue, *Le Tracassin*
4 janvier, *Les Lettres françaises*, M.C., *Le Tracassin*
5 janvier, *Libération*, Jeander, *Le Tracassin*
6 janvier, *Le Figaro littéraire*, Claude Mauriac, *Le Tracassin*
9 janvier, *Combat*, Pierre Marcabru, *Le Tracassin*
11 janvier, *La Croix*, Jean Rochereau, *Le Tracassin*
12 juin, *Cinémonde* n° 1453, Jacques Baroche
27 septembre, *L'Humanité*, Guy Silva, *La Bonne Planque*
28 septembre, *Le Parisien*, *La Bonne Planque*
29 septembre, *L'Aurore*, *La Bonne Planque*

9 octobre, *France-Soir*, Paul Gordeaux, *La Bonne Planque*
11 octobre, *L'Aurore*, André Ransan, *La Bonne Planque*
7 novembre, *L'Information*, Pierre Ferjac, *La Bonne Planque*
8 novembre, *La Tribune de Genève*, Henri Marc, *Les Culottes rouges*
20 décembre, *L'Aurore*, Claude Garson, *Les Culottes rouges*
21 décembre, *Paris-Presse*, Henri Gault, *Les Culottes rouges*
21 décembre, *Le Monde*, Jean de Baroncelli, *Les Culottes rouges*
21 décembre, *Le Figaro*, Louis Chauvet, *Les Culottes rouges*
25 décembre, *France-Soir*, Robert Chazal, *Les Culottes rouges*
25 décembre, *Paris-Jour*, Maurice Ciantar, *Les Culottes rouges*
26 décembre, *Arts*, Pierre Marcabru, *Les Culottes rouges*
26 décembre, *L'Humanité*, Samuel Lachize, *Les Culottes rouges*
27 décembre, *Combat*, Henry Chapier, *Les Culottes rouges*
27 décembre, *Les Lettres françaises*, Patrick Bureau, *Les Culottes rouges*

1963
2 janvier, *Combat*, René Quinson, *Les Bonnes Causes*
8 janvier, *La Croix*, Jean Rochereau, *Les Culottes Rouges*
10 janvier, *Les Nouvelles littéraires*, Georges Charensol, *Les Culottes rouges*
16 février, *L'Humanité*, *La Bonne Planque*
4 avril *Les Nouvelles littéraires*, *Un drôle de paroissien*
20 avril, *Le Figaro*, Louis Chauvet, *Les Bonnes Causes*
20 avril, *France-Soir*, Robert Chazal, *Les Bonnes Causes*
20 avril, *L'Aurore*, Claude Garson, *Les Bonnes Causes*
24 avril, *Le Monde*, Yvonne Baby, *Les Bonnes Causes*
24 avril, *Arts*, Pierre Marcabru, *Les Bonnes Causes*
25 avril, *L'Humanité*, Samuel Lachize, *Les Bonnes Causes*
25 avril, *Les Lettres françaises*, Patrick Bureau, *Les Bonnes Causes*
26 avril, *Libération*, Jeander, *Les Bonnes Causes*
26 avril, *Paris-Presse*, Michel Aubriant, *Les Bonnes Causes*
29 avril, *Le Parisien*, Régine Gabbey, *Les Bonnes Causes*
29 avril, *Combat*, Henry Chapier, *Les Bonnes Causes*
2 mai, *Paris-Jour*, Maurice Ciantar, *Les Bonnes Causes*
2 mai, *La Croix*, J.-P. Hauttecœur, *Les Bonnes Causes*
2 mai, *Les Nouvelles littéraires*, Georges Charensol, *Les Bonnes Causes*
4 mai, *Le Parisien*, *Le Magot de Joséfa*

15 mai, *Carrefour*, Michel Mohrt, *Les Bonnes Causes*
27 août, *L'Aurore*, R.M., *Un drôle de paroissien*
29 août, *L'Aurore*, *Un drôle de paroissien*
30 août, *France-Soir*, Robert Chazal, *Un drôle de paroissien*
31 août, *Libération*, J.F., *Un drôle de paroissien*
31 août, *Le Parisien*, Régine Gabbey, *Un drôle de paroissien*
31 août, *Le Figaro*, *Un drôle de paroissien*
7 septembre, *La Croix*, Jean Rochereau, *Un drôle de paroissien*
7 septembre, *Combat*, Michel Pérez, *Un drôle de paroissien*
7 septembre, *Le Monde*, N.Z., *Un drôle de paroissien*
19 septembre, *Les Nouvelles littéraires*, Georges Charensol, *Un drôle de paroissien*
19 septembre, *Les Lettres françaises*, Michel Mardore, *Un drôle de paroissien*
4 octobre, *Arts*, Pierre Marcabru, *Un drôle de paroissien*
5 octobre, *Libération*, Jeander, *Le Magot de Joséfa*
6 octobre, *France-Soir*, Robert Chazal, *Le Magot de Joséfa*
7 octobre, *Combat*, Henry Chapier, *Le Magot de Joséfa*
7 octobre, *L'Aurore*, Claude Garson, *Le Magot de Joséfa*
9 octobre, *L'Humanité*, Armand Monjo, *Le Magot de Joséfa*
17 octobre, *Les Lettres françaises*, M.C., *Le Magot de Joséfa*
17 octobre, *Les Nouvelles littéraires*, Georges Charensol, *Le Magot de Joséfa*
25 décembre, *France-Soir*, Robert Chazal, *La Cuisine au beurre*
25 décembre, *Combat*, Henry Chapier, *La Cuisine au beurre*
28 décembre, *L'Humanité*, Samuel Lachize, *La Cuisine au beurre*
29 décembre, *Le Monde*, Y.B., *La Cuisine au beurre*
30 décembre, *Libération*, H.M., *La Cuisine au beurre*

1964
2 janvier, *Paris-Presse*, Michel Aubriant, *La Cuisine au beurre*
2 janvier, *Les Lettres françaises*, Tristan Renaud, *La Cuisine au beurre*
3 janvier, *La Croix*, Jean Rochereau, *Le Magot de Joséfa*
4 janvier, *La Croix*, Jean Rochereau, *La Cuisine au beurre*
11 février, *Ce soir*, Fernand Servais, « Un quart d'heure avec Bourvil »
9 avril, *Le Figaro littéraire*, « Bourvil, critique d'art »
14 avril, *Cinémonde* n° 1459, « Box office »
7 mai, *Combat*, René Quinson, *La Grande Frousse*

447

5 juin, *Le Figaro*, « Péril blanc dans une cuisine jaune »
20 août, *Les Nouvelles littéraires*, Michel Servin, *Un drôle de paroissien*
30 octobre, *L'Aurore*, Claude Garson, *La Grande Frousse*
1er novembre, *Le Monde*, Y.B., *La Grande Frousse*
3 novembre, *Paris-Presse*, Michel Aubriant, *La Grande Frousse*
3 novembre, *Le Figaro*, Pierre Mazars, *La Grande Frousse*
4 novembre, *Combat*, Henry Chapier, *La Grande Frousse*
4 novembre, *France-Soir*, Robert Chazal, *La Grande Frousse*
4 novembre, *La Nation*, Marie-Claire Gauthier, *La Grande Frousse*
5 novembre, *Libération*, Henry Magnan, *La Grande Frousse*
6 novembre, *Le Parisien*, E.L., *La Grande Frousse*
11 novembre, *Arts*, Pierre Marcabru, *La Grande Frousse*
12 novembre, *Les Lettres françaises*, M.C., *La Grande Frousse*
12 novembre, *Le Figaro*, Pierre Montaigne, *Le Corniaud*
27 novembre, *Combat*, René Quinson, *Le Corniaud*

1965
23 janvier, *Paris-Jour*, Alain Spiraux, « Bourvil : je plains le directeur de la TV »
1er mars, *Paris-Jour*, *Guerre secrète*
4 mars, *Le Figaro*, Pierre Montaigne, *Guerre secrète*
7 mars, *Le Journal du dimanche*, Jean-Claude Larrivoire, interview de Bourvil
8 mars, *Le Figaro*, Pierre Montaigne, *La Grosse Caisse*
22 mars, *Combat*, René Quinson, *Le Corniaud*
23 mars, *Paris-Jour*, J.C., *Le Corniaud*
23 mars, *L'Aurore*, Guy Teisseire, *Le Corniaud*
25 mars, *L'Aurore*, Claude Garson, *Le Corniaud*
25 mars, *Le Figaro*, Louis Chauvet, *Le Corniaud*
25 mars, *Combat*, Henry Chapier, *Le Corniaud*
25 mars, *Le Figaro littéraire*, Claude Mauriac, *Le Corniaud*
26 mars, *Le Parisien libéré*, *Le Corniaud*
27 mars, *Paris-Presse*, Michel Aubriant, *Le Corniaud*
27 mars, *L'Humanité*, Samuel Lachize, *Le Corniaud*
1er avril, *Les Lettres françaises*, M. Capdenac, *Le Corniaud*
2 avril, *La Croix*, J.-P. Hauttecœur, *Le Corniaud*
15 avril, *Le Figaro*, Pierre Montaigne, *Les Grandes Gueules*
24 juin, *Combat*, René Quinson, *Guerre secrète*

28 juin, *Combat*, Henry Chapier, *Guerre secrète*
29 juin, *Paris-Presse*, Robert Chazal, *Guerre secrète*
29 juin, *L'Aurore*, Claude Garson, *Guerre secrète*
29 juin, *Le Monde*, Jean de Baroncelli, *Guerre secrète*
30 juin, *Le Figaro*, Louis Chauvet, *Guerre secrète*
30 juin, *L'Humanité*, Samuel Lachize, *Guerre secrète*
1er juillet, *Les Lettres françaises*, M. Martin, *Guerre secrète*
7 juillet, *Carrefour*, Michel Mohrt, *Guerre secrète*
9 juillet, *La Croix*, Jean Rochereau, *Guerre secrète*
12 juillet, *Le Parisien*, Eric Leguèbe, *La Grosse Caisse*
13 juillet, *L'Aurore*, Steve Passeur, *La Grosse Caisse*
    Cinéma 65 n° 96
14 juillet, *Paris-Presse*, Robert Chazal, *La Grosse Caisse*
14 juillet, *L'Humanité*, Samuel Lachize, *La Grosse Caisse*
14 juillet, *Le Figaro*, Louis Chauvet, *La Grosse Caisse*
16 juillet, *Le Monde*, Yvonne Baby, *La Grosse Caisse*
22 juillet, *Les Lettres françaises*, M. Capdenac, *La Grosse Caisse*
24 juillet, *La Croix*, Jean Rochereau, *La Grosse Caisse*
11 août, *Combat*, René Quinson, *Les Grandes Gueules*
18 septembre, *Combat*, Paul Gilles, *Les Grandes Gueules*
7 octobre, *Le Figaro*, Pierre Montaigne, *Ouah! Ouah!*
18 octobre, *L'Aurore*, Guy Teisseire, *Les Grandes Gueules*
21 octobre, *Les Nouvelles littéraires*, P. Ajane, *Les Grandes Gueules*
23 octobre, *France-Soir*, *Les Grandes Gueules*
23 octobre, *France-Soir*, Robert Chazal, *Les Grandes Gueules*
25 octobre, *Combat*, Henry Chapier, *Les Grandes Gueules*
25 octobre, *Le Parisien*, Eric Leguèbe, *Les Grandes Gueules*
26 octobre, *Le Monde*, Jean de Baroncelli, *Les Grandes Gueules*
26 octobre, *Le Figaro*, Pierre Mazars, *Les Grandes Gueules*
27 octobre, *L'Humanité*, Samuel Lachize, *Les Grandes Gueules*
27 octobre, *L'Aurore*, Hubert Faure-Georgs, *Ouah! Ouah!*
27 octobre, *France-Soir*, *Ouah! Ouah!*
28 octobre, *Les Nouvelles littéraires*, Jean-François Josselin, *Les Grandes Gueules*
29 octobre, *La Croix*, Pierre-Jean Guyo, *Les Grandes Gueules*
31 octobre, *Paris-Presse*, *Ouah! Ouah!*
11 novembre, *L'Aurore*, André Ransan, *Ouah! Ouah!*
11 novembre, *Le Figaro*, Maurice Rapin, *Ouah! Ouah!*
12 novembre, *Paris-Presse*, Christophe Izard, *Ouah! Ouah!*

12 novembre, *Le Parisien*, André Lafargue, *Ouah! Ouah!*
12 novembre, *Combat*, Michel Pérez, *Ouah! Ouah!*
25 novembre, *Les Lettres françaises*, René Bourdier, *Ouah! Ouah!*
8 décembre, *Information*, Pierre Ferjac, *Ouah! Ouah!*

1966
1er mars, *Cinémonde* n° 1641, Henri Rode
15 mars, *La Tribune de Genève*, Jacqueline Baron, « Bourvil : ne pas rire, ce n'est pas sérieux »
14 mai, *Vingt-quatre heures*, « Bourvil : je prépare mon dernier tube »
25 juin, *L'Aurore*, Guy Teisseire, *La Grande Vadrouille*
5 juillet, *Paris-Jour*, Michel Delain, « Bourvil : je n'ai jamais eu un seul chagrin d'amour »
25 juillet, *Combat*, René Quinson, *La Grande Vadrouille*
Août, *Marie-Claire*, interview de Gérard Oury
6 août, *L'Humanité*, Guy Silva, *La Grande Vadrouille*
20 août, *Le Figaro*, Françoise Varenne, *La Grande Vadrouille*
20 août, *Paris-Presse*, Michèle Motte, *La Grande Vadrouille*
1er septembre, *Le Figaro littéraire*, Gilles Lambert, *La Grande Vadrouille*
18 novembre, *Paris-Jour*, *La Grande Vadrouille*
5 décembre, *L'Aurore*, G.T., *La Grande Vadrouille*
6 décembre, *Paris-Presse*, François Blanc, *La Grande Vadrouille*
8 décembre, *Le Figaro littéraire*, Maurice Tillier, *La Grande Vadrouille*
8 décembre, *France-Soir*, Judith Weiner, *La Grande Vadrouille*
9 décembre, *Le Figaro*, Louis Chauvet, *La Grande Vadrouille*
9 décembre, *L'Aurore*, Claude Garson, *La Grande Vadrouille*
10 décembre, *L'Humanité*, Samuel Lachize, *La Grande Vadrouille*
14 décembre, *Le Monde*, Jean de Baroncelli, *La Grande Vadrouille*
15 décembre, *Le Figaro littéraire*, Claude Mauriac, *La Grande Vadrouille*
15 décembre, *Les Nouvelles littéraires*, Georges Charensol, *La Grande Vadrouille*
15 décembre, *Les Lettres françaises*, Michel Capdenac, *La Grande Vadrouille*

19 décembre, *L'Express*, Pierre Billard, *La Grande Vadrouille*
21 décembre, *Carrefour*, Michel Mohrt, *La Grande Vadrouille*
28 décembre, *Le Figaro*, *Les Cracks*

1967
5 janvier, *Paris-Presse*, Michel Aubriant, *La Grande Vadrouille*
12 janvier, *Témoignage chrétien*, M.M., *La Grande Vadrouille*
29 mars, *Le Figaro*, Pierre Montaigne, *Les Cracks*
19 août, *Le Figaro*, Pierre Montaigne, *Les Cracks*
14 octobre, *Réforme*, M. Reguilhem, *Les Arnaud*
16 octobre, *Le Figaro*, Pierre Mazars, *Les Arnaud*
17 octobre, *L'Aurore*, Claude Garson, *Les Arnaud*
18 octobre, *Le Parisien*, Eric Leguèbe, *Les Arnaud*
18 octobre, *Paris-Presse*, Monique Pantel, interview de Bourvil
19 octobre, *Combat*, Henry Chapier, *Les Arnaud*
21 octobre, *France-Soir*, Robert Chazal, *Les Arnaud*
12 novembre, *La Croix*, Jean Rochereau, *Les Arnaud*
30 novembre, *Le Figaro*, *La Grande Lessive*
21 décembre, *L'Aurore*, Anne Manson, « Un bonheur de vivre nommé Bourvil », *La Traversée de Paris*
L'Avant-Scène cinéma n° 66

1968
28 janvier, *France-Soir*, Jean Macabiès, *Le Cerveau*
5 février, *Le Figaro*, Pierre Montaigne, *Le Cerveau*
18 février, *Télérama* n° 944, Janick Arbois,
22 février, *Le Journal de Genève*, Claude Maigre, interview de Bourvil
22 février, *La Tribune de Genève*, Patrice Pottier, interview de Bourvil
23 février, *France-Soir*, *Le Cerveau*
29 février, *Paris-Jour*, Arlette Chabrol, interview de Bourvil
1er mars, *France-Soir*, Judith Weiner, interview de Bourvil
3 mars, *Le Monde*, Jean de Baroncelli, *Les Cracks*
3 mars, *France-Soir*, Robert Chazal, *Les Cracks*
5 mars, *Le Figaro*, Louis Chauvet, *Les Cracks*
6 mars, *L'Humanité*, Samuel Lachize, *Les Cracks*
6 mars, *Le Parisien*, Eric Leguèbe, *Les Cracks*
7 mars, *Les Nouvelles littéraires*, Georges Charensol, *Les Cracks*
8 mars, *L'Aurore*, Claude Garson, *Les Cracks*

8 mars, *Paris-Jour*, Bernard Gallet, *Les Cracks*
9 mars, *Le Populaire*, J.D., *Les Cracks*
10 mars, *La Croix*, Jean Rochereau, *Les Cracks*
4 avril, *Le Figaro*, *Le Cerveau*
10 avril, *Carrefour*, Jean Barial, interview de Bourvil
12 avril, *France-Soir*, *Le Cerveau*
15 avril, *Le Figaro*, F. de Santerre, *La Grande Lessive*
25 avril, *Paris-Jour*, *Le Cerveau*
12 juin, *France-Soir*, *Le Cerveau*
12 juin, *Combat*, Henry Chapier, *Le Cerveau*
24 juin, *Le Figaro*, Paul Carrière, *Le Cerveau*
4 juillet, *France-Soir*, Jean Macabiès, *Le Cerveau*
9 juillet, *Le Figaro*, Pierre Montaigne, *Le Cerveau*
10 juillet, *Paris-Jour*, *Le Cerveau*
12 juillet, *Le Figaro*, *Le Mur de L'Atlantique*
22 juillet, *Le Figaro littéraire*, *Le Cerveau*
26 juillet, *France-Soir*, Jean Macabiès, *Le Cerveau*
31 juillet, *Combat*, René Quinson, *Le Cerveau*
1er août, *Paris-Presse*, *Le Cerveau*
8 août, *L'Aurore*, M.-D. Mistler, *Gonflés à bloc*
14 août, *L'Aurore*, *Le Cerveau*
1er octobre, *Le Figaro*, D.V., *Le Cerveau*
12 octobre, *Combat*, René Quinson, *Gonflés à bloc*
13 novembre, *L'Aurore*, Guy Teisseire, *La Grande Lessive*
15 novembre, *Le Parisien*, Eric Leguèbe, *La Grande Lessive*
16 novembre, *L'Aurore*, Claude Garson, *La Grande Lessive*
16 novembre, *France-Soir*, Robert Chazal, *La Grande Lessive*
16 novembre, *L'Humanité*, Samuel Lachize, *La Grande Lessive*
18 novembre, *Le Figaro*, Louis Chauvet, *La Grande Lessive*
19 novembre, *Cinémonde* n° 1765
20 novembre, *Le Monde*, *La Grande Lessive*
20 novembre, *Carrefour*, Michel Mohrt, *La Grande Lessive*
20 novembre, *Les Lettres françaises*, M. Martin, *La Grande Lessive*
26 novembre, *La Croix*, Jean Rochereau, *La Grande Lessive*
11 décembre, *L'Aurore*, Arlette Kahn, *La Grande Lessive*
18 décembre, *France-Soir*, J.-P. L., « Bourvil au palais de justice »

1969
23 janvier, *France-Soir*, Guy Dupont, *Le Cerveau*
Février, *Marie-France*, « Vingt-cinq ans de succès » 1ᵉʳ février, *France-Soir*, Jean Macabiès, *Le Cerveau*
13 février, *Le Figaro*, Dominique Vernay, *L'Arbre de Noël*
27 février, *Le Figaro*, Dominique Vernay, *L'Arbre de Noël*
28 févrrier, *Le Figaro*, *Le Cerveau*
2 mars, *France-Soir*, Jean Macabiès, *Le Cerveau*
3 mars, *Le Parisien*, *Le Cerveau*
5 mars, *L'Humanité*, Samuel Lachize, *Le Cerveau*
6 mars, *Combat*, René Quinson, *Le Cerveau*
7 mars, *L'Aurore*, *Le Cerveau*
7 mars, *Paris*, Gilbert Picard, « Bourvil gravement malade »
8 mars, *Le Parisien*, André Lafargue, *Le Cerveau*
8 mars, *L'Humanité*, Samuel Lachize, *Le Cerveau*
8 mars, *Paris-Jour*, Gilbert Picard, *Le Cerveau*
8 mars, *Combat*, Henry Chapier, *Le Cerveau*
8 mars, *L'Aurore*, Claude Garson, *Le Cerveau*
10 mars, *L'Express*, Pierre Billard, *Le Cerveau*
11 mars, *Le Monde*, Jean de Baroncelli, *Le Cerveau*
13 mars, *Paris-Presse*, Michel Aubriant, *Le Cerveau*
13 mars, *Les Nouvelles littéraires*, G. Charensol, *Le Cerveau*
17 mars, *Elle*, D. Dubois-Jallais, *Le Cerveau*
17 mars, *Le Figaro littéraire*, Claude Mauriac, *Le Cerveau*
19 mars, *Les Lettres françaises*, Tristan Renaud, *Le Cerveau*
20 mars, *La Croix*, Henry Rabine, *Le Cerveau*
1ᵉʳ juin, *Le Figaro*, Pierre Montaigne, « Bourvil et de Funès : une suite à *La Grande Vadrouille* »
6 juin, *Le Figaro*, Dominique Vernay, *L'Arbre de Noël*
18 juin, *L'Aurore*, H. Faure-Georgs, *L'Arbre de Noël*
14 septembre, *France-Soir*, Monique Pantel, interview de Bourvil
14 octobre, *Paris-Jour*, Gilbert Picard, interview de Bourvil
14 octobre, *Le Figaro*, Terence Young, *L'Arbre de Noël*
16 octobre, *France-Soir*, Gilbert Picard, *L'Arbre de Noël*
16 octobre, *L'Aurore*, Claude Garson, *L'Arbre de Noël*
17 octobre, *France-Soir*, Robert Chazal, *L'Arbre de Noël*
18 octobre, *Le Parisien*, E.L., *L'Arbre de Noël*
18 octobre, *Le Figaro*, Louis Chauvet, *L'Arbre de Noël*
18 octobre, *Le Monde*, Yvonne Baby, *L'Arbre de Noël*
18 octobre, *L'Humanité*, D.V. *L'Arbre de Noël*

22 octobre, *Les Lettres françaises*, T. Renaud, *L'Arbre de Noël*
23 octobre, *Les Nouvelles littéraires*, Georges Charensol, *L'Arbre de Noël*
29 octobre, *La Croix*, Jean Rochereau, *L'Arbre de Noël*
6 décembre, *Le Parisien*, « Bourvil fait une " rentrée " »
9 décembre, *La Tribune de Genève*, « Le " Sacha-Show " »
11 décembre, *Jours de France*, Léon Zitrone, interview de Bourvil

1970
10 février, *Combat*, Jean Bourdon, *L'Etalon*
14 février, *France-Soir*, Robert Chazal, *L'Etalon*
16 février, *Le Figaro*, Louis Chauvet, *L'Etalon*
18 février, *Les Lettres françaises*, *L'Etalon*
18 février, *L'Humanité*, F.M., *L'Etalon*
18 février, *L'Aurore*, Claude Garson, *L'Etalon*
19 février, *Les Nouvelles littéraires*, Georges Charensol, *L'Etalon*
1er avril, *Paris-Jour*, Claude Couderc, *Le Cercle rouge*
11 avril, *France-Soir*, Nicole Jolivet, interview de Bourvil
22 avril, *Le Figaro*, Pierre Montaigne, *Le Mur de l'Atlantique*
29 avril, *Le Parisien*, Eric Leguèbe, *Le Mur de l'Atlantique*
9 mai, *Combat*, René Quinson, *Le Mur de l'Atlantique*
28 mai, *Paris-Jour*, Gilbert Picard, *Le Mur de l'Atlantique*
11 juin, *Le Figaro*, Pierre Montaigne, *Le Mur de l'Atlantique*
7 juillet, *Paris-Presse*, Denise Fabre, interview de Bourvil (1)
8 juillet, *Paris-Presse*, Denise Fabre, interview de Bourvil (2)
29 août, *Le Parisien*, Eric Leguèbe, *Gonflés à bloc*
2 septembre, *Les Lettres françaises*, *Gonflés à bloc*
6 septembre, *Le Figaro*, Pierre Mazars, *Gonflés à bloc*
8 septembre, *Paris-Jour*, Jacques Flurer, *Gonflés à bloc*
10 septembre, *La Croix*, Henry Rabine, *Gonflés à bloc*
10 septembre, *France-Soir*, « Allô, Bourvil »
25 septembre au 10 octobre, toute la presse nationale : la mort de Bourvil
8 octobre, *Le Figaro*, Marcel Jullian, *Le Mur de l'Atlantique*
8 octobre, *Le Figaro*, Marcel Camus, *Le Mur de l'Atlantique*
10 octobre, *L'Aurore*, colonel Rémy, *Le Mur de l'Atlantique*
14 octobre, *L'Humanité*, François Maurin, *Le Mur de l'Atlantique*
15 octobre, *L'Aurore*, Claude Garson, *Le Mur de l'Atlantique*
15 octobre, *Paris-Jour*, Gilbert Picard, *Le Mur de l'Atlantique*

15 octobre, *Paris-Jour*, Jacques Flurer, *Le Mur de l'Atlantique*
16 octobre, *Le Figaro*, Louis Chauvet, *Le Mur de l'Atlantique*
17 octobre, *France-Soir*, Robert Chazal, *Le Mur de l'Atlantique*
19 octobre, *Combat*, Henry Chapier, *Le Mur de l'Atlantique*
19 octobre, *Le Parisien*, Eric Leguèbe, *Le Mur de l'Atlantique*
20 octobre, *Le Monde*, Jean de Baroncelli, *Le Mur de l'Atlantique*
20 octobre, *Combat*, René Quinson, *Le Cercle rouge*
21 octobre, *Paris-Jour*, Jacques Chancel, *Le Cercle rouge*
21 octobre, *France-Soir*, Monique Pantel, *Le Cercle rouge*
22 octobre, *La Croix*, Henry Rabine, *Le Mur de l'Atlantique*
22 octobre, *L'Aurore*, Claude Garson, *Le Cercle rouge*
22 octobre, *Combat*, Henry Chapier, *Le Cercle rouge*
22 octobre, *Le Monde*, Jean de Baroncelli, *Le Cercle rouge*
22 octobre, *France-Soir*, « Le C.R. risque de changer de titre »
22 octobre, *France-Soir*, Robert Chazal, *Le Cercle rouge*
23 octobre, *Le Figaro*, Louis Chauvet, *Le Cercle rouge*
23 octobre, *Paris-Jour*, Jacques Flurer, *Le Cercle rouge*
24 octobre, *Nouveau Journal*, Pierre Marcabru, *Le Cercle rouge*
26 octobre, *L'Express*, François Nourissier, *Le Cercle rouge*
27 octobre, *Le Parisien*, Eric Leguèbe, *Le Cercle rouge*
28 octobre, *Les Lettres françaises*, G. Langlois, *Le Cercle rouge*
28 octobre, *L'Humanité*, F.M., *Le Cercle rouge*
29 octobre, *Les Nouvelles littéraires*, Georges Charensol, *Le Cercle rouge*
31 octobre, *Les Nouvelles littéraires*, M. Reguilhem, *Le Cercle rouge*
1er novembre, *La Croix*, Jean Rochereau, *Le Cercle rouge*
2 novembre, *Le Nouvel Observateur*, J.-L. Bory, *Le Cercle rouge*
2 novembre, *Le Figaro littéraire*, Claude Mauriac, *Le Cercle rouge*
4 novembre, *Carrefour*, Michel Mohrt, *Le Cercle rouge*
9 novembre, *L'Express*, Pierre Billard, *Le Cercle rouge*

Crédits photographiques

Page 1 : Yves Furet
Page 2 haut : Roger-Viollet
Page 2 bas : Keystone
Page 3 haut : Yves Furet
Page 3 bas : Yves Furet
Page 4 haut gauche : Scoop/7 Jours
Page 4 haut droit : Scoop/7 Jours
Page 4 bas gauche : Roger-Viollet
Page 4 bas droite : Roger-Viollet
Page 5 haut : Roger-Viollet
Page 5 bas : Roger-Viollet
Page 6 haut : Roger-Viollet
Page 6 bas : Roger-Viollet
Page 7 haut : Bernand
Page 7 bas : Keystone
Page 8 haut : Magnum, Depardon
Page 8 bas : Rapho, Mainbourg
Page 9 haut : Cinémathèque française
Page 9 bas : Interpress
Page 10 haut : Cinémathèque française
Page 10 bas : Antenne 2
Page 11 haut : Antenne 2
Page 11 bas : Roger-Viollet
Page 12 haut : Cinestar
Page 12 bas : Sygma, Fournier
Page 13 haut : Cinestar
Page 13 bas : Antenne 2
Page 14 haut : Sygma
Page 14 milieu : Antenne 2
Page 14 bas : Cinestar
Page 15 : Roger-Viollet
Page 16 haut : Keystone
Page 16 bas : Antenne 2

RECHERCHE ICONOGRAPHIQUE : Atelier d'Images.

MAQUETTE : Michèle Fraudreau.

Table

Première Partie
Les années Raimbourg 13

Deuxième Partie
Les années Bourvil 41

Troisième Partie
Florilège de Bourvil : ses monologues......... 265

Quatrième Partie
Bourvil au cinéma : ses films............... 353

Cinquième Partie
Bourvil au théâtre : ses pièces 405

Sixième Partie
Bourvil à la télévision : ses émissions......... 411

Septième Partie
Bourvil et le disque : sa discographie......... 419

Huitième Partie
Bourvil et la littérature.................... 431
   Ouvrages sur Bourvil 433
   Ouvrages d'ordre général 433
   Revue de presse 434

Cet ouvrage a été réalisé par la
SOCIÉTÉ NOUVELLE FIRMIN-DIDOT
*Mesnil-sur-l'Estrée
pour le compte des Éditions Stock
en août 1990*

Imprimé en France
Dépôt légal : Septembre 1990
N° d'édition : 9190 – N° d'impression : 15397
ISBN 2-234-02288-6 54-07-3929-4

54-3929-4